Die Gefährderansprache im Kontext versammlungsspezifischer Vorfeldmaßnahmen

Europäische Hochschulschriften

European University Studies

Publications Universitaires Européennes

Reihe II **Rechtswissenschaft**

Series II Law

Série II Droit

Band/ Volume **5730**

Sebastian Steinforth

Die Gefährderansprache im Kontext versammlungsspezifischer Vorfeldmaßnahmen

PL ACADEMIC RESEARCH

Bibliografische Information der Deutschen Nationalbibliothek
Die Deutsche Nationalbibliothek verzeichnet diese Publikation in der Deutschen Nationalbibliografie; detaillierte bibliografische Daten sind im Internet über http://dnb.d-nb.de abrufbar.

Zugl.: Köln, Univ., Diss., 2014

D 38
ISSN 0531-7312
ISBN 978-3-631-66314-1 (Print)
E-ISBN 978-3-653-05590-0 (E-Book)
DOI 10.3726/978-3-653-05590-0

PL Academic Research ist ein Imprint der Peter Lang GmbH.
Peter Lang – Frankfurt am Main · Bern · Bruxelles · New York · Oxford · Warszawa · Wien

Diese Publikation wurde begutachtet.

www.peterlang.com

Für Lisa

Vorwort

Die vorliegende Arbeit wurde im Sommersemester 2014 von der Rechtswissenschaftlichen Fakultät der Universität zu Köln als Dissertation angenommen. Die Rechtsprechungs- und Literaturangaben befinden sich auf dem Stand von Anfang 2014.

Tiefempfundenen Dank schulde ich meinen Doktorvater, Herrn Prof. Dr. Stefan Muckel, für seine exzellente persönliche Betreuung sowie dafür, dass er Geduld und großes Verständnis für die Phasen langsameren Vorankommens aufgebracht hat. Seiner Unterstützung konnte ich mir stets gewiss sein.

Herrn Prof. Dr. Otto Depenheuer gebührt mein Dank für die zügige Erstellung des Zweitgutachtens.

Die nicht gerade dankbare Arbeit des Korrekturlesens haben mein ehemaliger Kommilitone und jetziger Richter am Verwaltungsgericht Düsseldorf, Herr Dr. Robert Bach, sowie mein Bruder, Alexander Steinforth, auf sich genommen. Hierfür sowie für wertvolle Denkanstöße möchte ich ihnen vielmals danken.

Schließlich danke ich meinen Eltern, die mein Studium und die Anfertigung dieser Arbeit erst ermöglicht haben.

Den größten Dank schulde ich jedoch meiner Ehefrau Lisa, die von Beginn an an den erfolgreichen Abschluss des Promotionsvorhabens geglaubt hat und mir auf dem Weg dorthin stets mit Geduld und Verständnis zur Seite stand. Ohne ihre liebevolle und unermüdliche Unterstützung wäre die vorliegende Dissertation wohl nicht zustande gekommen.

Ihr sei diese Arbeit daher gewidmet.

Düsseldorf, im Februar 2015 *Sebastian Steinforth*

Gliederung

Einleitung 17

Erster Teil: Sicherheitsbehördliche Tätigkeiten im Versammlungsvorfeld 19

Kapitel 1: Das Phänomen kollektiver Gewalt im Rahmen von Versammlungen 21

A. Internationale politische Gipfeltreffen als Schauplätze gewaltsamer Auseinandersetzungen 21
B. Gewaltsame Verläufe und Ausschreitungen im Zuge sonstiger Veranstaltungen 23
I. Versammlungen 24
II. Sportgroßveranstaltungen 26
C. Die Entwicklung kollektiver Gewalt in der jüngeren Vergangenheit 27
I. Gewaltzuwachs 27
II. Zunehmende „Perfektionierung“ 30
III. Ausblick 31
D. Entstehung und Ursachen kollektiver Gewaltausübung 31
I. Ausgangspunkte 32
II. Ursachen- und Motivforschung 32
1. Das Phänomen des so genannten „Krawalltourismus“ 33
2. Theoretische Begründungsansätze 35
a) Deindividuation 35
b) Emergent-Norm-Theorie 36
c) Fazit 37
3. Weitere Faktoren 37
a) Mediale Berichterstattung 37
b) Vorgehen polizeilicher Einsatzkräfte 38
c) Örtliche Gegebenheiten 38
d) Alkohol und sonstige Drogen 39
E. Sicherheitsbehördliche Tätigkeiten zur Verhinderung der Gewalt 39
I. Konzeptionelle Vorgehensweise der Polizei 39
II. Unterscheidung und Charakterisierung der verschiedenen polizeilichen Einsatzphasen 41

III. Das Versammlungsvorfeld als spezifische Einsatzphase 42
IV. Die öffentliche Debatte über den Zuwachs gefahrenabwehrrechtlicher Tätigkeiten im Versammlungsvorfeld: Exemplarische Darstellung anhand der Diskussionen um den G8-Gipfel in Heiligendamm 43
F. Fazit 46

Kapitel 2: Zur historischen Entwicklung polizeilicher Aufgabenwahrnehmung 47

A. Der Polizeibergriff als Spiegelbild politischen Wandels 47
I. Historische Entwicklungslinien 47
II. Der heutige Polizeibegriff 49
1. Institutioneller Begriff 49
2. Materieller Begriff 50
3. Formeller Begriff 50
B. Von der Gefahrenabwehr zur Gefahrenprävention: Erweiterung polizeilicher Maßnahmen ins Vor- und Umfeld von Gefahrensituationen 50
I. Versubjektivierung des Polizeirechts 51
II. Vorentwurf zur Änderung des Musterentwurfes eines einheitlichen Polizeigesetzes des Bundes und der Länder (VE-MEPolG) 53
1. Allgemeines 53
2. Neue Dimensionen polizeilicher Vorfeldtätigkeit 54
III. Europäische Dimension 54
C. Europäisierung der Gefahrenabwehr 55
I. Das Europäische Polizeiamt (Europol) 56
II. Schengener Durchführungsübereinkommen (SDÜ) 56
III. Grenzüberschreitende polizeiliche Zusammenarbeit 57
IV. Gemeinschaftsrechtlicher Konformitätsvorbehalt 58
D. Zur gegenwärtigen Situation 59
E. Fazit 60

Kapitel 3: Das rechtliche Konstrukt der versammlungsspezifischen Vorfeldmaßnahme 63

A. Grundlagenbetrachtung 63
I. Zur begrifflichen Einordnung 63
II. Mögliche Differenzierungsansätze 65

1. Zeitlich-räumlicher Bezugspunkt ... 65
2. Ort der Veranstaltung ... 65
3. Zielrichtung der Maßnahmen ... 66
4. Kriterium des Adressatenkreises ... 66
III. Der Begriff der Vorfeldtätigkeit abseits des versammlungsrechtlichen Geschehens ... 66
B. Die Frage des Regelungsstandorts – Einordnung zwischen Gefahrenabwehr- und Strafprozessrecht ... 68
I. Ursachen und Bedeutung der Abgrenzung ... 69
II. Zielrichtung: Verhütung von Straftaten ... 70
III. Doppelfunktionale Maßnahmen im Versammlungsvorfeld ... 71
C. Die spezifische Problematik versammlungsbezogener Vorfeldmaßnahmen: Zum Verhältnis von Freiheit und Sicherheit im Rechtsstaat ... 73
D. Fazit ... 74

Kapitel 4: Übersicht und Darstellung der gängigen versammlungsspezifischen Vorfeldmaßnahmen ... 77

A. Das erweiterte Vorfeld: Maßnahmen im Zeitraum *vor* der Anreise zur Versammlung ... 77
I. Gefährderansprache, -anschreiben ... 77
II. Meldeauflage ... 78
III. Aufenthaltsverbot ... 79
IV. Ausreiseuntersagung ... 80
B. Das Vorfeld im engeren Sinne: Maßnahmen *im Zuge* der Anreise der Versammlungsteilnehmer ... 81
I. Bild- und Tonaufnahmen ... 81
II. Identitätsfeststellung ... 82
III. Einrichtung von Kontrollstellen ... 83
IV. Durchsuchung von Personen ... 84
V. Durchsuchung von Sachen ... 85
VI. Sicherstellung ... 85
VII. Platzverweis ... 86
VIII. Ingewahrsamnahme ... 87
IX. Verbringungs- und Rückführungsgewahrsam ... 88
C. Veranstalterbezogene Vorfeldmaßnahmen ... 89
I. Verbot ... 90
II. Auflage ... 91
D. Fazit ... 91

Kapitel 5: Verfassungsrechtliche Grundlagen versammlungsspezifischer Vorfeldmaßnahmen 93

A. Grundrechtsfunktionen 93
I. Subjektiv-rechtliche Grundrechtsdimensionen 93
II. Objektiv-rechtliche Wirkungen 95
B. Staatliche Schutzpflichten 96
I. Allgemeines 96
II. Dogmatische Herleitung 97
III. Konkrete Grundrechtsbestimmungen 98
1. Art. 8 I GG 98
2. Art. 2 II 1 GG 100
3. Art. 14 I 1 GG 100
4. Transformation der Schutzpflichten in einfachgesetzliche Regelungen 101
C. Grenzüberschreitende Konstellationen 101
I. Räumlicher Geltungsbereich staatlicher Schutzpflichten 101
II. Gefahrverhinderungspflicht aus sonstigen Gründen 103
1. Zwischenstaatliches Rücksichtnahmegebot 103
2. Schengener Durchführungsübereinkommen (SDÜ) 104
3. Völkerrechtliches Interventionsverbot 104
D. Fazit 105

Kapitel 6: Der Grundsatz der Polizeifestigkeit des Versammlungsrechts im Kontext versammlungsbezogener Vorfeldmaßnahmen 107

A. Zur Polizeifestigkeit des Versammlungsrechts 107
I. Begriffsbestimmung 107
II. Vergleichbare Grundsätze 109
III. Begründungsansätze 110
1. Verwaltungsrechtlicher Art 110
2. Verfassungsrechtlicher Art 110
B. Problemkonstellationen der Polizeifestigkeit 111
I. Vorfeldmaßnahmen 111
1. Regelungsumfang des Versammlungsgesetzes 111
2. Beachtung des in Art. 19 I 2 GG verankerten Zitiergebots 112
a) Zielrichtung 113
b) Eingriffsqualität 113
c) Übergangsfrist 113
d) Stellungnahme 113

II. Minusmaßnahmen 115
III. Nichtöffentliche Versammlungen 117
C. Fazit 118

Zweiter Teil: Die Gefährderansprache als Bestandteil versammlungsspezifischer Vorfeldmaßnahmen 121

Kapitel 1: Einführende Darstellung der Rechtsfigur 123

A. Grundlegende Begriffserläuterung 123
B. Wirkungsweise 126
C. Erfolgsfördernde Faktoren 126
D. Mögliche Gefahren 127
E. Konkreter Anwendungsbereich 128
I. Versammlungslagen 128
II. Sonstige Anwendungsfelder 129
F. Fazit 130

Kapitel 2: Die Gefährderansprache unter grundrechtlichen Gesichtspunkten 131

A. Tangierte Schutzbereiche 131
I. Versammlungsfreiheit – Art. 8 I GG 131
1. Teilnehmerzahl 132
a) „Ein-Mensch-Versammlung“ 132
b) Zwei Personen 132
c) Notwendigkeit einer größeren Anzahl 133
d) Stellungnahme 133
2. Zweck der Versammlung 134
a) Weiter Versammlungsbegriff 135
b) Erweiterter Versammlungsbegriff 136
c) Enger Versammlungsbegriff 136
d) Stellungnahme 136
3. Geschützte Verhaltensweisen 140
4. Friedlichkeit 142
5. Grundrechtsträger 144
6. Fazit 146
II. Eigenständiges Grundrecht der Demonstrationsfreiheit 146
III. Meinungsfreiheit – Art. 5 I 1, 1. Hs. GG 147
1. Begriff der Meinung 148
2. Geschützte Verhaltensweisen 152

3. Verhältnis zur Versammlungsfreiheit 153
IV. Freizügigkeit – Art. 11 I GG 155
1. Aufenthaltsnahme 155
a) Abgrenzungsversuche 156
b) Aufenthaltsrelevanz der Gefährderansprache 159
2. Träger des Grundrechts 160
3. Verhältnis zu Art. 8 I GG 161
V. Ausreisefreiheit – Art. 2 I GG 162
VI. Recht auf Freiheit der Person – Art. 2 II 2 GG 163
VII. Allgemeines Persönlichkeitsrecht – Art. 2 I i.V.m. Art. 1 I GG 164
VIII. Allgemeine Handlungsfreiheit – Art. 2 I GG 166
IX. Zwischenergebnis 166
B. Eingriffsqualität der Gefährderansprache 167
I. „Klassischer“ Eingriffsbegriff 167
1. Rechtsförmigkeit 168
a) Gefährderansprache als Verwaltungsakt 168
aa) Bestimmung der einzelnen Begriffsmerkmale 169
bb) Regelungscharakter der Gefährderansprache 170
b) Zwischenfazit 172
2. Weitere Kriterien des klassischen Eingriffsbegriffs 173
II. „Moderner“ Eingriffsbegriff 174
1. Allgemeines 174
2. Verbleibender Entscheidungsspielraum 176
3. Anprangerungseffekt 177
III. Zwischenergebnis 178
C. Verfassungsrechtliche Rechtfertigung 178
I. Einschränkbarkeit der Grundrechte 179
1. Versammlungsfreiheit – Art. 8 I GG 179
2. Allgemeines Persönlichkeitsrecht – Art. 2 I i.V.m. Art. 1 I GG 181
3. Allgemeine Handlungsfreiheit – Art. 2 I GG 182
4. Fazit 182
II. Verfassungsmäßigkeit des Schrankengesetzes 182
1. Grundsatz vom Vorbehalt des Gesetzes 182
a) Abgrenzung zu den grundrechtlichen Gesetzesvorbehalten 182
b) Erforderlichkeit einer gesetzlichen Grundlage für faktisch-mittelbare Beeinträchtigungen 184
aa) Rechtsprechung des Bundesverfassungsgerichts 184
bb) Kritik 185
cc) Fehlende Übertragbarkeit auf die Konstellation der Gefährderansprache 186

2. Normative Grundlage der Gefährderansprache ... 186
a) Versammlungsgesetzliche Bestimmungen ... 186
b) Aufgabenzuweisungsnormen ... 187
c) Befragung ... 188
d) Aufenthaltsverbot ... 189
e) Gefahrenabwehrrechtliche Generalklausel ... 190
f) Zwischenfazit ... 191
3. Zitiergebot ... 191
4. Kompetenz der Landesgesetzgeber ... 193
5. Bestimmtheitsgebot ... 193
a) Allgemeines ... 193
b) Abgrenzung von Generalklausel und Standardmaßnahmen ... 194
c) Fehlende Erforderlichkeit einer Standardermächtigung für die Gefährderansprache ... 195
6. Verhältnismäßigkeit des Schrankengesetzes ... 197
7. Fazit ... 197
III. Verfassungsmäßigkeit des Einzelaktes ... 197
1. Grundsatz der Verhältnismäßigkeit ... 198
a) Legitimer Zweck ... 199
b) Geeignetheit ... 200
c) Erforderlichkeit ... 202
d) Angemessenheit ... 203
aa) Einführende Bemerkungen ... 203
bb) Spezifische Vorgaben ... 204
(1) Wechselwirkungslehre ... 204
(2) Gewicht des Persönlichkeitseingriff ... 206
cc) Angemessenheitsprüfung ... 207
(1) Abstrakte Feststellung der gegenläufigen Interessen und ihre Gewichtung ... 208
(a) Beeinträchtigte subjektive Rechte ... 208
(b) Verfolgte (Gemeinwohl-)Ziele ... 209
(2) Konkrete Ermittlung von Vor- und Nachteilen ... 210
(a) Auswirkungen auf den Betroffenen ... 211
(aa) Beeinträchtigungsintensität ... 211
(bb) Kriterien der polizeilichen Prognoseentscheidung ... 213
(α) Strafrechtlich relevante Lebenssachverhalte ... 213
(β) Gefahrenabwehrrechtliche Maßnahmen ... 215
(γ) Eintrag in Gewalttäterdateien ... 215
(δ) Öffentliche Gewaltaufrufe ... 216
(ε) Zugehörigkeit zu bestimmten Personenkreisen ... 216

(b) Konkreter Gemeinwohlgewinn ... 217
(3) Abwägung ... 218
2. Fazit ... 221

Dritter Teil: Fazit ... 223

Kapitel 1: Fazit erster Teil ... 225

Kapitel 2: Fazit zweiter Teil ... 227

Schrifttumsverzeichnis ... 229

Einleitung

In einer Demokratie muss sich der Prozess der Meinungs- und Willensbildung „vom Volk zu den Staatsorganen, nicht umgekehrt von den Staatsorganen zum Volk hin, vollziehen."[1] Versammlungen sind daher eine wesentliche Möglichkeit, um auch zwischen den Wahlen Einfluss auf die „Obrigkeit"[2] zu nehmen.[3] Sie enthalten, so *Hesse*,[4] „ein Stück ursprünglich-ungebändigter unmittelbarer Demokratie, das geeignet ist, den politischen Betrieb vor Erstarrung in geschäftiger Routine zu bewahren." Gleichzeitig darf nicht übersehen werden, dass die „latente Emotionalität einer Versammlung … sich schnell und unvermittelt entladen, enthemmende Wirkung freisetzen und in die Aggressivität und den Furor der Masse umschlagen kann."[5] Versammlungen fungieren somit nicht nur als „Lebenselixier"[6] demokratischer Staatsformen, sie sind zugleich in besonderem Maße konfliktträchtig[7] und verfügen über die „Potenz zur Gefährdung der Demokratie als geordnetes Verfahren der politischen Entscheidungsfindung und -durchsetzung."[8] Um einen friedlichen und gewaltfreien Versammlungsverlauf zu gewährleisten, setzen die Gefahrenabwehrbehörden seit geraumer Zeit verstärkt auf Maßnahmen, die bereits vor Beginn einer Versammlung zur Anwendung kommen.[9] Zu den so genannten versammlungsspezifischen „Vorfeldmaßnahmen"[10] zählt dabei unter anderem das Handlungsinstrument der Gefährderansprache. Hierbei handelt es sich um „die in einem konkreten Fall an einen potentiellen Gefahrenverursacher gerichtete Ermahnung, Störungen der öffentlichen Sicherheit zu unterlassen."[11]

---

1 *BVerfGE* 20, 56; so auch *Pötters / Werkmeister*, ZJS 2011, 222.
2 *Kloepfer*, in: *Isensee / Kirchhof*, Hdb. StaatsR, Bd. VII, S. 978.
3 *Pötters / Werkmeister*, ZJS 2011, 222, bezugnehmend auf den als „Lehrbuch der Versammlungsfreiheit" (*Gusy*, JuS 1986, 608) bezeichneten Brokdorf Beschluss des Bundesverfassungsgerichts v. 14. Mai 1985 (*BVerfGE* 69, 315).
4 *Hesse*, VerfR, S. 176; zustimmend *BVerfGE* 69, 315 (347).
5 *Depenheuer*, in: *Maunz / Dürig*, GG, Bd. II, Art. 8 Rdnr. 3.
6 *Depenheuer*, in: *Maunz / Dürig*, GG, Bd. II, Art. 8 Rdnr. 5.
7 *Pötters / Werkmeister*, ZJS 2011, 222.
8 *Depenheuer*, in: *Maunz / Dürig*, GG, Bd. II, Art. 8 Rdnr. 5.
9 *Turnit*, NVwZ 2012, 1079.
10 Etwa *Schenke*, POR, S. 239 m.w.N.
11 *Rachor*, in: *Lisken / Denninger*, Hdb. PolR, S. 540; so auch *Hebeler*, NVwZ 2011, 1364.

Ziel der vorliegenden Untersuchung ist es, sich mit der in der juristischen Diskussion bislang weitgehend vernachlässigten[12] Gefährderansprache als Bestandteil versammlungsspezifischer Vorfeldmaßnahmen näher zu befassen. Hierzu unterteilt sich die Bearbeitung in zwei Themenkomplexe.

Gegenstand des ersten Teils ist die gefahrenabwehrrechtliche Tätigkeit im Versammlungsvorfeld. Dabei richtet sich der Blick zunächst auf das Phänomen kollektiver Gewalt als Ursache versammlungsspezifischer Vorfeldmaßnahmen. Um die exakte Einordnung neuerer Formen sicherheitsbehördlichen Handelns zu ermöglichen, sollen darüber hinaus die Grundzüge der historischen Entwicklungsstufen polizeilicher Tätigkeit dargelegt werden. Hieran anknüpfend beschäftigt sich die Arbeit erstmals näher mit dem rechtlichen Konstrukt der versammlungsspezifischen Vorfeldmaßnahme. Dies betrifft insbesondere die begriffliche Klärung sowie die Frage nach dem genauen Regelungsstandort. Die Bearbeitung liefert schließlich in einem weiteren Schritt eine ausführliche Darstellung der gängigen versammlungsspezifischen Vorfeldmaßnahmen, um sodann deren verfassungsrechtliche Grundlagen zu beleuchten. Im letzten Kapitel des ersten Teils ist schließlich der Frage nachzugehen, ob der Grundsatz der Polizeifestigkeit im Widerspruch zu den versammlungsspezifischen Vorfeldmaßnahmen stehen könnte.

Demgegenüber beschäftigt sich der zweite Teil der Bearbeitung speziell mit der Gefährderansprache. Zentrale Bedeutung kommt dabei der Analyse unter grundrechtlichen Gesichtspunkten zu. Diese orientiert sich an der „klassischen" Struktur der Grundrechtsprüfung. Es stellt sich somit zunächst die Frage nach den von der Gefährderansprache tangierten Schutzbereichen, um sodann die grundrechtseingreifende Wirkung der Maßnahme zu erörtern. Daran anschließend soll untersucht werden, ob ein (möglicher) Eingriff gegebenenfalls gerechtfertigt werden kann. Hierzu wird das Augenmerk nicht zuletzt auf den Gesichtspunkt der Verhältnismäßigkeit zu lenken sein, der „als praktisch wichtigste Anforderung an Grundrechtsbeschränkungen"[13] gilt.

12 So zu Recht *Hebeler*, NVwZ 2011, 1364.
13 *Sachs*, GG, Art. 20 Rdnr. 146.

Erster Teil: Sicherheitsbehördliche Tätigkeiten im Versammlungsvorfeld

Kapitel 1: Das Phänomen kollektiver Gewalt im Rahmen von Versammlungen[14]

Ziel des ersten Kapitels ist es, das Phänomen kollektiver Gewalt im Rahmen von (Groß-)Versammlungen näher zu beleuchten. Hierzu geht die Bearbeitung eingangs der Frage nach, wo genau die Schauplätze gewaltsamer Auseinandersetzungen zu finden sind. In einem weiteren Schritt widmet sie sich sodann den Entwicklungslinien der jüngeren Vergangenheit, um anschließend die Ursachen kollektiver Gewalt zu thematisieren. Zuletzt sollen die sicherheitsbehördlichen Tätigkeiten zur Verhinderung der Gewalt in den Blick genommen werden.

A. Internationale politische Gipfeltreffen als Schauplätze gewaltsamer Auseinandersetzungen

Auch wenn es sich bei den alljährlich stattfindenden internationalen politischen Gipfeltreffen um Zusammenkünfte unterschiedlichster Institutionen handelt, so ähnelt sich die mediale Berichterstattung bisweilen stark. Gemeint sind jedoch nicht die obligatorischen Gruppenfotos der teilnehmenden Staatsoberhäupter, sondern die im kollektiven Bildgedächtnis[15] mittlerweile ebenso fest verankerten Szenen ritualisierter Gewalt abseits des eigentlichen Geschehens. Bezeichnen sich die Verursacher jener Geschehnisse oftmals als „Globalisierungsgegner",[16] so scheint ihnen an einer inhaltlichen Auseinandersetzung mit dem durchaus zweischneidigen Schwert[17] der Globalisierung in aller Regel nicht gelegen.[18] Der breiten Masse friedlicher Demonstranten wird so pauschal das Stigma gewalttätiger

---

14 Zum Problem der Gewalt bei Sportgroßveranstaltungen s. *Deusch*, Polizeiliche Gefahrenabwehr bei Sportgroßveranstaltungen, S. 29 ff.

15 Dies betrifft etwa die Zusammenkünfte der „Gruppe der Acht" (Genua, 2001, sowie Heiligendamm, 2007), der Gruppe der zwanzig wichtigsten Industrie- und Schwellenländer (London, 2009), des Europäischen Rates (Göteborg, 2001), der Welthandelsorganisation (Seattle, 1999) sowie der NATO (Straßburg, 2009).

16 Zum Begriff der Globalisierung sowie den zentralen Motiven deren Gegner vgl. exemplarisch *Weiß*, Die Polizei 2003, 121.

17 So *Ernst Ulrich v. Weizsäcker*, ehemaliger Vorsitzende der vom Bundestag eingesetzten Enquete-Kommission „Globalisierung der Weltwirtschaft", www.dw.de/risiken-der-globalisierung/a-600631 v. 30. Juli 2002 (Sämtliche sich auf das Internet beziehenden Zitate wurden letztmals am 20. Januar 2014 auf ihre Aktualität hin überprüft).

18 Eindrucksvoll insoweit einen Beitrag des ZDF-Nachrichtenmagazins Frontal 21 v. 05. Juni 2007, die Geschehnisse in Rostock / Heiligendamm aufgreifend.

Extremisten zuteil.[19] Dabei gilt es zu festzuhalten, dass sich trotz der heterogenen Struktur der Protestszene[20] die überwiegende Mehrheit der Globalisierungskritiker weitgehend friedlich engagiert. Demgegenüber erscheint einer gewaltbereiten, die Anliegen der Gegenseite diskreditierenden Minderheit jeder Anlass recht, den Staat herauszufordern.[21] Nicht zuletzt der deutschen Öffentlichkeit sind die Vorkommnisse anlässlich des G8-Gipfels in Heiligendamm noch präsent, prägten sie doch die damalige Medienberichterstattung in beachtlichem Maße.[22] Doch genau wie die Veranstaltungsorte von G8-, G20-, Nato- und EU-Gipfeln, Weltwirtschaftsforen und Sicherheitskonferenzen auf allen Kontinenten zu finden sind, stellt sich auch das im Umfeld dieser Veranstaltungen zu beobachtende Gewaltphänomen als ein globales, nicht auf bestimmte Länder und Regionen zu begrenzendes, dar.[23] Ziel der Gewaltaktionen sind zum einen die vor Ort agierenden staatlichen Sicherheitsbehörden.[24] Dabei variieren die Erscheinungsformen konfliktträchtiger Interaktion zwischen verbalen Provokationen, vereinzelten Stein- und Flaschenwürfen sowie ausgewachsenen Straßenschlachten.[25] Ebenso häufig zu verzeichnen sind die so genannten „objektbezogenen Gewalttaten".[26] Hierbei handelt es sich um die Verwüstung von Objekten, die aufgrund ihrer Symbolik[27] oder eines thematischen Zusammenhangs ins Visier der Täter geraten.[28] Ausgangspunkte gewaltsamer Aktionen sind nicht selten die im näheren

---

19 *Weiß*, Die Polizei 2003, 121 (123).

20 *Weiß*, Die Polizei 2003, 121 (124); *Laum*, Die Polizei 2007, 341 (347).

21 *Dietrich*, Die Gewalt der Kapuzenmänner, www.faz.net/-00pi40 v. 04. Juni 2007.

22 Vgl. hierzu nur Randale in Rostock – 430 verletzte Polizisten, www.spiegel.de/politik/deutschland/0,1518,486280,00.html vom 02. Juni 2007; „Mit solchem Hass haben wir nicht gerechnet", www.sueddeutsche.de/politik/demonstrationen-gegen-g-gipfel-mit-solchem-hass-haben-wir-nicht-gerechnet-1.779017 v. 04. Juni 2007; G-8-Krawalle in Rostock: Polizei fordert Gummigeschosse, www.zeit.de/news/artikel/2007/06/04/104827.xml v. 04. Juni 2007; zur rechtlichen Dimension der Vorgänge anlässlich des G8-Gipfels von Heiligendamm s. etwa den gleichnamigen Fall bei *Degenhart*, KK StaatsR II, S. 368 ff.

23 S. Fn. 14.

24 Etwa *Laum*, Die Polizei 2007, 341 (347).

25 Ebda.

26 Der in diesem Kontext zu beobachtende Vandalismus zeichnet sich insbesondere durch die Begehung von Brandstiftungs- und Sachbeschädigungsdelikten aus (Beispielhaft *Laum*, Die Polizei 2007, 341 [345]).

27 Dies betrifft beispielsweise ortsansässige Niederlassungen global agierender Konzerne.

28 *Schreiber / Adang*, Die Polizei 2008, 346 (348). So kam es beispielsweise in London anlässlich des dort im Jahre 2009 veranstalteten G20-Gipfels zur Stürmung einer Filiale der Royal Bank of Scotland (G20-Gegner stürmen RBS-Filiale, www.handelsblatt.com/

Umfeld der Veranstaltungsorte errichteten Protestcamps, die von einzelnen Gewalttätern gezielt als Rückzugsraum und „Basislager" missbraucht werden.[29] Gewaltsame Konflikte im Zuge der unter enormer medialer Beobachtung stehenden internationalen politischen Gipfeltreffen haben sich seit Ende der 1990er Jahre kontinuierlich etabliert.[30] Als Wendepunkt der jüngeren Vergangenheit gilt gemeinhin die 1999 im amerikanischen Seattle veranstaltete Konferenz der Welthandelsorganisation (WTO), die in Folge massiver Ausschreitungen frühzeitig abgebrochen werden musste.[31] Das Phänomen kollektiver Gewalt erweist sich seitdem als regelmäßige Begleiterscheinung entsprechender Veranstaltungen.

B. Gewaltsame Verläufe und Ausschreitungen im Zuge sonstiger Veranstaltungen

Gewalttätige Auseinandersetzungen lassen sich jedoch keineswegs nur im Umfeld internationaler politischer Gipfeltreffen beobachten. Grundsätzlich gilt, dass Veranstaltungen, die sich durch ein Zusammentreffen größerer Menschenmengen auszeichnen, über ein spezifisches Gefahrenpotential verfügen.[32] Entsprechend konfliktträchtige Veranstaltungen werden im Folgenden exemplarisch dargestellt.

---

politik/international/g20-gegner-stuermen-rbs-filiale;2222722 v. 01. April 2009). Im selben Jahr richteten sich während des Straßburger NATO-Gipfels gewaltsamen Aktionen u.a. gegen ein Hotel der Ibis-Kette, das durch mehrerer Brandsätze vollständig zerstört wurde (Hotel in Straßburg in Flammen, www.sueddeutsche.de/politik/nato-gipfel-in-strassburg-und-kehl-hotel-in-strassburg-in-flammen-1.412756 v. 04. April 2009).

29 *Laum*, Die Polizei 2007, 341 (347). Zur so genannten „Campproblematik" im Zuge von Castortransporten bzw. der sie begleitenden Protestveranstaltungen vgl. *Reime*, Die Polizei 2001, 227 (231). Gleichwohl ist auch an dieser Stelle darauf hinzuweisen, dass dies nur auf einen Teil der dort untergebrachten Personen zutrifft.

30 *Weiß*, Die Polizei 2003, 121 (122 f.). Die Ursprünge sind nicht von ungefähr in diesem Zeitraum zu finden: Was mit jahrelangen gewalttätigen Auseinandersetzungen um eine Bodenreform in der mexikanischen Provinz Chiapas zwischen der Bewegung der Zapatisten und der mexikanischen Regierung begann, gipfelte schließlich am 22. Dezember 1997 in einem an 45 Zivilisten verübten Massaker. Ein Ereignis, das nicht selten als moralische Legitimationsgrundlage eines gegen staatliche Institutionen gerichteten gewaltsamen Protests missbraucht wurde (*Weiß*, Die Polizei 2003, 121 [122 m.w.N]; näher hierzu auch *Lacey*, 10 years later, Chiapas massacre still haunts Mexico, www.nytimes.com/2007/12/23/world/americas/23acteal.html v. 23. Dezember 2007).

31 *Kuhn / Schumacher*, WeltTrends (55) 2007, 25 ff.

32 *Schmalzl*, Die Polizei 2004, 108.

I. Versammlungslagen

Obgleich Versammlungen und Aufzüge in den allermeisten Fällen als friedlich zu qualifizieren sind,[33] kommt es im Zuge einzelner Protestgeschehnisse immer wieder zu gewaltsamen Eskalationen.

So sehen sich etwa die Sicherheitsbehörden in Berlin am ersten Mai jeden Jahres mit einer mehrdimensionalen Versammlungslage konfrontiert,[34] in deren Verlauf es seit nunmehr über 20 Jahren zum wiederkehrenden Ausbruch ritualisierter Gewaltexzesse kommt.[35] Während die tagsüber veranstalteten Straßenfeste und Demonstrationszüge überwiegend ruhig verlaufen, entlädt sich meist in den Abendstunden die angespannte Atmosphäre des Tages und es kommt – im Schutze der Dunkelheit sowie unter Ausnutzung einer aus friedlichen Personen bestehenden Deckungsmasse[36] – zu Krawallen.[37] Anlässlich der abendlichen „Revolutionären Mai-Demonstration" lieferten sich Gewalttäter und Polizei auf diese Weise im Jahre 2009 die seit Jahren schwersten Auseinandersetzungen bis weit in die frühen Morgenstunden.[38] Die ritualisierten Ausschreitungen, an denen sich vorwiegend Personen aus dem linksautonomen Spektrum sowie jugendliche Randalierer ohne politischen Hintergrund beteiligen,[39] richten sich primär gegen die vor Ort eingesetzten Polizeikräfte, deren bloße Anwesenheit von Vielen als Provokation aufgefasst wird und einen willkommenen Anlass für

33 *Bühring*, Demonstrationsfreiheit für Rechtsextremisten?, S. 27; *Hasselmann*, Berlin ist die Hauptstadt der Demonstranten, www.tagesspiegel.de/berlin/berlin-ist-die-hauptstadt-der-demonstranten/1648004.html v. 14. Dezember 2009, am Beispiel der Stadt Berlin.

34 Bezogen auf das Jahr 2007 *Wulff*, Die Polizei 2007, 305 (308 f.). Neben der weithin bekannten so genannten „Revolutionären Mai-Demonstration" werden darüber hinaus thematisch vergleichbare Versammlungen abgehalten.

35 Einen kurzen historischen Abriss der Geschehnisse liefert *Wulff*, Die Polizei 2006, 88.

36 *Knape*, Die Polizei 2001, 249 (250); *ders.*, Die Polizei 2004, 101 (102).

37 Beispielhaft: Randale in Berlin – Mehr Verletzte, mehr Festnahmen, mehr Gewalt, www.spiegel.de/politik/deutschland/0,1518,622459,00.html v. 02. Mai 2009. Von einer so genannten „Massenmilitanz" spricht diesbezüglich der Verfassungsschutz (Verfassungsschutzbericht 2012, S. 160).

38 Krawalle am 1. Mai – „Polizisten zur Steinigung freigegeben", www.faz.net/-00ojgf v. 03. Mai 2009; *Wittrock*, Mai-Randale in Berlin – Krawalle erschüttern Kreuzberg, www.spiegel.de/politik/deutschland/0,1518,622415,00.html v. 02. Mai 2009.

39 *Knape*, Die Polizei 2001, 249; zur – mitunter absurde Züge annehmenden – Heterogenität des Teilnehmerkreises s. im Übrigen *Wulff*, Die Polizei 2006, 88 (93).

Stein- und Flaschenwürfe bietet.[40] Auch wenn die Kreuzberger Gewaltrituale deutschlandweit noch eine Ausnahmeerscheinung darstellen, sind mittlerweile auch in anderen Städten vergleichbare Vorkommnisse zu beobachten.[41]

Ein besonders hohes Gewaltpotential weisen darüber hinaus Versammlungen der rechtsextremistischen Szene auf. In deren Verlauf wird erfahrungsgemäß weniger die Konfrontation mit Ordnungskräften, als vielmehr die gezielte gewaltsame Auseinandersetzung mit Gegendemonstranten des linken Lagers gesucht.[42] Die Verhinderung eines direkten Aufeinandertreffens beider Seiten ist trotz enormer personeller Anstrengungen oftmals nur schwer zu gewährleisten. Hinzu kommt, dass einzelne Versammlungsgegner mitunter schon im Vorfeld in Erscheinung treten, indem sie etwa der anderen Seite das Erreichen des Veranstaltungsortes zu erschweren versuchen.[43]

Gewaltsame Konflikte prägten eine geraume Zeit lang auch Versammlungen der westdeutschen antiatomaren Bürgerbewegung. Exemplarisch ist die auf dem Höhepunkt der Proteste gegen das in den 1970er und 80er Jahren gebaute Kernkraftwerk Brokdorf in der holsteinischen Wilstermarsch veranstaltete Großkundgebung vom 28. Februar 1981 zu nennen.[44] Im Verlauf der Demonstration, an der sich circa 100.000 Menschen beteiligten, kam es zu teils erheblichen Auseinandersetzungen zwischen Polizei und Protestierenden.[45] Im Lager der Atomkraftgegner vollzog sich dabei eine für alle sichtbare Abspaltung militanter Gruppen von dem ganz überwiegend friedlichen, sich durch passiven Wiederstand auszeichnenden Teil.[46] Zwar waren Veranstaltungen dieser Dimension in den letzten Jahren nicht zu verzeichnen; stattdessen kommt es jedoch im Zuge so genannter Castortransporte in deutsche Atommüllzwischenlager immer wieder zu Demonstrationen

---

40 *Wittrock*, Mai-Randale in Berlin – Krawalle erschüttern Kreuzberg, www.spiegel.de/politik/deutschland/0,1518,622415,00.html v. 02. Mai 2009.

41 Dies betrifft allen voran die Geschehnisse im Hamburger Schanzenviertel, die denen in Berlin auf frappierende Weise ähneln.

42 Beispielhaft *Knape/Falkenhagen*, Die Polizei 2006, 232.

43 Vgl. hierzu – unter rechtlichen Gesichtspunkten – *Behmenburg*, LKV 2003, 500; ferner Neonazi-Demo – Anschläge stören den Bahnverkehr, www.spiegel.de/politik/deutschland/0,1518,723539,00.html v. 16. Oktober 2010.

44 Die juristischen Auseinandersetzungen um die Genehmigung dieser Demonstration mündeten bekanntermaßen in der ersten Grundsatzentscheidung des BVerfG zum Versammlungsrecht, dem so genannten Brokdorf-Beschluss (*BVerfGE* 69, 315).

45 Etwa *Bahnsen*, Wie Brokdorf zum Symbol wurde, www.welt.de/regionales/hamburg/article88919/Wie-Brokdorf-zum-Symbol-wurde.html v. 20 Oktober 2006.

46 Zu den auswirkungsreichen Geschehnissen von Brokdorf s. auch *Aust*, Brokdorf. Symbol einer politischen Wende, 1981.

und Auseinandersetzungen, die sich bisweilen nicht auf Sitz- und Gleisblockaden beschränken.[47]

II. Sportgroßveranstaltungen

Einen weiteren Schauplatz kollektiver Gewaltbereitschaft stellen die allwöchentlich unter dem Dach der Deutschen Fußball Liga (DFL), des Deutschen Fußball-Bundes (DFB) sowie der einzelnen Landesverbände ausgetragenen Sportgroßveranstaltungen dar. Das Phänomen der Gewalt – in diesem Zusammenhang auch besser bekannt unter dem Schlagwort des „Hooliganismus"[48] – fand in Deutschland erst in den 70er-Jahren des vergangenen Jahrhunderts größere Beachtung.[49] Mittlerweile ist es nicht nur in den höchsten Spielklassen, sondern gerade auch in den unteren Ligen aufgrund der dort vergleichsweise geringen Polizeipräsenz zu beobachten.[50] Je nach Verein, Ligazugehörigkeit, Spielpaarung sowie weiteren Faktoren variiert die Zahl der involvierten Beteiligten zwischen einigen Wenigen und mehreren Hunderten. Unabhängig davon, ob diese Veranstaltungsformen als Versammlungen im verfassungsrechtlichen Sinne einzustufen sind – wofür aufgrund der Konsumentenstellung der Zuschauer hinsichtlich einer auf Unterhaltung und kommerziellen Erfolg ausgerichteten Veranstaltung sowie der allenfalls beiläufigen Natur der öffentlichen Meinungskundgabe wenig Anhaltspunkte ersichtlich sind[51] – sollen sie aufgrund ihres im Vergleich zur „klassischen" Versammlungslage völlig eigenen Charakters sowie der daraus resultierenden Folgeprobleme nicht Gegenstand der weiteren Bearbeitung sein. Der Vollständigkeit halber sind sie jedoch im Kontext der gewaltgeneigten Veranstaltungen anzuführen, finden sich doch in ihrem Vorfeld nahezu alle gefahrenabwehrrechtlichen Maßnahmen wieder, die von den Behörden auch im Versammlungsvorfeld angewandt werden.[52]

---

47 *Reime*, Die Polizei 2001, 227 (233). S. darüber hinaus auch *Gremmler*, Die Polizei 2005, 295; *Oltersdorf*, Die Polizei 2005, 285.

48 Vertiefend zum Begriff des „Hooliganismus" *Meier*, Hooliganismus in Deutschland, 2001; *Weigelt*, Die Subkultur der Hooligans, 2004.

49 *Krahm*, Polizeiliche Maßnahmen zur Eindämmung von Hooligangewalt, S. 38 m.w.N.

50 *Kamp*, Risikospiele in der Fußball-Oberliga – Kleine Stellvertreterkriege, www.faz.net/-00nc1p v. 08. November 2009.

51 *Deusch*, Polizeiliche Gefahrenabwehr bei Sportgroßveranstaltungen, S. 77; *Höfling*, in: *Sachs*, GG, Art. 8 Rdnr. 16 m.w.N.; *Pieroth / Schlink / Kingreen / Poscher*, GRe, S. 189 m.w.N.

52 Näher hierzu *Deusch*, Polizeiliche Gefahrenabwehr bei Sportgroßveranstaltungen, 2005; *Krahm*, Polizeiliche Maßnahmen zur Eindämmung von Hooligangewalt, 2008;

C. Die Entwicklung kollektiver Gewalt in der jüngeren Vergangenheit

Um ein genaueres Bild der soeben beschriebenen Erscheinungsform kollektiver Gewalt zu gewinnen, bedarf es einer über die isolierte Betrachtung einzelner Geschehnisse hinausgehenden Darstellung dieses Phänomens. Die Entwicklung der jüngeren Vergangenheit aufgreifend, stellt sich an diesem Punkt zunächst die Frage nach einem möglichen Zuwachs kollektiver versammlungsbezogener Gewalt. Gleichzeitig gilt es zu klären, ob sich die das Erscheinungsbild kollektiver Gewalt kennzeichnenden Merkmale und Strukturen verändert haben.

I. Gewaltzuwachs

Die Beantwortung der Frage nach einem Zuwachs kollektiver Gewalt gestaltet sich schwierig. Mangels langfristiger Vergleichsstudien zur Begehung von Gewalttaten im versammlungsspezifischen Kontext lässt sich ein solcher Anstieg statistisch nicht zweifelsfrei belegen. An diesem Umstand vermögen auch die von den Sicherheitsbehörden nach Beendigung einer Veranstaltung erteilten Auskünfte über die Anzahl freiheitsentziehender Maßnahmen sowie verletzter Personen nichts zu ändern. Hierbei handelt es sich im Rahmen einer mehrdimensionalen Betrachtung allenfalls um einen ersten – zum Teil mit gewisser Vorsicht zu genießenden[53] – Indikator.[54]

Genauere Aufschlüsse könnten jedoch die alljährlich vom Bundesministerium des Inneren veröffentlichten Fallzahlen zur politisch motivierten Kriminalität liefern. Ihnen lässt sich seit dem Jahr 2003 ein kontinuierlicher Anstieg entsprechender Straftaten entnehmen, der 2009 seinen vorläufigen Höhepunkt

---

Stümper, Die Gewährleistung der öffentlichen Sicherheit und Ordnung bei Großsportveranstaltungen, 2002.

53 Gerade die Anzahl der verletzten Polizeibeamten erwies sich in der Vergangenheit als mitunter zweifelhaft. Beispielhaft: Rostock-Krawalle – Zahl der Verletzten zweifelhaft, www.focus.de/politik/deutschland/g8-gipfel/rostock-krawalle_aid_62405.html v. 04. Juni 2007; *Arzt / Gathmann*, Clown-Attacken – Attentat mit Pustefix?, www.spiegel.de/politik/deutschland/0,1518,486816,00.html v. 05. Juni 2007; Tag der Arbeit – 1. Mai: Polizisten warnen vor Gewaltorgie, www.tagesspiegel.de/berlin/erstermai/1-mai-polizisten-warnen-vor-gewaltorgie/1806782.html v. 23. April 2010.

54 So lässt die bloße Anzahl freiheitsentziehender Maßnahmen weder einen Rückschluss auf deren Rechtmäßigkeit zu, noch ist ihr zu entnehmen, ob es tatsächlich zur Begehung von Straftaten bzw. zu deren rechtskräftiger Verurteilung gekommen ist.

fand.[55,56] Dem steht jedoch entgegen, dass die Angaben zwar zwischen einer Vielzahl unterschiedlicher Tatbestände differenzieren, eine gesonderte Bezugnahme auf das Versammlungsgeschehen allerdings fehlt.

Größeren Erfolg als die Suche nach statistischen Grundlagen verspricht möglicherweise ein konkreter Blick auf die Geschehnisse der letzten Jahre. Verschärfte sich bereits ab 1998 der Protest globalisierungskritischer Bewegungen,[57] so gilt der 1999 in Seattle veranstaltete WTO-Gipfel gemeinhin als Wendepunkt der jüngeren Vergangenheit.[58] In dessen Verlauf offenbarte sich eine bis dato unbekannte, völlig neue Dimension kollektiver Gewalt,[59] die zwei Jahre später anlässlich des Weltwirtschaftsgipfels in Genua ihren negativen Höhepunkt erreichte. Hinsichtlich der Kreuzberger Maikrawalle kann eine vergleichbare zeitliche Zäsur bereits auf das Jahr 1987, in dem es erstmals zu gewaltsamen Ausschreitungen kam, datiert werden.[60] In beiden Fällen kommt es seitdem zu einem ständigen, immer wiederkehrenden Aufflammen ritualisierter Gewalt. Dabei sind es Geschehnisse wie in Heiligendamm oder Straßburg,[61] die geradezu reflexhafte Behauptungen hervorrufen, die Gewalt nehme stetig zu. Nicht zuletzt die mediale Berichterstattung trägt in Teilen zur Entstehung eines solchen Eindrucks bei.[62] Die Vielzahl friedlicher Protestveranstaltungen bleibt hingegen allzu oft unerwähnt. Ob die Gewalt somit tatsächlich signifikant gestiegen oder aber auf einem mehr oder minder

---

55 Abrufbar unter www.bmi.bund.de.

56 Zu der von der „Ständigen Konferenz der Innenminister und -senatoren des Bundes und der Länder (IMK)“ entwickelten Definition des Begriffs der politisch motivierten Kriminalität s. den Verfassungsschutzbericht des Bundes 2012, S. 35 f.

57 *Weiß*, Die Polizei 2003, 121 (123). Als ein Ausgangspunkt hierfür sei an dieser Stelle noch einmal an das von Paramilitärs am 22. Dezember 1997 im mexikanischen Acteal verübte Massaker an 45 Menschen erinnert (S. auch Fn. 30).

58 *Kuhn / Schumacher*, WeltTrends (55) 2007, 25 ff.

59 Diese zeichnete sich u.a. durch die Beteiligung mehrerer tausend gewaltbereiter Demonstranten aus. Als Reaktion auf die schweren Ausschreitungen, in deren Rahmen es auch zu unmittelbaren Angriffen auf einzelne Delegierte kam, sahen sich die zuständigen Behörden gezwungen, den Notstand auszurufen und eine Ausgangssperre zu verhängen. Zu den mitunter auch als „the battle of Seattle“ bezeichneten Geschehnissen, die nicht zuletzt den vorzeitigen Abbruch des Gipfeltreffens zur Folge hatten, vgl. Seattle – Straßenschlachten überschatten WTO-Gipfel, www.spiegel.de/politik/ausland/0,1518,54872,00.html v. 01. Dezember 1999.

60 *Wulff*, Die Polizei 2006, 88.

61 Vgl. 1. Teil 1. Kap. A.

62 So auch *Klug*, Die Polizei 2004, 1, bezugnehmend auf die Berliner Maikrawalle.

gleichbleibenden, zweifelsohne nicht zufriedenstellenden Niveau verblieben ist, lässt sich nicht eindeutig beantworten.[63]

Dies kann jedoch nicht darüber hinwegtäuschen, dass – im Gegensatz zur Quantität – zumindest die Qualität der Gewaltausübung regelmäßig neue Ausmaße erreicht. Anzeichen für eine erhöhte Aggressionsbereitschaft und ein sukzessives Absinken der Hemmschwelle lieferten beispielsweise die Vorkommnisse anlässlich des G8-Gipfels von Heiligendamm sowie die Berliner Maikrawalle 2009. Letztere sorgten für besonderes Aufsehen, hatte die Staatsanwaltschaft doch erstmals in der Geschichte der Maikrawalle Anklage wegen versuchten Mordes erhoben.[64] Hinsichtlich des G8-Gipfels in Heiligendamm wird vor allem der äußerst brutale Angriff auf ein Polizeifahrzeug durch Mitglieder des so genannten „Schwarzen Blocks" in Erinnerung bleiben.[65] Eine neue, bis dato nicht für möglich gehaltene Eskalationsstufe wurde schließlich durch den im Juni 2010 in Berlin am Rande einer Versammlung gegen Sozialabbau verübten Sprengstoffanschlag gegen Polizeibeamte erreicht.[66] Gleichzeitig ist es in Hamburg anlässlich einer Demonstration für den Erhalt des Kulturzentrums „Rote-Flora" im Dezember 2013 zu den seit Jahren schwersten Ausschreitungen gekommen, bei denen selbst auf Unbeteiligte keine Rücksicht genommen wurde.[67]

Insgesamt muss konstatiert werden, dass ein tatsächlicher Anstieg kollektiver Gewalttaten im Verlauf der letzten Jahre nicht zweifelsfrei zu belegen ist.

---

63 Anders hingegen *Gremmler*, Die Polizei 2005, 295, der von einer zunehmenden „Tendenz zu Gewaltbereitschaft und Gewaltausübung" – sowohl auf Seiten der Demonstranten als auch auf Seiten der Polizei – spricht.

64 S. u.a. Mai-Krawalle: Haftbefehle gegen Gewalttäter, www.zeit.de/online/2009/19/mai-krawalle-polizei v. 04. Mai 2009; Berliner Mai-Krawalle: Richterin spricht Schüler von Vorwurf des Mordversuchs frei, www.spiegel.de/politik/deutschland/berliner-mai-krawalle-richterin-spricht-schueler-von-vorwurf-des-mordversuchs-frei-a-674603.html v. 28. Januar 2010.

65 Diese attackierten aus wenigen Metern Entfernung das ungesicherte Auto und die sich in ihm befindenden Personen mit Pflastersteinen, bis den Beamten die Flucht gelang (*Laum*, Die Polizei 2007, 341 [345]).

66 Neue Stufe der Gewalt – Anschlag auf Polizisten: Ein Sprengsatz und die Folgen, www.tagesspiegel.de/berlin/polizei-justiz/anschlag-auf-polizisten-ein-sprengsatz-und-die-folgen/1859372.html v. 15. Juni 2010.

67 Rote-Flora-Demonstration endet in Gewalt, www.zeit.de/politik/deutschland/2013-12/hamburg-demonstration-rote-flora v. 21. Dezember 2013.

Gleichwohl scheint die Begehung der Taten von zunehmender Intensität und Kompromisslosigkeit geprägt zu sein.[68]

II. Zunehmende „Perfektionierung"

Darüber hinaus hat sich auch die Tatbegehung als solche, die Art und Weise der Gewaltausübung im Kollektiv, einem Wandel unterzogen. So zeichnet sich die Entwicklung der vergangenen Jahre durch eine zunehmende „Perfektionierung" der Vorgehensweise aus.[69] Insbesondere die im Zuge unterschiedlichster Veranstaltungen anzutreffenden Teilnehmer so genannter „Schwarzer Blöcke"[70] agieren in der Regel nicht als lose Ansammlung einzelner Personen, sondern als ein straff organisierter, von einer vertieften Vernetzung mit vergleichbaren Gruppen profitierender sowie der Führung erfahrener Mitglieder unterstehender Verbund, dessen Gewaltexzesse oftmals das Ergebnis einer vorherigen, teils minutiösen Planung sind.[71] Dies zeigt sich beispielsweise anhand der tatteiligen, ein gezieltes Bündeln eingesetzter Polizeikräfte bezweckenden Vorgehensweise in Kleingruppen[72] sowie der gemeinsamen Nutzung einstudierter Rückzugswege.[73] Im konkreten Geschehensverlauf ist es zudem der selbstverständliche Gebrauch technischer Kommunikationsmittel, der es den Beteiligten erlaubt, die gewählten Tatorte lageabhängig ebenso schnell aufzusuchen wie zu verlassen. Kennzeichnend für die „Perfektionierung" ist darüber hinaus ein zunehmend geschickterer Umgang mit den Medien, denen im Zeitalter der postmodernen

---

68 In diese Richtung auch die von offizieller Stelle verlautbarten Aussagen hinsichtlich eines seit Heiligendamm steigenden „Aggressionsspiegels": Linksextreme Straftaten – Das linke Milieu schlägt zu, www.stern.de/politik/deutschland/linksextreme-straftaten-das-linke-milieu-schlaegt-zu-1527896.html v. 09. Dezember 2009.

69 Ähnlich *Franke*, Die Polizei 2008, 93 (94).

70 Näher zur Begriffsbezeichnung, dem Erscheinungsbild sowie der nach außen erzeugten Wirkung *Limmer*, Rechtliche Grenzen der Einschüchterung im Versammlungsrecht, S. 26 ff. Vgl. zum Begriff des „Schwarzen Blocks" auch *Schreiber / Adang*, Die Polizei 2008, 346 (346). Eine von der Landesregierung Baden-Württembergs erfolgte Antwort auf die Große Anfrage der CDU Fraktion (LT-Dr 14/1588 v. 24. Juli 2007) unterstreicht überdies zu Recht, dass die primäre Zielsetzung des „Schwarzen Blocks" gerade nicht das Vertreten einer politischen Meinung, sondern die Ausübung von Gewalt ist.

71 Verwiesen sei an dieser Stelle erneut auf den bereits erwähnten Beitrag des ZDF-Nachrichtenmagazins Frontal 21 v. 05. Juni 2007, die Geschehnisse in Rostock / Heiligendamm betreffend.

72 *Laum*, Die Polizei 2007, 341 (346).

73 S. Fn. 71.

Informationsgesellschaft eine Schlüsselrolle anheim fällt.[74] Zwecks medienwirksamer Erfolgserlebnisse wird die Polizei teils bewusst in die „Gewaltfalle"[75] gelockt, ist es doch gerade das überzogen und brutal erscheinende Vorgehen der Sicherheitskräfte, das dankbare Abnehmer auf Seiten der Medienberichterstatter findet.[76]

III. Ausblick

Wie sich die Entwicklung mittel- und langfristig gestalten wird, lässt sich nur schwer einschätzen, sind entsprechende Prognosen letztendlich immer mit einem erheblichen Unsicherheitsfaktor behaftet. Vieles spricht jedoch dafür, dass es sich bei der vorbezeichneten Ausprägung kollektiver Gewalt nicht bloß um ein kurzzeitiges Phänomen handelt. So könnte insbesondere die noch nicht dauerhaft überwundene und in ihren gesellschaftspolitischen Folgen nur schwer einzuschätzende Finanz- und Wirtschaftskrise den Akteuren in die Hände spielen, bietet sie ihnen – als vermeintliche[77] Folge der Globalisierung – doch die notwendige moralische Legitimation fortdauernder gewaltsamer Proteste.

D. Entstehung und Ursachen kollektiver Gewaltausübung

Eine vollständige Übereinstimmung politischer Entscheidungsfindung mit den Erwartungen und Ansprüchen der Bevölkerungsmehrheit wird (wohl) immer die Ausnahme darstellen.[78] Zwangsläufig sehen sich die staatlichen Institutionen daher mit bestimmten Formen der Gegenreaktion, dem Versuch einer wie auch immer gearteten Einflussnahme auf die Entscheidungsträger, konfrontiert.[79] Hierzu zählt nicht zuletzt die Inanspruchnahme des verfassungsrechtlich verankerten Versammlungsrechts.[80] Worin die Ursachen dafür bestehen, dass es im

---

74 *Franke*, Die Polizei 2008, 93 (99 m.w.N.).

75 *Schmalzl*, Die Polizei 2004, 108 (109).

76 *Schmalzl*, Die Polizei 2004, 108 (109 m.w.N.). Dies darf jedoch nicht darüber hinwegtäuschen, dass auch das Vorgehen polizeilicher Einsatzkräfte oftmals Anlass zu berechtigter Kritik liefert (Vgl. auch 1. Teil 1. Kap. D. II. 3. b)).

77 So weist beispielsweise das Institut der Deutschen Wirtschaft Köln darauf hin, dass die Kernursachen der Finanzkrise nur wenig mit der Globalisierung zu tun haben (Ursachen der Finanzkrise, www.iwkoeln.de/de/infodienste/iw-dossiers/kapitel/begriff-messung-kontroversen/beitrag/ursachen-der-finanzkrise-20205 v. 10. August 2010).

78 *Franke*, Die Polizei 2008, 93.

79 *Franke*, Die Polizei 2008, 93.

80 *Franke*, Die Polizei 2008, 93.

Zuge bestimmter Versammlungen zum Ausbruch kollektiver Gewalt[81] kommt, wird im Folgenden näher untersucht.

I. Ausgangspunkte

Hinsichtlich der konkreten Entstehung kollektiver Gewalt lassen sich zwei Ausgangspunkte voneinander unterscheiden: Spontane und geplante Gewalt.[82] Spontane Formen von Gewalt sind in aller Regel auf so genannte „frictions"[83] zurückzuführen.[84] Solche Reibungen können sowohl im Verhältnis der Demonstranten untereinander als auch in Interaktion mit der Polizei entstehen.[85] Demgegenüber zeichnet sich die geplante Gewalt dadurch aus, dass ein unmittelbarer Anlasses nicht von Nöten ist.[86] Indem sich die Beteiligten in gefährliche Situationen begeben oder solche gezielt provozieren, wird die gewaltsame Auseinandersetzung in diesen Fällen bewusst gesucht.[87] Letztlich ist jedoch festzuhalten, dass eine trennscharfe Unterscheidung beider Ausgangspunkte oftmals nicht möglich sein wird. Gerade bei komplexen, mehrdimensionalen Versammlungslagen ist nicht selten ein fließender Übergang zwischen beiden Formen zu beobachten.

II. Ursachen- und Motivforschung

Ging die frühe Massenpsychologie des ausgehenden 19. Jahrhunderts[88] noch davon aus, das Phänomen der Kollektivgewalt sei auf das irrationale, unberechenbare, primitiven Instinkten geschuldete Verhalten einer enthemmten Masse

81 Auf eine detaillierte inhaltliche Auseinandersetzung mit dem Gewaltbegriff, speziell im Hinblick auf dessen – vielfach kritisch beäugte (vgl. u.a. *Geilen*, JZ 1970, 521, sowie *Keller*, JuS 1984, 109) – sukzessive Ausdehnung hin zur Gleichstellung von körperlich und psychisch wirkendem Zwang (*BGHSt* 23, 46 [54]), verzichtet der Autor an dieser Stelle bewusst. Dies rührt nicht zuletzt daher, dass sich die hier näher zu untersuchenden Geschehnisse in aller Regel gerade nicht im „bloß" psychisch wirkenden Zwang erschöpfen. Eingehend zur Definition des Gewaltbegriffs *Kindhäuser*, StrafR BT I, S. 125 ff.

82 *Schreiber / Adang*, Die Polizei 2008, 346.

83 „Reibung, Reibereien" (Langenscheidt, Großes Taschenwörterbuch Englisch, S. 256).

84 *Schreiber / Adang*, Die Polizei 2008, 346.

85 *Schreiber / Adang*, Die Polizei 2008, 346, die als Beispiele u.a. das Verschütten von Bier in einer Menschenmenge sowie die Entstehung von Wartezeiten anführen.

86 *Schreiber / Adang*, Die Polizei 2008, 346.

87 *Schreiber / Adang*, Die Polizei 2008, 346.

88 Als Begründer eben jener Psychologie der Massen gilt allen voran der französische Soziologe Gustave Le Bon. Zu der von ihm beschriebenen „Massenseele" s. *Le Bon*, Psychologie des foules, 1895.

zurückzuführen,[89] so hat sich diese Auffassung mittlerweile gewandelt. Maßgebend ist vielmehr ein komplexes, eine Vielzahl unterschiedlicher Determinanten in Bezug nehmendes Ursachengeflecht,[90] das im Folgenden genauer zu beleuchten sein wird.

1. Das Phänomen des so genannten „Krawalltourismus“

Im Zuge der Ursachenforschung kollektiver Gewalt taucht immer wieder der Begriff des „Krawalltourismus“ auf.[91] Eine präzise Darstellung dieses Phänomens führt auf die Frage zurück, woraus sich die an den Auseinandersetzungen beteiligten Personengruppen überhaupt zusammensetzen. Mit Blick auf die Gesamtheit aller Beteiligten bedarf es dabei zunächst einer grundlegenden Unterscheidung. Zu differenzieren ist zwischen der weit überwiegenden Mehrzahl durchweg friedlicher Demonstranten sowie einer zu teils exzessiven Gewalttaten neigenden, die Anliegen der Gegenseite diskreditierenden Minderheit.[92] Hinsichtlich der von ihr ausgeübten Gewalt hat sich im öffentlichen und medialen Sprachgebrauch die Bezeichnung des „Krawalltourismus“ etabliert.[93] Von den gemeinhin unpolitischen Protagonisten dieses Phänomens werden gewaltsame Konflikte als eine besondere Art der Freizeitgestaltung verstanden,[94] die von der Suche nach einem wie auch immer gearteten „Kick“ bestimmt ist.[95] Maßgebend ist die pure Lust auf Gewalt,[96]

---

89 *Mummendey / Otten*, in: *Stroebe / Jonas / Hewstone*, Sozialpsychologie, S. 376 f.; so auch *Deusch*, Polizeiliche Gefahrenabwehr bei Sportgroßveranstaltungen, S. 30 f.; *Schmalzl*, Die Polizei 2004, 108 (110).

90 *Schmalzl*, Die Polizei 2004, 108 (110); *Stümper*, Die Gewährleistung der öffentlichen Sicherheit und Ordnung bei Großsportveranstaltungen, S. 53.

91 Vgl. beispielhaft die folgenden Medienberichte: Genua – Berliner Autonome blasen zum Gipfelsturm, www.faz.net/-gpf-2trp v. 19. Juli 2001; Krawall-Touristen – Polizisten fürchten Gewalteskalation bei Nato-Gipfel, www.spiegel.de/politik/deutschland/0,1518,616917,00.html v. 02. April 2009; *Schultz*, Bröckelnde Mittelschicht – Soziologen fürchten Erosion der Gesellschaft, www.spiegel.de/wirtschaft/soziales/0,1518,700732,00.html v. 15. Juni 2010; der entsprechende Duktus findet sich auch bei *Knape*, Die Polizei 2002, 211 (217).

92 *Dietrich*, Die Gewalt der Kapuzenmänner, www.faz.net/-00pi40 v. 04. Juni 2007; ähnlich *Weiß*, Die Polizei 2003, 121 (123). Dies galt selbst für die massiven gewaltsamen Ausschreitungen im Zuge des in Heiligendamm veranstalteten G8-Gipfels (in diese Richtung auch *Laum*, Die Polizei 2007, 341 [346]).

93 S. Fn. 91.

94 *Schmalzl*, Die Polizei 2004, 108 (111 m.w.N.).

95 *Knape*, Die Polizei 2001, 249.

96 *Franke*, Die Polizei 2008, 93 (99).

ein im Vordergrund stehender „Spaßfaktor".[97] Die so genannten „Event-Hopper"[98] weisen hierbei eine hohe Mobilität auf. Selbst zeitintensive Anfahrtswege schrecken sie nicht davon ab, den Geschehnissen beizuwohnen.[99] Der Polizei fällt in diesem Kontext die Rolle des „ritualisierten Hassgegners"[100] zu, dessen Anwesenheit einerseits als reine Provokation empfunden wird, andererseits den dankbaren Anlass für gewaltsame Konflikte liefert.[101] Das so genannte „young male syndrom" beschreibt in diesem Zusammenhang, dass es allen voran junge, „erlebnisorientierte" Männer sind, die den gewaltsamen Konflikt gezielt suchen, ohne hierfür einen konkreten Anlass zu benötigen.[102] Wie wenig den Krawalltouristen an den Forderungen der Protestbündnisse und somit einem konstruktiven Diskurs gelegen ist, zeigt der widerspruchslose Umgang mit Versammlungsteilnehmern, die sie von ihren Taten abzuhalten versuchen. Wer sich ihnen in den Weg stellt, riskiert nicht selten seine Gesundheit.[103] Ob indes alle an der Ausübung kollektiver Gewalt beteiligten Personen als unpolitische „Krawalltouristen" zu bezeichnen sind, ist aufgrund der heterogenen Zusammensetzung des Teilnehmerkreises fraglich.[104] So gestaltet sich der Übergang zwischen erlebnisorientierten Akteuren

---

97 *Hasselmann*, Randale-Demo zum 1. Mai abgesagt, www.tagesspiegel.de/politik/randale-demo-zum-1-mai-abgesagt/v_default,604550.html v. 29. April 2005.

98 *Weiß*, Die Polizei 2003, 121 (127).

99 Beobachten ließ sich dies beispielsweise in Heiligendamm, wo ein erheblicher Teil der in Erscheinung getretenen Gewalttäter aus Russland und der Ukraine einreiste (*Ramelsberger*, Ausschreitungen in Rostock vor dem G-8-Gipfel – Polizei soll härter gegen Randalierer vorgehen, www.sueddeutsche.de/politik/ausschreitungen-in-rostock-vor-dem-g-gipfel-polizei-soll-haerter-gegen-randalierer-vorgehen-1.784342 v. 04. Juni 2007), sowie während des Straßburger Nato-Gipfels (Proteste beim Gipfel – Nato-Gegner stecken Häuser und Hotel in Brand, www.spiegel.de/politik/deutschland/0,1518,617446,00.html v. 04. April 2009).

100 *Schmalzl*, Die Polizei 2004, 108 (112).

101 ähnlich *Schmalzl*, Die Polizei 2004, 108 (112).

102 *Schreiber / Adang*, Die Polizei 2008, 346. Besonders offenkundig tritt dieser Umstand im Rahmen der Berliner Maikrawalle zu Tage. S. hierzu *Klug*, Die Polizei 2004, 1 (3); *Knape*, Die Polizei 2001, 249; *Wulff*, Die Polizei 2006, 88 (93).

103 Verwiesen sei an dieser Stelle auf den bereits erwähnten Beitrag des ZDF-Nachrichtenmagazins Frontal 21 v. 05. Juni 2007.

104 Näher zum Aspekt der Heterogenität: *Franke*, Die Polizei 2008, 93 (99); *Schmalzl*, Die Polizei 2004, 108 (111). Dass die Personen bisweilen den unterschiedlichsten gesellschaftlichen Schichten angehören, zeigt auf besondere Weise der Fall eines privat angereisten Bundespolizisten, der während der Berliner Maikrawalle 2009 mehrere Steine auf die vor Ort eingesetzten Beamten warf (Bei Mai-Krawallen festgenommen – Polizist soll Steine auf Kollegen geworfen haben, www.faz.net/-00opiq v. 08. Mai 2009.).

auf der einen sowie politisch motivierten, die Ausübung von Gewalt unter weitergehenden selbstlegitimatorischen Gesichtspunkten betrachtenden Gewalttätern auf der anderen Seite oftmals fließend.[105,106] Die Frage, ob es sich im jeweiligen Einzelfall um „lediglich" gesinnungsneutrale Kollektivgewalt oder politisch motivierte Taten handelt, ist derweil nicht überzubewerten. Ist diese Differenzierung unter statistischen Gesichtspunkten zweifelsohne von Bedeutung,[107] so spielt sie für den weiteren Verlauf der Bearbeitung allenfalls eine untergeordnete Rolle.

2. *Theoretische Begründungsansätze*

Untersucht man die Verhaltensweisen der an kollektiven gewaltsamen Auseinandersetzungen beteiligten Personen, so zeichnen sich diese insbesondere dadurch aus, dass eine dem Gruppenkontext geschuldete Veränderung des üblichen Sozialverhaltens festgestellt werden kann.[108] Das Vorhandensein eines Kollektivs lässt Menschen Handlungen verüben, die sie abseits der Gruppe in aller Regel scheuen würden.[109] Einer Erklärung dieses Phänomens widmen sich die im Folgenden zu skizzierenden Ursachentheorien.[110,111]

a) Deindividuation[112]

Die in der modernen Sozialpsychologie entwickelte Deindividuationstheorie liefert einen möglichen Erklärungsansatz. Deindividuation kennzeichnet einen

---

105 Einen Überblick über die verschiedenen Selbstrechtfertigungsversuche liefert *Franke*, Die Polizei 2008, 93 (94).

106 Im Gegensatz zu den in aller Regel unpolitischen Krawalltouristen, gilt den politisch motivierten Tätern die Polizei nicht zwingend als ritualisierter Hassgegner, sondern Stellvertreter der eigentlichen – politischen – Entscheidungsträger (*Schmalzl*, Die Polizei 2004, 108 [112]). Eine exakte Grenzziehung wird jedoch auch hier oftmals nicht gelingen.

107 Zu denken ist in diesem Zusammenhang insbesondere an die alljährlich vom Bundesministerium des Innern veröffentlichten Fallzahlen zur politisch motivierten Kriminalität.

108 *Mummendey / Otten*, in: *Stroebe / Jonas / Hewstone*, Sozialpsychologie, S. 376.

109 *Mummendey / Otten*, in: *Stroebe / Jonas / Hewstone*, Sozialpsychologie, S. 376.

110 Eine komprimierte Übersicht der soziologischen, psychologischen sowie sozialpsychologischen Theorien liefert *Schneider*, JZ 1992, 499 (508 ff.).

111 Auf eine Darstellung der allgemeinen Kriminalitätstheorien (vgl. hierzu beispielsweise *Schwind*, Kriminologie, S. 108 ff.) wird mit Blick auf die spezifische Ausformung der Kollektivgewalt an dieser Stelle bewusst verzichtet.

112 Dem Phänomen der Deindividuation im Zuge von Sportgroßveranstaltungen widmet sich *Deusch*, Polizeiliche Gefahrenabwehr bei Sportgroßveranstaltungen, S. 30 f.

Zustand, in dem der Einzelne dadurch, dass die übergeordnete Gruppe ins Zentrum seiner Aufmerksamkeit rückt, einen Verlust an Selbstaufmerksamkeit und damit einhergehender -regulation erleidet.[113] Normative und moralische Standards werden zunehmend außer Acht gelassen, Gedanken an mögliche Konsequenzen verblassen.[114] Eine Reduzierung der individuellen Hemmschwelle tritt ein.[115] Es stellt sich die Frage, worin die Ursachen dieses Prozesses bestehen. Entscheidende Bedeutung kommt der gruppenbedingten Anonymität zu, die den Einzelnen hoffen lässt, einer Rechenschaftspflicht zu entgehen.[116] Ist das Ausmaß der Anonymität dabei zuvorderst von der Größe der betreffenden Gruppe abhängig, wird darüber hinaus ein solcher Zustand durch eine bewusste Identitätsverdeckung des Einzelnen sowie eine Angleichung der äußeren Erscheinung an die in seiner unmittelbaren Nähe sich befindenden Personen gefördert.[117] Beispielhaft ist in diesem Zusammenhang das Auftreten des „Schwarzen Blocks" zu nennen, der sich durch ein überaus homogenes Erscheinungsbild auszeichnet. Als weitere Ursachen der Deindividuation gelten die Verkürzung der Zeitperspektive, die Konfrontation mit ungewohnten situationellen Einflüssen, die Diffusion der Verantwortung sowie die körperliche Beteiligung an der Handlung.[118]

b) Emergent-Norm-Theorie

Im Gegensatz zur Deindividuationstheorie, die kollektive gewaltsame Verhaltensweisen auf die Außerachtlassung normativer Standards zurückführt,[119] geht die Emergent-Norm-Theorie davon aus, dass sich die Kollektivgewalt gerade durch die Entstehung neuer Gruppennormen, an denen sich die Individuen nunmehr orientieren, auszeichnet.[120] Die Grenze zwischen Recht und Unrecht wird durch

---

113 *Bierhoff*, Sozialpsychologie, S. 427 f.

114 *Fischer / Wiswede*, Sozialpsychologie, S. 639; *Mummendey / Otten*, in: *Stroebe / Jonas / Hewstone*, Sozialpsychologie, S. 376.

115 *Fischer / Wiswede*, Sozialpsychologie, S. 639; *Schneider*, JZ 1992, 499 (509).

116 *Bierhoff*, Sozialpsychologie, S. 427 f.; *Fischer / Wiswede*, Sozialpsychologie, S. 639; *Mummendey / Otten*, in: *Stroebe / Jonas / Hewstone*, Sozialpsychologie, S. 376.

117 *Bierhoff*, Sozialpsychologie, S. 427 f., der in diesem Zusammenhang auf ein Experiment verweist, bei dem das aggressive Verhalten kostümierte Probanden signifikant höher ausfiel als das der nicht verkleideten Personen.

118 *Bierhoff*, Sozialpsychologie, S. 427 f.; *Fischer / Wiswede*, Sozialpsychologie, S. 639; *Mummendey / Otten*, in: *Stroebe / Jonas / Hewstone*, Sozialpsychologie, S. 376 f.

119 S. Fn. 114.

120 *Fischer / Wiswede*, Sozialpsychologie, S. 639; *Mummendey / Otten*, in: *Stroebe / Jonas / Hewstone*, Sozialpsychologie, S. 377; *Schneider*, JZ 1992, 499 (509 m.w.N.).

Interaktion neu definiert, eine autonome normative Struktur entsteht, die letztlich das gewalttätige Vorgehen, etwa gegen die Polizei, legitimiert.[121]

c) Fazit

Die deindividuierende Wirkung auf Menschen in einer anonymen Masse lässt sich durchaus belegen.[122] Der Emergent-Norm-Theorie ist insofern zuzustimmen, als es nicht zuletzt von den spezifischen Gruppennormen abhängt, ob extreme Verhaltensweisen als legitimiert gelten können und somit zu erwarten sind.[123] Vergleichende Studien kommen ebenfalls zu dem Ergebnis, dass beide Ansätze ihre Berechtigung verdienen.[124] Möglicherweise ist die isolierte Betrachtung einzelner Begründungsansätze somit gar nicht in der Lage, ein allumfassendes, vielschichtiges Lösungsbild zu liefern.[125] Ein solches eröffnet sich dem Betrachter gegebenenfalls erst dann, wenn er die unterschiedlichen theoretischen Herangehensweisen miteinander verknüpft und in wechselseitigen Bezug zueinander setzt.[126]

3. *Weitere Faktoren*

Neben den bereits erwähnten Aspekten existieren weitere Faktoren, die die Gewalt nicht zwingend erzeugen, als eine Art Katalysator deren Ausbreitung jedoch zusätzlich fördern können.[127]

a) Mediale Berichterstattung

In Betracht kommt in diesem Zusammenhang zunächst eine intensive Presse- und Rundfunkberichterstattung, bietet sie doch den betreffenden Personen einen nicht zu unterschätzenden Anreiz.[128] Die Bedeutung dieses Faktors ist umso

---

121 *Mummendey / Otten*, in: *Stroebe / Jonas / Hewstone*, Sozialpsychologie, S. 377; *Schneider*, JZ 1992, 499 (509).

122 *Mummendey / Otten*, in: *Stroebe / Jonas / Hewstone*, Sozialpsychologie, S. 377, die auf entsprechende Studien verweisen.

123 *Mummendey / Otten*, in: *Stroebe / Jonas / Hewstone*, Sozialpsychologie, S. 377 m.w.N.

124 *Mummendey / Otten*, in: *Stroebe / Jonas / Hewstone*, Sozialpsychologie, S. 377 m.w.N.

125 *Schneider*, JZ 1992, 499 (509).

126 Ebda.

127 *Deusch*, Polizeiliche Gefahrenabwehr bei Sportgroßveranstaltungen, S. 31; *Schmalzl*, Die Polizei 2004, 108 (112).

128 *Deusch*, Polizeiliche Gefahrenabwehr bei Sportgroßveranstaltungen, S. 31. Aus einem anderen Blickwinkel – die Auswirkungen medialer Gewaltdarstellung hinterfragend – betrachtet *Stümper*, Die Gewährleistung der öffentlichen Sicherheit und Ordnung bei Großsportveranstaltungen, S. 55 f., den Einfluss der Massenmedien.

stärker hervorzuheben, führt man sich allein die vielfältigen Verbreitungsmöglichkeiten journalistischer Erzeugnisse durch das Internet vor Augen.

b) Vorgehen polizeilicher Einsatzkräfte

Auch der Vorgehensweise der Polizei ist – insbesondere im wechselseitigen Zusammenspiel mit der Gegenseite – eine nicht zu unterschätzende Bedeutung beizumessen.[129] Problematisch ist zum einen die Gefahr pauschaler Vorverurteilungen.[130] Werden Demonstranten per se als Gewalttäter verdächtigt, besteht hinsichtlich der vielschichtigen Protestszene ein lediglich eingeschränkter Wahrnehmungsfilter.[131] Da die Gegenseite ohnehin nur die Ausübung von Gewalt zum Ziel habe, mangelt es gegenüber eigenen Fehlreaktionen an adäquater Selbstkontrolle. Dies kann unter Umständen zur weiteren Eskalation führen.[132] Psychologen sprechen in diesem Zusammenhang auch vom Phänomen der so genannten „self-fulfilling-prophecy".[133] Als kontraproduktiv kann sich zudem ein nicht lageangepasstes, überhartes Vorgehen erweisen.[134] Dieser Aspekt ist umso mehr hervorzuheben, als hierdurch gegebenenfalls eine Solidarisierung vormals neutraler, nicht an den Auseinandersetzungen beteiligter Personen erfolgt.[135] Dessen ist sich jedoch mittlerweile auch die Polizei bewusst. Sie setzt deshalb im Rahmen moderner Einsatzkonzepte zunehmend auf ein lageangepasstes, die unterschiedlichen Facetten der Kommunikation ausschöpfendes Vorgehen.[136] So vertraut beispielsweise die Berliner Polizei auf so genannte Anti-Konflikt-Teams, die vorrangig im Wege der Gesprächsführung und Kooperation auf mögliche Störer einzuwirken versuchen.[137]

c) Örtliche Gegebenheiten

Auch die jeweilige Örtlichkeit kann Einfluss auf den Verlauf gewaltsamer Auseinandersetzungen haben.[138] Dies betrifft einerseits die topographischen

---

129 *Deusch*, Polizeiliche Gefahrenabwehr bei Sportgroßveranstaltungen, S. 32 m.w.N.
130 *Franke*, Die Polizei 2008, 93 (98).
131 *Franke*, Die Polizei 2008, 93 (98).
132 *Franke*, Die Polizei 2008, 93 (98).
133 *Franke*, Die Polizei 2008, 93 (98).
134 *Deusch*, Polizeiliche Gefahrenabwehr bei Sportgroßveranstaltungen, S. 32; *Schreiber / Adang*, Die Polizei 2008, 346 (347).
135 *Schreiber / Adang*, Die Polizei 2008, 346 f.
136 Beispielhaft sei an dieser Stelle auf das Aufklärungs- und Interventionskonzept der Berliner Polizei verwiesen (vgl. hierzu *Wulff*, Die Polizei 2009, 144).
137 *Knape / Falkenhagen*, Die Polizei 2006, 232 (234); *Wulff*, Die Polizei 2006, 88 (92).
138 *Deusch*, Polizeiliche Gefahrenabwehr bei Sportgroßveranstaltungen, S. 32.

Gegebenheiten.[139] Hier ist etwa an das Vorhandensein von Rückzugsräumen sowie an den Gesichtspunkt einer engen Bebauung zu denken.[140] Andererseits ist der konkrete Bezug zwischen Veranstaltungsort und -thematik zu nennen, der sich, je enger die Verbindung zwischen beiden ausfällt, als zunehmend problematisch erweisen kann.[141]

d) Alkohol und sonstige Drogen

Eine enthemmende, die Gewaltbereitschaft beschleunigende Wirkung fällt im Zusammenspiel mit den zuvor dargestellten Faktoren nicht zuletzt dem Genuss von Alkohol und sonstigen Drogen anheim.[142]

E. Sicherheitsbehördliche Tätigkeiten zur Verhinderung der Gewalt

Nachdem sich die bisherigen Abschnitte der Bearbeitung zunächst den Verursachern kollektiver Gewalt gewidmet haben, richtet sich der Blick nun auf deren Gegenpart, die Sicherheitsbehörden.

I. Konzeptionelle Vorgehensweise der Polizei

Essentielle Grundlage erfolgreicher Polizeiarbeit ist ein taktisch intelligentes Einsatzkonzept.[143] Dies gilt nicht zuletzt für das so genannte „protest policing",[144] die polizeiliche Tätigkeit im Rahmen des Demonstrationsgeschehens.[145] Hierbei handelt es sich aufgrund des unmittelbaren Eingriffs in den politischen Prozess um den am stärksten politisierten Bereich des polizeilichen Aufgabenspektrums.[146] Hinsichtlich der konzeptionellen Vorgehensweise stellt die Berücksichtigung des

---

139 *Schmalzl*, Die Polizei 2004, 108 (112).

140 *Schmalzl*, Die Polizei 2004, 108 (112), nennt in diesem Zusammenhang u.a. den Berliner Stadtteil Kreuzberg, der einen eskalationsfähigen Protest-Raum abgebe.

141 *Deusch*, Polizeiliche Gefahrenabwehr bei Sportgroßveranstaltungen, S. 32. In diese Richtung auch *Schmalzl*, Die Polizei 2004, 108 (112), der als weiteren Gesichtspunkt die räumliche Nähe zum Zielobjekt ins Spiel bringt.

142 Anknüpfend an *Deusch*, Polizeiliche Gefahrenabwehr bei Sportgroßveranstaltungen, S. 42. Dass der Konsum von Alkohol jedoch keineswegs zwingend zum Ausbruch gewalttätiger Handlungen führen muss, betont *Stümper*, Die Gewährleistung der öffentlichen Sicherheit und Ordnung bei Großsportveranstaltungen, S. 55.

143 Etwa *Knape*, Die Polizei 2004, 101.

144 *Winter*, Politikum Polizei, S. 430.

145 *Schmalzl*, Die Polizei 2004, 108 (109).

146 *Winter*, Politikum Polizei, S. 430.

so genannten „balanced policing“ die oberste Maxime dar.[147] Taktische Möglichkeiten sind angesichts der dynamischen Verschiebung von Risiken hiernach so zu gestalten, dass eine unverzügliche Anpassung an die sich ändernde Versammlungslage jederzeit erfolgen kann.[148] Dies schließt sowohl die konfliktmindernde Deeskalation als auch den schnellen Zugriff mit ein.[149] Von entscheidender Bedeutung ist somit die Wahrung der Balance zwischen lageangepasster Zurückhaltung auf der einen und konsequentem Einschreiten auf der anderen Seite.[150] Sieht sich die Polizei im Falle eines gewaltfreien Veranstaltungsverlaufs mit einer hohen Eingriffsschwelle konfrontiert, so hat sie gegen Gewalt bei niedriger Eingriffsschwelle entschlossen vorzugehen.[151] Differenzierende, abgestufte Einsatzkonzepte sehen die Anwendung von Zwangsmaßnahmen immer erst am Ende einer transparenten Maßnahmenkette vor.[152] Neben den konkreten taktischen Maßnahmen spielt die Kommunikation eine maßgebende Rolle.[153] Dies zeigt sich beispielsweise im zunehmenden Einsatz offen agierender Fußstreifen.[154] Deren Aufgabe besteht unter anderem darin, potentiellen Störern bereits frühzeitig in Konflikt mindernden Gesprächen klare Verhaltensgrenzen aufzuzeigen.[155] Eine Schlüsselrolle kommt überdies den diversen Instrumenten polizeilicher Öffentlichkeitsarbeit zu.[156]

---

147 *Schreiber / Adang*, Die Polizei 2008, 346 (347).

148 *Schreiber / Adang*, Die Polizei 2008, 346 (347).

149 *Wulff*, Die Polizei 2007, 305 (307). Dabei ist deeskalierendes Vorgehen selbstverständlich nicht mit einem Totalverzicht jeglicher Eingriffsmaßnahmen gleichzusetzen. So sieht *Knape*, Die Polizei 2004, 101, im Gebot der Deeskalation vielmehr eine unmittelbare Umsetzung des Verhältnismäßigkeitsgrundsatzes.

150 *Rotzinger*, Die Polizei 2009, 327 (330); *Wulff*, Die Polizei 2006, 88 (94); *ders.*, Die Polizei 2007, 305 (313).

151 *Knape*, Die Polizei 2008, 100 (104); *Wulff*, Die Polizei 2006, 88 (91); *ders.*, Die Polizei 2007, 305 (309).

152 *Knape / Falkenhagen*, Die Polizei 2006, 232 (235); ähnlich auch *Reime*, Die Polizei 2001, 227.

153 *Rotzinger*, Die Polizei 2009, 327 (330). So weisen auch *Schreiber / Adang*, Die Polizei 2008, 346 (347) darauf hin, dass die Sprache oftmals als „schärfste Waffe der Polizei“ bezeichnet wird.

154 *Schreiber / Adang*, Die Polizei 2008, 346 (347).

155 *Schreiber / Adang*, Die Polizei 2008, 346 (347). Bekanntestes Beispiel sind die vornehmlich in Berlin zum Einsatz kommenden, durch spezielle Westen gekennzeichneten Anti-Konflikt-Teams (AKT). Näher hierzu u.a. *Klug*, Die Polizei 2004, 1 (2).

156 *Franke*, Die Polizei 2008, 93 (99).

Letztlich ist festzuhalten, dass sich die soeben beschriebenen Bestandteile moderner Einsatzkonzepte in der praktischen Anwendung in aller Regel bewährt haben.[157] Dies kann jedoch nicht darüber hinwegtäuschen, dass es neben den polizeilichen Anstrengungen gerade auch eines zivilen Widerstandes bedarf, um der Gefahr kollektiver Gewalt wirkungsvoll und nachhaltig zu begegnen.[158]

II. Unterscheidung und Charakterisierung der verschiedenen polizeilichen Einsatzphasen[159]

Neben dem im Mittelpunkt der Bearbeitung stehenden Versammlungsvorfeld existieren zwei weitere Einsatzphasen, die sich durch das Vorhandensein jeweils spezifischer sicherheitsbehördlicher Maßnahmen auszeichnen.

Dies betrifft zunächst den Zeitraum der Versammlungsdurchführung. Polizeiliche Maßnahmen zielen in diesem Kontext darauf ab, einer möglichen Entstehung von Gewalt bereits präventiv, sei es durch eine kurzfristig vorgenommene räumlich-systematische Trennung „verfeindeter" Personengruppen[160] oder den Einsatz so genannter Anti-Konflikt-Teams, entgegenzuwirken.[161] Gleichzeitig geht es darum, einen tatsächlichen Ausbruch kollektiver Gewalt schnellstmöglich zu unterbinden. Dies geschieht nicht zuletzt durch die Anwendung unmittelbaren Zwangs.

Hiervon zu trennen ist der sich an die Beendigung der Versammlung anschließende Zeitraum. Die Polizei trifft hier zunächst die Pflicht, potentielle Gefahren abzuwehren, die sich aus einer auf das teils unkontrollierte Auseinanderströmen der Teilnehmer zurückzuführenden Gemengelage ergeben könnten. Tätig werden die Behörden darüber hinaus im Rahmen einer Nachbearbeitung

---

157 *Laum*, Die Polizei 2007, 341 (347), sowie *Weiß*, Die Polizei 2003, 121 (126 m.w.N.), speziell die Vorgehensweise im Wege der kooperativen Gesprächsführung benennend; so auch *Wulff*, Die Polizei 2006, 88 (94), 2007, 305 (313), bezugnehmend auf das „Konzept der ausgestreckten Hand". Den Erfolg aufwendiger Öffentlichkeitsarbeit verdeutlicht überdies *Reime*, Die Polizei 2001, 227 (229 ff.).

158 *Klug*, Die Polizei 2004, 1 (4), der mit Blick auf die „Mai-Krawalle" entsprechende Tendenzen zu erkennen glaubt.

159 Eine vergleichbare Einteilung, die polizeilichen Maßnahmen zur Absicherung eines Fußballspiels betreffend, nimmt *Deusch*, Polizeiliche Gefahrenabwehr bei Sportgroßveranstaltungen, S. 60 ff., vor, der zwischen einer Vorbereitungs-, Vorspiel-, Spiel- sowie Nachspielphase unterscheidet.

160 Etwa *Knape / Falkenhagen*, Die Polizei 2006, 232 (233 ff.).

161 Bezüglich der so genannten Anti-Konflikt-Teams s. bereits den Abschnitt zur konzeptionellen Vorgehensweise der Polizei (1. Teil 1. Kap. E. I.).

des Einsatzes.[162] Hierunter fällt insbesondere die Verarbeitung und Auswertung zuvor gewonnener personenbezogener Daten.[163]

III. Das Versammlungsvorfeld als spezifische Einsatzphase

Um gewaltsamen Versammlungsverläufen frühestmöglich vorzubeugen, verlagern sich entsprechende gefahrenabwehrrechtliche Tätigkeiten als Teil moderner, konfliktminimierender Einsatzkonzepte mehr und mehr ins Vorfeld einer Veranstaltung.[164] Die im Zuge des Versammlungsvorfelds ergriffenen Maßnahmen verfolgen dabei insbesondere das Ziel, die Anreise gewaltgeneigter Personen gar nicht erst zuzulassen.[165] Im Gegensatz zu den Maßnahmen, die während beziehungsweise nach Beendigung der Versammlung ergehen, zeichnen sich die Vorfeldmaßnahmen dadurch aus, dass sie mitunter weit vor dem Zeitpunkt einer etwaigen Gefahrverwirklichung zur Anwendung kommen. Neben den unbestrittenen Vorteilen frühpräventiven Handelns[166] besteht somit die Gefahr, sich auf Erkenntnisse zu stützen, bei denen noch offen ist, ob sie tatsächlich zu einer Rechtsgutsverletzung führen.[167] Dennoch ist die Bedeutung versammlungsspezifischer Vorfeldmaßnahmen im Laufe der letzten Jahre enorm gestiegen.[168] Dies verdeutlicht nicht zuletzt die Schöpfung neuer Rechtsfiguren wie der Gefährderansprache.[169] Entsprechend einer allgemeinen Tendenz, sicherheitsbehördliche Aufgaben mit Blick auf das Vor- und Umfeld von Straftaten und Gefahren zu erweitern,[170] setzen Polizei und Ordnungsbehörden somit auch im

162 Anknüpfend an *Deusch*, Polizeiliche Gefahrenabwehr bei Sportgroßveranstaltungen, S. 64.

163 Auswirkungen können sich hierdurch beispielsweise auf die Datensätze der vom Bundeskriminalamt geführten Dateien „Gewalttäter links“ sowie „International agierende gewaltbereite Störer“ (IgaSt) ergeben. Zur Frage der notwendigen Rechtsgrundlage der vergleichbaren Verbunddatei „Gewalttäter Sport“ vgl. *OVG Lüneburg* NdsVBl. 2009, 135 (137 ff.).

164 Vgl. hierzu etwa *Trurnit*, NVwZ 2012, 1079.

165 *Brenneisen*, Die Polizei 2008, 104 (109 f. m.w.N.); *Kniesel*, NJW 2000, 2857 (2862); *Kötter / Nolte*, DÖV 2009, 399 (402).

166 Diese sind insbesondere darin zu sehen, dass ein auf Zwangsmaßnahmen basierendes polizeiliches Tätigwerden im Zuge unübersichtlicher, teils emotional aufgeschaukelter Gemengelagen vermieden wird.

167 *Gusy*, POR, Voraufl. (2009), S. IV (Vorwort).

168 *Trurnit*, NVwZ 2012, 1079.

169 Dabei beschränkt sich der Anwendungsbereich der Gefährderansprache jedoch keineswegs nur auf das Versammlungsgeschehen (*Hebeler*, NVwZ 2011, 1364).

170 *Würtenberger / Heckmann*, PolR BW, S. 18 ff.

versammlungsspezifischen Kontext in zunehmenden Maße auf eine frühzeitige Gefahrverhinderung.[171]

IV. Die öffentliche Debatte über den Zuwachs gefahrenabwehrrechtlicher Tätigkeiten im Versammlungsvorfeld: Exemplarische Darstellung anhand der Diskussionen um den G8-Gipfel in Heiligendamm

Die wachsende Bedeutung versammlungsspezifischer Vorfeldmaßnahmen wird längst nicht mehr von einem nur begrenzten Kreis unmittelbar beteiligter Personen registriert. Vielmehr erfreut sie sich einer – der medialen Berichterstattung geschuldeten – zunehmenden öffentlichen Wahrnehmung. Besonders eingehend verdeutlichten dies die Geschehnisse im Vorfeld des in Heiligendamm durchgeführten G8-Gipfels.[172]

Acht Jahre nach dem letzten in Deutschland veranstalteten Zusammentreffen dieser Art[173] oblag es im Jahr 2007 wieder einer deutschen Regierung, das alljährliche Gipfeltreffen der weltweit größten Industrienationen auszurichten. Aufgrund der Erfahrungen der vergangenen Jahre, setzten sich die beteiligten Stellen unter der Federführung einer eigens zu diesem Ereignis gebildeten „Besonderen Aufbauorganisation" (BAO) zum Ziel, schon im Vorfeld des Gipfeltreffens alle ihnen zur Verfügung stehenden Möglichkeiten zu nutzen, um gewaltsame Eskalationen im Zuge der zu erwartenden demonstrativen Gegenaktionen zu verhindern.[174] Einige der hierzu ergriffenen, teilweise überaus kontrovers diskutierten[175] sicherheitsbehördlichen Maßnahmen, werden im Folgenden exemplarisch dargestellt. Dies betrifft zunächst die im Wege der Amtshilfe erfolgte Postierung mehrere Bundeswehr-Spähpanzer, ausgestattet mit besonderen optischen Einrichtungen, auf Autobahnbrücken im weiteren Umkreis des Tagungsortes. Ziel dieser Maßnahme war es, Erkenntnisse über die Anreise potentiell gewaltgeneigter Personen zu gewinnen.[176] Schon die Einreise etwaiger Gewalttäter versuchte die Polizei zu

---

171 *Franke*, Die Polizei 2008, 93 (99).

172 *Laum*, Die Polizei 2007, 341.

173 1999 wurde das 25. Gipfeltreffen der „Gruppe der Acht" (G8) in Köln veranstaltet.

174 *Laum*, Die Polizei 2007, 341.

175 So beispielsweise vom ehemaligen Landesdatenschutzbeauftragten Hamburgs, Hartmut Lubomierski, der in den im Vorfeld des Gipfels ergriffenen Maßnahmen den „Ausdruck einer gewissen Hysterie" sah (*Wittrock / Musharbash*, Staatliche Überwachungswut entsetzt Datenschützer, www.spiegel.de/politik/deutschland/0,1518,485031,00.html v. 25. Mai 2007.).

176 *Biermann*, G8-Gipfel – Militäreinsatz im Grenzbereich, www.zeit.de/online/2007/24/Bundeswehr-Einsatz-im-Innern vom 08. Juni 2007. Zu der im Zuge des Gipfels

unterbinden, indem sie einige Tage vor Beginn des Gipfeltreffens gezielte Grenzkontrollen – unter anderem im bayrisch-österreichischen Grenzgebiet – durchführte.[177] Die Sicherheitsbehörden wurden jedoch nicht nur im unmittelbaren zeitlichen Vorfeld des Gipfels, sondern mitunter schon geraume Zeit früher tätig.[178] So kam es circa einen Monat vor Beginn des Gipfeltreffens in mehreren Bundesländern im Auftrag der Generalbundesanwaltschaft zu Wohnungsdurchsuchungen.[179] Von diesen versprachen sich die zuständigen Behörden, genau wie von dem gezielten Überprüfen mehrerer Briefsendungen, mögliche Hinweise auf im Vorfeld begangene, die Mobilisierung gewaltbereiter Gipfelgegner bezweckende Straftaten.[180] Desweiteren versuchte man, Betreiber mehrerer Internetcafés dazu zu bewegen, Videokameras in ihren Räumlichkeiten zu installieren, um die hierdurch gewonnenen Aufnahmen der Polizei zur Verfügung zu stellen.[181] Besonderes Aufsehen erregten jedoch die durch ein minutenlanges In Händen halten eines Metallröhrchens gewonnenen Geruchsproben mehrerer ins Visier der Sicherheitsbehörden geratener Personen.[182] Kritiker dieser Maßnahme

---

erfolgten Amtshilfe der Bundeswehr vgl. im Übrigen *Laum*, Die Polizei 2007, 341 (347 f.).

177 Pressemitteilung des Bundesministeriums des Innern, www.bmi.bund.de/SharedDocs/Pressemitteilungen/DE/2007/05/grenzkontrollen.html v. 09. Mai 2007.

178 So griffen die zuständigen Behörden – wie im Vorfeld vergleichbarer Veranstaltungen – auch auf die Möglichkeit so genannter Gefährderanschreiben und -ansprachen zurück.

179 Vgl. beispielsweise: Vor dem G-8-Gipfel – Bundesweite Razzia gegen linke Gruppen, www.faz.net/-00moyd v. 09. Mai 2007.

180 Filz-Aktion vor G-8-Gipfel – Polizei überwacht Post, Drogerien und Internet-Cafés, www.spiegel.de/politik/deutschland/0,1518,484972,00.html v. 25. Mai 2007; Erfolgreiche Beschwerde – BGH erklärt Razzien bei G-8-Gegnern für rechtswidrig, www.spiegel.de/politik/deutschland/0,1518,526645,00.html v. 04. Januar 2008.

181 *Wittrock / Musharbash*, Staatliche Überwachungswut entsetzt Datenschützer, www.spiegel.de/politik/deutschland/0,1518,485031,00.html v. 25. Mai 2007.

182 Entgegen anders lautender Aussagen (G-8-Gipfel: „Schnüffelstaat in Perfektion", www.zeit.de/news/artikel/2007/05/23/103622.xml v. 23. Mai 2007) erfolgte dieses Vorgehen – in erster Linie – nicht unter präventiven Gesichtspunkten. Vielmehr handelte es sich, wie auch bei den bereits erwähnten Wohnungsdurchsuchungen und Postwurfbeschlagnahmungen, um Maßnahmen im Zuge eines Ermittlungsverfahrens der Bundesanwaltschaft wegen des Verdachts der Bildung einer terroristischen Vereinigung nach § 129 a StPO (G8-Gipfel-Ermittlungen – Geruchsproben sind für Ermittler „normale Maßnahme", www.handelsblatt.com/politik/deutschland/geruchsproben-sind-fuer-ermittler-normale-massnahme/2812048.html v. 23. Mai 2007; Merkels G-8-Rede – „Wer friedlich demonstriert, findet unser Gehör", www.

äußerten vielfach ihr Unverständnis, sprachen gar von einem „Schnüffelstaat in Perfektion".[183] Dem wurde entgegengehalten, der bloße Umstand, dass die gleiche Methode bereits von dem Ministerium für Staatssicherheit in einem völlig anderen Zusammenhang eingesetzt wurde, dürfe nicht zu einer Tabuisierung ihrer Anwendung führen.[184] Ohne sich genauer mit dieser – zweifelsohne unglücklichen – Vorgehensweise auseinanderzusetzen, stehen die widerstreitenden Standpunkte exemplarisch für ein grundsätzliche Debatte: Sie geht der Frage nach, wie weit Sicherheitsbehörden gehen dürfen, um gewaltsame Auseinandersetzungen im Rahmen von Demonstrationen zu verhindern.[185] Befürworter intensiverer Präventivmaßnahmen führen zuvorderst das Argument einer allen zugute kommenden verbesserten Sicherheitslage ins Feld.[186] Schließlich profitiere nicht zuletzt die große Mehrzahl friedlicher Demonstranten von einem frühzeitigen Vorgehen gegenüber potentiellen Gewalttätern.[187] Der Staat habe Vorsorge dafür zu treffen, dass offenkundige Rechtsbrüche vermieden werden.[188] Letztendlich gehe es um nichts anderes, als die konsequente Durchsetzung des staatlichen Gewaltmonopols. Kritiker hingegen sehen oftmals den Rechtsstaat in seinen

---

spiegel.de/politik/deutschland/0,1518,484708,00.html v. 24. Mai 2007). Mangels Zuständigkeit der Strafverfolgungsorgane des Bundes wurden die in Rede stehenden Durchsuchungsaktionen jedoch mit Beschluss v. 20. Dezember 2007 (StB 12/07, 13/07 und 47/07) vom Bundesgerichtshof für rechtswidrig erklärt.

183 So der Bundestagsabgeordnete Ströbele der Partei Bündnis 90 / Die Grünen (G-8-Gipfel: „Schnüffelstaat in Perfektion", www.zeit.de/news/artikel/2007/05/23/103622.xml v. 23. Mai 2007.) Ähnlich der damalige Bundestags-Vizepräsident Thierse (SPD), a.a.O.

184 So Generalbundesanwältin Harms (Filz-Aktion vor G-8-Gipfel – Polizei überwacht Post, Drogerien und Internet-Cafés, www.spiegel.de/politik/deutschland/0,1518,484972,00.html v. 25. Mai 2007).

185 Vgl. zu exakt dieser Fragestellung: Gipfel in Genua, Meldeauflage gegen G-8-Gegner war rechtens, www.spiegel.de/politik/deutschland/0,1518,496385,00.html v. 26. Juli 2007.

186 Inwieweit nun die im Vorfeld von Heiligendamm ergangenen Maßnahmen rückblickend als Erfolg zu werten sind, lässt sich an dieser Stelle nicht eindeutig beantworten. Trotz zum Teil massiver gewaltsamer Auseinandersetzungen zog der Leiter des Führungsstabs der BAO Kavala ein durchaus positives Fazit (*Laum*, Die Polizei 2007, 341 [348]).

187 Etwa *Lutz / Jungholt*, Gefährliches Wettrüsten für Heiligendamm, www.welt.de/politik/article899205/Gefaehrliches-Wettruesten-fuer-Heiligendamm.html v. 26. Mai 2007.

188 G-8-Gipfel – Schäuble nennt Kritik an Sicherheitsmaßnahmen „hysterisch", www.spiegel.de/politik/deutschland/0,1518,485132,00.html v. 26. Mai 2007.

Grundfesten erschüttert.[189] Dieser müsse auch gerade in politisch angespannten Situationen zu seinen Prinzipien stehen und dürfe nicht durch überzogene Sicherheitsmaßnahmen ausgehöhlt werden.[190] Anstelle einer ihrer Ansicht nach unverhältnismäßigen Eskalationspolitik und der Missachtung von Grundrechten verlangen sie ein deutlicheres Hervorheben der weit überwiegenden Mehrheit friedlicher Versammlungsteilnehmer.[191]

F. Fazit

Die weit überwiegende Mehrzahl der tagtäglich durchgeführten und von der Öffentlichkeit in aller Regel nicht weiter registrierten Versammlungen verläuft friedlich. Bei bestimmten Versammlungslagen tritt hingegen das – unter dem Begriff des „Krawalltourismus" firmierende – Phänomen kollektiv ausgeübter Gewalt regelmäßig in Erscheinung. Zwar ist ein Anstieg entsprechender Gewalttaten im Laufe der letzten Jahre nicht zweifelsfrei zu belegen; gleichzeitig verdichten sich jedoch die Anzeichen, dass die Begehung der Taten von einer zunehmenden Intensität und Kompromisslosigkeit geprägt zu sein scheint. Ursächlich hierfür ist ein komplexes, verschiedene Faktoren in Bezug nehmendes Ursachengeflecht. Zum Zwecke der Gewaltverhinderung setzen die Sicherheitsbehörden in verstärktem Maße auf differenzierte, lageangepasste und flexible Einsatzkonzepte. Dies umfasst nicht zuletzt ein Tätigwerden geraume Zeit vor Beginn der Versammlung in Form so genannter versammlungsspezifischer Vorfeldmaßnahmen.

---

189 Ähnlich G-8-Gipfel: SPD-Minister kritisieren Sicherheitsmaßnahmen, www.suedeutsche.de/politik/g-gipfel-spd-minister-kritisieren-sicherheitsmassnahmen-1.311221 v. 31. Mai 2007.

190 In diese Richtung u.a. *Sigmund*, Heiligendamm: Sieg der Chaoten, www.handelsblatt.com/meinung/kommentare/heiligendamm-sieg-der-chaoten/2816748.html v. 05. Juni 2007.

191 So verschiedene Oppositionspolitiker mit Blick auf die im Vorfeld von Heiligendamm erlassenen Maßnahmen (Bundesgerichtshof – Durchsuchungen gegen G-8-Gegner rechtswidrig, www.welt.de/politik/article1517346/Durchsuchungen_gegen_G_8_Gegner_rechtswidrig.html v. 04. Januar 2008.) In diese Richtung auch: Sicherheitsdebatte vor G-8-Gipfel, „Gefesselt durch amerikanische Vorgaben", www.faz.net/-00ug4x v. 31. Mai 2007.

Kapitel 2: Zur historischen Entwicklung polizeilicher Aufgabenwahrnehmung

Bedeutung und Tragweite versammlungsspezifischer Vorfeldmaßnahmen werden nur verständlich, vergegenwärtigt man sich zumindest die Grundzüge der historischen Entwicklungsstufen polizeilicher Tätigkeit. Erst eine den geschichtlichen Kontext in Bezug nehmende Herangehensweise ermöglicht demnach die exakte Einordnung und Bewertung neuerer Formen sicherheitsbehördlichen Handelns. Im Folgenden soll daher zunächst auf die Wandlung des Polizeibegriffs näher eingegangen werden. Unter Berücksichtigung der unionsrechtlichen Einflüsse beschäftigt sich die Untersuchung darüber hinaus mit den Entwicklungen der jüngeren Vergangenheit.

A. Der Polizeibegriff als Spiegelbild politischen Wandels

I. Historische Entwicklungslinien

Der in seiner ursprünglichen Bedeutung einen Zustand guter Ordnung des Gemeinwesens bezeichnende Begriff der „Polizey",[192] fand, soweit ersichtlich, erstmals 1476 im damaligen Heiligen Römischen Reich Deutscher Nation in einer bischöflichen Verordnung Erwähnung.[193] Im 16. Jahrhundert hatten verschiedene Polizeiordnungen zur Erhaltung und Förderung des Zustandes „guter Polizey" nahezu alle Lebensbereiche – von der Religionsausübung bis zum Wirtschaftsverkehr – zum Gegenstand.[194] Ein erster Begriffswandel setzte mit Beginn des absolutistischen Zeitalters ein.[195] Die Polizeigewalt umfasste nunmehr mit Ausnahme einiger weniger Bereiche die vollständige im Inneren des Staates ausgeübte Staatsgewalt.[196] Die der monarchischen Obrigkeit zustehende allumfassende Herrschaftsmacht über ihre Untertanen fand nicht zuletzt in der Bezeichnung des „Polizeistaates" ihren Ausdruck.[197] Den Ausgangspunkt eines Wandlungsprozesses hin zu einem den Grundsätzen des liberalen Rechtsstaats angepassten

---

192 *Pewestorf*, in: *ders. / Söllner / Tölle*, POR, Teil 1 § 1 Rdnr. 2; *Schenke*, POR, S. 1.

193 *v. Unruh*, DVBl. 1972, 469 (470); *Wolffgang / Hendricks / Merz*, POR NW, S. 7.

194 Bezugspunkt sind neben diversen Landespolizeiordnungen insbesondere die Reichspolizeiordnungen von 1530, 1548 und 1577 (*Götz*, POR, S. 6; *Kay / Böcking*, PolR NW, S. 1; *Schenke*, POR, S. 1).

195 *Götz*, POR, S. 6; *Wolffgang / Hendricks / Merz*, POR NW, S. 7.

196 *Götz*, POR, S. 6; *Wolffgang / Hendricks / Merz*, POR NW, S. 7.

197 *Tegtmeyer / Vahle*, PolG NW, S. 1 der Einführung.

Polizeibegriff bildete die aufklärungsphilosophische Epoche des späten 18. Jahrhunderts.[198] Entsprechend restriktive Tendenzen mündeten schließlich in dem 1794 geschaffenen Allgemeinen Landrecht für die Preußischen Staaten (ALR).[199] Zwar stellte § 10 Teil II Titel 17 ALR, der explizit von der Abwendung der „dem Publico bevorstehenden ... Gefahr"[200] spricht, noch keine endgültige Abkehr von den bisherigen Prinzipien polizeilicher Aufgabenwahrnehmung dar;[201] seine Kodifizierung belegte jedoch die nunmehr veränderten staatstheoretischen Auffassungen und bildete die normative Grundlage eines weiter voranschreitenden Wandlungsprozesses.[202] Dessen endgültigen Wendepunkt markierte schließlich die richtungsweisende Kreuzberg-Entscheidung[203] des Preußischen Oberverwaltungsgerichts.[204] Zwar stehe es, so das Gericht, dem Gesetzgeber durchaus frei, den Polizeibehörden einzelne wohlfahrtspflegerische Aufgaben nach Schaffung entsprechender spezialgesetzlicher Grundlagen zu übertragen. Von der allgemeinen polizeilichen Generalklausel (§ 10 II 17 ALR) sei die Förderung der Wohlfahrt jedoch nicht umfasst.[205] Die polizeilichen Befugnisse erfuhren somit endgültig eine Beschränkung auf den Bereich der Gefahrenabwehr.[206] Herrschte auch in der Weimarer Republik ein liberal rechtsstaatliches Begriffsverständnis vor,[207]

---

198 *Götz*, POR, S. 7. So forderte der Göttinger Staatsrechtslehrer Johann Stephan Pütter (*ders.*, Institutiones Iuris Publici Germanici, Cap. III § 321) bereits 1770, die Aufgabe der Polizei auf die Abwehr von Gefahren zu beschränken. Eine darüber hinausgehende Wohlfahrtspflege sei, so Pütter, nicht Gegenstand polizeilicher Tätigkeit.

199 *Schenke*, POR, S. 2.

200 Hinsichtlich des genauen Wortlauts vgl. beispielsweise *Tettinger / Erbguth / Mann*, Bes. VerwR, S. 170.

201 So kam es aufgrund restaurativer Bestrebungen konservativer Kreise in der Folgezeit gar zu einer erneuten Ausweitung polizeilicher Befugnisse (*Schenke*, POR, S. 2).

202 *Götz*, POR, S. 7 f.; *Schenke*, POR, S. 2.

203 *PrOVGE* 9, 353, abgedruckt auch in DVBl. 1985, 216. Zum Kreuzberg-Urteil vgl. überdies *Rott*, NVwZ 1982, 363; *Schrödter*, DVBl. 1975, 846.

204 *Wolffgang / Hendricks / Merz*, POR NW, S. 8.

205 *PrOVGE* 9, 353 (373 ff.).

206 *Möller / Warg*, POR, S. 3 f.; *Muckel*, Fälle VerwR BT, S. 19. Anders als In Preußen, wo dieser Schritt auf das Handeln der richterlichen Gewalt zurückzuführen ist, waren in Süddeutschland die vom Gesetzgeber erlassenen Polizeistrafgesetzbücher von entscheidender Bedeutung. Trotz tiefgreifender systematischer Unterschiede stimmten beide Ansätze in ihrem Bestreben, der Polizeigewalt rechtsstaatliche Grenzen zu setzen, überein (*Götz*, POR, S. 9; *Schenke*, POR, S. 3.).

207 Verwiesen sei beispielsweise auf das Preuß. PVG v. 01. Juni 1931, das in Gestalt des § 14 eine dem gegenwärtigen Polizei- und Ordnungsrecht vergleichbare Generalklausel enthielt. Zum genauen Wortlaut der Norm s. *v. Unruh*, DVBl. 1972, 469 (472).

so vollzog sich in der Zeit des Nationalsozialismus durch die Schaffung eines nunmehr totalen Polizeistaates eine völlige Abkehr von dem zuvor beschriebenen Entwicklungsprozess.[208] Der insoweit maßgebende Polizeibegriff zeichnete sich nicht mehr durch das Element der Gefahrenabwehr, sondern durch die Bestrebung einer Sicherung der Ordnung der Volksgemeinschaft aus.[209]

II. Der heutige Polizeibegriff

Der gegenwärtige, nach 1945 entstandene Begriff der Polizei weist drei Ausprägungen auf. Zu unterscheiden ist zwischen einer institutionellen, materiellen sowie formellen Ebene.

1. *Institutioneller Begriff*

Der Polizeibegriff im institutionellen Sinne knüpft an das Verwaltungsorganisationsrecht an und regelt die Zugehörigkeit zu einer klar umrissenen Gruppe von Behörden: Den Polizeibehörden.[210] Hierunter fallen all jene, dem Organisationsbereich der Polizei zuzurechnenden Verwaltungseinheiten, deren konkreter Umfang sich nach den entsprechenden Landesgesetzen bestimmt.[211]

---

208 *Kay / Böcking*, PolR NW, S. 3.

209 *Götz*, POR, S. 10; *Kay / Böcking*, PolR NW, S. 3; *Wolffgang / Hendricks / Merz*, POR NW, S. 10 f.; lesenswert hierzu auch *Schwegel*, Der Polizeibegriff im NS-Staat, 2005.

210 *Wolffgang / Hendricks / Merz*, POR NW, S. 14.

211 *Wolffgang / Hendricks / Merz*, POR NW, S. 14 f. Basierend auf dem Einfluss der westlichen Besatzungsmächte, die nach den Erfahrungen der NS-Zeit eine grundlegende Beschränkung polizeilicher Befugnisse im Wege der so genannten Entpolizeilichung (s. hierzu auch *Schoch*, JURA 2006, 664 [665]) bewirkten, lassen sich insoweit zwei Modelle voneinander unterscheiden: Das Trennungssystem, das von der überwiegenden Mehrzahl der Bundesländer praktiziert wird, zeichnet sich dadurch aus, dass es in der Regel die allgemeinen Verwaltungsbehörden sind, die mit der Aufgabe der Gefahrenabwehr betraut werden. Die polizeiliche Zuständigkeit ist in diesen Fällen im Wesentlichen auf die Gefahrenabwehr in Eilfällen sowie das Tätigwerden nach § 163 StPO begrenzt. Dagegen gilt in Baden-Württemberg, Bremen, dem Saarland und Sachsen das so genannte Einheitssystem. Die genannten Länder weisen einen weitaus umfangreicheren polizeilichen Behördenapparat auf, da dieser nach wie vor sämtliche Aufgaben im Sinne des materiellen Begriffs wahrnimmt. Der Unterschied zwischen beiden Modellen erweist sich jedoch geringer als vermutet, zeichnet sich doch auch das Einheitssystem durch eine – dem Trennungssystem vergleichbare – Unterscheidung aus. Differenziert wird insofern zwischen der Ebene des Vollzugs sowie der rein behördlichen Tätigkeit (*Gusy*, POR, S. 28 f.; *Schenke*, POR, S. 7 f.; *Wolffgang / Hendricks / Merz*, POR NW, S. 14 f.).

2. *Materieller Begriff*

Der materielle Polizeibegriff knüpft an das rechtsstaatliche Verständnis des späten 19. und frühen 20. Jahrhunderts an, indem er die der Gefahrenabwehr dienende staatliche Tätigkeit bezeichnet.[212] Ob diese auch tatsächlich von einer dem polizeilichen Organisationsbereich angehörenden Behörde ausgeübt wird, spielt indes keine Rolle; entscheidend ist vielmehr der Aspekt der Gefahrenabwehr als solcher.[213]

3. *Formeller Begriff*

Der formelle Polizeibegriff umfasst hingegen die Gesamtheit der von der Polizei im institutionellen Sinne wahrgenommenen Aufgaben, unabhängig von deren inhaltlicher Zielsetzung.[214] Hierunter fallen somit auch die in praktischer Hinsicht überaus bedeutsamen[215] repressiven straf- und ordnungswidrigkeitenverfolgenden Tätigkeiten.[216]

B. Von der Gefahrenabwehr zur Gefahrenprävention: Erweiterung polizeilicher Maßnahmen ins Vor- und Umfeld von Gefahrensituationen[217]

Im Vergleich zur restriktiven Tendenz des liberalen Rechtsstaates lässt sich seit geraumer Zeit eine „Renaissance" und Ausweitung sicherheitsbehördlicher Aufgaben beobachten.[218] Dies äußert sich insbesondere in der Bestrebung, polizeiliche Aufgaben in das Vor- und Umfeld von Gefahrensituationen hinein zu erweitern.[219]

---

212 *Schenke / Schenke*, in: *Steiner*, Bes. VerwR, S. 176.

213 *Schoch*, JuS 1994, 391 (393); *Wolffgang / Hendricks / Merz*, POR NW, S. 14; kritisch hinsichtlich der Daseinsberechtigung eines materiellen Polizeibegriffs *Gusy*, POR, S. 3 f.; zu der Frage, ob der materielle Begriff dem geltenden Recht verloren gegangen sein könnte, s. auch *Götz*, POR, S. 11 f., sowie *Pieroth / Schlink / Kniesel*, POR, S. 11 f., die jedoch im Ergebnis für dessen weitere Verwendung plädieren.

214 *Schenke / Schenke*, in: *Steiner*, Bes. VerwR, S. 181.

215 *Gusy*, POR, S. 8.

216 *Schenke*, POR, S. 8; *Wolffgang / Hendricks / Merz*, POR NW, S. 15.

217 Anknüpfend u.a. an *Pieroth / Schlink / Kniesel*, POR, S. 12 ff.

218 *Di Fabio*, Risikoentscheidungen im Rechtsstaat, S. 40; *Hoffmann-Riem*, AöR 115 (1990), 400 (441); *Möstl*, Die staatliche Garantie für die öffentliche Sicherheit und Ordnung, S. 160.

219 *Gusy*, POR, S. 93; *Möstl*, Die staatliche Garantie für die öffentliche Sicherheit und Ordnung, S. 158 ff.; *Zöller*, Informationssysteme und Vorfeldmaßnahmen von Polizei, Staatsanwaltschaft und Nachrichtendiensten, S. 78.

Die dem Paradigmenwechsel hin zu einem neuen, zunehmend präventionsstaatlich orientierten Polizeirecht geschuldete Vorverlagerung[220] entsprechender Eingriffsbefugnisse gilt längst als ein zentrales Charakteristikum gegenwärtiger Sicherheitsgewährleistung.[221] In nicht unerheblichem Maße ist das moderne Polizeirecht infolgedessen von „proaktiven", „prä-präventiven" Bestrebungen geprägt.[222] Einzelne Aspekte dieses Wandlungsprozesses sind im Folgenden anzusprechen.

I. Versubjektivierung des Polizeirechts

Als Wegbereiter einer sukzessiven Erweiterung polizeilichen Handelns auf das Vor- und Umfeld von Gefahrensituationen ist zunächst der Prozess der so genannten Versubjektivierung des Polizeirechts zu nennen.[223] Versubjektivierung meint jedoch keine strikte Zuordnung zu einem rein subjektiven Gefahrbegriff.[224] Losgelöst von einer begrifflich formalen Verortung ist hierunter die verstärkte Einbeziehung eines Prognoseelements in die konkrete Gefahrbeurteilung zu verstehen.[225] Einer solchen Komponente maß das an die liberal-rechtsstaatliche Tradition anknüpfende und vom preußischen Oberverwaltungsgericht im Wesentlichen fortentwickelte Polizeirecht zunächst keine Bedeutung bei.[226] Polizeiliche Maßnahmen wurden hiernach lediglich bei Bestehen einer objektiv gegebenen Gefahr als rechtmäßig angesehen.[227] Mit Blick auf die Effektivität und Flexibilität der polizeilichen Gefahrenabwehr wurde nach 1945 jedoch eine bereits in Ansätzen vorhandene

220 Bezüglich des angesprochenen Paradigmenwechsels s. näher *Würtenberger / Heckmann*, PolR BW, S. 18 ff.

221 *Möstl*, Die staatliche Garantie für die öffentliche Sicherheit und Ordnung, S. 159.

222 *Denninger*, in: *Lisken / Denninger*, Hdb. PolR, Voraufl. (2007), S. V (Vorwort); *Zöller*, Informationssysteme und Vorfeldmaßnahmen von Polizei, Staatsanwaltschaft und Nachrichtendiensten, S. 77; zur Begrifflichkeit des „prä-präventiven" Handelns s. *Knemeyer*, POR, S. 13, 57. Die Auswirkungen dieses Wandlungsprozesses auf die rechtsstaatlich gebotene Trennung von Polizei und Geheimdiensten beleuchten *Denninger / Poscher*, in: *Lisken / Denninger*, Hdb. PolR, S. 101 ff.

223 *Pils*, DÖV 2008, 941 (948).

224 Überdies erscheint es ohnehin fraglich, ob eine konkrete Festlegung auf einen rein subjektiven wie rein objektiven Begriff tatsächlich geboten ist (so *Wolffgang / Hendricks / Merz*, POR NW, S. 40, die anstelle einer starren Zuordnung einen kombinierten, sowohl subjektive als auch objektive Elemente in Bezug nehmenden Ansatz für sachgerecht halten).

225 *Pieroth / Schlink / Kniesel*, POR, S. 12 f.

226 *Pils*, DÖV 2008, 941 (942).

227 *Pieroth / Schlink / Kniesel*, POR, S. 12.

Subjektivierungstendenz weiter vorangetrieben.[228] Das moderne Polizeirecht lässt als Folge dieser Entwicklung polizeiliches Handeln bereits bei Bestehen des Anscheins[229] sowie des Verdachts[230] einer Gefahr zu. Dieser Zustand wird trotz Fehlens einer dogmatisch sauberen Begründung weder von Rechtsprechung noch Literatur ernstlich bestritten.[231] Dies gilt unabhängig davon, ob Anscheinsgefahr und Gefahrenverdacht aufgrund des ex-ante Zeitpunkts des Erkenntnisstandes einer objektiven Gefahrenlage gleichzusetzen sind,[232] als echte Gefahr im Sinne des Polizei- und Ordnungsrechts gelten,[233] einen Unterfall hiervon darstellen[234] oder als eigenständige Begrifflichkeiten ganz verzichtbar sind.[235] In der Konsequenz einer Etablierung von Anscheinsgefahr und Gefahrenverdacht trägt der

---

228 *Pils*, DÖV 2008, 941 (942 f.).

229 Eine so genannte Anscheinsgefahr zeichnet sich dadurch aus, dass der Beamte im Zeitpunkt des Handelns bei verständiger Würdigung der maßgebenden Erkenntnisse von einer Gefahrenlage ausgehen durfte, obwohl sich im Nachhinein herausstellt, dass eine solche tatsächlich nicht existierte (*OVG Münster* DVBl. 1979, 733; *Schoch*, JuS 1994, 667 [668]).

230 Ein Gefahrenverdacht liegt hingegen vor, wenn die handelnde Behörde aufgrund nicht ausräumbarer Unsicherheiten nicht weiß, ob eine Gefahr besteht, sie lediglich für möglich hält. Zulässig sind in diesen Fällen grundsätzlich nur die der Erhärtung oder Widerlegung des Verdachts dienenden so genannten Gefahrerforschungsmaßnahmen (*Voßkuhle*, JuS 2007, 908 [909]). Einzelfallabhängig kann überdies auch die Vornahme einer endgültigen Gefahrenabwehrmaßnahme zulässig sein (*BVerwGE* 39, 190 [193 f.]; *Pils*, DÖV 2008, 941 [947]).

231 *Tettinger / Erbguth / Mann*, Bes. VerwR, S. 207, die jedoch zurecht anführen, dass denjenigen, die hinsichtlich des Gefahrbegriffs eine stärker subjektivierende Betrachtungsweise verfolgen, die Begründung leichter fällt.

232 Bzgl. der Anscheinsgefahr: *BVerwGE* 45, 51 (58); *Schoch*, JuS 1994, 667 (668 m.w.N.); *Voßkuhle*, JuS 2007, 908 (909).

233 im Hinblick auf die Anscheinsgefahr: *BVerwGE* 49, 36 (42 f.); *Pils*, DÖV 2008, 941 (946 m.w.N.); *Schenke / Schenke*, in: *Steiner*, Bes. VerwR, S. 204. *Hansen-Dix*, Die Gefahr im Polizeirecht, im Ordnungsrecht und im Technischen Sicherheitsrecht, S. 67 m.w.N., qualifiziert den Gefahrenverdacht als eine Gefahr im Sinne der polizeilichen Eingriffsermächtigung. *Darnstädt*, Gefahrenabwehr und Gefahrenvorsorge, S. 96, sowie *Lukes*, Gefahren und Gefahrenbeurteilungen im Recht, Teil 1, S. 27, werten den Gefahrenverdacht hingegen als eine konkrete Gefahr geringeren Wahrscheinlichkeitsgrades.

234 *Denninger*, in: *Lisken / Denninger*, Hdb. PolR, S. 206; bezugnehmend nur auf den Gefahrenverdacht *Karst*, DVP 1989, 3 (4 m.w.N.), zitiert nach: *Möller / Warg*, POR, S. 71.

235 *Götz*, POR, S. 50, bzgl. des Begriffs der Anscheinsgefahr; *Möller / Warg*, POR, S. 71, hinsichtlich des Gefahrenverdachts.

Versubjektivierungsprozess[236] somit nicht unwesentlich zu dem bereits erwähnten Paradigmenwechsel, die sukzessive Verlagerung polizeilichen Handelns in das Vor- und Umfeld von Gefahren betreffend, bei.[237]

II. Vorentwurf zur Änderung des Musterentwurfes eines einheitlichen Polizeigesetzes des Bundes und der Länder (VE-MEPolG)

1. Allgemeines

Ausdrücklich normiert wurde der zunehmende Ausbau der Prävention als integraler Bestandteil des polizeilichen Aufgabenspektrums spätestens mit dem am 12. März 1986 veröffentlichten Vorentwurf zur Änderung des Musterentwurfes eines Polizeigesetzes (VE-MEPolG).[238] Die hierauf zurückzuführende „neue“[239] Gesetzgebung erweist sich dabei insbesondere als Folge des vom Bundesverfassungsgericht im so genannten Volkszählungsurteil[240] entwickelten informationellen Selbstbestimmungsrechts,[241] handelt es sich doch bei den in § 1 I 2 VE-MEPolG bezeichneten Tätigkeitsfeldern in erster Linie um die Gewinnung und Verarbeitung personenbezogener Daten.[242] Befördert wurde die Neuakzentuierung des

236 Bezüglich der hiermit einhergehenden Versubjektivrechtlichung vgl. im Übrigen *Pieroth / Schlink / Kniesel*, POR, S. 13.

237 *Pils*, DÖV 2008, 941 (948); in diese Richtung auch *Würtenberger / Heckmann*, PolR BW, S. 196.

238 *Knemeyer*, POR, S. 11, in dessen Lehrbuch (S. 319 ff.) der am 12. Januar 1984 von der Innenministerkonferenz beschlossene Vorentwurf exemplarisch abgedruckt ist. *Ders.*, in: FS Rudolf, S. 483 ff., sieht im VE-MEPolG gar den Ansatz einer die Vorfeldtätigkeit betreffenden dritten polizeilichen Aufgabenkategorie; ähnlich *Pitschas*, Kriminalprävention und „Neues Polizeirecht“, S. 13, der von einem „dritten Pfeiler der inneren Sicherheit“ spricht.

239 *Götz*, NVwZ 1998, 679, nennt in diesem Zusammenhang beispielsweise das Niedersächsische Gefahrenabwehrgesetz (NdsGefAG) von 1994 sowie das Brandenburgische Polizeigesetz (BbgPolG) aus dem Jahr 1996. Eine Übersicht über die neuen, dem VE-MEPolG Rechnung tragenden Polizeigesetze findet sich zudem bei *Zöller*, Informationssysteme und Vorfeldmaßnahmen von Polizei, Staatsanwaltschaft und Nachrichtendiensten, S. 78 f.

240 *BVerfGE* 65, 1 = NJW 1984, 419.

241 Beispielhaft zu den Auswirkungen des Volkszählungsurteils auf den Bereich der Vorfeldtätigkeit: *Pieroth / Schlink / Kniesel*, POR, S. 13 f., sowie *Kugelmann*, POR, S. 3.

242 *Rachor*, in: *Lisken / Denninger*, Hdb. PolR, S. 343 ff., hinsichtlich der „vorbeugenden Straftatenbekämpfung“; *Zöller*, Informationssysteme und Vorfeldmaßnahmen von Polizei, Staatsanwaltschaft und Nachrichtendiensten, S. 80, bzgl. der „Vorbereitung auf die Gefahrenabwehr“.

Sicherheitsrechts zugleich durch eine grundlegende Änderung der Verbrechenswirklichkeit, die Zunahme der so genannten organisierten Kriminalität.[243]

2. *Neue Dimensionen polizeilicher Vorfeldtätigkeit*

Zu den vom VE-MEPolG genannten Aufgabenfeldern gehört zunächst die „Vorbereitung auf die Gefahrenabwehr". Sie zielt darauf ab, vorbereitende Maßnahmen zu treffen, um künftig eintretenden Gefahrensituationen effektiv zu begegnen.[244] Demgegenüber steht die „vorbeugende Bekämpfung von Straftaten", die zwei weitere Gesichtspunkte umfasst: Die Vorsorge für die Verfolgung von Straftaten, ein Teilaspekt der vorbeugenden Verbrechensbekämpfung, bezweckt die effiziente Aufklärung und Verfolgung zukünftiger beziehungsweise zum jetzigen Zeitpunkt noch nicht entdeckter Straftaten.[245] Im Unterschied dazu geht es bei der Verhütung von Straftaten darum, dem Täter bereits die Gelegenheit zur Begehung von Straftaten zu entziehen.[246]

III. Europäische Dimension

Auch auf europäischer Ebene hat sich der die Gefahrenvorsorge zunehmend ins Zentrum sicherheitsbehördlicher Tätigkeit rückende Wandlungsprozess mittlerweile manifestiert. Von besonderem Interesse, nicht zuletzt im Hinblick auf die im weiteren Verlauf der Bearbeitung zu untersuchenden versammlungsspezifischen

---

243 *Knemeyer*, POR, S. 11; *Pieroth / Schlink / Kniesel*, POR, S. 14; ähnlich *Breucker*, Transnationale polizeiliche Gewaltprävention, S. 39.

244 *Knemeyer*, POR, S. 13. Hierzu zählt insbesondere die Erhebung und Speicherung von Daten, die die Erreichbarkeit solcher Personen gewährleistet, deren Kenntnisse zur Beseitigung etwaiger Gefahrenquellen benötigt werden (*Rachor*, in: *Lisken / Denninger*, Hdb. PolR, S. 349 f.).

245 *Zöller*, RDV 1997, 163 (165). Zu diesem Zwecke sind die zuständigen Behörden dazu angehalten, die Sammlung und Verarbeitung solcher Daten zu gewährleisten, denen im Wege eines etwaigen strafprozessualen Vorgehens beweisrechtliche Relevanz zukommen könnte (*Zöller*, Informationssysteme und Vorfeldmaßnahmen von Polizei, Staatsanwaltschaft und Nachrichtendiensten, S. 86 f., der an dieser Stelle auch auf die überaus kontrovers diskutierte Frage eingeht, ob dieser Regelungsbereich als präventive oder repressive Tätigkeit zu verstehen ist. Vgl. zu diesem Aspekte auch *Pieroth / Schlink / Kniesel*, POR, S. 79 ff., sowie – bezogen auf das Polizeigesetz des Landes Nordrhein-Westfalen – *Sachs / Krings*, NWVBl. 2010, 165 [170]).

246 *Albers*, Die Determination polizeilicher Tätigkeit in den Bereichen der Straftatenverhütung und der Verfolgungsvorsorge, S. 124. Neben der präventiven Aufklärungsarbeit gehört hierzu insbesondere die gezielte polizeiliche Präsenz in städtischen Kriminalitätsbrennpunkten.

Vorfeldmaßnahmen, ist ein in der jüngeren Vergangenheit entstandenes Vertragswerk, das so genannte Sieben-Länder-Abkommen von Prüm.[247] Neben der Bekämpfung des Terrorismus, einem der Hauptziele der Unterzeichnerstaaten, zielt der Vertrag auf die Abwehr von Gefahren im Zuge von Großveranstaltungen mit grenzüberschreitendem Bezug.[248]

C. Europäisierung der Gefahrenabwehr[249]

Obgleich dem europäischen Integrationsprozess vielfach mit Skepsis begegnet,[250] bisweilen gar offen die Gefolgschaft verweigert wird,[251] stellt er im Zeitalter weitgehender Globalisierung einen wohl zwingenden Handlungsrahmen zur Bewältigung der entsprechenden Herausforderungen dar. Dies gilt angesichts der grenzüberschreitenden organisierten Kriminalität sowie des internationalen Terrorismus nicht zuletzt für den Bereich der Gefahrenabwehr.[252] Als zentraleuropäischer Staat mit den meisten Binnengrenzen ist die Bundesrepublik Deutschland im besonderen Maße auf den Prozess der Europäisierung nationaler Polizeirechtsordnungen angewiesen.

Wie nahezu alle Bereiche der Rechtsordnung ist auch das allgemeine Polizeirecht im Laufe der letzten Jahre zunehmend unter den Einfluss europarechtlicher

---

247 Zustimmungsgesetz v. 10. Juli 2007, BGBl II, 626; Gesetz zur Umsetzung des Vertrages v. 10. Juli 2007, BGBl I, 1458. Vgl. zu dem am 27. Mai 2005 von den zuständigen Ministern Belgiens, Deutschlands, Frankreichs, Luxemburgs, der Niederlande, Österreichs sowie Spaniens unterzeichneten multilateralen Vertrag auch *Mokros*, in: *Lisken / Denninger*, Hdb. PolR, S. 1433 ff.

248 Art. 14 des Vertrages ermächtigt insoweit zur Übermittlung personenbezogener Daten zwischen den Vertragsparteien.

249 Zur Europäisierung des – in seiner Terminologie etwas unscharfen – Rechts der inneren Sicherheit s. auch *Hecker*, DÖV 2006, 273.

250 So werteten, basierend auf einer von der Europäischen Kommission in regelmäßigen Abständen in Auftrag gegebenen Meinungsumfrage, im Frühjahr 2010 nur noch 50 Prozent der in Deutschland lebenden Menschen die EU-Mitgliedschaft der Bundesrepublik als positiv. Abrufbar sind die entsprechenden Statistiken unter http://ec.europa.eu/public_opinion/index_en.htm.

251 Erinnert sei an dieser Stelle an die gescheiterte Ratifikation des europäischen Verfassungsvertrages; näher hierzu auch *Oppermann*, in: *ders. / Classen / Nettesheim*, EuropaR, S. 16 f.

252 *Knemeyer*, POR, S. 19; *Würtenberger / Heckmann*, PolR BW, S. 26. Einen komprimierten Überblick über die europarechtlichen Einflüsse auf das allgemeine Ordnungsrecht liefert *Kollig*, Das allgemeine Ordnungsrecht unter europäischem Einfluss, 2007.

Vorgaben geraten.[253] Eine Entwicklung, die durch das Inkrafttreten des Vertrags von Lissabon und der hiermit einhergehenden Auflösung der so genannten „Drei-Säulen-Architektur" noch verstärkt wird.[254] Einige Eckfeiler des Europäisierungsprozesses der Gefahrenabwehr sollen nachfolgend in gebotener Kürze thematisiert werden.

I. Das Europäische Polizeiamt (Europol)[255]

Hauptaufgabe des in Den Haag ansässigen und auf Grundlage des Europol-Übereinkommens vom 26. Juli 1995[256] errichteten Europäischen Polizeiamts (Europol) ist die Sammlung, Verarbeitung und Übermittlung von Informationen zum Zwecke der Bekämpfung grenzüberschreitender (Schwerst-)Kriminalität.[257] Trotz seines vielfältigen Aufgabenspektrums verfügt Europol über keine eigenständigen Ermittlungsbefugnisse, sondern beschränkt sich im Wesentlichen auf den Bereich des Informationsaustauschs.[258] Die Aufrechterhaltung von Recht und Ordnung verbleibt mithin im Zuständigkeitsbereich der Mitgliedsstaaten.[259]

II. Schengener Durchführungsübereinkommen (SDÜ)

Als Reaktion auf den schrittweisen Wegfall der Personenkontrollen an den europäischen Binnengrenzen und die hierdurch entstandenen Sicherheitsrisiken sieht das durch den Vertrag von Amsterdam in das Recht der Europäischen Union

---

253 *Lindner*, JuS 2005, 302.

254 So auch *v. Arnauld*, JA 2008, 327.

255 Zum global agierenden Pendant Europols, der Internationalen kriminalpolizeilichen Organisation (IKPO), besser bekannt als „Interpol", vgl. die einführende Darstellung von *Mokros*, in: *Lisken / Denninger*, Hdb. PolR, Voraufl. (2007), S. 1345 ff.

256 Das Europol-Übereinkommen v. 26. Juli 1995 (ABlEG Nr. C 316 v. 27. November 1995, S. 1) ist jedoch mit Wirkung zum 01. Januar 2010 durch den Beschluss des Rates v. 06. April 2009 zur Errichtung des Europäischen Polizeiamtes (Europol), ABlEU Nr. L 121, S. 37, ersetzt worden. Dies hat zur Folge, dass es sich gem. Art. 2 des Beschlusses bei Europol nunmehr um eine Einrichtung der Union mit eigener Rechtsfähigkeit handelt.

257 Vgl. zu den Aufgaben im Einzelnen auch Art. 5 des Beschlusses des Rates v. 06. April 2009 zur Errichtung des Europäischen Polizeiamtes (Europol) sowie Art. 88 AEUV.

258 *Knemeyer*, POR, S. 22; *Schenke*, POR, S. 280 f. Gleichwohl ist zu berücksichtigen, dass Europol gem. Art. 88 II lit. b), III AEUV mittlerweile auch operative Maßnahmen durchführen darf.

259 *Hobe*, EuropaR, S. 320, der im weiteren Verlauf auch die Auswirkungen der neuen Rechtslage auf die lange diskutierte Frage des Rechtsschutzes gegen Maßnahmen von Europol (vgl. hierzu nur *Würtenberger / Heckmann*, PolR BW, S. 31 f.) thematisiert.

integrierte Schengener Durchführungsübereinkommen (SDÜ)[260] eine Vielzahl polizeilicher Ausgleichsmaßnahmen vor.[261] Den zentralen Baustein der im SDÜ vorgesehenen Regelungen stellt das Schengener Informationssystem (SIS) dar,[262] das – anders als das Informationssystem von Europol – nicht als Recherche-, sondern lediglich Fahndungssystem fungiert.[263] Flankiert werden die Maßnahmen durch die Tätigkeit der im Jahr 2004 errichteten Europäischen Agentur für die operative Zusammenarbeit an den Außengrenzen der EU-Mitgliedsstaaten (Frontex),[264] deren Aufgabe darin besteht, den Schutz der europäischen Außengrenzen in koordinierender Funktion wirksamen zu unterstützen.[265]

III. Grenzüberschreitende polizeiliche Zusammenarbeit

Neben der im SDÜ geregelten grenzüberschreitenden Zusammenarbeit nationaler Polizeibehörden, finden sich entsprechende Bestrebungen in einer Vielzahl bilateraler Polizeiverträge.[266] Vertragliche Bindungen existieren sowohl zwischen den Mitgliedsstaaten der Europäischen Union als auch gegenüber einzelnen EU-Nachbarstaaten.[267] Beispielhaft anzuführen ist in diesem Zusammenhang der Vertrag zwischen der Bundesrepublik Deutschland und der Schweizerischen Eidgenossenschaft über die grenzüberschreitende polizeiliche und justizielle Zusammenarbeit (dt.-schw. PolV).[268]

---

260 Durchführungsübereinkommen („Schengen II") zum Übereinkommen betreffend den schrittweisen Abbau an den gemeinsamen Grenzen v. 14. Juni 1985 („Schengen I"), BGBl II 1993, 1013.

261 *Schenke*, POR, S. 282 f. Ein knapper historischer Abriss hinsichtlich der Entwicklung der Schengener Übereinkommen findet sich bei *Streinz*, EuropaR, S. 394 f.

262 Vgl. im Einzelnen auch Art. 92 ff. des SDÜ.

263 *Knemeyer*, POR, S. 22; *Schenke*, POR, S. 282 f.

264 Verordnung (EG) Nr. 2007/2004 des Rates v. 26. Oktober 2004 zur Errichtung einer Europäischen Agentur für die operative Zusammenarbeit an den Außengrenzen der Mitgliedstaaten der Europäischen Union, ABlEU Nr. L 349 v. 25. November 2004, S. 1.

265 *Streinz*, EuropaR, S. 396.

266 Einen umfassenden Überblick über die zwischen Deutschland und seinen Nachbarstaaten geschlossenen Verträge liefert *Mokros*, in: *Lisken / Denninger*, Hdb. PolR, Voraufl. (2007), S. 1288 ff.

267 *Würtenberger / Heckmann*, PolR BW, S. 33.

268 BGBl. II 2001, 946. Vgl. hierzu im Einzelnen auch *Cremer*, ZaöRV 2000, 103; *Mokros*, in: *Lisken / Denninger*, Hdb. PolR, Voraufl. (2007), S. 1311 ff.; *Würtenberger / Heckmann*, PolR BW, S. 33 f.

IV. Gemeinschaftsrechtlicher Konformitätsvorbehalt

Durch den am 01. Dezember 2009 in Kraft getretenen Vertrag von Lissabon[269] erreichte die Europäisierung des Gefahrenabwehrrechts eine neue Qualität. Auch der Bereich der polizeilichen und justiziellen Zusammenarbeit in Strafsachen ist nunmehr den allgemeinen Regeln und Grundsätzen supranationaler Prägung unterworfen.[270] Für das allgemeine Polizei- und Ordnungsrecht steht den Organen der EU hiermit eine genuine Rechtssetzungskompetenz zu.[271] Doch schon vor dieser grundlegenden Novellierung der europäischen Verträge wies das bis dato gemeinschaftsrechtlich nicht determinierte Gefahrenabwehrrecht eine nicht unerhebliche gemeinschaftsrechtliche Dimension auf.[272] So durfte nach Maßgabe des in Art. 10 EGV[273] verankerten Konformitätsvorbehalts[274] die Auslegung und Anwendung polizeirechtlicher Normen insbesondere nicht im Widerspruch zu den Grundfreiheiten stehen.[275] Dies erforderte, „alle dogmatischen Prüfungsschritte daraufhin ‚abzuklopfen', ob gemeinschaftsrechtliche Vorgaben nicht eine bestimmte Handhabung der jeweiligen polizeirechtlichen Begriffe und dogmatischen Prüfungskriterien gebieten oder ausschließen."[276] Eine entsprechende Handhabung postulierte der Europäische Gerichtshof unter anderem hinsichtlich des polizeirechtlichen Ordnungsbegriffs[277] sowie des Entschließungsermessens.[278]

---

269 Vertrag von Lissabon zur Änderung des Vertrages über die Europäische Union und des Vertrages zur Gründung der Europäischen Gemeinschaft v. 13. Dezember 2007, ABlEU Nr. C 306 v. 17. Dezember 2007, S. 1.

270 *Herrmann*, JURA 2010, 161 (163); *Hobe*, EuropaR, S. 298 f.

271 *Hobe*, EuropaR, S. 314.

272 Grundlegend hierzu *Lindner*, JuS 2005, 302.

273 „Die Mitgliedstaaten treffen alle geeigneten Maßnahmen allgemeiner oder besonderer Art zur Erfüllung der Verpflichtungen, die sich aus diesem Vertrag oder aus Handlungen der Organe der Gemeinschaft ergeben. Sie erleichtern dieser die Erfüllung ihrer Aufgabe. Sie unterlassen alle Maßnahmen, welche die Verwirklichung der Ziele dieses Vertrages gefährden könnten."

274 Zu der sich aus Art. 10 EGV ergebenden Verpflichtung der Mitgliedsstaaten, eine umfassende Gemeinschaftsrechtskonformität ihrer Rechtsordnung sowie der darauf basierenden Rechtspraxis zu gewährleisten vgl. etwa *EuGH* NJW 2004, 3547 (3549).

275 *Lindner*, JuS 2005, 302 (304).

276 *Lindner*, JuS 2005, 302 (305).

277 Zur gemeinschaftsrechtskonformen Verengung des polizeirechtlichen Ordnungsbegriffs vgl. die so genannte „Laserdrome"-Entscheidung des *EuGH* v. 14. Oktober 2004, Slg. 2004, I-9609 = NVwZ 2004, 1471.

278 So die Entscheidung des *EuGH* v. 09. Dezember 1997, Slg. 1997, I-6959 = NJW 1998, 1931, in der das Gericht feststellt, dass bestimmte Fallkonstellationen eine

D. Zur gegenwärtigen Situation

Zu den Widersprüchlichkeiten der gegenwärtigen Situation zählt, dass die Polizei- und Ordnungsbehörden auf der einen Seite einem immer komplexer werdenden Anforderungsprofil gerecht werden müssen,[279] andererseits jedoch gezwungen sind, sich infolge umfassender Rationalisierungsmaßnahmen aus tradierten Aufgabenbereichen zurückziehen und diese dem privat-wirtschaftlichen Sektor zu überlassen.[280,281]

Die Ursachen für die Zunahme polizeilicher Tätigkeit sind vielfältig. Sie sind jedoch zuvorderst in dem bereits beschriebenen Paradigmenwechsel hin zu einem neuem, präventionsorientierten Verständnis sicherheitsbehördlicher Aufgabenwahrnehmung zu sehen.[282] Darüber hinaus ist die im Zuge der allgemeinen Terrorismusbekämpfung erfolgte Ausweitung polizeilicher Kompetenzen anzuführen.[283] Schließlich ist es nicht zuletzt die rasante technische Entwicklung, die die Polizei vor quantitativ und qualitativ neue Herausforderungen stellt.[284]

Demgegenüber ist seit geraumer Zeit eine Tendenz zur Privatisierung gefahrenabwehrrechtlicher Aufgaben zu beobachten.[285] Neben knappen finanziellen

---

Ermessensreduzierung auf Null auslösen, ohne dass es einer näheren Einzelfallprüfung bedarf; näher hierzu auch *Lindner*, JuS 2005, 302 (306).

279 *Bach*, Die Polizei 2009, 296; *Zöller*, Informationssysteme und Vorfeldmaßnahmen von Polizei, Staatsanwaltschaft und Nachrichtendiensten, S. 77 m.w.N.

280 *Bach*, Die Polizei 2009, 296; *Braun*, Die Polizei 2008, 350. *Boldt / Stolleis*, in: *Lisken / Denninger*, Hdb. PolR, Voraufl. (2007), S. 37, sowie *Pewestorf*, in: *ders. / Söllner / Tölle*, POR, Teil 1 § 1 Rdnr. 6, sprechen in diesem Zusammenhang gar von einer neuen Form der „Entpolizeilichung".

281 Auf ein weiteres Paradoxum verweist *Gusy*, POR, Voraufl. (2009), S. III (Vorwort), der den Widerspruch zwischen dem Vorhandensein einer faktisch guten Sicherheitslage und den ständig wiederkehrenden Forderungen nach neuen Befugnissen und Gesetzen, um auch in Zukunft vergleichbare Prävention gewährleisten zu können, darstellt.

282 *Götz*, NVwZ 1998, 679; *Würtenberger / Heckmann*, PolR BW, S. 21.

283 *Petri*, in: *Lisken / Denninger*, Hdb. PolR, S. 49 ff. m. w. N.

284 Dies trifft allen voran auf den Bereich der so genannten Telemedien (zur Legaldefinition des Begriffs vgl. § 1 I 1 TMG sowie § 2 I 3 RStV) zu, für den die Zuständigkeit zur Durchführung gefahrenabwehrrechtlicher Maßnahmen grundsätzlich bei den allgemeinen Polizei- und Ordnungsbehörden liegt (*Schenke*, POR, S. 244; grundlegend hierzu *Germann*, Gefahrenabwehr und Strafverfolgung im Internet, 2000).

285 *Schoch*, Bes. VerwR, S. 139; grundlegend hierzu *Bracher*, Gefahrenabwehr durch Private, 1987; *Weiß / Plate*, Privatisierung von polizeilichen Aufgaben, 1996. Vgl. i.Ü. auch *Pitschas*, DÖV 2004, 231.

Mitteln liegen die Ursachen hierfür insbesondere in dem stetig fortschreitenden Professionalisierungsgrad des privaten Sicherheitsgewerbes sowie der Schaffung neuer Tätigkeitsfelder in diesem Bereich.[286] Im Gefüge des freien Wettbewerbs hat sich mittlerweile auch das Rechtsgut der Sicherheit zu behaupten.[287] Zwar setzen das staatliche Gewaltmonopol und Art. 33 IV GG den Privatisierungsbestrebungen verbindliche Grenzen,[288] der Übertragung auch tradierter polizeilicher Aufgaben an private Dritte wirkt dies jedoch nur partiell entgegen.[289] Letztendlich gilt es zu bedenken, dass eine Vielzahl polizeilicher Aufgaben durchaus von privater Seite wahrgenommen werden können. Dies darf jedoch nicht darüber hinwegtäuschen, dass den Sicherheitsunternehmen – anders als den Hoheitsträgern – lediglich an der einseitigen Rechtsdurchsetzung, nicht hingegen an der allseitigen Rechtsverwirklichung gelegen ist.[290]

E. Fazit

Nahezu alle Gebiete des Rechts sind einem ständigen Wandel unterworfen, sie verharren nicht starr und unveränderlich, sondern befinden sich in stetiger Bewegung. Dies trifft nicht zuletzt auf die Summe der rechtlichen Regelungen zu, die die polizeiliche Tätigkeit zum Gegenstand haben.[291] Der Wandel des Polizeibegriffs als Spiegelbild gesellschaftspolitischer Entwicklung verdeutlicht hierbei, dass dem Polizei- und Ordnungsrecht angesichts sich fortlaufend ändernder Realbedingungen unterschiedlichste Anpassungsleistungen abverlangt wurden.[292] Kennzeichnend für die gegenwärtige Situation ist zunächst eine „bedeutsame Zunahme polizeilicher Tätigkeit“.[293] Ursächlich hierfür sind die proaktiven und

---

286 *Bach*, Die Polizei 2009, 296; *Braun*, Die Polizei 2008, 350.

287 *Braun*, Die Polizei 2008, 350 (351); *Stober*, DZWIR 1996, 133 m.w.N.

288 *Gramm*, Privatisierung und notwendige Staatsaufgaben, S. 395 ff.; *Gusy*, POR, S. 77; *Würtenberger / Heckmann*, PolR BW, S. 17 m.w.N.

289 So *Braun*, Die Polizei 2008, 350, der von einer „faktischen Privatisierung polizeilicher Aufgaben“ spricht. Dieser Zustand werde, so Braun, insbesondere durch die zunehmende Etablierung so genannter Public-Private-Partnerships, die Kommerzialisierung und Privatisierung öffentlicher Räume sowie die staatliche Inpflichtnahme zur Eigensicherung herbeigeführt.

290 *Gusy*, POR, S. 76. *Braun*, Die Polizei 2008, 350 (353 ff.), weist darüber hinaus auf die Gefahr einer Verschiebung des Kriminalitätsrisikos zu Lasten der wirtschaftlich schwächsten gesellschaftlichen Gruppen hin.

291 So auch *Gusy*, POR, S. III (Vorwort).

292 *Schoch*, Bes. VerwR, S. 128.

293 *Boldt / Stolleis*, in: *Lisken / Denninger*, Hdb. PolR, Voraufl. (2007), S. 37.

vorsorgenden Bestrebungen moderner Polizeiarbeit, die in der Erweiterung polizeilicher Aufgaben ins Vor- und Umfeld von Straftaten und Gefahren ihren Niederschlag finden.[294] Gerade dann, wenn die Eintrittswahrscheinlichkeit des Schadens aufgrund der zeitlich räumlichen Vorverlagerung jedoch noch gar nicht abzusehen ist, gilt es in besonderem Maße, die präventionsorientierten Bemühungen rechtsstaatlich zu untermauern.[295] Demgegenüber steht eine konsequente Verminderung staatlicher Wahrnehmungsfelder, von der gleichsam das Polizei- und Ordnungsrecht betroffen ist.[296] Dass darüber hinaus auch unionsrechtliche Prozesse erkannt und verarbeitet werden müssen,[297] zeigt nicht zuletzt der Gesichtspunkt des Versammlungsgeschehens. So ist es doch die Europäisierung beziehungsweise Internationalisierung der Protestszene, die eine grenzüberschreitende Polizeikooperation zum Zwecke der Gewährleistung innerer Sicherheit erfordert.[298]

---

294 *Boldt / Stolleis*, in: *Lisken / Denninger*, Hdb. PolR, Voraufl. (2007), S. 37; so auch *Pieroth / Schlink / Kniesel*, POR, S. 14; *Würtenberger / Heckmann*, PolR BW, S. V (Vorwort); *Zöller*, Informationssysteme und Vorfeldmaßnahmen von Polizei, Staatsanwaltschaft und Nachrichtendiensten, S. 78.

295 *Gusy*, POR, S. V (Vorwort).

296 *Frenz*, Freiwillige Gefahrenprävention, Vorwort.

297 *Schoch*, Bes. VerwR, S. 128.

298 *Franke*, Die Polizei 2008, 93 (94).

Kapitel 3: Das rechtliche Konstrukt der versammlungsspezifischen Vorfeldmaßnahme

Nach der im vorangegangen Abschnitt erfolgten Einordnung zunehmend präventionsorientierter Bestrebungen in den historischen Entwicklungsprozess polizeilicher Tätigkeit, beschäftigt sich das folgende Kapitel erstmals näher mit der Thematik der versammlungsspezifischen Vorfeldmaßnahme. Hierfür wird zunächst eine begriffliche Klärung vorgenommen, um anschließend der Frage nach dem Regelungsstandort sowie dem Verhältnis von Freiheit und Sicherheit im demokratischen Rechtsstaat nachzugehen.

A. Grundlagenbetrachtung

I. Zur begrifflichen Einordnung

Bereits im Vorfeld einer Versammlung können Anhaltspunkte dafür ersichtlich sein, dass von der Versammlung eine (erhebliche) Gefahr für die öffentliche Sicherheit und Ordnung ausgehen wird.[299] Es stellt sich somit die Frage nach etwaigen Gegenmaßnahmen.

Zum Zwecke der Gewährleistung eines friedlichen Versammlungsverlaufs greifen die Gefahrenabwehrbehörden seit geraumer Zeit verstärkt auf so genannte versammlungsspezifische beziehungsweise versammlungsbezogene Vorfeldmaßnahmen zurück.[300] Hierbei handelt es sich um sicherheitsbehördliche Instrumentarien,[301] die sich im zeitlichen und räumlichen Vorfeld des Versammlungsgeschehens gegen einzelne potentielle Teilnehmer richten.[302] Ein solch früher Zeitpunkt ermöglicht ein Tätigwerden auf einem vergleichsweise geringen Eskalationsniveau.[303] Ziel dieser Vorgehensweise ist es, dem friedlichen Teilnehmerkreis

299 *Pieroth / Schlink / Kniesel*, POR, S. 368.

300 *Kniesel*, in: *Lisken / Denninger*, Hdb. PolR, Voraufl. (2001), S. 697; in diese Richtung auch *Geis*, Die Polizei 1993, 293 (298).

301 Einen ersten Überblick über den Umfang dieses Maßnahmenkatalogs liefern *Brenneisen / Wilksen*, VersR, S. 12, sowie *Trurnit*, NVwZ 2012, 1079.

302 *Kniesel*, in: *Lisken / Denninger*, Hdb. PolR, Voraufl. (2001), S. 697; *Mayer*, JA 1998, 345.

303 *Kniesel*, in: *Lisken / Denninger*, Hdb. PolR, Voraufl. (2001), S. 697; *Kniesel / Poscher*, in: *Lisken / Denninger*, Hdb. PolR, S. 1236.

seine grundrechtlich verbürgte Versammlungsfreiheit[304] zu sichern.[305] Zudem soll der Schutz unbeteiligter Dritter gewährleistet werden.[306] Um bei befürchteten gewaltsamen Verläufen eingriffsintensivere Handlungsweisen, etwa ein präventives Verbot[307] oder eine Auflösung[308] der Versammlung, zu vermeiden,[309] versuchen die versammlungsspezifischen Vorfeldmaßnahmen sicherzustellen, dass sich potentielle Gewalttäter gar nicht erst am Ort der Versammlung aufhalten.[310] Darüber hinaus können Maßnahmen erfolgen, die eine solche Zielrichtung (zunächst) nicht aufweisen.[311] Hinter dem Begriffspaar der versammlungsbezogenen Vorfeldmaßnahme verbirgt sich somit eine Fülle höchst unterschiedlicher,[312] teils neuartiger[313] sicherheitsbehördlicher Maßnahmen.[314] Dabei ist der Terminus durchaus irreführend, finden die entsprechenden Maßnahmen doch nicht nur im Bereich des Versammlungsgeschehens Anwendung. Mangels (versammlungs)spezifischer Rechtsgrundlagen verlangen sie – wie an anderer Stelle noch gesondert aufzuzeigen sein wird – in aller Regel einen Rückgriff auf die allgemeinen Normen des Polizei- und Ordnungsrechts.[315] Dies ändert jedoch nichts daran, dass im weiteren Verlauf der Bearbeitung an dieser Bezeichnung festgehalten werden soll, bringt sie doch den Bezugspunkt der hier in Rede stehenden

---

304 Beispielhaft hierzu *Gusy*, POR, S. 249 ff.

305 *Mayer*, JA 1998, 345.

306 *Jötten / Tams*, JuS 2008, 436 (441).

307 Das Versammlungsverbot (§§ 5, 15 I, II VersG), eine vollständige Untersagung vor oder spätestens bei Beginn der Veranstaltung, betrifft das „Ob" der Versammlung.

308 Bei der Versammlungsauflösung (§§ 13, 15 III VersG) handelt es sich hingegen um die behördliche Untersagung nach Beginn der Veranstaltung.

309 *Mayer*, JA 1998, 345; ähnlich *Behmenburg*, LKV 2003, 500 (502), bezugnehmend auf die Möglichkeit der Einrichtung von Kontrollstellen auf dem zur Versammlung führenden Anfahrtsweg.

310 *Kniesel*, NJW 2000, 2857 (2862), bezugnehmend auf die Meldeauflage; allg. *Brenneisen*, Die Polizei 2008, 104 (109 f. m.w.N.); *Kötter / Nolte*, DÖV 2009, 399 (402).

311 Dies gilt etwa für die im Zuge der Anreise erfolgende Durchsuchung von Personen und / oder Sachen sowie eine sich gegebenenfalls daran anschließende Sicherstellung. Zu berücksichtigen ist indes, dass sich an die zuvor genannten Handlungsinstrumente auch weitergehende, eine Teilnahmeverhinderung bezweckende Maßnahmen angliedern können. S. hierzu – eine vergleichbare Fallkonstellation aufgreifend – *VG Lüneburg* NVwZ-RR 2005, 248, sowie *Behmenburg*, LKV 2003, 500 (502).

312 S. Fn. 301.

313 *Brenneisen*, Die Polizei 2008, 104 (110); *Gröpl*, JURA 2002, 18 (23 m.w.N.); *Kniesel*, NJW 2000, 2857.

314 *Kniesel / Poscher*, in: *Lisken / Denninger*, Hdb. PolR, S. 1236.

315 Vgl. vorab *Brenneisen / Wilksen*, VersR, S. 267 ff.

Präventivmaßnahmen, den klar umrissenen Komplex des Versammlungsgeschehens, unmissverständlich zum Ausdruck.[316]

II. Mögliche Differenzierungsansätze

Ohne die einzelnen Vorfeldmaßnahmen bereits an dieser Stelle näher zu beleuchten, ist die Zeichnung eines über die erste Begriffsbestimmung hinausgehenden Bildes durchaus möglich. Denkbare Differenzierungsansätze werden im Folgenden aufgezeigt.

1. Zeitlich-räumlicher Bezugspunkt

Differenzierungsmöglichkeiten bestehen zunächst hinsichtlich der zeitlich-räumlichen Dimension des Vorfelds. Zu unterscheiden ist demnach zwischen dem *Zeitraum der unmittelbaren Anreise* zur Versammlung sowie dem *Vorfeld im weiteren Sinne*; letzteres umfasst hierbei das Tätigkeitsfeld der Vorbereitung und Organisation, das mitunter geraume Zeit vor Veranstaltungsbeginn zu verorten ist.[317] Voneinander abgrenzen lassen sich somit auch die entsprechenden versammlungsbezogenen Vorfeldmaßnahmen.

2. Ort der Veranstaltung

Differenzieren lässt sich des Weiteren zwischen Maßnahmen im Vorfeld von Versammlungen im Ausland sowie solchen Maßnahmen, die auf die Gewährleistung eines reibungslosen Ablaufs von Veranstaltungen auf deutschem Hoheitsgebiet abzielen.[318] In Abhängigkeit vom Ort der Veranstaltung können unterschiedliche Handlungsinstrumente zweckdienlich sein.[319]

---

316 Anders in der Wortwahl *Brenneisen / Wilksen*, VersR, S. 267, 309, die von (hoheitlichen) Eingriffsmaßnahmen im Vorfeld von Versammlungen sprechen. *Aulehner*, Polizeiliche Gefahren- und Informationsvorsorge, S. 53, führt überdies – wenn auch in einem anderem Zusammenhang – zutreffend aus, dass Definitionen ohnehin nur eingeschränkt zur Lösung von Sachfragen beitragen können, fällt ihnen diesbezüglich doch nur eine Hilfsfunktion anheim.

317 *Brenneisen / Wilksen*, VersR, S. 267 f., im Hinblick auf die Vorwirkung des Art. 8 GG; ähnlich *Kötter / Nolte*, DÖV 2009, 399 (402), die von „Vorbereitung und Anreise zu einer Versammlung“ sprechen. S. auch *Deger*, NVwZ 1999, 265 (266), der bzgl. des Vorfelds explizit den „Anmarschweg der Teilnehmer“ erwähnt.

318 *Brenneisen / Wilksen*, VersR, S. 267 ff., 309 ff. Vgl. i.Ü. *Brenneisen / Rogosch*, Kriminalistik 2001, 147, ausschließlich die transnationalen Gesichtspunkte beleuchtend.

319 So bedarf die Erteilung einer Meldeauflage zum Zwecke der Teilnahmeverhinderung an einer Versammlung im Ausland ggfs. der Absicherung durch weitere Verbundmaßnahmen nach dem Pass- und Personalausweisrecht.

3. *Zielrichtung der Maßnahmen*

Eine Unterscheidung kann ferner zwischen informationellen Vorfeldmaßnahmen und nichtinformationellen Eingriffen vorgenommen werden.[320] Während Letztgenannte in aller Regel die unmittelbare Verhinderung der Teilnahme potentieller Gewalttäter an einer Versammlung bezwecken, steht bei den Informationseingriffen, die sich wiederum in offene und verdeckte Maßnahmen untergliedern, die Gewinnung relevanter Informationen im Vordergrund.[321]

4. *Kriterium des Adressatenkreises*

Voneinander abgrenzen lassen sich die versammlungsspezifischen Vorfeldmaßnahmen darüber hinaus hinsichtlich ihres Adressatenkreises. Zwar richtet sich die weit überwiegende Mehrzahl der noch näher zu beleuchtenden Maßnahmen unmittelbar gegen die Teilnehmer und ist demnach als teilnehmerbezogen zu qualifizieren; als Vorfeldmaßnahmen können jedoch streng genommen auch „die veranstalterbezogenen Ermächtigungen für Präventivverbote“[322] der §§ 5, 15 VersG verstanden werden.[323]

III. Der Begriff der Vorfeldtätigkeit abseits des versammlungsrechtlichen Geschehens

Findet der Begriff der „versammlungsbezogenen Vorfeldmaßnahme“ in Literatur und Rechtsprechung nur äußerst selten Erwähnung,[324] so gilt dies nicht für die

---

320 In diese Richtung beispielsweise *Trurnit*, NVwZ 2012, 1079 f.

321 So *Pieroth / Schlink / Kniesel*, POR, S. 368 ff., die zwischen Bild- und Tonaufnahmen einerseits sowie Gefährderansprachen, Meldeauflagen, Kontrollen und Rückführungsgewahrsam andererseits unterscheiden. Eine vergleichbare Einteilung nehmen *Brenneisen / Wilksen*, VersR, S. 269 ff., vor, die den Informationseingriffen im Versammlungsvorfeld eine Vielzahl anderer Maßnahmen gegenüberstellen; ebenso *Geis*, Die Polizei 1993, 293 (295), der hinsichtlich des Demonstrationsvorfelds den Bereich der Informationserhebung und -verarbeitung explizit herausstellt; bezugnehmend auf hoheitliche Eingriffsmaßnahmen im Vorfeld von Versammlungen im Ausland: *Brenneisen / Rogosch*, Kriminalistik 2001, 147 (149 ff.).

322 *Dietel / Gintzel / Kniesel*, VersG, § 2 Rdnr. 53.

323 *Kniesel*, NJW 2000, 2857 (2862); ähnlich *Kötter / Nolte*, DÖV 2009, 399 (402), sowie *Steinhorst*, POR Bbg, S. 137.

324 Für gewöhnlich erschöpft sich die Darstellung dieser Problematik in einigen Randbemerkungen im Zuge der Erörterung übergeordneter Problemstellungen, sei es etwa das Versammlungsgeschehen als solches (hierzu u.a. *Kniesel / Poscher*, in: *Lisken / Denninger*, Hdb. PolR, S. 1236; *Pieroth / Schlink / Kniesel*, POR, S. 368 ff.) oder den

„polizeiliche Vorfeldtätigkeit" abseits des Versammlungsgeschehens.[325] Während sich die zuerst genannte Kategorie trotz der Vielzahl der sie umfassenden Maßnahmen in begrifflich-terminologischer Hinsicht durch weitgehende Klarheit auszeichnet, fehlt es letztgenanntem Typus an eben jener Konturenschärfe.[326] Deutlich macht dies bereits die immense Begriffsvielfalt, mit der der Inhalt der polizeilichen Tätigkeiten im Vorfeld näher zu umschreiben versucht wird.[327] Neben der hier verwendeten Bezeichnung als polizeiliche Vorfeldtätigkeit wird, um nur einige wenige Beispiele zu nennen, von Gefahrenvorsorge,[328] vorbeugender Verbrechensbekämpfung,[329] proaktiver Polizei[330] oder neuen Methoden der Verbrechensbekämpfung[331] gesprochen. Trotz inhaltlicher Differenzen und teils berechtigter Kritik eint die verschiedenen Definitionsversuche die Bestrebung, „die Abkehr von dem traditionellen polizeilichen Aufgabenverständnis"[332] definitorisch zu erfassen.[333] Allein zutreffend bringt dies jedoch der Begriff der Vorfeldtätigkeit zum Ausdruck. Er umfasst all jene Erscheinungsformen polizeilicher Tätigkeit, die nicht erst an das Vorliegen einer konkreten Gefahr oder eines strafprozessualen Anfangsverdachts anknüpfen, sondern bereits im Vorfeld der genannten Eingriffsschwellen zu finden sind.[334] Die bereits angesprochene Konturenlosigkeit speist sich demnach aus der rein negativen Abgrenzung

---

Gesichtspunkt der so genannten Polizeifestigkeit (*Kötter / Nolte*, DÖV 2009, 399 [402]) betreffend.

325 Vgl. nur – explizit den Begriff der (polizeilichen) Vorfeldtätigkeit verwendend – *BVerfGE* 113, 348 (369); *Albers*, Die Determination polizeilicher Tätigkeit in den Bereichen der Straftatenverhütung und der Verfolgungsvorsorge, S. 111; *Hagemann*, Grundrechtseingriffe im Vorfeld, S. 50 ff.; *Knemeyer*, in: FS Rudolf, S. 484 f.

326 *Hagemann*, Grundrechtseingriffe im Vorfeld, S. 50, der die wesentlichen Thesen und Ergebnisse seiner Arbeit auch in Die Polizei 2007, 72, 105 präsentiert.

327 *Hagemann*, Grundrechtseingriffe im Vorfeld, S. 50 m.w.N.

328 So u.a. *Darnstädt*, Gefahrenabwehr und Gefahrenvorsorge, S. 121, sowie *Scholz / Pitschas*, Informationelle Selbstbestimmung und staatliche Informationsverantwortung, S. 159.

329 S. beispielsweise *Ahlers*, Grenzbereich zwischen Gefahrenabwehr und Strafverfolgung, S. 134.

330 *Aulehner*, Polizeiliche Gefahren- und Informationsvorsorge, S. 52.

331 *Aulehner*, Polizeiliche Gefahren- und Informationsvorsorge, S. 52.

332 *Hagemann*, Grundrechtseingriffe im Vorfeld, S. 52.

333 *Hagemann*, Grundrechtseingriffe im Vorfeld, S. 52.

334 *Hagemann*, Grundrechtseingriffe im Vorfeld, S. 52, der sowohl den Begriff der „Vorfeldtätigkeit" (so etwa auf S. 53) als auch den der „Vorfeldaufgabe" (u.a. auf S. 52) verwendet.

gegenüber den klassischen Kriterien der Gefahr und des Verdachts.[335] Zwar geht die Vorfeldtätigkeit über den Gesichtspunkt der Informationsgewinnung hinaus,[336] gleichwohl stellt die stetig an Bedeutung gewinnende Erhebung und Verarbeitung personenbezogener Daten den Kern dieses Aufgabenspektrums dar.[337] Dem Terminus der polizeilichen Vorfeldtätigkeit kommt mithin die Funktion zu, die Eckpfeiler eines gewandelten polizeilichen Aufgabenverständnisses begrifflich abzustecken.[338] Ein Wandlungsprozess, auf den trotz divergierender Bezugspunkte[339] letztlich auch die zunehmende Etablierung versammlungsbezogener Vorfeldmaßnahmen zurückzuführen ist.

B. Die Frage des Regelungsstandorts – Einordnung zwischen Gefahrenabwehr- und Strafprozessrecht

Neben dem präventiv-polizeilichen Tätigkeitsbereich, der Abwehr von Gefahren für die öffentliche Sicherheit und Ordnung, sieht das polizeiliche Aufgabenspektrum zugleich ein Vorgehen aus repressiven, die Verfolgung von Straftaten und Ordnungswidrigkeiten bezweckenden Gründen vor.[340] Es stellt sich mithin die Frage, welcher Sphäre die versammlungsspezifischen Vorfeldmaßnahmen zuzuordnen sind. Dies zu klären ist Ziel des folgenden Abschnitts.

---

335 *Albers*, Die Determination polizeilicher Tätigkeit in den Bereichen der Straftatenverhütung und der Verfolgungsvorsorge, S. 111; *Denninger*, in: *Lisken / Denninger*, Hdb. PolR, S. 265 f. m.w.N., diesen Umstand durchaus kritisch bewertend.

336 *Knemeyer*, in: FS Rudolf, S. 484.

337 So wohl *Albers*, Die Determination polizeilicher Tätigkeit in den Bereichen der Straftatenverhütung und der Verfolgungsvorsorge, S. 111, der jedoch darauf hinweist, dass eine strikte Beschränkung auf diesen Aufgabenkreis nicht existiert; *Weßlau*, Vorfeldermittlungen, S. 27.

338 *Hagemann*, Grundrechtseingriffe im Vorfeld, S. 53, der insoweit von der „Funktion eines Passepartout, in dessen Rahmen das gewandelte polizeiliche Aufgabenverständnis Platz findet", spricht.

339 Während sich dieser bei der allgemeinen Vorfeldtätigkeit aus der rein negativen Abgrenzung gegenüber den tradierten Eingriffsschwellen speist (näher hierzu Fn. 335), knüpfen die versammlungsbezogenen Vorfeldmaßnahmen speziell an das Betätigungsfeld des Versammlungsgeschehens an (vgl. auch A. I. im Rahmen dieses Kapitels).

340 *Haus / Wohlfarth*, POR, S. 268. Man spricht diesbezüglich auch von einer „Doppelfunktion" bzw. „Doppelfunktionalität" der Polizei. Vgl. insoweit beispielsweise *Dreier*, JZ 1987, 1009, sowie *Schenke*, POR, S. 5.

I. Ursachen und Bedeutung der Abgrenzung

Aufgrund der vielfältigen Unterschiede zwischen Gefahrenabwehr und Strafverfolgung ist eine Abgrenzung der beiden Tätigkeitsbereiche zwingend geboten.[341] Die Erforderlichkeit ergibt sich dabei bereits aus kompetenzrechtlichen Gesichtspunkten.[342] Während es sich bei der Gefahrenabwehr gemäß Art. 70 I GG um eine Aufgabe der einzelnen Bundesländer handelt,[343] ist die Straf- und Ordnungswidrigkeitenverfolgung nach Art. 74 I Nr. 1 GG der Kompetenz des Bundesgesetzgebers zuzuordnen.[344] Von praktisch hoher Relevanz ist die Abgrenzung darüber hinaus für den Rechtsschutz des Betroffenen. Richtet dieser sich bei Gefahren abwehrenden Maßnahmen grundsätzlich nach § 40 I VwGO, was eine Zuständigkeit der Verwaltungsgerichte zur Folge hat,[345] sind bei Maßnahmen der Strafverfolgung und Ahndung von Ordnungswidrigkeiten gemäß der Sonderzuweisung des § 23 EGGVG[346] die ordentlichen Gerichte zuständig.[347] Eine grundlegende

---

341 *Haus / Wohlfarth*, POR, S. 268.

342 *Gusy*, POR, S. 301 ff.; *Kugelmann*, POR, S. 17.

343 Eine Einschränkung erfährt der Grundsatz der Landeszuständigkeit jedoch durch verschiedene Kompetenzzuweisungen an den Bund (*Gusy*, POR, S. 7 f.). So war nicht zuletzt das Versammlungsrecht als spezielles Gefahrenabwehrrecht bis zum Inkrafttreten der Föderalismusreform im Jahr 2006 (vgl. insoweit etwa *Degenhart*, NVwZ 2006, 1209) Gegenstand der konkurrierenden Gesetzgebungskompetenz des Art. 74 I Nr. 3 a.F., die der Bundesgesetzgeber durch Erlass des Gesetzes über Versammlungen und Aufzüge v. 24. Juli 1953 (BGBl I 1953, 684) auch in Anspruch nahm. Die Gesetzgebungskompetenz obliegt nunmehr jedoch den einzelnen Bundesländern. Sofern sie jedoch, wie dies zum jetzigen Zeitpunkt mehrheitlich der Fall ist, hiervon keinen Gebrauch machen (dies gilt nicht für Bayern [BayVersG v. 22. Juli 2008, BayGVBl 2008, 421], Sachsen [SächsVersG v. 25. Januar 2012, SächsGVBl 2012, 54], Sachsen-Anhalt [VersammlG LSA v. 03. Dezember 2009, GVBl LSA 2009, 558] und Niedersachsen [NVersG v. 07. Oktober 2010, NdsGVBl 2010, 465, 532], die entsprechende, mitunter wenig überzeugende [vgl. nur *Hanschmann*, DÖV 2009, 389] Neuregelungen geschaffen haben), findet das Bundesversammlungsgesetz gem. Art. 125 a I GG in den betreffenden Ländern nach wie vor Anwendung.

344 Durch Erlass des StGB, der StPO sowie des OWiG hat der Gesetzgeber hiervon auch abschließend Gebrauch gemacht.

345 *BVerwG* NJW 1983, 772; 1990, 2765.

346 So nach herrschender, wenn auch umstrittener Auffassung. Vgl. diesbezüglich u.a. *BVerwGE* 47, 255, m. Anm. *Amelung*, JZ 1975, 526; *Aulehner*, BayVBl. 1988, 709; *Schenke*, VerwArch 60 (1969), 332; *ders.*, NJW 1976, 1816.

347 Statt aller *Gusy*, POR, S. 301 ff. Dies rührt daher, dass die Polizei im Falle der Wahrnehmung von Aufgaben der Strafverfolgung und Ordnungswidrigkeitenahndung als

Bedeutung kommt der Differenzierung darüber hinaus im Hinblick auf die Wahl der in Betracht kommenden Befugnisnorm zu, da StPO und Gefahrenabwehrrecht verschiedene, wenn auch bisweilen inhaltsgleiche Eingriffsermächtigungen aufweisen.[348] Zu beachten ist des Weiteren, dass beide Bereiche unterschiedlichen Prinzipien unterliegen. Während im Strafprozessrecht grundsätzlich das Legalitätsprinzip Anwendung findet, das eine gesetzliche Pflicht zum Einschreiten postuliert, gilt für das Gefahrenabwehrrecht das Opportunitätsprinzip.[349] Den Behörden wird hiernach Ermessen eingeräumt, ob und inwieweit sie tätig werden.[350] Schließlich erstreckt sich das in § 161 StPO verankerte Weisungsrecht der Staatsanwaltschaft nicht auf den zuletzt genannten Bereich.[351]

II. Zielrichtung: Verhütung von Straftaten

Ohne die in Rede stehenden versammlungsbezogenen Vorfeldmaßnahmen im Einzelnen näher zu beleuchten, eint sie allesamt die Intention, es gar nicht erst zur Verwirklichung einer dem Versammlungsgeschehen drohenden Gefahr kommen zu lassen.[352] Bereits das Eintreten von Situationen, denen ein erhöhtes Konfliktpotential aus der Begehung von Straftaten entwachsen könnte, gilt es zu vermeiden.[353] Tätig werden die Behörden hierzu im Vorfeld der Veranstaltung. Schon die Bezeichnung als „versammlungsbezogene Vorfeldmaßnahme" bringt dabei den vorsorglich-präventiven Charakter im Gegensatz zu einer „vergangenheitsfundierten, an der Einzelfallgerechtigkeit orientierten"[354] Vorgehensweise auf Grundlage der StPO explizit zum Ausdruck. Zudem zeigt sich die Ereignisbezogenheit[355] der Gefahrenabwehr in der Anknüpfung an eine bevorstehende Versammlung. In Form der Verhütung von Straftaten, einem zentralen Charakteristikum der Gefahrenabwehr,[356] tragen die Maßnahmen somit dazu bei,

---

Justizbehörde i.S.v. § 23 EGGVG zu qualifizieren ist, da sie funktionell Justizaufgaben (Strafrechtspflege) wahrnimmt (*Kugelmann*, POR, S. 17 f.; *Schenke*, POR, S. 256 f.).

348 *Pieroth / Schlink / Kniesel*, POR, S. 22 f.

349 *Schenke / Schenke*, in: *Steiner*, Bes. VerwR, S. 208.

350 *Pieroth / Schlink / Kniesel*, POR, S. 22 f. Im Falle einer Pflicht zum Einschreiten reduziert sich dieses Ermessen jedoch ausnahmsweise auf Null.

351 *Gusy*, POR, S. 8.

352 *Trurnit*, NVwZ 2012, 1079. Vgl. auch Fn. 299–306.

353 *Kniesel / Poscher*, in: *Lisken / Denninger*, Hdb. PolR, S. 1236.

354 *Ahlers*, Grenzbereich zwischen Gefahrenabwehr und Strafverfolgung, S. 139.

355 *Nolte*, Kriminalistik 2007, 343 (346).

356 *Ahlers*, Grenzbereich zwischen Gefahrenabwehr und Strafverfolgung, S. 138 f.; *Denninger*, CR 1988, 51 (54); *Drews / Wacke / Vogel / Martens*, Gefabw, S. 132; *Kniesel*,

Gefahren vom Versammlungsgeschehen abzuwehren.[357] Dies geschieht nicht zuletzt zwecks Vermeidung eines repressiven, an den Verdacht der Begehung einer Straftat anknüpfenden Vorgehens. Weniger dem Verursacher der Gefahr als vielmehr der Verhütung selbst ist demnach maßgebende Bedeutung beizumessen.[358] Trotz der Zuordnung zum Aufgabenbereich der Gefahrenabwehr sind strafprozessuale Maßnahmen im selben Zusammenhang deshalb keineswegs ausgeschlossen.[359] Schließlich steht der präventiven Zielsetzung nicht die Möglichkeit der nachträglichen Verwendung präventivpolizeilich gewonnener Daten zu Zwecken der Strafverfolgung nach § 161 I StPO entgegen.[360]

III. Doppelfunktionale Maßnahmen im Versammlungsvorfeld

Im Vorfeld einer Versammlung können – wie bereits erwähnt – polizeiliche Maßnahmen keineswegs nur aus präventiven, der Gefahrenabwehr dienenden Gründen erfolgen.[361] Solange die Zweckrichtung[362] des Handelns jedoch eindeutig zu bestimmen ist, erweist sich ein Nebeneinander gefahrenabwehrender und strafverfolgender Maßnahmen üblicherweise als nicht weiter problematisch.[363] Gleichwohl kann es Überschneidungssituationen geben, die nicht unmittelbar erkennen lassen, welche Aufgabe in der konkreten Situation Vorrang besitzt.[364] Die Polizei sieht sich in diesen Fällen mit Sachlagen konfrontiert, die sowohl an das Bestehen einer Gefahr als auch den Verdacht einer Straftat anknüpfen,[365]

ZRP 1992, 164 (165); *Zöller*, Informationssysteme und Vorfeldmaßnahmen von Polizei, Staatsanwaltschaft und Nachrichtendiensten, S. 85 f. m.w.N. Erfasst wird hiervon nicht zuletzt das Tätigkeitsfeld der Datenerhebung und -verarbeitung (*Würtenberger / Heckmann*, PolR BW, S. 89 f.).

357 *Trurnit*, NVwZ 2012, 1079; so auch *Kniesel / Poscher*, in: *Lisken / Denninger*, Hdb. PolR, S. 1236 m.w.N.

358 Anlehnend an ein von *Ahlers*, Grenzbereich zwischen Gefahrenabwehr und Strafverfolgung, S. 138 f., prägnant dargestelltes Abgrenzungskriterium.

359 *Kniesel*, in: *Lisken / Denninger*, Hdb. PolR, Voraufl. (2001), S. 697.

360 *Würtenberger / Heckmann*, PolR BW, S. 94, 307 f.; näher hierzu auch *Lorenz*, JZ 1992, 1000 (1008), sowie *Paeffgen*, JZ 1991, 437 (441 ff.).

361 S. u.a. den Beispielsfall bei *Pieroth / Schlink / Kniesel*, POR, S. 24.

362 Grundlage hierfür ist nach wohl h.M. die Sicht eines objektiven Beobachters (*VGH München* NVwZ 1986, 655; *VGH Mannheim* NVwZ-RR 1989, 412 [413]).

363 *Muckel*, Fälle VerwR BT, S. 23 f.

364 *Pieroth / Schlink / Kniesel*, POR, S. 24.

365 *Ehrenberg / Frohne*, Kriminalistik 2003, 737 (738); *Roggan*, Die Polizei 2008, 112; *Würtenberger / Heckmann*, PolR BW, S. 94.

zugleich präventive wie repressive Maßnahmen in Betracht kommen lassen.[366] Dies trifft nicht zuletzt auf Lebenssachverhalte aus dem Bereich des Versammlungsgeschehens zu.[367,368] Eine Zuordnung jener (echten)[369] doppelfunktionalen Maßnahmen zu den Tätigkeitsbereichen der Gefahrenabwehr beziehungsweise Strafverfolgung kann indes nicht offenbleiben, sondern ist aus den schon dargelegten Gründen[370] zwingend geboten. Hierzu ist – entgegen teils anders lautender Auffassungen[371] – zuvorderst auf den Schwerpunkt der in Rede stehenden Maßnahme abzustellen.[372] Dabei erweist es sich als zielführend, diesen (auch) aus dem Blickwinkel des handelnden Beamten zu ermitteln.[373] Sofern in Fällen der „Doppelspurigkeit polizeilichen Handelns"[374] die strafverfolgende Komponente nicht hinreichend deutlich den Schwerpunkt bildet, ist gleichsam vom Schwerpunkt der Gefahrenabwehr auszugehen.[375]

---

366 *Muckel*, Fälle VerwR BT, S. 24.

367 Gerade im versammlungsspezifischen Kontext finden verschiedene polizeiliche Maßnahmen Anwendung, die unter dem Gesichtspunkt der Doppelfunktionalität zu thematisieren sind. Als „typisch doppelfunktionale Maßnahmen" führt *Ahlers*, Grenzbereich zwischen Gefahrenabwehr und Strafverfolgung, S. 70 ff., u.a. die Identitätsfeststellung sowie die Durchsuchung von Personen und Sachen an.

368 Speziell das Versammlungsvorfeld betreffend *OLG Nürnberg* BayVBl. 1987, 411, m. Anm. *Niethammer*; *Aulehner*, BayVBl. 1988, 709; *Pieroth / Schlink / Kniesel*, POR, S. 24; hinsichtlich des Versammlungsgeschehens im Ganzen vgl. u.a. *Freytag* JURA 1998, 300 (302), sowie *Götz*, POR, S. 209.

369 Zur Unterscheidung zwischen „echter" und „unechter" Doppelfunktionalität vgl. *Nolte*, Kriminalistik 2007, 343 (344); *Roggan*, Die Polizei 2008, 112 (113); *Schwan*, VerwArch 70 (1979), 109 (128).

370 Vgl. 1. Teil 3. Kap. B. I.

371 So allen voran *Schenke*, POR, S. 257 ff. Einen prägnanten, wenn auch knappen Überklick über die verschiedenen Auffassungen liefert zudem *Freytag*, Jura 1998, 300 (302 m.w.N.).

372 *BVerwGE* 47, 255 (264f.) = NJW 1975, 893 = JZ 1975, 523, m. Anm. *Amelung* = DÖV 1975, 275, m. Anm. *Neumann*; *Achenbach*, JA 1981, 660 (662 m.w.N.).

373 *Muckel*, Fälle VerwR BT, S. 25; *Würtenberger / Heckmann*, PolR BW, S. 95; ähnlich *Nolte*, Kriminalistik 2007, 343 (345); anders *VGH Mannheim* VBlBW 1989, 16, das auf die Sichtweise eines verständigen Bürgers in der Lage des Betroffenen abstellt.

374 *Aulehner*, BayVBl. 1988, 709 (710).

375 *Muckel*, Fälle VerwR BT, S. 24 f.; *Pieroth / Schlink / Kniesel*, POR, S. 24 m.w.N.; anders hingegen *Nolte*, Kriminalistik 2007, 343 (345 f.), der, sofern eine eindeutige Schwerpunktsetzung auch nach pflichtgemäßer Interessensabwägung („Dominanzentscheidung") nicht möglich erscheint, für ein Wahlrecht des handelnden Beamten plädiert.

C. Die spezifische Problematik versammlungsbezogener Vorfeldmaßnahmen: Zum Verhältnis von Freiheit und Sicherheit im Rechtsstaat

Um ihr bestimmungsgemäßes Ziel, die Gewährleistung eines friedlichen Versammlungsverlaufs,[376] zu erreichen, setzen die versammlungsspezifischen Vorfeldmaßnahmen zu einem bisweilen sehr frühen, weit vor der Realisierung etwaiger Gefahren liegenden Zeitpunkt ein. Das hiermit einhergehende Risiko einer vorzeitigen Einflussnahme auf das Versammlungsgeschehen verdeutlicht dabei die spezifische Gefahr versammlungsbezogener Vorfeldmaßnahmen: Der Freiheitsraum der Demonstranten wird umso stärker begrenzt, je intensiver sich die Präventionsmaßnahmen der Polizei gestalten.[377] Diese Problematik in den Blick nehmend, erachtet die Rechtsprechung die Durchführung versammlungsspezifischer Vorfeldmaßnahmen nur dann für rechtmäßig, wenn die Grundrechtsausübung der betroffenen Personen nicht unzumutbar erschwert wird.[378] Mit dieser Vorgabe nicht in Einklang zu bringen, seien, so auch die Literatur,[379] solche im Vorfeld ergriffenen polizeilichen Standardmaßnahmen, die bewusst so schleppend durchgeführt werden, dass die Teilnahme an der Veranstaltung auf diese Weise gänzlich verhindert wird.[380] „Andernfalls liefe die Versammlungsfreiheit Gefahr, durch staatliche Maßnahmen im Vorfeld ... ausgehöhlt zu werden."[381] Die Auslotung der Grenzen präventivpolizeilicher Mittel findet ihre spiegelbildliche Entsprechung im viel diskutierten[382] (Spannungs-)Verhältnis von Freiheit und Sicherheit im demokratischen Rechtsstaat.[383] Es stellt sich in diesem Zusammenhang die Frage, wie viele Freiheitsräume der Einzelne von sich preisgeben muss, um dem Staat die Gewährleistung einer effektiven öffentlichen Sicherheit zu ermöglichen.[384] Teile der

376 S. 1. Teil 3. Kap. A. I.

377 *Franke*, Die Polizei 2008, 93 (99).

378 *BVerfGE* 69, 315 (349); *BVerfG* NJW 1991, 2694; *VG Lüneburg* NVwZ-RR 2005, 248 (249).

379 *Schenke / Schenke*, in: *Steiner*, Bes. VerwR, S. 254 m.w.N.

380 *BVerfGE* 69, 315 (349) = NJW 1991, 2694; *VG Lüneburg* NVwZ-RR 2005, 248 (249).

381 *BVerfGE* 84, 203 (209).

382 Beispielhaft: *Bielefeldt*, Gefahrenabwehr im demokratischen Rechtsstaat, 2008; *Denninger*, Prävention und Freiheit, 2008; *Depenheuer*, Selbstbehauptung des Rechtsstaates, 2008; *Di Fabio*, NJW 2008, 421.

383 Ähnlich *Hagemann*, Grundrechtseingriffe im Vorfeld, S. 52.

384 *Di Fabio*, NJW 2008, 421; lesenswert hierzu auch *Depenheuer*, ZG 23 (2008), 1, bezugnehmend auf das am 15. Februar 2006 ergangene Urteil des Bundesverfassungsgerichts zum Luftsicherheitsgesetz (*BVerfGE* 115, 118).

Politik und Öffentlichkeit tendieren dazu, sicherheitspolitischen Interessen einen generellen Vorrang einzuräumen.[385] Vertreter dieser Auffassung übersehen indes, dass Freiheit und Sicherheit gerade nicht in einem unauflösbaren Widerspruch zueinander stehen.[386] Ihre Beziehung zeichnet sich vielmehr dadurch aus, dass beide einander stärken und wechselseitig bedingen.[387] Setzt Freiheit unzweifelhaft Sicherheit voraus, so gilt dies umgekehrt genauso.[388] Trotz des beträchtlichen Stellenwerts, der der vom Staat zu gewährleistenden Sicherheit beizumessen ist,[389] darf die (widerlegliche) Vermutung zugunsten der Rechtstreue des Einzelnen nicht außer Acht gelassen werden.[390] Bedeutung erlangt dieser Grundsatz nicht zuletzt für die durch Art. 8 GG verbürgte Versammlungsfreiheit, deren grundlegende, konstitutive Funktion vom Bundesverfassungsgericht immer wieder hervorgehoben wurde.[391] Gerade im Hinblick auf das weite Feld versammlungsspezifischer Vorfeldmaßnahmen lässt sich festzuhalten, dass absolute Sicherheit unerreichbar, „ein nie erfüllbares Ideal"[392] ist. Gleichzeitig kann staatlich ausgeübter Zwang, in welchem Bereich auch immer, seine Legitimität nur dadurch gewinnen, dass er im Dienst der Freiheitsrechte steht und sich an diese bindet.[393]

D. Fazit

Während die polizeiliche Vorfeldtätigkeit als solche in einem mitunter nebulösen Licht erscheint, sind die versammlungsspezifischen Vorfeldmaßnahmen einer schärferen Konturierung zugänglich. Sie zielen in erster Linie darauf ab, einen friedlichen Versammlungsverlauf durch ein frühestmögliches gefahrenminimierendes Vorgehen der Sicherheits- und Ordnungsbehörden zu

---

385 *Bielefeldt*, Gefahrenabwehr im demokratischen Rechtsstaat, S. 6. Zu erwähnen sei in diesem Zusammenhang insbesondere *Depenheuer*, Selbstbehauptung des Rechtstaates, S. 72, der, die Gefahr terroristischer Anschläge in den Blick nehmend, von einem so genannten „Feindgefahrenabwehrrecht" spricht.

386 *Di Fabio*, NJW 2008, 421 (422). Vgl. insoweit auch Art. 6 der Charta der Grundrechte der Europäischen Union sowie Art. 5 der Europäischen Menschenrechtskonvention, für die das Begriffspaar „Freiheit und Sicherheit" ebenfalls nicht in einem Spannungsfeld zu stehen scheint.

387 *Di Fabio*, NJW 2008, 421 (422).

388 *Gusy*, POR, S. IV (Vorwort).

389 Zur Beschreibung dieses Verfassungswertes durch das BVerfG s. *BVerfGE* 49, 24 (56 f.).

390 *Denninger*, Prävention und Freiheit, S. 11.

391 Vgl. allen voran *BVerfGE* 69, 315.

392 So die allgemeine Beschreibung von *Denninger*, Prävention und Freiheit, S. 14.

393 *Bielefeldt*, Gefahrenabwehr im demokratischen Rechtsstaat, S. 11.

gewährleisten.[394] Der eine Vielzahl höchst unterschiedlicher Instrumentarien umfassende Maßnahmenkatalog weist dabei mehrere denkbare Differenzierungsansätze auf. Gleichwohl eint die verschiedenen Maßnahmen der ihnen innewohnende vorsorglich-präventive Charakter. Aufgrund der gemeinsamen Zielrichtung, der Verhütung von Straftaten, sind die versammlungsbezogenen Vorfeldmaßnahmen dem Regelungsbereich des Gefahrenabwehrrechts zuzuordnen. Nicht zuletzt im Versammlungsvorfeld können jedoch auch (doppelfunktionale) Maßnahmen erfolgen, die nicht unmittelbar erkennen lassen, welcher Aufgabenkategorie sie angehören. Abzustellen ist in solchen Fällen auf den Schwerpunkt der jeweiligen Maßnahme. Ergehen versammlungsspezifische Vorfeldmaßnahmen zu einem bisweilen sehr frühen, die Erstellung einer detaillierten Gefahrenprognose erschwerenden Zeitpunkt, ist hierin gleichsam ihre spezifische Gefahr zu sehen. Insofern gilt es zu bedenken, dass die Balance zwischen Sicherheit und Freiheit zwar durchaus neu austariert werden kann, eine grundlegende Verschiebung beider Pole aufgrund der rechtsstaatlichen Prinzipien jedoch nicht möglich ist.[395]

---

394 *Mayer*, JA 1998, 345.

395 *BVerfGE* 115, 320 (360), im Hinblick auf die präventive polizeiliche Rasterfahndung.

Kapitel 4: Übersicht und Darstellung der gängigen versammlungsspezifischen Vorfeldmaßnahmen

Nachdem der vorherige Textabschnitt auf einige grundlegende Fragestellungen versammlungsbezogener Vorfeldmaßnahmen eingegangen ist, richtet sich der Blick nun auf den Maßnahmenkatalog als solchen. Hierzu werden im Rahmen eines Gesamtüberblicks die verschiedenen Handlungsinstrumente unter Berücksichtigung ihrer Ausgestaltung und Struktur näher beleuchtet. Als Anknüpfungspunkt dient dabei die Unterscheidung zwischen dem unmittelbar vor Veranstaltungsbeginn liegenden Zeitraum sowie dem erweiterten Vorfeld. Darüber hinaus widmet sich die Untersuchung den im Versammlungsgesetz selbst geregelten Vorfeldmaßnahmen.

A. Das erweiterte Vorfeld: Maßnahmen im Zeitraum *vor* der Anreise zur Versammlung

Im Gegensatz zum Vorfeld im engeren Sinne geht das erweiterte Vorfeld über die Phase der (unmittelbaren) Anreise zur Versammlung hinaus. Die in diesem Zusammenhang typischerweise zur Anwendung kommenden Maßnahmen werden im Folgenden näher dargestellt.

I. Gefährderansprache, -anschreiben

Eine vergleichsweise neue Handlungsform der Sicherheits- und Ordnungsbehörden stellt die so genannte Gefährderansprache dar.[396] Hierbei handelt es sich um „die in einem konkreten Fall an einen potentiellen Gefahrenverursacher gerichtete Ermahnung, Störungen der öffentlichen Sicherheit zu unterlassen."[397] Die Gefahrenabwehrbehörde gibt dem in aller Regel polizeilich schon in Erscheinung getretenen Betroffenen dabei zu verstehen, dass er anderenfalls damit rechnen müsse, Ziel gefahrenabwehrrechtlicher Maßnahmen zu werden.[398] Nahelegen kann sie ihm darüber hinaus, an der betreffenden Veranstaltung gar nicht erst

---

396 *Schübel-Pfister*, JuS 2007, 24 (26). S. hierzu allen voran *OVG Lüneburg* NJW 2006, 391.

397 *Rachor*, in: *Lisken / Denninger*, Hdb. PolR, S. 540.

398 *Muckel*, Fälle VerwR BT, S. 13; *Rachor*, in: *Lisken / Denninger*, Hdb. PolR, S. 540.

teilzunehmen.[399] Weist die Gefährderansprache hiermit eine im Vergleich zu anderen versammlungsspezifischen Vorfeldmaßnahmen geringere Eingriffsintensität auf, so ist gleichwohl ihre auf Abschreckung gerichtete, psychologische Wirkung zu betonen.[400] Die Mitteilung an den Gefahrenverursacher kann indes nicht nur mündlich sondern auch schriftlich in Form eines so genannten Gefährderanschreibens erfolgen.[401] Sachlich-inhaltliche Differenzen sind mit der Wahl allerdings nicht verbunden.[402] Ihre Rechtsgrundlage finden beide Maßnahmen nach herrschender Auffassung[403] in der gefahrenabwehrrechtlichen Generalklausel,[404] deren Voraussetzungen dann erfüllt sind, wenn nach Maßgabe einer Prognoseentscheidung konkrete Anhaltspunkte für eine vom Adressaten ausgehende unmittelbare Gefährdung der öffentlichen Sicherheit bestehen.[405]

II. Meldeauflage

Im erweiterten Versammlungsvorfeld kommt zudem das Handlungsinstrument der Meldeauflage zur Anwendung. Im Vergleich zur Gefährderansprache handelt es sich hierbei um eine eingriffsintensivere Maßnahme, deren Rechtsfolge sich nicht in einer bloßen Appellfunktion erschöpft. Vielmehr gebietet sie dem Adressaten, sich während eines genau bestimmten Zeitraums (mehrmals) auf einer Polizeidienststelle zu melden,[406] um hierdurch seine Abwesenheit vom

---

399 *Muckel*, Fälle VerwR BT, S. 13. Vgl. insoweit beispielsweise den von *Unkroth*, JURA 2008, 464, geschilderten – allerdings nicht an das Versammlungsgeschehen anknüpfenden – Sachverhalt.

400 *Rachor*, in: *Lisken / Denninger*, Hdb. PolR, S. 540 f.

401 *Hebeler*, NVwZ 2011, 1364.

402 *Hebeler*, NVwZ 2011, 1364.

403 *OVG Lüneburg* NJW 2006, 391; *Hebeler*, NVwZ 2011, 1364 (1366); *Jötten / Tams*, JuS 2008, 436 (439 f.); *Pieroth / Schlink / Kniesel*, POR, S. 369; anders hingegen *Brenneisen / Wilksen*, VersR, S. 284.

404 § 3 i.V.m. § 1 I 1 PolG BW; Art. 11 I BayPAG; Art. 7 II, III BayLStVG; § 17 I ASOG Bln; § 10 I BbgPolG; §13 I BbgOBG; § 10 I BremPolG; § 3 I HbgSOG; § 11 HessSOG; § 13 SOG MV; § 11 NdsSOG; § 8 I PolG NW; § 14 I OBG NW; § 9 I POG RP; § 8 I SaarlPolG; § 3 I SächsPolG; § 13 SOG LSA; § 174 LVwG SH; § 5 I ThürOBG; § 12 I ThürPAG.

405 *OVG Lüneburg* NJW 2006, 391 (394 m.w.N.); *Gusy*, POR, S. 186. Zur Frage der Rechtmäßigkeit s. auch *Arzt*, Die Polizei 2006, 156 (157 f.).

406 *Petersen-Thrö / Elzermann*, KommJur 2006, 289 (293); *Rachor*, in: *Lisken / Denninger*, Hdb. PolR, S. 542.

Versammlungsort sicherzustellen.[407] Dabei hängt die Häufigkeit der persönlichen Vorstellungspflicht von der Lage und Erreichbarkeit des betroffenen Ortes ab.[408] Mangels spezialgesetzlicher Regelung[409] kommt trotz mitunter kritischer Stimmen[410] auch für die Meldeauflage die gefahrenabwehrrechtliche Generalklausel[411] in Betracht.[412] Es stellt sich somit erneut die Frage, ob aufgrund des individuellen Vorvorhaltens der in Rede stehenden Person damit zu rechnen ist, dass diese sich an gewaltsamen Auseinandersetzungen beteiligen wird.[413] Als Bestandteil umfassender Sicherheitskonzepte ergehen Meldeauflagen zudem nicht selten im Verbund mit Aufenthalts- und Ausreiseverboten.[414]

III. Aufenthaltsverbot

Ähnlich der Gefährderansprache hat sich auch das Aufenthaltsverbot erst in der jüngeren Vergangenheit im sicherheitsbehördlichen Aufgabenspektrum etabliert. Es ermöglicht den Gefahrenabwehrbehörden, zum Zweck der Verhütung von Straftaten potentiellen Gewalttätern den Aufenthalt am Versammlungsort präventiv zu untersagen. Dabei unterscheidet sich das Aufenthaltsverbot sowohl in zeitlicher als auch in räumlicher Dimension vom ähnlich gelagerten Handlungsinstrument der Platzverweisung.[415] So umfasst es zum einen nicht nur vorübergehende, sondern auch längerfristige Beschränkungen.[416] Zugleich

---

407 *Breucker*, NJW 2004, 1631 (1632), im Hinblick auf die gegen Fußballhooligans zu ergreifenden Präventivmaßnahmen.

408 *Rachor*, in: *Lisken / Denninger*, Hdb. PolR, S. 542.

409 Eine Ausnahme stellt einzig § 12 a POG RP dar.

410 Beispielhaft *Kugelmann*, POR, S. 157 f. m.w.N., der die Schaffung einer speziellen Rechtsgrundlage für notwendig hält; ähnlich *Arzt*, Die Polizei 2006, 156 (159), sowie *Petersen-Thrö / Elzermann*, KommJur 2006, 289 (293 f.).

411 S. Fn. 404.

412 *BVerwG* NVwZ 2007, 1439 (1440 ff.); *VGH Mannheim* NJW 2000, 3658 (3660); *OVG Lüneburg* NVwZ-RR 2006, 613; *Breucker*, NJW 2006, 1233 (1236 m.w.N.); *Franz / Günther*, NWVBl. 2006, 201 (206).

413 *VGH Mannheim* NJW 2000, 3658 (3660); *Breucker*, NJW 2006, 1233 (1236), bezogen auf die vergleichbare Konstellation im Vorfeld der Fußballweltmeisterschaft 2006; *Kugelmann*, POR, S. 158.

414 Vgl. etwa *BVerwG* NVwZ 2007, 1439.

415 *Brenneisen / Wilksen*, VersR, S. 287; *Rachor*, in: *Lisken / Denninger*, Hdb. PolR, S. 433; näher zum Platzverweis *Finger*, Die offenen Szenen der Städte, S. 110 ff.

416 *Pieroth / Schlink / Kniesel*, POR, S. 299; *Schenke*, POR, S. 75. Zur kontrovers diskutierten Frage, welchen Zeitraum ein Platzverweis umfassen darf, s. u.a. *Schmidbauer*, BayVBl. 2002, 257 (263).

erfährt es keine Restriktion auf eine eng umgrenzte Örtlichkeit, sondern kann gegebenenfalls auch das gesamte Gemeindegebiet betreffen.[417] Hiermit trägt das Aufenthaltsverbot gerade solchen Zusammenkünften Rechnung, die sich über mehrere Tage erstrecken und in deren Umfeld typischerweise eine Vielzahl weiterer Veranstaltungen mit versammlungsrechtlichem Charakter zu erwarten sind. Entsprechende Rechtsgrundlagen[418] wurden mittlerweile von nahezu[419] allen Landesgesetzgebern geschaffen.

IV. Ausreiseuntersagung

Sofern der Veranstaltungsort im Ausland liegt, erweist sich darüber hinaus die Erteilung von Ausreiseverboten[420] gegenüber polizeilich bereits in Erscheinung getretenen Störern als zielführend. Sie können sowohl in Gestalt einer auf §§ 7 I Nr. 1, II, 8 PassG basierenden Passversagung beziehungsweise -beschränkung als auch in Form einer Beschränkung des Personalausweises nach § 6 VII PersAuswG ergehen.[421] Voraussetzung ist indes, dass bestimmte Tatsachen die Annahme rechtfertigen, der Betreffende werde „sonstige erhebliche Belange der Bundesrepublik Deutschland" gefährden (§ 7 I Nr. 1 PassG). Als ein solcher Belang gilt die zu erwartende Schädigung des internationalen Ansehens Deutschlands,[422] die durch im Ausland verübte Gewalttaten bewirkt wird.[423] Dabei reichen bloße Mutmaßungen, der Passbewerber nehme an entsprechenden Aktionen teil, nicht aus. Vielmehr bedarf es, so die verwaltungsgerichtliche Praxis, einer auf hinreichenden Tatsachen beruhenden Gefahrenprognose.[424] Flankiert werden Ausreiseuntersagungen[425]

---

417 *Rachor*, in: *Lisken / Denninger*, Hdb. PolR, S. 434; *Schenke*, POR, S. 75.

418 § 27 a II PolG BW; § 29 II ASOG Bln; § 16 II BbgPolG; § 14 II BremPolG; § 12 b II HbgSOG; § 31 III HessSOG; § 52 III SOG MV; § 17 IV NdsSOG; § 34 II PolG NW; § 13 III POG RP; § 12 III SaarlPolG; § 21 II SächsPolG; § 36 II SOG LSA; § 201 II LVwG SH; § 17 II ThürOBG; § 18 III ThürPAG.

419 Das BayPAG sieht hingegen in Art. 16 lediglich den Platzverweis vor. Zu den sich daraus ergebenden Fragestellungen vgl. *Schenke*, POR, S. 75 f.

420 Vgl. §§ 1 I 1, 24 PassG.

421 *Rachor*, in: *Lisken / Denninger*, Hdb. PolR, S. 542 f.

422 *BVerwG* NVwZ 2007, 1439 (1440).

423 *Rachor*, in: *Lisken / Denninger*, Hdb. PolR, S. 543.

424 *VGH Mannheim* NJW 2000, 3658 (3659); *OVG Bremen* NordÖR 2001, 107, jeweils bezogen auf Passbeschränkungen gegenüber Fußballhooligans.

425 Gleiches gilt für die bereits angesprochene Möglichkeit der Erteilung von Aufenthaltsverboten.

nicht selten von Meldeauflagen, die der Absicherung von Maßnahmen nach dem Pass- und Personalausweisgesetz dienen.[426]

B. Das Vorfeld im engeren Sinne: Maßnahmen *im Zuge* der Anreise der Versammlungsteilnehmer

Stärker noch als das erweiterte Versammlungsvorfeld zeichnet sich das Vorfeld im engeren Sinne, das den Zeitraum der Anreise umfasst, durch die Verzahnung unterschiedlichster gefahrenabwehrrechtlicher Handlungsinstrumente aus.[427] Potentielle Versammlungsteilnehmer sehen sich daher nicht selten mit einem breiten Maßnahmenbündel konfrontiert, deren einzelne Bestandteile nachfolgend näher skizziert werden.

I. Bild- und Tonaufnahmen

Die Befugnis, Bild- und Tonaufnahmen von Versammlungsteilnehmern bei oder im Zusammenhang mit öffentlichen Versammlungen zu erstellen, findet ihre rechtliche Grundlage unmittelbar im Versammlungsgesetz. Sie umfasst dabei auch die Datenerhebung während des Anreisezeitraums.[428] Gemäß § 12 a I VersG,[429] der als spezialgesetzliche Regelung vergleichbaren Befugnisnormen der Polizeigesetze vorangeht, bedarf es hierzu tatsächlicher Anhaltspunkte, die die Annahme rechtfertigen, von der betreffenden Person gingen erhebliche Gefahren für die Schutzgüter der öffentlichen Sicherheit und Ordnung aus. Neben den im Normtext explizit benannten Möglichkeiten der Datenerhebung stehen der Polizei dabei auch eingriffsschwächere Maßnahmen, etwa die schlichte

---

426 *Rachor*, in: *Lisken / Denninger*, Hdb. PolR, S. 542 f. Bzgl. des Verhältnisses der gefahrenabwehrrechtlichen Generalklausel zur bundesrechtlich geregelten Materie des Pass- und Personalausweisrechts vgl. beispielhaft *VG Hannover* SpuRt 2005, 258 (260).

427 *Rachor*, in: *Lisken / Denninger*, Hdb. PolR, S. 461 f., einen entsprechenden Beispielsfall bildend.

428 *Dietel / Gintzel / Kniesel*, VersG, § 12 a Rdnr. 10; *Kniesel / Poscher*, in: *Lisken / Denninger*, Hdb. PolR, S. 1235; *Pieroth / Schlink / Kniesel*, POR, S. 368.

429 § 12 a VersG, der aufgrund der Tatsache, dass der Gesetzesvorbehalt in Art. 8 II GG nur Versammlungen unter freiem Himmel betrifft, durchaus verfassungsrechtlichen Bedenken begegnet (*Benda*, in: BK, Bd. III, Art. 8 Rdnr. 99; *Zeitler*, VersR, S. 117), bezieht sich indes nur auf die im Abschnitt II des VersG geregelten öffentlichen Versammlungen in geschlossenen Räumen. Derweil stellt § 19 a VersG stellt klar, dass die Regelungen auch für Versammlungen unter freiem Himmel und Aufzüge entsprechend Anwendung finden.

Beobachtung ohne Verwendung technischer Einrichtungen, zur Verfügung.[430] Dagegen fallen so genannte Übersichtsaufnahmen gar nicht erst unter den Tatbestand.[431] Unter Zuhilfenahme der Bild- und Tonaufnahmen lässt sich etwa die Identität anreisender Demonstranten feststellen sowie die Teilnahme an einer Versammlung registrieren.[432] Dabei ist jedoch stets zu beachten, dass trotz der grundgesetzlich festgelegten[433] Gemeinschaftsgebundenheit des Einzelnen die individuelle Entfaltungsmöglichkeit eines potentiellen Versammlungsteilnehmers nicht durch exzessive behördliche Überwachung und Registrierung ausgehöhlt werden darf.[434]

II. Identitätsfeststellung

Wollen die Sicherheitsbehörden wissen, „mit wem sie es zu tun haben",[435] besteht die Möglichkeit, im Wege der Identitätsfeststellung, einer der elementarsten und gebräuchlichsten polizeilichen Tätigkeitsformen,[436] die Personalien einer bestimmten Person zu erheben.[437] Die in ihrer Normstruktur vergleichbaren landesrechtlichen Bestimmungen[438] ermächtigen die Polizeibehörden, die zur Feststellung der Identität erforderlichen Maßnahmen[439] durchzuführen. Darüber hinaus zieht eine Identitätsfeststellung nicht selten weitere Folgeeingriffe nach

430 *Dietel / Gintzel / Kniesel*, VersG, § 12 a Rdnr. 8.

431 BT-Dr 11/4359, S. 17; a.A.: *Riegel*, NVwZ 1990, 745 f.; grundlegend hierzu auch *Brenneisen / Wilksen*, VersG, S. 275 ff.

432 *Dietel / Gintzel / Kniesel*, VersG, § 12 a Rdnr. 8.

433 *BVerfGE* 4, 7 (15); 27, 344 (351 f.); 56, 37 (49).

434 *BVerfGE* 65, 1 (43); ähnlich *OVG Bremen* NVwZ 1990, 1188 (1189).

435 *Pieroth / Schlink / Kniesel*, POR, S. 224.

436 *Rachor*, in: *Lisken / Denninger*, Hdb. PolR, S. 397.

437 *Habermehl*, POR, S. 220; *Pieroth / Schlink / Kniesel*, POR, S. 224.

438 § 26 I, II PolG BW; Art. 13 I, II BayPAG; § 21 I–III ASOG Bln; § 12 I, II BbgPolG; § 11 I–IV BremPolG; § 4 I–IV HmbDatenVPolG; § 12 I–III HbgSOG; § 18 I–IV HessSOG; § 29 SOG I–III MV; § 13 I–III NdsSOG; § 12 I, II PolG NW; § 10 I, II POG RP; § 9 I, II SaarlPolG; § 19 I SächsPolG; § 20 I–III SOG LSA; § 181 I–III LVwG SH; § 14 I, II ThürPAG. Neben einem Grundtatbestand, der die Identitätsfeststellung zur Abwehr von (konkreten) Gefahren vorsieht, erlauben weitere Tatbestandsvarianten entsprechende Maßnahmen an bestimmten Orten (S. diesbezüglich auch *Tegtmeyer / Vahle*, PolG NW, § 12 Rdnr. 5 ff., die Normstruktur darstellend).

439 Vgl. beispielsweise Art. 13 II BayPAG, § 12 II PolG NW sowie § 181 III LVwG SH, die die entsprechenden Maßnahmen, von der Pflicht zur Aushändigung mitgeführter Ausweisepapiere bis hin zur Durchsuchung zum Zwecke der Identitätsfeststellung, einzeln auflisten.

sich:[440] Neben dem Abgleich der erhobenen personenbezogenen Daten mit bereits gespeicherten Datensätzen (Datenabgleich)[441] gilt dies beispielsweise für die eingriffsintensiveren Maßnahmen der Durchsuchung und Sicherstellung.[442]

III. Einrichtung von Kontrollstellen

Als weiterer Bestandteil eines vielschichtigen Maßnahmenbündels gilt die Einrichtung von Kontrollstellen[443] zur Identitätsfeststellung.[444] Entsprechende Befugnisnormen sehen nahezu alle Polizeigesetze vor.[445] Dabei knüpfen die landesrechtlichen Bestimmungen – im Gegensatz zu vielen anderen versammlungsspezifischen Vorfeldmaßnahmen – explizit an das Versammlungsgeschehen an, indem sie die Verhütung von Straftaten nach § 27 VersG[446] als Zielrichtung[447] normieren.[448] Berechtigt werden die Sicherheitsbehörden durch die jeweiligen Regelungen indes nur zur Identitätsfeststellung. Etwaige weiterführende Folgemaßnahmen sind auf gesonderte Ermächtigungsgrundlagen

440 *Rachor*, in: *Lisken / Denninger*, Hdb. PolR, S. 397 f.

441 S. hierzu u.a. *Petri*, in: *Lisken / Denninger*, Hdb. PolR, S. 884 ff.

442 *Rachor*, in: *Lisken / Denninger*, Hdb. PolR, S. 399. Vgl. diesbezüglich auch die entsprechenden Gliederungsebenen im Rahmen dieses Abschnitts.

443 Dafür bieten sich neben – dem öffentlichen Verkehr gewidmeten – Straßen und Plätzen auch Flughäfen an (*Rachor*, in: *Lisken / Denninger*, Hdb. PolR, S. 404 f.).

444 *Brenneisen / Wilksen*, VersR, S. 293; *Graf*, Verdachts- und ereignisunabhängige Personenkontrollen, S. 85. Vgl. hierzu auch *OVG Münster* DVBl. 1982, 653; *VG Würzburg* NJW 1980, 2541; *VG Schleswig* NVwZ-RR 1990, 190; ein anschauliches Fallbeispiel findet sich i.Ü. bei *Knemeyer*, POR, S. 114 f.

445 § 26 I Nr. 4 PolG BW; Art. 13 I Nr. 4 BayPAG; § 21 II Nr. 4 ASOG Bln; § 12 I Nr. 4 S. 1 BbgPolG; § 11 I Nr. 3 i.V.m. § 11 a BremPolG; § 4 I Nr. 4 HmbDatenVPolG; § 18 II Nr. 5 HessSOG; § 29 I Nr. 4 SOG MV; § 13 I Nr. 4 i.V.m. § 14 I NdsSOG; § 12 I Nr. 4 PolG NW; § 10 I Nr. 3 POG RP; § 19 I Nr. 4 SächsPolG; § 20 II Nr. 5 S. 1 SOG LSA; § 181 I 2 Nr. 4 LVwG SH; § 14 I Nr. 4 ThürPAG. Lediglich im Saarland findet sich keine vergleichbare Bestimmung.

446 Dies gilt indes nur für das durch Abs. 1 der Norm unter Strafe gestellte Mitsichführen von Waffen oder sonstigen Gegenständen, die ihrer Art nach zur Verletzung von Personen oder zur Beschädigung von Sachen geeignet und bestimmt sind (*Rachor*, in: *Lisken / Denninger*, Hdb. PolR, S. 405).

447 Eine weitere Zielrichtung stellt in vielen Fällen die Verhütung von Straftaten nach § 100 a StPO (so § 10 I Nr. 3 POG RP und § 14 I Nr. 4 ThürPAG) sowie §§ 129 a, 250 I Nr. 1, Nr. 2, 255 StGB (so § 12 I Nr. 4 PolG NW) dar.

448 Einen solchen versammlungsrechtlichen Bezug weisen das PolG BW sowie das ASOG Bln hingegen nicht auf.

zu stützen. Um die Betreffenden frühzeitig „herauszufiltern",[449] muss zudem „eine gewisse Wahrscheinlichkeit dafür sprechen, daß [sic!] die Identität von Personen, die eine Straftat begehen wollen, an einer Kontrollstelle festgestellt werden kann."[450] Schließlich ist zu berücksichtigen, dass der Zugang zu einer Demonstration unter keinen Umständen durch schleppend verlaufende Kontrollen unzumutbar erschwert werden darf.[451]

IV. Durchsuchung von Personen

Als probates Mittel zur Unterbindung von Gewalttaten kann sich im Einzelfall die Durchsuchung anreisender Demonstrationsteilnehmer erweisen.[452] Sie dient dem Auffinden von Gegenständen, die die zu durchsuchende Person in ihren Kleidungsstücken, an ihrem Körper sowie in den ohne weiteres zugänglichen Körperöffnungen mit sich führt.[453] Davon abzugrenzen ist die – präventivpolizeilich grundsätzlich nicht vorgesehene[454] – *Untersuchung*, die auf die Suche nach Gegenständen im Körperinnern abzielt.[455] Die landesspezifischen Regelungen[456] zur Durchsuchung von Personen nennen allesamt eine Vielzahl möglicher Durchsuchungsgründe.[457] Dabei stehen die einzelnen Spezialbefugnisse häufig in engem Zusammenhang mit anderen Standardmaßnahmen, hinsichtlich derer

---

449 *Rachor*, in: *Lisken / Denninger*, Hdb. PolR, S. 405.

450 *Graf*, Verdachts- und ereignisunabhängige Personenkontrollen, S. 86 m.w.N.; so auch *Rachor*, in: *Lisken / Denninger*, Hdb. PolR, Voraufl. (2007), S. 535 f.; *Tegtmeyer / Vahle*, PolG NW, § 12 Rdnr. 27.

451 *BVerfGE* 69, 315 (349).

452 Vgl. insoweit *OVG Münster* NVwZ 1982, 46, sowie das Fallbeispiel bei *Kugelmann*, POR, S. 146.

453 *Gusy*, POR, S. 132; *Kugelmann*, POR, S. 146; *Tegtmeyer / Vahle*, PolG NW, § 39 Rdnr. 1; *Wagner / Ruder*, PolR, S. 329.

454 *Pieroth / Schlink / Kniesel*, POR, S. 326. S. jedoch beispielsweise § 36 V HessSOG und § 11 a POG RP.

455 *Drews / Wacke / Vogel / Martens*, Gefabw, S. 201; *Möller / Warg*, POR, S. 271. Vgl. insofern auch *VGH München* BayVBl. 1999, 343.

456 § 29 PolG BW; Art. 21 BayPAG; § 34 ASOG Bln; § 21 BbgPolG; § 19 BremPolG; § 15 HbgSOG; § 36 HessSOG; § 53 SOG MV; § 22 NdsSOG; § 39 PolG NW; § 18 POG RP; § 17 SaarlPolG; § 23 SächsPolG; § 41 SOG LSA; § 202 LVwG SH; § 23 ThürPAG; § 18 ThürOBG.

457 Etwa wenn der zu Durchsuchende an einer Kontrollstelle angehalten wird oder Tatsachen die Annahme rechtfertigen, er führe Sachen mit sich, die sichergestellt werden dürfen.

es zu weitgehenden tatbestandsbezogenen Verweisungen kommt.[458] Zu beachten ist darüber hinaus, dass die Durchsuchung im Regelfall nur von Personen gleichen Geschlechts durchgeführt werden darf.[459]

V. Durchsuchung von Sachen

Die Durchsuchung von Sachen[460] bezweckt das Auffinden von verborgenen Gegenständen oder Personen in Sachen.[461] Abzugrenzen ist sie sowohl gegenüber der Durchsuchung von Personen als auch der Durchsuchung und dem Betreten von Wohnungen, für die spezielle Regeln gelten.[462] Einen typischen Anwendungsfall stellt die Durchsuchung eines Kraftfahrzeugs dar.[463] Die Durchsuchung von Sachen fungiert als Vorbereitungs-, Begleit- und Durchsetzungsmaßnahme zu anderen sicherheitsbehördlichen Handlungsinstrumenten.[464] Die Rechtmäßigkeit einer Durchsuchung ist dabei nicht zuletzt an die Rechtmäßigkeit der Maßnahme gekoppelt, auf die verwiesen wird.[465]

VI. Sicherstellung

Erforderlich kann es zum Zwecke der Gefahrenabwehr obendrein sein, Sachen der Verfügungsgewalt ihres Besitzers zu entziehen.[466] Während einige wenige Bundesländer[467] in diesem Zusammenhang ausdrücklich zwischen Sicherstellung und Beschlagnahme unterscheiden, weist die überwiegende Mehrzahl[468] der

458 *Knemeyer*, POR, S. 148 f.; *Möller / Warg*, POR, S. 272; *Rachor*, in: *Lisken / Denninger*, Hdb. PolR, S. 480.

459 Vgl. etwa Art. 21 III BayPAG; § 34 IV ASOG Bln; § 54 II SOG MV; § 17 III SaarlPolG.

460 § 30 PolG BW; Art. 22 BayPAG; § 35 ASOG Bln; § 22 BbgPolG; § 20 BremPolG; §§ 2–4 HbgHafenSG; § 15 a HbgSOG; § 37 HessSOG; § 57 SOG MV; § 23 NdsSOG; § 40 PolG NW; § 19 POG RP; § 18 SaarlPolG; § 24 SächsPolG; § 42 SOG LSA; §§ 206, 206 a LVwG SH; § 24 ThürPAG; § 19 ThürOBG.

461 *Götz*, POR, S. 69; *Thiel*, POR, S. 196.

462 *Pieroth / Schlink / Kniesel*, POR, S. 329 f.

463 *Schoch*, Bes. VerwR, S. 260.

464 *Gusy*, POR, S. 133; *Pieroth / Schlink / Kniesel*, POR, S. 331.

465 *Kugelmann*, POR, S. 147.

466 *Kugelmann*, POR, S. 151, der mit Blick auf das Versammlungsvorfeld auch ein passendes Fallbeispiel liefert (S. 153).

467 §§ 32, 33 PolG BW; §§ 26, 17 SächsPolG.

468 Art. 25 BayPAG; § 38 ASOG Bln; § 25 BbgPolG; § 23 BremPolG; § 14 HbgSOG; § 40 HessSOG; § 61 SOG MV; § 26 NdsSOG; § 43 PolG NW; § 22 POG RP; § 21 SaarlPolG; § 45 SOG LSA; § 210 LVwG SH; § 27 ThürPAG; § 22 ThürOBG.

Polizeigesetze eine solche Trennung nicht auf. Die jeweiligen Befugnisnormen, die ein Vorgehen aus unterschiedlichen Gründen erlauben,[469] knüpfen somit an einen weiten Sicherstellungsbegriff an.[470] Hierunter ist die Begründung neuen Gewahrsams an einer Sache zu verstehen, hinsichtlich derer eine alleinige hoheitliche Sachherrschaft hergestellt wird.[471] Dabei erfolgt die Durchführung der Sicherstellung üblicherweise durch amtliches Verwahren.[472] Wird ein Gegenstand in Verwahrung genommen, entsteht ein öffentlich-rechtliches Verwahrungsverhältnis, auf das die Vorschriften für den zivilrechtlichen Verwahrungsvertrag Anwendung finden.[473] Gerade im Versammlungsvorfeld geht es schließlich darum, der Bedeutung des Art. 8 GG hinreichend gerecht zu werden.[474]

VII. Platzverweis

Um einer Person das Betreten eines bestimmten (Versammlungs-)Ortes zu verbieten, kann die Polizei darüber hinaus zum Handlungsinstrument der Platzverweisung greifen.[475] Ausdrückliche Befugnisnormen[476] finden sich in allen Polizei- und Ordnungsgesetzen. Indem der Platzverweis nur vorübergehend gilt

---

469 So z.B. um zu verhindern, dass eine festgehaltene Person die Sache verwendet, um das Leben und die Gesundheit anderer zu schädigen oder fremde Sachen zu beschädigen (§ 43 Nr. 3 lit. a und b PolG NW). Gem. § 40 Nr. 4 HessSOG kommt die Sicherstellung einer Sache ferner dann in Betracht, wenn davon auszugehen ist, dass sie zur Begehung einer Straftat oder Ordnungswidrigkeit gebraucht werden soll.

470 *Schenke / Schenke*, in: *Steiner*, Bes. VerwR, S. 229; ähnlich *Drews / Wacke / Vogel / Martens*, Gefabw, S. 209 m.w.N.; *Erichsen*, JURA 1993, 45 (49); *Tettinger / Erbguth / Mann*, Bes. VerwR, S. 255 f.

471 *Schenke / Schenke*, in: *Steiner*, Bes. VerwR, S. 229; ähnlich *Drews / Wacke / Vogel / Martens*, Gefabw, S. 209 m.w.N.; *Erichsen*, JURA 1993, 45 (49); *Tettinger / Erbguth / Mann*, Bes. VerwR, S. 255 f.

472 *Drews / Wacke / Vogel / Martens*, Gefabw, S. 211.

473 *Drews / Wacke / Vogel / Martens*, Gefabw, S. 211; *Schenke / Schenke*, in: *Steiner*, Bes. VerwR, S. 230; *Wolffgang / Hendricks / Merz*, POR NW, S. 63. Zum überaus kontrovers diskutierten Aspekt der Sicherstellung von Kraftfahrzeugen vgl. u.a. *VGH Kassel* NJW 1999, 3793; *VG Stuttgart* NVwZ-RR 2000, 591; *Tettinger / Erbguth / Mann*, Bes. VerwR, S. 256 ff.

474 *Kugelmann*, POR, S. 152.

475 S. u.a. das Beispiel bei *Pieroth / Schlink / Kniesel*, POR, S. 299.

476 § 27 a I PolG BW; Art. 16 BayPAG, § 29 I ASOG Bln; § 16 I BbgPolG; § 14 I BremPolG; § 12 a I HbgSOG; § 31 I HessSOG; § 52 I SOG MV; § 17 I NdsSOG; § 34 I PolG NW; § 13 I POG RP; § 12 I SaarlPolG; § 21 I SächsPolG; § 36 I SOG LSA; § 201 I LVwG SH; § 18 I ThürPAG; § 17 I ThürOBG.

und einen engen räumlichen Bereich umfasst, unterscheidet er sich sowohl in zeitlicher als auch in räumlicher Hinsicht vom bereits angesprochenen Aufenthaltsverbot.[477] Die von Art. 11 GG geschützte Freizügigkeit beschränkt er somit nicht.[478] Zur zwangsweisen Durchsetzung einer Platzverweisung besteht darüber hinaus in den meisten Ländern die Möglichkeit, die sich der Anordnung widersetzende Person in Gewahrsam[479] zu nehmen.[480]

VIII. Ingewahrsamnahme

Um den ins Visier der Sicherheitsbehörden geratenen Personen jede faktische Möglichkeit zu nehmen, den Veranstaltungsort aufzusuchen, besteht die Möglichkeit der Ingewahrsamnahme.[481] Nimmt die Polizei eine Person in Gewahrsam, so wird dieser gegen ihren Willen die Freiheit entzogen, um sie daran zu hindern, sich fortzubewegen.[482] Abzugrenzen ist die Freiheitsentziehung, an die Art. 104 II GG strenge Voraussetzungen knüpft, von der bloßen Freiheitsbeschränkung. Die Unterscheidung erfolgt dabei unter Berücksichtigung von Intensität und Dauer der in Rede stehenden Maßnahme.[483] Von einer Freiheitsentziehung kann (nur) dann gesprochen werden, „wenn die – tatsächlich und rechtlich an sich gegebene – körperliche Bewegungsfreiheit nach jeder Richtung hin aufgehoben wird."[484] Als klassische Erscheinungsform des Gewahrsams gilt

---

477 *Pieroth / Schlink / Kniesel*, POR, S. 299; *Rachor*, in: *Lisken / Denninger*, Hdb. PolR, S. 431, 433, dem als Anhaltspunkt ein Zeitraum von 24 Stunden dient (so auch *Schenke*, POR, S. 74).

478 *Schoch*, Bes. VerwR, S. 247.

479 S. hierzu auch den nächsten Gliederungspunkt.

480 Art. 17 I Nr. 3 BayPAG; § 30 I Nr. 3 ASOG Bln; § 17 I Nr. 3 BbgPolG; § 15 I Nr. 3 BremPolG; § 13 I Nr. 3 HbgSOG; § 32 I Nr. 3 HessSOG; § 55 I Nr. 5 SOG MV; § 18 I Nr. 3 NdsSOG; § 35 I Nr. 3 PolG NW; § 14 I Nr. 3 POG RP; § 22 I Nr. 4 SächsPolG; § 37 I Nr. 3 SOG LSA; § 204 I Nr. 4 LVwG SH; § 19 I Nr. 3 ThürPAG. Ausgenommen hiervon ist lediglich das Saarland.

481 *Brenneisen / Wilksen*, VersR, S. 285 m.w.N. Vgl. auch *VG Würzburg* NJW 1980, 2541, m. Anm. *Birk*, JuS 1982, 496.

482 *Götz*, POR, S. 64; *Kugelmann*, POR, S. 139.

483 *BVerfGE* 105, 239 (248 ff.); *Rachor*, in: *Lisken / Denninger*, Hdb. PolR, S. 453 f.

484 *BVerfGE* 105, 239 (248); nahezu identisch im Wortlaut *BVerfGE* 94, 166 (198). Demgegenüber handelt es sich um eine Freiheitsbeschränkung, wenn der Betroffene daran gehindert wird, einen Ort aufzusuchen, der ihm an sich zugänglich ist (*BVerfGE* 105, 239 [248]; *Rachor*, in: *Lisken / Denninger*, Hdb. PolR, S. 454).

der so genannte Sicherheitsgewahrsam,[485] der in allen Ländern eine gesetzliche Verankerung[486] erfährt. Er ermöglicht die präventive Freiheitsentziehung zur Verhinderung unmittelbar bevorstehender Straftaten und Ordnungswidrigkeiten von erheblicher Bedeutung.[487] Aufgrund der hohen Eingriffsintensität des Sicherheitsgewahrsams darf er als ultima ratio lediglich dann zum Einsatz kommen, wenn die Störung „auf andere Weise"[488] nicht zu verhindern ist.[489] Dies gilt es, durch nachvollziehbare Tatsachen zu belegen.[490] Darüber hinaus steht die Ingewahrsamnahme als freiheitsentziehende Maßnahme grundsätzlich[491] unter dem Vorbehalt einer vorherigen richterlichen Entscheidung.[492] Dabei ist in besonderem Maße den spezifischen Charakteristika einer Großdemonstration Rechnung zu tragen.[493]

IX. Verbringungs- und Rückführungsgewahrsam

Zu berücksichtigen ist schließlich das Handlungsinstrument des Verbringungs- beziehungsweise Rückführungsgewahrsams. Der Verbringungsgewahrsam ist dadurch gekennzeichnet, dass ein Störer von der Polizei aufgegriffen, in einem

---

485 *Kugelmann*, POR, S. 140; bzgl. alternativer Begriffsbezeichnungen vgl. *Rachor*, in: *Lisken / Denninger*, Hdb. PolR, S. 457 m.w.N.

486 § 28 I Nr. 1 PolG BW; Art. 17 I Nr. 2 BayPAG; § 30 I Nr. 2 ASOG Bln; § 17 I Nr. 2 BbgPolG; § 15 I Nr. 2 BremPolG; § 13 I Nr. 2 HbgSOG; § 32 I Nr. 2 HessSOG; § 55 I Nr. 2 SOG MV; § 18 I Nr. 2 NdsSOG; § 35 I Nr. 2 PolG NW; § 14 I Nr. 2 POG RP; § 13 I Nr. 2 SaarlPolG; § 22 I Nr. 1 SächsPolG; § 37 I Nr. 2 SOG LSA; § 204 I Nr. 2 LVwG SH; § 19 I Nr. 2 ThürPAG.

487 Lediglich in Baden-Württemberg und Sachsen wird schlicht auf den Zweck der Gefahrenabwehr abgestellt.

488 So § 22 I Nr. 1 SächsPolG. Andere landesgesetzliche Bestimmungen sehen dagegen den Begriff der Unerlässlichkeit (vgl. insoweit beispielsweise § 35 I Nr. 2 PolG NW) vor.

489 *Breucker*, NJW 2004, 1631 (1633), bezogen auf Präventivmaßnahmen gegen reisende Hooligans. Zur konkreten Anwendung des Sicherheitsgewahrsams im Versammlungsvorfeld äußerst sich *Rachor*, in: *Lisken / Denninger*, Hdb. PolR, S. 461 f., der die Unerlässlichkeit nur dann bejaht, wenn konkrete Anhaltspunkte für die Gewaltbereitschaft des Betroffenen sprechen.

490 *VG Freiburg* VBlBW 1986, 229; *Rachor*, in: *Lisken / Denninger*, Hdb. PolR, S. 459.

491 S. gleichzeitig Art. 104 II 3 GG.

492 *BVerfGE* 10, 302 (323); 105, 239 (248). Dieser Grundvorstellung des Verfassungsgebers tragen die landesrechtlichen Regelungen allesamt Rechnung.

493 *Götz*, POR, S. 67, der darauf hinweist, dass beispielsweise ein richterlicher Bereitschaftsdienst zur Nachtzeit eingerichtet werden muss.

Polizeifahrzeug an einen entfernt gelegenen Ort verbracht und dort schließlich freigesetzt wird.[494] Demgegenüber wird der Betroffene beim Rückführungsgewahrsam, einem Sonderfall des Verbringungsgewahrsams, in seine Heimatgemeinde geleitet und dort freigelassen.[495] Obgleich beide Maßnahmen in der polizei- und ordnungsbehördlichen Praxis eine allgemeine Billigung erfahren, befinden sie sich in einer rechtlichen Grauzone.[496] So kommen als Rechtsgrundlage weder die Gewahrsamsvorschriften[497] noch die Normen des Vollstreckungsrechts[498] in Betracht. Gleiches gilt für die gefahrenabwehrrechtliche Generalklausel.[499] Wollen sich die Sicherheitsbehörden auch künftig des Verbringungs- und Rückführungsgewahrsams bedienen, sind die Landesgesetzgeber somit aufgerufen, tragfähige Rechtsgrundlagen in Form spezieller Standardermächtigungen zu schaffen.[500]

C. Veranstalterbezogene Vorfeldmaßnahmen

Im Gegensatz zu den zuvor erörterten Handlungsinstrumenten richten sich die veranstalterbezogenen Vorfeldmaßnahmen[501] nicht (unmittelbar) gegen das

---

494 *Schroeder*, POR NW, S. 59.

495 *Schroeder*, POR NW, S. 59.

496 *Finger*, NordÖR 2006, 423 f., bezogen auf den Verbringungsgewahrsam.

497 Anders als der klassische Gewahrsam zielt der Verbringungsgewahrsam nicht auf die Verwahrung in einem umschlossenen Raum ab; vielmehr erweist sich die Freiheitsbeschränkung als bloßes „Mittel zum Zweck“ (*Finger*, NordÖR 2006, 423 [425 f.]). Als so genanntes aliud zur Ingewahrsamnahme stellt der Verbringungsgewahrsam auch keine Minusmaßnahme dar, sondern erweist sich regelmäßig als das schwerwiegendere Handlungsinstrument (*LG Hamburg* NVwZ-RR 1997, 537 [538]; *Muckel*, Fälle VerwR BT, S. 37).

498 Da ein Platzverweis nur zum Verlassen eines eng umgrenzten Gebiets verpflichtet, würde die zwangsweise Verbringung an einen weiter entfernt gelegenen Ort den vollstreckbaren Inhalt der Grundverfügung unzulässig übersteigen (*Finger*, NordÖR 2006, 423 [424 f.], der den Fall der zwangsweisen Durchsetzung eines Aufenthaltsverbots hingegen anders beurteilt; *Hans*, JURA 1985, 431 [436]; *Maaß*, NVwZ 1985, 151 [157]; *Muckel*, Fälle VerwR BT, S. 38 m.w.N.).

499 So stellt die Generalklausel in diesem Fall keine hinreichend bestimmte grundrechtsspezifische Ermächtigungsgrundlage dar (*Muckel*, Fälle VerwR BT, S. 39). Gleichzeitig wird der Verbringungsgewahrsam als mittlerweile standardisierte Maßnahme nicht (mehr) vom Anforderungsprofil der Generalklausel erfasst (*Finger*, NordÖR 2006, 423 [428]); a.A.: *Götz*, NVwZ 1998, 679 [683]; *Schenke*, POR, S. 79 f.).

500 *Finger*, NordÖR 2006, 423 (428); so im Ergebnis auch *Kappeler*, DÖV 2000, 227 (234), sowie *Maaß*, NVwZ 1985, 151 (157). Ob dies verfassungsrechtlich ohne Weiteres möglich ist, erscheint zumindest zweifelhaft.

501 Zur Differenzierung s. auch 1. Teil 3. Kap. A. II. 4.

Teilnehmerfeld, sondern gegen die Person des Veranstalters. In Betracht kommen allen voran die Präventivverbote der §§ 5, 15 VersG.

I. Verbot

Eine veranstalterbezogene Vorfeldmaßnahme stellt zunächst das präventiv ausgesprochene Versammlungsverbot dar. Hierbei handelt es sich um die „Untersagung einer konkret geplanten Versammlung mit dem Ziel, ihre Durchführung zu verhindern.“[502] Die Möglichkeit des Ausspruchs eines solchen Verbots endet spätestens mit Beginn der Versammlung.[503] Zu differenzieren ist zwischen dem Verbot von Versammlungen unter freiem Himmel sowie dem von Versammlungen in geschlossenen Räumen. Dabei findet Erstgenanntes seine rechtliche Grundlage in § 15 I VersG, der die unmittelbare Gefährdung eines Schutzguts der öffentlichen Sicherheit[504] voraussetzt.[505] An die Gefahrenprognose sind aufgrund der elementaren Funktion der Versammlungsfreiheit besonders hohe Anforderungen zu stellen.[506] Als ultima ratio kommt ein Versammlungsverbot nach § 15 I VersG nur dann in Betracht, wenn eine versammlungsbezogene Auflage keine hinreichende Wirksamkeit verspricht.[507] Demgegenüber ist ein Verbot von Versammlungen in geschlossenen Räumen nur unter sehr engen Voraussetzungen möglich.[508] Aufgrund des Gesetzesvorbehalts in Art. 8 II GG, der lediglich auf Versammlungen unter freiem Himmel Bezug nimmt, darf ein

---

502 *Schenke*, POR, S. 229.

503 *Schenke*, POR, S. 229. Ab diesem Zeitpunkt steht den zuständigen Behörden das Mittel der Versammlungsauflösung (§§ 13, 15 III VersG) zur Verfügung.

504 Bzgl. der in Betracht kommenden Gesichtspunkte vgl. *Pieroth / Schlink / Kniesel*, POR, S. 366 f., S. 360 ff.

505 Das ebenfalls vom Wortlaut der Norm erfasste Begriffspaar der öffentlichen Ordnung spielt in diesem Zusammenhang eine allenfalls untergeordnete Rolle (*BVerfGE* 69, 315 [353]; *Dietel / Gintzel / Kniesel*, VersG, § 15 Rdnr. 34). S. hierzu auch *BVerfGE* 111, 147 (157); *BVerfG* NVwZ 2006, 585 (586); *Dietel*, Die Polizei 2002, 337 f. m.w.N.

506 *Tölle*, NVwZ 2001, 153 (154 f.), hinsichtlich polizei- und ordnungsbehördlicher Maßnahmen bei rechtsextremistischen Versammlungen.

507 *BVerfGE* 69, 315 (353); *Jarass*, in: *ders. / Pieroth*, GG, Art. 8 Rdnr. 21; *Pieroth / Schlink / Kniesel*, POR, S. 367 f.

508 *Schenke*, POR, S. 231.

entsprechende Beschränkung nur dann erfolgen, wenn dies zum Schutze kollidierender Verfassungsgüter[509] zwingend geboten erscheint.[510]

II. Auflage

Ein im Vergleich zum Verbot minderschweres Instrument stellt die versammlungsbezogene Auflage dar, bei der es sich nicht um eine Nebenbestimmung im Sinne des § 36 II Nr. 4 VwGO, sondern um einen selbstständigen Verwaltungsakt handelt. Auflagen betreffen, indem sie sich auf Ort, Zeit oder Art und Weise der Durchführung beziehen, das „Wie" der Versammlung.[511] Dabei gelten die gleichen Tatbestandsvoraussetzungen wie für die zuvor angesprochene Verbotsverfügung.[512] Als so genanntes Teilverbot umfasst der Begriff der Auflage all jene im Versammlungskontext anzutreffenden gefahrenabwehrenden Anordnungen, die (noch) kein Vollverbot darstellen.[513] Während die entsprechende Rechtsgrundlage für Versammlungen unter freiem Himmel in § 15 I VersG zu finden ist, beinhaltet das Versammlungsgesetz keine vergleichbare Bestimmung für Versammlungen in geschlossenen Räumen. In Anwendung des Verhältnismäßigkeitsgrundsatzes ist jedoch auch in diesem Fall die Erteilung verbotsvermeidender Auflagen zulässig.[514]

D. Fazit

Für den Bereich des Versammlungsvorfelds steht den Sicherheitsbehörden ein umfassendes Repertoire an gefahrenabwehrrechtlichen Maßnahmen zur Verfügung. Dies umfasst sowohl etablierte als auch vergleichsweise neue Handlungsformen. Speziell der Zeitraum der Anreise, das Vorfeld im engeren Sinne, zeichnet sich dabei durch ein komplexes Zusammenspiel der in wechselseitigem Bezug zueinander stehenden Vorfeldmaßnahmen aus. So fungieren einzelne

---

509 Als Ausprägung kollidierenden Verfassungsguts fungieren nicht zuletzt die Verbotstatbestände des § 5 Nr. 1–4 VersG.

510 *BVerwG* DVBl. 1999, 1740 (1742); *Jarass*, in: *ders. / Pieroth*, GG, Art. 8 Rdnr. 20; *Pieroth / Schlink / Kniesel*, POR, S. 366 f.

511 *Dietel / Gintzel / Kniesel*, VersG, § 15 Rdnr. 43, die nicht den Begriff der Auflage verwenden, sondern von „beschränkenden Verfügungen" sprechen; *Gusy*, POR, S. 260.

512 Statt aller *Leist*, NVwZ 2003, 1300 m.w.N., im Hinblick auf die Rechtmäßigkeit typischer Auflagen bei rechtsextremistischen Demonstrationen.

513 *Pieroth / Schlink / Kniesel*, POR, S. 366; *Schenke*, POR, S. 233.

514 *Dietel / Gintzel / Kniesel*, VersG, § 5 Rdnr. 43.

Maßnahmen als Vorbereitungs-, Durchsetzungs- und Begleitakt zu anderen Maßnahmen.[515] Vornehmlich der Orientierung dient indes die formale Unterteilung zwischen dem erweiterten Vorfeld und dem im engeren Sinne. Zwar verfügen beide Bereiche über einen bestimmten Kanon typischerweise in Betracht kommender Maßnahmen. Dies schließt jedoch nicht aus, einzelne Instrumente – wie etwa die Gefährderansprache oder das Aufenthaltsverbot –auch im jeweils anderen Bereich zur Anwendung kommen zu lassen.

Die Freiheitsverbürgung des Art. 8 GG umfasst nach übereinstimmender Auffassung sowohl den Zeitraum der Anreise als auch die vorbereitenden Maßnahmen der Teilnehmer.[516] Diesem Umstand haben die versammlungsbezogenen Vorfeldmaßnahmen trotz aller tatbestandlichen Unterschiede in der praktischen Anwendung Rechnung zu tragen.[517] Zum Zwecke der Gewährleistung individueller Entfaltungschancen verbietet sich somit ein behördliches Vorgehen, das im Wege exzessiver Vorfeldmaßnahmen den Zugang zur Versammlung erschwert beziehungsweise unmöglich macht.[518] Erhöhte Anforderungen sind darüber hinaus an die Gefahrenprognose zu stellen.[519] Nur so ist es möglich, dass die für die „freiheitliche demokratische Staatsordnung konstituierend[e]“[520] Versammlungsfreiheit umfassend zur Geltung gelangen kann.

515 So u.a. *Pieroth / Schlink / Kniesel*, POR, S. 331, bzgl. der Durchsuchung von Sachen.
516 Statt aller *Brenneisen / Wilksen*, VersR, S. 267 f.
517 *Trurnit*, NVwZ 2012, 1079 (1082).
518 *BVerfGE* 69, 315 (349).
519 S. etwa Fn. 424.
520 *BVerfGE* 69, 315 (344).

Kapitel 5: Verfassungsrechtliche Grundlagen versammlungsspezifischer Vorfeldmaßnahmen

Vergegenwärtigt man sich die bisherigen Ausführungen zur Struktur versammlungsspezifischer Vorfeldmaßnahmen, so wird deren mehrdimensionaler Charakter ersichtlich: Während sie einerseits darauf abzielen, dem friedlichen Teilnehmerkreis seine grundrechtlich verbürgte Versammlungsfreiheit zu sichern,[521] bezwecken sie zugleich den Schutz unbeteiligter Dritter. Formal handelt es sich in beiden Fällen um ein aktives staatliches Vorgehen zugunsten grundrechtlicher Schutzgüter.[522] Diesem liegt typischerweise eine Dreieckskonstellation zwischen Grundrechtsschützendem, Grundrechtsgeschütztem und Grundrechtsbeeinträchtigtem zugrunde.[523] Die versammlungsspezifischen Vorfeldmaßnahmen könnten ihre verfassungsrechtliche Grundlage somit im Schutzpflichtenansatz[524] finden. Dies zu klären, ist Ziel des folgenden Abschnitts.

A. Grundrechtsfunktionen

Auf welche Art und Weise die Grundrechte gegenüber der öffentlichen Hand „in Stellung gebracht werden können."[525] hängt in erster Linie von den Funktionen ab, die ihnen zugeschrieben werden. Den Ausgangspunkt der Überlegungen zur staatlichen Schutzpflicht bilden somit die verschiedenen Wirkungsweisen der Grundrechte.

I. Subjektiv-rechtliche Grundrechtsdimensionen[526]

Anknüpfend an die so genannte Statuslehre *Georg Jellineks*[527] wohnt den Grundrechten zuvorderst eine abwehrrechtliche Dimension inne.[528] Der Grundrechts-

---

521 *Mayer*, JA 1998, 345. S. hierzu bereits 1. Teil Kap. 3 A. I.

522 Anknüpfend an die Definition von *Stern*, StaatsR, Bd. III/1, S. 945, zur Struktur des Schutzpflichtengedankens.

523 Vgl. *Isensee*, Das Grundrecht auf Sicherheit, S. 34.

524 S. *Stern*, StaatsR, Bd. III/1, S. 944.

525 *Voßkuhle / Kaiser*, JuS 2011, 411.

526 Zur gängigen Unterteilung zwischen subjektiv- und objektiv-rechtlichen Dimensionen vgl. u.a. *Dreier*, JURA 1994, 505, sowie *Sachs*, VerfR II, S. 34 ff., 45 ff. m.w.N.

527 Vgl. *G. Jellinek*, System der subjektiven öffentlichen Rechte, 1905; zusammenfassend auch *Danwerth*, JuS 2011, 406 (408 ff.).

528 Vgl. u.a. die Formulierungen in Art. 2 II 3, 4 I, 8 II, 10 I sowie 11 II GG.

träger kann demnach vom Staat verlangen, Beeinträchtigungen seiner grundrechtlichen Schutzgüter zu unterlassen.[529] Kennzeichnend für den status negativus ist somit der Zustand der Freiheit *vom* Staat.[530] Demgegenüber beschreibt der status positivus die Freiheit *durch* den Staat.[531] Dieser Grundrechtsfunktion liegt der Gedanke zugrunde, dass der Einzelne auf staatliches Zutun angewiesen sein kann, um von seiner Freiheit Gebrauch zu machen.[532] Die Grundrechtsbestimmungen fungieren somit vereinzelt[533] auch als Leistungsrechte, die auf die Schaffung (neuer) staatlicher Vorkehrungen gerichtet sind.[534] Gleichzeitig können aus dem status positivus Ansprüche auf chancengleiches Partizipieren an staatlichen Leistungen erwachsen.[535] Die so genannten derivativen Teilhaberechte finden dabei ihre Grundlage in Art. 3 I GG in Verbindung mit den entsprechenden Freiheitsrechten.[536] Der status activus stellt schließlich die dritte klassische Funktion dar; durch entsprechende Mitwirkungsrechte betätigt der Einzelne seine Freiheit *im* als auch *für* den Staat.[537]

529 *Ipsen*, StaatsR II, S. 28. S. hierzu auch *Alexy*, Theorie der Grundrechte, S. 174 ff.

530 *Pieroth / Schlink / Kingreen / Poscher*, GRe, S. 22.

531 *Danwerth*, JuS 2011, 406 (410); *G. Jellinek*, System der subjektiven öffentlichen Rechte, S. 114 ff.

532 *Voßkuhle / Kaiser*, JuS 2011, 411; so auch *Kloepfer*, VerfR II, S. 27.

533 Zu erwähnen sei in diesem Zusammenhang insbesondere das Recht auf das „Existenzminimum", das aus Art. 1 I GG i.V.m. dem Sozialstaatsprinzip aus Art. 20 I GG folgt (*BVerfGE* 125, 175). Darüber hinaus verpflichtet Art. 7 IV GG die Landesgesetzgeber zur finanziellen Unterstützung von Privatschulen (*BVerfGE* 90, 107). Gleichwohl ist zu beachten, dass Rechtsprechung und Lehre bei der Zuschreibung von Leistungsfunktionen überaus zurückhaltend verfahren (*BVerwGE* 61, 15 [19]; *v. Münch / Kunig*, GG, Bd. I, Vorb. z. Art. 1–19 Rdnr. 22).

534 *Voßkuhle / Kaiser*, JuS 2011, 411, die noch zwischen Leistungsrechten im engeren Sinne, gerichtet auf staatliche Leistungen sachlicher oder finanzieller Natur, und solchen im weiteren Sinne, die bereits verselbstständigte Grundrechtsdimensionen umfassen, unterscheiden.

535 *Hufen*, StaatsR II, S. 56.

536 *Cremer*, Freiheitsgrundrechte, S. 363; *Voßkuhle / Kaiser*, JuS 2011, 411 (412). Vgl. allen voran die Entscheidung des BVerfG zur Frage der Vergabe von Studienplätzen (*BVerfGE* 33, 303); ähnlich *BVerfGE* 43, 242 (285).

537 *Kloepfer*, VerfR II, S. 27; *Voßkuhle / Kaiser*, JuS 2011, 411 (412). Hierunter fällt in erster Linie das Wahlrecht aus Art. 38 GG.

II. Objektiv-rechtliche Wirkungen

Über den klassischen Gehalt der Grundrechtsbestimmungen hinaus gehen die unter dem Oberbegriff der objektiv-rechtlichen Wirkungsweise zusammengefassten Fallgruppen.[538] Dies betrifft zunächst die so genannte Ausstrahlungswirkung[539] als „Ausgangspunkt und zentrale Konsequenz der Entfaltung der objektiven Dimension".[540] Die auf alle Rechtsbereiche ausstrahlenden Grundrechte gelangen hiermit auch bei der Auslegung und Anwendung des einfachen Rechts (mittelbar) zur Anwendung.[541] Bereits auf die Weimarer Zeit zurückzuführen sind hingegen die Einrichtungsgarantieren.[542] In Form der Institutsgarantien[543] sowie der institutionellen Garantien[544] sichern sie den Kernbereich bestimmter Normkomplexe vor staatlichen Zugriffen.[545] Einen weiteren Ausfluss der objektiv-rechtlichen Seite stellt die Schutzpflichtendimension dar.[546] Zahlreichen Grundrechten wird hierzu die staatliche Pflicht entnommen, grundrechtliche Güter vor der Beeinträchtigung durch Dritte zu schützen.[547] Die Grundrechte weisen schließlich eine Verfahrens- und Organisationsdimension auf.[548] Eine

---

538 *Dreier*, JURA 1994, 505 (509). Dabei gilt es zu betonen, dass die – vornehmlich auf die Rechtsprechung des Bundesverfassungsgerichts zurückzuführende – objektiv-rechtliche Seite keinesfalls als Gegenstück zur subjektiv-rechtlichen gewertet werden darf, sondern deren Erweiterung und Verstärkung dient (*Dreier*, JURA 1994, 505 [509]; *v. Münch / Kunig*, GG, Bd. I, Vorb. z. Art. 1–19 Rdnr. 22; *Voßkuhle / Kaiser*, JuS 2011, 411).

539 Grundlegend *BVerfGE* 7, 198.

540 *Heun*, Funktionell-rechtliche Schranken der Verfassungsgerichtsbarkeit, S. 55.

541 *Sachs*, VerfR II, S. 48; zusammenfassend hierzu *Hebeler*, StaatsR, S. 11 ff.

542 Grundlegend hierzu *Abel*, Die Bedeutung der Lehre von den Einrichtungsgarantien für die Auslegung des Bonner Grundgesetzes, 1964; *Mager*, Einrichtungsgarantien, 2003.

543 Zu den Institutsgarantien, die private Normkomplexe umfassen, gehören vor allem Ehe und Familie (Art. 6 I GG) sowie das Eigentum (Art. 14 I GG).

544 Demgegenüber umfassen die institutionellen Garantien öffentlich-rechtliche Normkomplexe. Dies betrifft etwa das Berufsbeamtentum (Art. 33 V GG) sowie die kommunale Selbstverwaltung (Art. 28 II 1 GG).

545 *Sachs*, VerfR II, S. 47; so auch *Maurer*, StaatsR I, S. 170 f.

546 *Manssen*, StaatsR II, S. 14. Vgl. zuvorderst das Urteil des BVerfG zur Fristenlösung (E 39, 1 [41 ff.]).

547 *Jarass*, in: *Merten / Papier*, Hdb. GRe, Bd. II, S. 635; *v. Kielmansegg*, JuS 2009, 216 (217). Ein expliziter Schutzauftrag findet sich jedoch lediglich in Art. 1 I 2 GG sowie Art. 6 IV GG.

548 *BVerfGE* 69, 315 (355); *Voßkuhle / Kaiser*, JuS 2011, 411 (412). S. diesbzgl. auch *Kahl*, VerwArch 95 (2004), 1.

solche wird nicht nur den klassischen Prozessgrundrechten sondern auch den materiellen Grundrechten zuerkannt.[549]

B. Staatliche Schutzpflichten

Anknüpfend an einige grundlegende Ausführungen zur Schutzpflichtendimension, gilt es, speziell die versammlungsbezogenen Vorfeldmaßnahmen in den Blick zu nehmen.

I. Allgemeines

Zur wirkungsvollen Sicherung persönlicher Freiheit sind die traditionellen Funktionen der Grundrechte allein nicht ausreichend.[550] Diesem Umstand trägt (unter anderem) die dogmatische Figur einer staatlichen Schutzpflicht Rechnung.[551] Sie gebietet dem Staat, sich schützend und fördernd vor die Grundrechte zu stellen.[552] Zur Verwirklichung eines effektiven Grundrechtsschutzes hat dieser dafür Sorge zu tragen, die grundrechtlichen Güter „vor rechtswidrigen Eingriffen von seiten anderer zu bewahren."[553] In der zwischen Staat, Grundrechtsträger und privatem Dritten bestehenden Dreieckskonstellation[554] rückt die Staatsgewalt demnach aus der Rolle des potentiellen Grundrechtsgegners in die Position eines „Grundrechtsfreundes".[555] Ursprünglich im Hinblick auf Art. 2 II 1 GG entwickelt,[556] besteht mittlerweile kein Zweifel daran, dass sich staatliche Schutzpflichten auf den gesamten Grundrechtskanon erstrecken.[557] Indem sie die Abwehr drohender beziehungsweise schon eingetretener Gefahren für die in den

549 *Voßkuhle / Kaiser*, JuS 2011, 411 (412 m.w.N.). Vgl. insoweit nur *BVerfGE 73*, 118 (152 ff.), hins. der Rundfunkfreiheit durch Organisation und Verfahren.

550 *Epping*, GRe, S. 54.

551 *Heintschel v. Heinegg / Pallas*, GRe, S. 9.

552 *BVerfGE* 49, 89 (141 f.); *Dreier*, GG, Bd. I, Vorb. v. Art. 1 Rdnr. 101; *Heintschel v. Heinegg / Pallas*, GRe, S. 9.

553 *BVerfGE* 39, 1 (42); so auch *Deusch*, Polizeiliche Gefahrenabwehr bei Sportgroßveranstaltungen, S. 86.

554 S. *Heintschel v. Heinegg / Pallas*, GRe, S. 9.

555 *Stern*, StaatsR, Bd. III/1, S. 946, der jedoch darauf hinweist, dass ein solcher Rollentausch keineswegs im Widerspruch zur Stellung des Staates im Verfassungsgefüge des Grundgesetzes steht. In diese Richtung wohl auch *Isensee*, Das Grundrecht auf Sicherheit, S. 12 ff.

556 Vgl. *BVerfGE* 39, 1 (41 ff.).

557 *Götz*, in: *Isensee / Kirchhof*, Hdb. StaatsR, Bd. III, Voraufl. (1996), S. 1014; *Manssen*, StaatsR II, S. 14; *Stern*, StaatsR, Bd. III/1, S. 944.

Grundrechten genannten Rechtsgüter bezwecken, sind sie Ihren Rechtswirkungen nach zuvorderst Gefahren- und Störungsabwehrpflichten.[558] Das Kernproblem des alle Staatsgewalt bindenden Schutzpflichtengedankens besteht indes darin, dass üblicherweise mehrere Maßnahmen in Betracht kommen, um den geforderten Schutz zu erreichen.[559] Demgemäß wird dem Staat für gewöhnlich ein weiter Einschätzungs-, Wertungs- und Gestaltungsspielraum eingeräumt, dessen Reichweite in erster Linie von Art, Nähe und Ausmaß der drohenden Gefahr abhängt.[560] Eine Verletzung des grundrechtlichen Schutzauftrages besteht somit nur dann, wenn die öffentliche Gewalt ihre Pflichten evident verfehlt.[561]

II. Dogmatische Herleitung

Nicht einheitlich beantwortet wird die Frage nach der dogmatischen Herleitung staatlicher Schutzpflichten. Während die Rechtsprechung des Bundesverfassungsgerichts diesem Gesichtspunkt mittlerweile keine nennenswerte Aufmerksamkeit mehr schenkt,[562] finden sich in der Literatur unterschiedlichste Begründungsansätze.[563] Die wohl herrschende Meinung sieht – in Anknüpfung an die verfassungsgerichtliche Judikatur[564] – die Grundlage des Schutzpflichtengedankens in der objektiv-rechtlichen Dimension beziehungsweise dem Wertordnungsgehalt der Grundrechte.[565] Vertreten wird jedoch ebenso die Auffassung, die Rechtsbasis finde sich unmittelbar im Grundrechtskatalog selbst, genauer in Abs. 1 S. 2[566]

558 *Stern*, StaatsR, Bd. III/1, S. 949, der darüber hinaus auch auf mögliche sekundäre Pflichten in Gestalt von Förderpflichten verweist.

559 *BVerfGE* 56, 54 (81); *Voßkuhle / Kaiser*, JuS 2011, 411 (412).

560 *BVerfGE* 77, 170 (214 f.); 115, 118 (159 f.); *Epping*, GRe, S. 56; *Pieroth / Schlink / Kingreen / Poscher*, GRe, S. 31.

561 *BVerfGE* 92, 26 (46); *Epping*, GRe, S. 56; *Klein*, NJW 1989, 1633 (1635); ausführlich zum so genannten Untermaßverbot auch *Dietlein*, ZG 1995, 131.

562 *Lindner*, Theorie der Grundrechtsdogmatik, S. 356 m.w.N; so auch *Klein*, NJW 1989, 1633 (1635).

563 Umfassend *Unruh*, Zur Dogmatik der grundrechtlichen Schutzpflichten, S. 37 ff.

564 *BVerfGE* 39, 1 (41); 53, 30 (57); 56, 54 (73); 77, 170 (214).

565 Beispielhaft *Böckenförde*, Der Staat 29 (1990), 1; *Dietlein*, Die Lehre von den grundrechtlichen Schutzpflichten, S. 51 ff., 231; *Manssen*, StaatsR II, S. 14; *Pietrzak*, JuS 1994, 748 (749); *Unruh*, Zur Dogmatik der grundrechtlichen Schutzpflichten, S. 57.

566 *Chr. Starck*, Praxis der Verfassungsauslegung, S. 71; *Dietel / Gintzel / Kniesel*, VersG, § 1 Rdnr. 99 m.w.N. Parallel zum Wertordnungsgedanken verweist auch das BVerfG bisweilen auf Art. 1 I 2 GG (Vgl. insoweit etwa *BVerfGE* 46, 160 [164]; 88, 203 [251]).

beziehungsweise Abs. 3[567] von Art. 1 GG. Ein weiterer Ansatz stellt demgegenüber auf die dem modernen Staat innewohnende Sicherungsfunktion ab.[568] Das die Verwirklichung der Friedensordnung implizierende Verbot privater Gewaltanwendung setze demnach zwingend die Gewährleistung staatlicher Sicherheit voraus.[569] *Murswiek* schließlich begründet die staatlichen Schutzpflichten mit Hilfe der klassischen abwehrrechtlichen Funktion der Grundrechte.[570]

Wenngleich die dargestellten Begründungskonzepte erhebliche Divergenzen aufweisen,[571] kann ein entsprechender Streitentscheid an dieser Stelle dahingestellt bleiben, da jedenfalls die rechtliche Existenz staatlicher Schutzpflichten von allen Seiten anerkannt wird.[572]

III. Konkrete Grundrechtsbestimmungen

Aufzuzeigen sind im Folgenden nun diejenigen Grundrechtsbestimmungen, aus denen sich die der Vorfeldtätigkeit zugrundeliegenden staatlichen Schutzpflichten speisen.

1. Art. 8 I GG

Eine grundrechtliche Schutzpflicht folgt zunächst aus der verfassungsrechtlich verankerten Versammlungsfreiheit. Demnach verpflichtet Art. 8 I GG den Staat objektiv, die potentielle Freiheitsentfaltung der Bürger so zu fördern, dass diese sie auch real verwirklichen können.[573] Hängt die Ausübung des Versammlungsrechts in nicht unerheblichem Maße von der Gewährleistung der ungestörten Durchführung einer Versammlung ab, so ist es Aufgabe des Staates, genau dies

---

567 So *Stern*, StaatsR, Bd. III/1, S. 948. Demgegenüber zieht *Bleckmann*, DVBl. 1988, 938 (942), sowohl Abs. 3 auch als Abs. 1 heran.

568 *Deusch*, Polizeiliche Gefahrenabwehr bei Sportgroßveranstaltungen, S. 86 f.; *Isensee*, Das Grundrecht auf Sicherheit, S. 21 ff.; *Lindner*, Theorie der Grundrechtsdogmatik, S. 356 f. m.w.N.

569 *Isensee*, Das Grundrecht auf Sicherheit, S. 21 ff.; *Lindner*, Theorie der Grundrechtsdogmatik, S. 356 f. m.w.N.; *Klein*, NJW 1989, 1633 (1635 f.).

570 Die staatliche Verantwortung für die Risiken der Technik, S. 88 ff.; *ders.*, NVwZ 1986, 611 f.; *ders.*, NVwZ 1987, 481; zusammenfassend *Stern*, StaatsR, Bd. III/1, S. 947 m.w.N.

571 *Pietrzak*, JuS 1994, 748.

572 *Epping*, GRe, S. 54; *Pietrzak*, JuS 1994, 748.

573 *Schulze-Fielitz*, in: *Dreier*, GG, Bd. I, Art. 8 Rdnr. 110.

zu ermöglichen.[574] In diesem Sinne gebietet die objektive Schutzpflicht den staatlichen Organen, die Grundrechtsausübung des Einzelnen vor gewaltsamen Störungen und Übergriffen zu sichern.[575] Die in der Literatur[576] weitgehend unbestrittene Existenz einer aus Art. 8 I GG folgenden Schutzpflicht erkennt – trotz anfänglich zurückhaltender Töne[577] – auch das Bundeverfassungsgericht im Brokdorf-Beschluss an. Es argumentiert, dass „für die friedlichen Teilnehmer der … Schutz der Versammlungsfreiheit auch dann erhalten bleiben"[578] müsse, wenn Ausschreitungen von Seiten Dritter drohen.

Das der Garantenstellung geschuldete hoheitliche Vorgehen kann dabei unterschiedliche Zielrichtungen aufweisen: Möglich ist zum einen, dass die Störung von einer Minderheit der Versammlungsteilnehmer ausgeht.[579] Behördliche Maßnahmen haben sich hier unmittelbar gegen die Verursacher selbst zu richten, um den übrigen, friedlichen Teilnehmern den uneingeschränkten Grundrechtsgebrauch weiterhin zu ermöglichen.[580] Denkbar ist jedoch ebenso, dass die Störung auf eine Nebenversammlung oder Gegendemonstration zurückzuführen ist; der in Art. 8 I GG enthaltene Schutzauftrag fordert in diesem Fall ein Vorgehen zum Schutz der rechtmäßigen primären Versammlung.[581] In beiden Konstellationen steht die Schutzverpflichtung des Staates indes unter dem Vorbehalt des Möglichen.[582]

574 *Benda*, in: BK, Bd. III, Art. 8 Rdnr. 60; *Frank*, in: FS Ridder, S. 37 (44 f.); *Kunig*, in: *v. Münch / Kunig*, GG, Bd. I, Art. 8 Rdnr. 19.

575 *Benda*, in: BK, Bd. III, Art. 8 Rdnr. 60 f.; *Depenheuer*, in: *Maunz / Dürig*, GG, Bd. II, Art. 8 Rdnr. 113; *Schulze-Fielitz*, in: *Dreier*, GG, Bd. I, Art. 8 Rdnr. 113.

576 Vgl. nur *Benda*, in: BK, Bd. III, Art. 8 Rdnr. 60; *Dietel / Gintzel / Kniesel*, VersG, § 1 Rdnr. 100; *Frank*, in: FS Ridder, S. 37 (44 f.); *Geis*, Die Polizei 1993, 293 (298); *Kloepfer*, in: *Isensee / Kirchhof*, Hdb. StaatsR, Bd. VII, S. 987 f.; *Petersen-Thrö / Elzermann*, KommJur 2006, 289 (290); *Schulze-Fielitz*, in: *Dreier*, GG, Bd. I, Art. 8 Rdnr. 110 ff.

577 *BVerfGE* 69, 315 (355).

578 *BVerfGE* 69, 315 (361); zustimmend *Dietel / Gintzel / Kniesel*, VersG, § 1 Rdnr. 100; *Kniesel*, NJW 1992, 857 (861); in diese Richtung auch *Behmenburg*, LKV 2003, 500 (501).

579 *Benda*, in: BK, Bd. III, Art. 8 Rdnr. 61; *Schulze-Fielitz*, in: *Dreier*, GG, Bd. I, Art. 8 Rdnr. 113.

580 *BVerfGE* 69, 315 (360 f.); *Schulze-Fielitz*, in: *Dreier*, GG, Bd. I, Art. 8 Rdnr. 113. Zu denen sich aus dem Kriterium der Friedlichkeit ergebenden Abgrenzungsschwierigkeiten vgl. näher *Höfling*, in: *Sachs*, GG, Art. 8 Rdnr. 28 ff., sowie *Jarass*, in: *ders. / Pieroth*, GG, Art. 8 Rdnr. 7 ff.

581 *Hoffmann-Riem*, in: AK-GG, Bd. I, Art. 8 Rdnr. 38.

582 *Depenheuer*, in: *Maunz / Dürig*, GG, Bd. II, Art. 8 Rdnr. 113; *Hoffmann-Riem*, in: AK-GG, Bd. I, Art. 8 Rdnr. 38.

2. *Art. 2 II 1 GG*

Neben der Gewährleistung eines ungestörten Versammlungsverlaufs bezwecken die versammlungsbezogenen Vorfeldmaßnahmen zugleich den Schutz der körperlichen Integrität friedlicher Teilnehmer sowie unbeteiligter Dritter. Durch den Erlass entsprechender Maßnahmen kommt der Staat demzufolge seiner Schutzpflicht aus Art. 2 II 1 GG nach,[583] die ihm auferlegt, das Leben und die körperliche Unversehrtheit des Einzelnen vor Beeinträchtigungen wirksam zu schützen.[584] In besonderem Maße gilt diese Pflicht für eine der fundamentalsten Staatsaufgaben, die Bekämpfung der Gewaltkriminalität.[585] Hier ist der Staat gehalten, alle ihm zur Verfügung stehenden Möglichkeiten auszuschöpfen, um Verletzungen von Leib und Leben abzuwenden.[586] Diesem Umstand tragen nicht zuletzt die Vorfeldmaßnahmen Rechnung, indem sie die Begehung von Straftaten im Versammlungskontext zu verhindern versuchen.[587]

3. *Art. 14 I 1 GG*

Grundrechtliche Schutzpflichten sind überdies Art. 14 I 1 GG zu entnehmen.[588] Sie gebieten dem Staat, die der Eigentumsgewährleistung unterfallenden Rechtspositionen vor Störungen Dritter zu schützen.[589] Dies gilt nicht zuletzt für solche Sachwerte, die eine Gefährdung durch das Versammlungsgeschehen erfahren.[590] Diesem Umstand steht – trotz teils anders lautender Auffassungen[591] – auch das spezifische Gepräge der Eigentumsgarantie als so genanntes normgeprägtes Grundrecht nicht entgegen.[592]

---

583 *Petersen-Thrö / Elzermann*, KommJur 2006, 289 (290); ähnlich *Benda*, in: BK, Bd. III, Art. 8 Rdnr. 60.

584 *Lang*, in: *Epping / Hillgruber*, GG, Art. 2 Rdnr. 78 m.w.N.; so auch *Jötten / Tams*, JuS 2008, 436 (441), bezogen auf die Gefährderansprache; *Wiedemann*, in: *Umbach / Clemens*, GG, Bd. I, Art. 2 II Rdnr. 372.

585 *Murswiek*, in: *Sachs*, GG, Art. 2 Rdnr. 196.

586 *Murswiek*, in: *Sachs*, GG, Art. 2 Rdnr. 196.

587 *Petersen-Thrö / Elzermann*, KommJur 2006, 289 (290).

588 So etwa *BVerfG* NJW 1998, 3264 (3265 f.); *Steinberg*, NJW 1984, 457 (458 f.).

589 *Cremer*, Freiheitsgrundrechte, S. 266.

590 *Benda*, in: BK, Bd. III, Art. 8 Rdnr. 60, der eine entsprechende Schutzpflicht allerdings an anderer Stelle verortet sieht.

591 So beispielsweise *Dietlein*, Die Lehre von den grundrechtlichen Schutzpflichten, S. 78 f., sowie *Erichsen*, JURA 1997, 85 (86 f.).

592 Zum Begriff der Normprägung vgl. auch *Poscher*, Grundrechte als Abwehrrecht, S. 132 ff.

4. *Transformation der Schutzpflichten in einfachgesetzliche Regelungen*

Adressat der zuvor beschriebenen unterschiedlichen Schutzpflichten ist in erster Linie die Legislative.[593] Ihre Aufgabe besteht darin, die Schutzpflichten im Wege aktiver gesetzgeberischer Maßnahmen in einfaches Recht umzusetzen.[594] Dabei kommt ihr jedoch ein weiter Einschätzungs- und Gestaltungsbereich zu.[595]

Eine einfachgesetzliche Konkretisierung erfahren die Schutzpflichten hier durch die Regelungen des Gefahrenabwehrrechts, die – insbesondere in Gestalt der Polizeigesetze der Länder[596] – ein Vorgehen zum Schutz der dargelegten Rechtsgüter ermöglichen. Dabei setzen die Polizeibehörden, indem sie den einfachrechtlichen Schutzauftrag erfüllen, die gesetzgeberisch ausgeformte staatliche Schutzpflicht in die Tat um.[597] Wenngleich der Exekutive hierfür bisweilen weite Ermessenspielräume eingeräumt werden, ist die verwaltungspraktische Ermessensentscheidung stets im Lichte der Schutzpflichtendogmatik zu betrachten.[598]

C. Grenzüberschreitende Konstellationen

Wie bereits dargelegt,[599] erstreckt sich der Anwendungsbereich versammlungsspezifischer Vorfeldmaßnahmen auch auf das Vorfeld von Versammlungen im Ausland. Es stellt sich somit die Frage, woraus sich für den Fall drohender Rechtsgutsverletzungen jenseits des Hoheitsgebietes der Bundesrepublik Deutschland eine Gefahrverhinderungspflicht deutscher Behörden ergeben könnte.

I. Räumlicher Geltungsbereich staatlicher Schutzpflichten

Die dogmatische Grundlage der staatlichen Verpflichtung zur Gewaltprävention könnte auch im Falle grenzüberschreitender Sachlagen im schon beschriebenen Schutzpflichtenansatz zu sehen sein. Es bedarf in diesem Zusammenhang somit einer Antwort auf die Frage, inwieweit der deutsche Staat verpflichtet ist,

---

593 *BVerfGE* 88, 203 (261); 96, 56 (64).

594 *Deusch*, Polizeiliche Gefahrenabwehr bei Sportgroßveranstaltungen, S. 87, bezogen auf vergleichbare Schutzpflichten im Zuge von Sportgroßveranstaltungen.

595 *BVerfGE* 77, 170 (214 f.). S. hierzu bereits Fn. 560.

596 *Benda*, in: BK, Bd. III, Art. 8 Rdnr. 60; *Deusch*, Polizeiliche Gefahrenabwehr bei Sportgroßveranstaltungen, S. 87 m.w.N., hinsichtlich gleichgelagerter Situationen im Zuge von Sportgroßveranstaltungen.

597 *Deusch*, Polizeiliche Gefahrenabwehr bei Sportgroßveranstaltungen, S. 87 f.

598 *BVerfGE* 46, 160 (164 f.).

599 Vgl. etwa 1. Teil 3. Kap. A. II. 2.

im Ausland befindlichen Ausländern Schutz vor Rechtsgutsverletzungen zu gewähren, deren Ursprung im Geltungsbereich des Grundgesetzes zu finden ist.[600]

Gegen die Annahme einer solchen Verpflichtung könnte die den räumlichen Geltungsbereich des Grundgesetzes auf das Staatsgebiet der Bundesrepublik Deutschland begrenzende Präambel[601] des Grundgesetzes sprechen.[602] Ähnlich wie die Regelung des früheren[603] Art. 23 GG bestimmt jedoch auch die Präambel den Geltungsbereich in erster Linie als Raum der Bindung und Inpflichtnahme staatlicher Gewalt durch die Normen der Verfassung, nicht hingegen als abschließende Sphäre grundrechtlicher Aufgaben.[604] Dies folgt letztlich auch aus dem in Art. 1 II GG formulierten Bekenntnis zu den „Menschenrechten als Grundlage jeder menschlichen Gemeinschaft."[605] Der Existenz „extraterritorialer"[606] grundrechtlicher Schutzpflichten könnte allerdings das die staatliche Regelungsgewalt auf das jeweilige Hoheitsgebiet beschränkende völkerrechtliche Territorialitätsprinzip[607] entgegenstehen.[608] Indes ist auch dieser Einwand unberechtigt, wird durch die außerstaatliche Schutzgewährung doch gerade keine Hoheitsgewalt außerhalb des bundesdeutschen Hoheitsgebietes ausgeübt.[609]

600 *Dietlein*, Die Lehre von den grundrechtlichen Schutzpflichten, S. 120. Hiervon strikt zu trennen ist die Frage, in welchem Umfang die im Hoheitsgebiet der Bundesrepublik Deutschland sich aufhaltenden Ausländer grundrechtlichen Schutz genießen. Vgl. hierzu *Isensee*, Das Grundrecht auf Sicherheit, S. 31 m.w.N.; *Robbers*, Sicherheit als Menschenrecht, S. 208 f.; *Starck*, in: *v. Mangoldt / Klein / Starck*, GG, Bd. I, Art. 1 Rdnr. 205 ff.

601 *Boehl / Hobe*, in: *Friauf / Höfling*, GG, Bd. I, Präambel Rdnr. 114; *Murswiek*, in: BK, Bd. I, Präambel Rdnr. 305.

602 Den Einwand *Dietleins* (Die Lehre von den grundrechtlichen Schutzpflichten, S. 121) aufgreifend, der sich in diesem Zusammenhang allerdings auf den früheren Art. 23 GG stützt, der bis zum Zeitpunkt der beitrittsbedingten Änderungen des Grundgesetztes im Jahre 1990 den Geltungsbereich des Grundgesetzes bestimmte (*Murswiek*, in: BK, Bd. I, Präambel Rdnr. 305).

603 Vgl. hierzu etwa *Hobe*, in: *Friauf / Höfling*, GG, Bd. II, Art. 23 Rdnr. 1.

604 So die Argumentation von *Dietlein*, Die Lehre von den grundrechtlichen Schutzpflichten, S. 121, der jedoch – wie bereits erwähnt – in seinen Ausführungen auf Art. 23 a.F. Bezug nimmt.

605 *Dietlein*, Die Lehre von den grundrechtlichen Schutzpflichten, S. 121; *Robbers*, Sicherheit als Menschenrecht, S. 215.

606 *Robbers*, Sicherheit als Menschenrecht, S. 214.

607 Vgl. insoweit auch *Doehring*, VölkerR, S. 352 f.; *Hobe*, VölkerR, S. 96.

608 *Robbers*, Sicherheit als Menschenrecht, S. 213.

609 *Dietlein*, Die Lehre von den grundrechtlichen Schutzpflichten, S. 121, der das Territorialitätsprinzip gar als Argument für entsprechende Schutzpflichten begreift,

Eine „Wertegleichgültigkeit“[610] der Verfassung gegenüber der Gefährdung von Rechtsgütern jenseits ihres Geltungsbereichs lässt sich somit im Ergebnis nicht feststellen, wäre sie doch allen voran mit dem „in Art. 1 GG … zum Ausdruck kommenden Ethos des Grundgesetzes“[611] nicht in Einklang zu bringen.[612] Die Verpflichtung des Staates zur Gewaltprävention folgt demnach auch bei grenzüberschreitenden Gefahrenlagen aus dem alle Staatsgewalt bindenden Schutzpflichtengedanken.[613]

II. Gefahrverhinderungspflicht aus sonstigen Gründen

Eine Gefahrverhinderungspflicht deutscher Behörden ergibt sich darüber hinaus jedoch noch aus anderen Gründen.

1. Zwischenstaatliches Rücksichtnahmegebot

Zu nennen ist an dieser Stelle zunächst das im Umweltvölkerrecht[614] entwickelte Gebot zur zwischenstaatlichen Rücksichtnahme.[615] Danach ist es Staaten untersagt, auf ihrem Gebiet solche Aktivitäten durchzuführen beziehungsweise zu dulden, die zu schädigenden Einwirkungen auf dem Gebiet eines Nachbarstaates führen könnten.[616] Ist die Beeinträchtigung auf ein privates Handeln zurückzuführen, hat der Staat dafür Sorge zu tragen, dies durch entsprechende Schutz- und Überwachungsmaßnahmen zu verhindern.[617] Diese heute allgemein anerkannte

---

verpflichte es doch den Staat dazu, all seine Hoheitsgewalt einzusetzen, um Gefahren innerstaatlichen Ursprungs, die sich grenzüberschreitend verwirklichen könnten, abzuwehren.

610 *Dietlein*, Die Lehre von den grundrechtlichen Schutzpflichten, S. 121.

611 *Dietlein*, Die Lehre von den grundrechtlichen Schutzpflichten, S. 122.

612 *Dietlein*, Die Lehre von den grundrechtlichen Schutzpflichten, S. 121 f.; *Robbers*, Sicherheit als Menschenrecht, S. 215; so wohl auch *Breucker*, NJW 2004, 1631.

613 *Breucker*, NJW 2004, 1631 m.w.N.

614 Vgl. zu den dogmatischen Grundlagen des Umweltvölkerrechts *Beyerlin*, UmweltvölkerR, 2000, sowie *Proelß*, in: *Vitzthum*, VölkerR, S. 451 ff.

615 *Breucker*, NJW 2004, 1631.

616 *Hobe*, VölkerR, S. 520; *Wolf*, Deliktsstatut und internationales Umweltrecht, S. 117 f. m.w.N. Dieser Grundsatz wurde bereits im Jahr 1941 im so genannten Trail Smelter-Schiedsspruch (RIAA III, S. 1905) klar formuliert.

617 *Dupuy*, International Liability for Transfrontier Pollution, in: Beiträge zur Umweltgestaltung, Bd. A 69: Trends in Enviromental Policy and Law, S. 371, zitiert nach: *Wolf*, Deliktsstatut und internationales Umweltrecht, S. 118.

und somit gemäß Art. 25 GG inkorporierte Regel[618] des Völkerrechts ist indes keineswegs auf den Bereich des Umweltrechts beschränkt, sondern betrifft grundsätzlich alle denkbaren Szenarien grenzüberschreitender Gefährdungslagen.[619] Drohen ausreisende Gewalttäter auf fremdem Hoheitsgebiet erhebliche Rechtsgutsverletzungen hervorzurufen, sind die betreffenden Staaten daher verpflichtet, geeignete Gegenmaßnahmen zu ergreifen.[620] Dies geschieht in Form der versammlungsspezifischen Vorfeldmaßnahmen.

2. *Schengener Durchführungsübereinkommen (SDÜ)*

Von Bedeutung ist zudem das „Übereinkommen zur Durchführung des Übereinkommens von Schengen" (SDÜ),[621] das am 19. Juni 1990 als Reaktion auf den schrittweisen Abbau der europäischen Binnengrenzen zwischen den Schengener Vertragspartnern geschlossen wurde.[622] Die zuständigen Behörden der einzelnen Vertragsstaaten trifft hiernach die Pflicht, strafbare Handlungen im Wege der Amtspflicht vorbeugend zu bekämpfen (Art. 39 I 1 SDÜ).

3. *Völkerrechtliches Interventionsverbot*

Eine Gefahrverhinderungspflicht ergibt sich schließlich aus dem völkerrechtlichen Interventionsverbot,[623] das den Grundsatz der Nichteinmischung in die inneren Angelegenheiten anderer Staaten festschreibt.[624] Zwar lassen sich die Gewalttaten Privater dem Staat nicht unmittelbar zurechnen.[625] Gleichwohl ist er für ein pflichtwidrig unterlassenes Einschreiten gegen potentielle Gewalttäter

---

618 *Dietlein*, Die Lehre von den grundrechtlichen Schutzpflichten, S. 120; näher zur Rolle und Bedeutung des Art. 25 GG auch *Bungert*, DÖV 1994, 797.

619 *Breucker*, NJW 2004, 1631. Ob sich das zwischenstaatliche Rücksichtnahmegebot auch auf den Bereich der börsenrechtlichen Jurisdiktionskonflikte – um nur ein mögliches Anwendungsfeld zu nennen – erstreckt, diskutiert *Schuster*, Die internationale Anwendung des Börsenrechts, S. 659 m.w.N.

620 *Breucker*, NJW 2004, 1631, der sich in seinen Ausführungen auf die ähnlich zu beurteilende Konstellation ausreisender Hooligans bezieht.

621 BGBl II 1993, 1013.

622 *Mokros*, in: *Lisken / Denninger*, Hdb. PolR, S. 1430 f.

623 Vgl. zum Interventionsverbot u.a. *Kempen / Hillgruber*, VölkerR, S. 167 ff.

624 *Stein / v. Buttlar*, VölkerR, S. 227.

625 *Breucker*, NJW 2004, 1631, der sich in seinen Ausführungen auf die ähnlich zu beurteilende Konstellation ausreisender Hooligans bezieht.

verantwortlich.[626] „Aus dem zwischenstaatlichen Interventionsverbot folgt so gleichsam ein innerstaatliches Interventionsgebot."[627]

D. Fazit

Die gegen potentielle Gewalttäter gerichteten versammlungsbezogenen Vorfeldmaßnahmen bezwecken die Gewährleistung der ungestörten Durchführung einer Versammlung zugunsten des friedlichen Teilnehmerkreises.[628] Gleichzeitig zielen sie auf den Schutz unbeteiligter Dritter ab. Dem behördlichen Vorgehen liegt somit eine zwischen Grundrechtsträger, privatem Dritten und Staat bestehende Dreieckskonstellation[629] zugrunde, die es Letztgenanntem gebietet, sich schützend und fördernd vor die Grundrechte zu stellen.[630] Das verfassungsrechtliche Fundament der Vorfeldmaßnahmen bilden demnach die aus der objektiv-rechtlichen Wirkungsweise der Grundrechte herzuleitenden staatlichen Schutzpflichten. Neben Art. 2 II 1 GG sowie Art. 14 I 1 GG ist in diesem Zusammenhang insbesondere die grundrechtliche Versammlungsfreiheit zu nennen. Sie verpflichtet alle staatlichen Stellen, die reale Verwirklichung potentieller Freiheitsräume zu ermöglichen.[631]

Dieser Verpflichtung ist der Gesetzgeber durch die auf der Ebene des einfachen Rechts erlassenen Regelungen zur Gefahrenabwehr nachgekommen. Den Schutzpflichtenansatz ausformend, tragen sie dazu bei, die in den Grundrechten verbürgten Rechtsgüter vor Beeinträchtigungen Dritter zu schützen.[632]

Die dogmatische Grundlage der staatlichen Verpflichtung zur Gewaltprävention findet sich schließlich auch im Falle grenzüberschreitender Sachlagen in den grundrechtlichen Schutzpflichten. Ursächlich hierfür ist insbesondere das in Art. 1 GG zum Ausdruck kommende (Grund-)Bekenntnis zur universalen

---

626 *Breucker*, NJW 2004, 1631, der sich in seinen Ausführungen auf die ähnlich zu beurteilende Konstellation ausreisender Hooligans bezieht.

627 Ebda.

628 Allg. *Benda*, in: BK, Bd. III, Art. 8 Rdnr. 60; *Frank*, in: FS Ridder, S. 37 (44 f.); *Kunig*, in: *v. Münch / Kunig*, GG, Bd. I, Art. 8 Rdnr. 19.

629 S. *Heintschel v. Heinegg / Pallas*, GRe, S. 9.

630 *Dreier*, GG, Bd. I, Vorb. v. Art. 1 Rdnr. 101.

631 *Schulze-Fielitz*, in: *Dreier*, GG, Bd. I, Art. 8 Rdnr. 110.

632 *Deusch*, Polizeiliche Gefahrenabwehr bei Sportgroßveranstaltungen, S. 87 f.

Wahrung der Menschenrechte.[633] Drohen ausreisende Gewalttäter auf fremden Hoheitsgebiet Rechtsgutsverletzungen zu verursachen, ergibt sich die Notwendigkeit dem entgegenzuwirken überdies aus dem zwischenstaatlichen Rücksichtnahmegebot, dem Schengener Durchführungsübereinkommen sowie dem völkerrechtlichen Interventionsverbot.

633 *Dietlein*, Die Lehre von den grundrechtlichen Schutzpflichten, S. 121 f.; *Robbers*, Sicherheit als Menschenrecht, S. 215; in diese Richtung auch *Breucker*, NJW 2004, 1631.

Kapitel 6: Der Grundsatz der Polizeifestigkeit des Versammlungsrechts im Kontext versammlungsbezogener Vorfeldmaßnahmen

Wie bereits dargelegt,[634] sind die Ermächtigungsgrundlagen versammlungsspezifischer Vorfeldmaßnahmen nahezu ausnahmslos im allgemeinen Polizei- und Ordnungsrecht zu finden. Demgegenüber besagt der im Einzelnen noch genauer zu untersuchende Grundsatz der Polizeifestigkeit des Versammlungsrechts, dass Eingriffe in das Versammlungsgeschehen regelmäßig nur auf Grundlage des Versammlungsgesetzes erfolgen dürfen.[635] Ob beziehungsweise wie dieser Widerspruch aufzulösen ist, versucht das folgende Kapitel zu klären, das hierzu sowohl die Grundzüge als auch die verschiedenen Problemkonstellationen der Polizeifestigkeit des Versammlungsrechts in den Blick nimmt.

A. Zur Polizeifestigkeit des Versammlungsrechts

Im Rahmen des ersten Abschnitts soll zunächst die Frage beantwortet werden, was sich hinter dem Begriff der Polizeifestigkeit des Versammlungsrechts verbirgt. Darüber hinaus wird sowohl auf den verwaltungsrechtlichen als auch den durch die Föderalismusreform I weggefallenen verfassungsrechtlichen Begründungsansatz einzugehen sein.

I. Begriffsbestimmung

Sowohl das Versammlungsgesetz des Bundes als auch die zum Teil schon erlassenen landeseigenen Versammlungsgesetze[636] regeln nicht alle Maßnahmen gegen Versammlungen und deren Teilnehmer abschließend.[637] Dies zeigt bereits

---

634 Vgl. 1. Teil 4. Kap.

635 *Bergmann*, Die Polizeifestigkeit des Versammlungsgeschehens, S. 3. Keine Rolle spielen in diesem Kapitels daher die so genannten veranstalterbezogenen Vorfeldmaßnahmen (§§ 5, 15 VersG) sowie § 12 a I VersG.

636 So geschehen in Bayern (Vgl. zum BayVersG auch *Hanschmann*, DÖV 2009, 389), Niedersachsen (näher zum NVersG *Ullrich*, NdsVBl. 2011, 183), Sachsen (*Scheidler*, NVwZ 2011, 924, im Hinblick auf das SächsVersG) und Sachsen-Anhalt (Vgl. bzgl. des VersammlG LSA u.a. *Bücken-Thielmeyer*, LKV 2010, 107).

637 *Kötter / Nolte*, DÖV 2009, 399.

ein Blick in das aufgrund von Art. 125 a I GG nach wie vor Gültigkeit beanspruchende[638] (Bundes-)Versammlungsgesetz, das den Gefahrenabwehrbehörden nur eine begrenzte Zahl von Handlungsinstrumenten einräumt.[639] Zwangsläufig stellt sich somit die Frage nach dem Verhältnis von Versammlungsrecht und allgemeinen Gefahrenabwehrrecht.[640] Näher zum Ausdruck bringt die Beziehung der beiden Rechtsmaterien zueinander der Grundsatz der so genannten Polizeifestigkeit des Versammlungsrechts. Er besagt, dass polizeiliche Maßnahmen, die sich gegen eine Versammlung als solche beziehungsweise versammlungsspezifische Gefahren richten, grundsätzlich nur unter den (engen) Voraussetzungen des Versammlungsrechts ergehen können.[641] Die Anwendung des allgemeinen Gefahrenabwehrrechts bleibt auf diese Weise versperrt.[642] Hierdurch wird der Bedeutung der grundrechtlichen Versammlungsfreiheit in angemessener Weise Rechnung getragen.[643] Den Vorrang des allgemeinen gegenüber dem speziellen Gesetz verdeutlichend, stellt der Grundsatz der Polizeifestigkeit somit im Kern nichts anderes als eine bereichsspezifische Ausprägung des für Rechtssätze der gleichen Rangstufe geltenden verwaltungsrechtlichen Spezialitätsgedankens[644] („lex specialis derogat legi generali") dar.[645] Wenngleich sich die Bezeichnung der „Polizeifestigkeit des Versammlungsrechts" weitgehend etabliert hat,[646] wird

638 Zwar führte die Föderalismusreform von 2006 zu einer Verlagerung des Versammlungsrechts in die Gesetzgebungszuständigkeit der Länder. Solange diese jedoch von der ihnen übertragenen Kompetenz keinen Gebrauch machen, gelangt das Versammlungsgesetz des Bundes gem. Art. 125 a I GG nach wie vor vollumfänglich zur Anwendung. Zur kompetenzrechtlichen Situation des Versammlungsrechts nach der am 01. September 2006 in Kraft getretenen Föderalismusreform I s. *Degenhardt*, NVwZ 2006, 1209 (1214); *Ipsen*, NJW 2006, 2801 (2804).

639 *Kötter / Nolte*, DÖV 2009, 399 f.

640 *Kötter / Nolte*, DÖV 2009, 399.

641 *Bergmann*, Die Polizeifestigkeit des Versammlungsgeschehens, S. 3; *Depenheuer*, in: *Maunz / Dürig*, GG, Bd. II, Art. 8 Rdnr. 136 m.w.N.; *Schenke*, POR, S. 238.

642 *BVerfG* NVwZ 2005, 80 (81); NVwZ 2007, 1180 (1182); *Steinhorst*, POR Bbg, S. 137.

643 *Depenheuer*, in: *Maunz / Dürig*, GG, Bd. II, Art. 8 Rdnr. 138.

644 S. *Maurer*, Allg. VerwR, S. 69.

645 *Kötter / Nolte*, DÖV 2009, 399 (401).

646 S. etwa *VG Würzburg*, Urt. v. 12. März 2009 – W 5 K 08.1770; *VG Münster*, Urt. v. 21. August 2009 – 1 K 1403/08; *Behmenburg*, LKV 2003, 500 (501); *Depenheuer*, in: *Maunz / Dürig*, GG, Bd. II, Art. 8 Rdnr. 138; *Gusy*, POR, S. 253; *Kniesel / Poscher*, in: *Lisken / Denninger*, Hdb. PolR, S. 1146; *Koranyi / Singelnstein*, NJW 2011, 124 (125); *Kötter / Nolte*, DÖV 2009, 399; *Meßmann*, JuS 2007, 524 (525); *Neumann*, NVwZ 2011, 1171 (1174); *Steinhorst*, POR Bbg, S. 137; *Wehr*, Ex.-Rep. PolR, S. 81.

bisweilen auch von der „Polizeifestigkeit der Versammlungsfreiheit“[647] oder schlicht der „Polizeifestigkeit der Versammlung“[648] gesprochen.[649] Eine inhaltliche Unterscheidung ist hiermit jedoch nicht verbunden.

II. Vergleichbare Grundsätze

Der Terminus der Polizeifestigkeit ist nicht nur im versammlungsspezifischen Kontext anzutreffen. Entsprechende Grundsätze finden sich unter anderem auf dem Gebiet des Presse-, Rundfunk- und Vereinsrechts wieder.[650] Auch hier stellt sich vor dem Hintergrund der Schutzbedürftigkeit besonders grundrechtssensibler Bereiche die Frage nach den Eingriffsbefugnissen der zuständigen Ordnungsbehörden.[651] So macht § 1 II VereinsG deutlich, dass in die Vereinigungsfreiheit – mit Ausnahme einiger weniger Vorschriften[652] – lediglich auf Grundlage des Vereinsgesetzes eingegriffen werden darf.[653] In gleicher Weise verbietet es der schon vom Preußischen Oberverwaltungsgericht anerkannte[654] Grundsatz der Polizeifestigkeit des Presserechts, „in die Pressefreiheit aufgrund präventiver polizeilicher oder ordnungsbehördlicher Maßnahmen einzugreifen“.[655] Schließlich sind im Bereich der Rundfunkfreiheit jedwede Maßnahmen der allgemeinen Gefahrenabwehrbehörden ausgeschlossen.[656]

---

647 *BVerwGE* 129, 142 (147); *Pieroth / Schlink / Kniesel*, POR, S. 351.

648 *Kniesel / Poscher*, in: *Lisken / Denninger*, Hdb. PolR, S. 1149.

649 *Kötter / Nolte*, DÖV 2009, 399, die durchaus überzeugend darlegen, dass streng genommen von der Polizei*rechts*festigkeit des Versammlungsrechts gesprochen werden müsste.

650 Demgegenüber existiert eine so genannte „StPO-Festigkeit“ des Versammlungsgesetzes nicht (*Brenneisen*, Die Polizei 2008, 104 [107 m.w.N.], der gleichwohl auf die Beachtung des Verhältnismäßigkeitsgrundsatzes hinweist; *Knape*, in: *Staack / Schwentuchowski*, Versammlungen, S. 46 f.).

651 So *Gundel*, Zur Frage der „Polizeifestigkeit“ der Rundfunkfreiheit am Beispiel aktueller Konflikte um die Durchsetzung des Glücksspielwerbeverbots, S. 5, 27, bzgl. der Rundfunkaufsicht.

652 Vgl. §§ 14 III 2, 30 II VereinsG.

653 *Groh*, VereinsG, 2012, § 1 Rdnr. 6.

654 Vgl. *PrOVGE* 40, 295 (297); 83, 208 (210 f.).

655 *OVG Frankfurt (Oder)* NJW 1997, 1387 (1388); so auch *OVG Münster* DÖV 2003, 687. Vgl. zur Polizeifestigkeit des Presserechts auch *Gornig*, JuS 1999, 1167.

656 *VG Köln* ZUM-RD 2010, 308 (309).

III. Begründungsansätze

Neben dem verwaltungsrechtlichen Spezialitätsgedanken widmet sich der folgende Absatz auch dem inzwischen weggefallen verfassungsrechtlichen Begründungsansatz der Polizeifestigkeit.

1. Verwaltungsrechtlicher Art

Der Grundsatz der Polizeifestigkeit des Versammlungsrechts gründet sich zunächst auf das im Verwaltungsrecht verankerte Prinzip der Sperrwirkung besonderer Ordnungsgesetze (lex specialis derogat legi generali).[657] Danach wird das allgemeine Gefahrenabwehrrecht durch die Regelungen besonderer Ordnungsgesetze verdrängt.[658] Sowohl das nach wie vor geltende Versammlungsgesetz des Bundes als auch die bereits auf Länderebene geschaffenen Versammlungsgesetze[659] gehen somit als lex specialis dem allgemeinen Polizei- und Ordnungsrecht vor. Dabei richtet sich der Umfang der beschriebenen Sperrwirkung nach der Regelungsdichte des besonderen Gesetzes.[660] Eine Rückgriffssperre reicht daher nur soweit, wie das speziellere Gesetz eine bestimmte Materie abschließend regelt; tut es dies nicht, ist der Anwendungsbereich des allgemeinen Gesetzes eröffnet.[661] Gerade im Hinblick auf das Versammlungsgesetz ergeben sich hieraus Abgrenzungsschwierigkeiten, auf die noch zurückzukommen sein wird.[662]

2. Verfassungsrechtlicher Art

Bis zur Föderalismusreform 2006 ergaben sich die Ursachen für die Polizeifestigkeit des Versammlungsrechts darüber hinaus aus dem Kompetenzgefüge des Grundgesetzes.[663] So erstreckte sich die konkurrierende Gesetzgebung nach Art. 74 I Nr. 3 GG a. F. auch auf das Gebiet des Versammlungsrechts. Von dieser Gesetzgebungszuständigkeit hatte der Bund bereits kurze Zeit nach Inkrafttreten

657 *Kniesel / Poscher*, in: *Lisken / Denninger*, Hdb. PolR, S. 1146 f.; *Kötter / Nolte*, DÖV 2009, 399 (401); *Pieroth / Schlink / Kniesel*, POR, S. 351 f.

658 *Kötter / Nolte*, DÖV 2009, 399 (401); *Meßmann*, JuS 2007, 524 (525 m.w.N.); *Schenke*, POR, S. 224 f.; *Schoch*, JuS 1994, 479 (480 f.).

659 Vgl. Fn. 636.

660 *Kötter / Nolte*, DÖV 2009, 399 (401).

661 *BVerfG* NVwZ 2005, 80 (81); *VGH Mannheim* DÖV 1990, 572; *Gusy*, POR, S. 253; *Kniesel / Poscher*, in: *Lisken / Denninger*, Hdb. PolR, S. 1147; *Kötter / Nolte*, DÖV 2009, 399 (401); *Pieroth / Schlink / Kniesel*, POR, S. 351 f. m.w.N.

662 S. hierzu 1. Teil 6. Kap. B.

663 *Kötter / Nolte*, DÖV 2009, 399 (400).

des Grundgesetzes Gebrauch gemacht, indem er 1953 das Versammlungsgesetz[664] erließ, von dem gemäß Art. 72 I GG eine zeitliche und sachliche Sperrwirkung für die Landesgesetzgeber ausging.[665] Da hiermit im Einzelfall auch der Rückgriff auf das allgemeine Polizei- und Ordnungsrecht ausgeschlossen war, ließen sich versammlungsspezifische Eingriffsbefugnisse nicht auf landesrechtliche Regelungen stützen.[666] Diese Situation änderte sich jedoch in Folge der durch die Föderalismusreform I hervorgerufenen Verlagerung des Versammlungsrechts in die Gesetzgebungszuständigkeit der Bundesländer. Eine verfassungsrechtliche, der Kompetenzordnung des Grundgesetzes geschuldete Verankerung erfährt der Grundsatz der Polizeifestigkeit seitdem nicht mehr.[667]

B. Problemkonstellationen der Polizeifestigkeit

Wie bereits dargelegt, führt das verwaltungsrechtliche Spezialitätsprinzip zu einer Sperrwirkung besonderer Gesetze nur in dem Umfang, in dem diese abschließende Regelungen enthalten.[668] Inwieweit das Versammlungsgesetz des Bundes von abschließendem Charakter ist, wird insbesondere anhand von drei Problemkonstellationen kontrovers diskutiert.[669]

I. Vorfeldmaßnahmen

Zu nennen sind in diesem Zusammenhang zunächst die versammlungsspezifischen Vorfeldmaßnahmen.

1. Regelungsumfang des Versammlungsgesetzes

Ob der Anwendungsbereich des allgemeinen Gefahrenabwehrrechts auch die Kategorie der Vorfeldmaßnahmen umfasst, richtet sich nach der Regelungsdichte des Versammlungsgesetzes. Abschließende Regelungen bezüglich des Versammlungsvorfelds enthält es jedenfalls in Form der veranstalterbezogenen Maßnahmen nach §§ 5, 15 VersG.[670] Für einen Rückgriff auf die Befugnisse des allgemeinen Polizeirechts besteht in diesem Fall somit weder der Bedarf noch die Möglichkeit.[671]

---

664 Versammlungsgesetz v. 24. Juli 1953, BGBl I, 684.
665 *Kötter / Nolte*, DÖV 2009, 399 (400).
666 *Kötter / Nolte*, DÖV 2009, 399 (400).
667 *Kniesel / Poscher*, in: *Lisken / Denninger*, Hdb. PolR, S. 1146.
668 S. Fn. 660, 661.
669 *Kniesel / Poscher*, in: *Lisken / Denninger*, Hdb. PolR, S. 1147.
670 Näher hierzu 1. Teil 4. Kap. C. Vgl. insoweit auch *Frenz*, JA 2007, 334 (335).
671 *Frenz*, JA 2007, 334 (335); *Kniesel / Poscher*, in: *Lisken / Denninger*, Hdb. PolR, S. 1151 f.

Anders gestaltet sich die Situation im Hinblick auf die gegen die einzelnen Versammlungsteilnehmer gerichteten Maßnahmen.[672] Das Versammlungsgesetz weist in seiner das „Versammlungswesen … nicht umfassend und vollständig, sondern nur teilweise und lückenhaft"[673] regelnden Weise insoweit nur sporadische, allenfalls punktuelle Bestimmungen auf.[674] Ein abschließendes Regelungskonzept für den Bereich des Versammlungsvorfelds, das der Anwendung des allgemeinen Polizei- und Ordnungsrechts entgegenstünde, ist ihm hingegen nicht zu entnehmen.[675] Es bleibt festzuhalten, dass – mangels spezialgesetzlicher Grundlagen – Vorfeldmaßnahmen, sofern sie als teilnehmerbezogen zu qualifizieren sind, prinzipiell auf allgemeines Gefahrenabwehrrecht gestützt werden können.[676]

2. *Beachtung des in Art. 19 I 2 GG verankerten Zitiergebots*

Der Anwendung des allgemeinen Polizei- und Ordnungsrechts könnte jedoch gegebenenfalls das in Art. 19 I 2 GG verankerte Zitiergebot entgegenstehen. Dessen Warn- und Beweisfunktion zwingt den Gesetzgeber, sich der Auswirkungen der von ihm geschaffenen Regelungen auf die betroffenen Grundrechte gewahr zu werden.[677] Obwohl die versammlungsspezifischen Vorfeldmaßnahmen in den Schutzbereich der Versammlungsfreiheit fallen,[678] wird Art. 8 GG von den Polizeigesetzen üblicherweise nicht als eingeschränkt zitiert.[679] Dies führt zu unterschiedlichen Bewertungen:

---

672 *Kniesel / Poscher*, in: *Lisken / Denninger*, Hdb. PolR, S. 1152; *Pieroth / Schlink / Kniesel*, POR, S. 353.

673 *BVerwGE* 129, 142 (147).

674 *Deger*, NVwZ 1999, 265 (266); *Kniesel / Poscher*, in: *Lisken / Denninger*, Hdb. PolR, S. 1152. Zu nennen sind an dieser Stelle lediglich die §§ 12 a und 17 a IV VersG (vgl. zu § 12 a VersG auch 1. Teil 4. Kap. B. I.).

675 *Jötten / Tams*, JuS 2008, 436 (440); *Kötter / Nolte*, DÖV 2009, 399 (403 m.w.N.); *Wehr*, Ex.-Rep. PolR, S. 81.

676 *BVerwGE* 45, 51 (55 ff.); 129, 142 (147); *Deger*, NVwZ 1999, 265 (266 f.); *Frenz*, JA 2007, 334 (335); *Jötten / Tams*, JuS 2008, 436 (440 m.w.N.); *Kniesel / Poscher*, in: *Lisken / Denninger*, Hdb. PolR, S. 1152; *Kötter / Nolte*, DÖV 2009, 399 (402 f.); *Wehr*, Ex.-Rep. PolR, S. 81; *Würtenberger / Heckmann*, PolR BW, S. 137 m.w.N.

677 *BVerfGE* 64, 72 (79 f.).

678 Beispielhaft *BVerfGE* 69, 315 (349).

679 *Meßmann*, JuS 2007, 524 (527); *Pieroth / Schlink / Kniesel*, POR, S. 353. Eine Ausnahme bilden lediglich Art. 74 BayPAG; Art. 58 S. 1 BayLStVG; § 10 NdsSOG, § 8 Nr. 3 POG RP; § 11 Nr. 7 SOG LSA.

a) Zielrichtung

Vertreten wird zum einen die Auffassung, Vorfeldmaßnahmen auf Grundlage des Polizeirechts verstoßen nicht gegen das Zitiergebot, wenn beziehungsweise weil sie lediglich den Schutz der Versammlung bezweckten.[680] Ein das Zitiergebot auslösender Eingriff in die Versammlungsfreiheit liege nicht vor.

b) Eingriffsqualität

Einer weiteren Sichtweise zufolge beruht die Außerachtlassung des Zitiergebots auf der lediglich mittelbaren Beeinträchtigung der Versammlungsfreiheit, die von den Vorfeldmaßnahmen ausgehe.[681] Das Zitiergebot gelte nämlich nicht solchen Maßnahmen, die nicht auf einen finalen Eingriff abzielen.[682]

c) Übergangsfrist

Vereinzelt wird ein Verstoß gegen das Zitiergebot zwar dem Grunde nach anerkannt. Gleichwohl sei den Landesgesetzgebern eine Übergangsfrist einzuräumen, die es ihnen ermögliche, die Zitierung des Art. 8 GG dessen ungeachtet vorzunehmen.[683]

d) Stellungnahme

Der zuletzt genannten Auffassung ist entgegenzuhalten, dass sich die Rechts- und Verwaltungspraxis bereits seit Jahren der Vorfeldmaßnahmen bedient.[684] Dabei war der Rückgriff auf das allgemeine Gefahrenabwehrecht stets umstritten.[685] Die Zubilligung einer Übergangsfrist erscheint vor diesem Hintergrund kaum nachvollziehbar. Auch die beiden anderen Sichtweisen vermögen im Ergebnis nicht zu überzeugen. So stellt die Meldeauflage, eine der wohl gängigsten Vorfeldmaßnahmen, keineswegs eine bloß mittelbare Beeinträchtigung der Versammlungsfreiheit dar; vielmehr handelt es sich hierbei um einen finalen

---

680 *Behmenburg*, LKV 2003, 500 (501 f.); *Dietel / Gintzel / Kniesel*, VersG, § 15 Rdnr. 5 f. m.w.N.; in diese Richtung wohl auch *Drews / Wacke / Vogel / Martens*, Gefabw, S. 177; *Geis*, Die Polizei 1993, 293 (295).

681 *Schenke*, POR, Voraufl. (2009), S. 217; *Würtenberger / Heckmann*, PolR BW, S. 137 m.w.N.; zustimmend *Deger*, NVwZ 1999, 265 (267 m.w.N.).

682 *Schenke*, POR, Voraufl. (2009), S. 217; *Würtenberger / Heckmann*, PolR BW, S. 137 m.w.N.

683 *Pieroth / Schlink / Kniesel*, POR, S. 354.; *Steinhorst*, PolR Bbg, S. 138.

684 *Steinhorst*, PolR Bbg, S. 138; so im Ergebnis auch *Pieroth / Schlink / Kniesel*, POR, S. 354.

685 *Steinhorst*, PolR Bbg, S. 138; so im Ergebnis auch *Pieroth / Schlink / Kniesel*, POR, S. 354.

Rechtsakt, der unmittelbar darauf gerichtet ist, potentiellen Versammlungsteilnehmern eine grundrechtlich geschützte Handlungsweise unmöglich zu machen.[686] Die insoweit vertretende Auffassung setzt sich zudem unnötigerweise in Widerspruch zum modernen Eingriffsbegriff,[687] der jedes staatliche Handeln, das ein grundrechtlich geschütztes Verhalten des Einzelnen ganz oder teilweise unmöglich macht, erfasst.[688] Bedenken sind in gleicher Weise gegenüber dem erstgenannten Lösungsansatz angebracht. So erweist sich die Argumentation, die Vorfeldmaßnahmen dienten lediglich dem Schutz der Versammlungsfreiheit, gerade in solchen Fällen als wenig tragfähig, in denen dem Adressaten zugleich die Möglichkeit der Teilnahme genommen wird.[689] Eine Kategorisierung als Schutzmaßnahme wird dementsprechend auch vom Bundesverwaltungsgericht abgelehnt.[690] Genau wie die Einordnung als mittelbarer Eingriff erfasst auch dieser Ansatz letztlich nicht alle praxisrelevanten, denkbaren Maßnahmen.[691]

Ob ein Verstoß gegen das Zitiergebot somit zu bejahen ist, erscheint unter Berücksichtigung der Systematik des Versammlungsrechts dennoch fraglich. Die dem Gesetzesvorbehalt in Art. 8 II GG unterliegende Versammlung unter freiem Himmel zeichnet sich aufgrund ihrer räumlichen Offenheit durch eine besondere Störanfälligkeit aus.[692] Für die vorbehaltlos gewährleisteten sonstigen Versammlungsformen gilt dies hingegen regelmäßig nicht. Eingriffe in das Versammlungsgeschehen sind in diesen Fällen daher nur unter sehr strengen Voraussetzungen zum Schutz kollidierender Verfassungsgüter möglich.[693] Das Zitiergebot findet insoweit keine Anwendung.[694] Dieses dem Versammlungsrecht zugrundeliegende Prinzip abgestufter Eingriffsschwellen würde ins Gegenteil verkehrt, forderte man im Hinblick auf Versammlungen unter freiem

686 *Meßmann*, JuS 2007, 524 (527 f.).

687 Vgl. hierzu *BVerfGE* 105, 279 (300 f.); *Zippelius / Würtenberger*, StaatsR, S. 208 ff.

688 *Kötter / Nolte*, DÖV 2009, 399 (403).

689 *Kniesel*, in: *Lisken / Denninger*, Hdb. PolR, Voraufl. (2001), S. 698; *Meßmann*, JuS 2007, 524 (528).

690 *BVerwGE* 129, 142 (151).

691 *Meßmann*, JuS 2007, 524 (528).

692 *Pieroth / Schlink / Kingreen / Poscher*, GRe, S. 191.

693 Vgl. insoweit *Schenke*, POR, S. 231, hinsichtlich der öffentlichen Versammlung in geschlossenen Räumen sowie *Gusy*, POR, S. 254, bzgl. nichtöffentlicher Versammlungen.

694 *Michael / Morlok*, GRe, S. 279; *Schenke*, POR, S. 218. Zu den vielfältigen Ausnahmen des Zitiergebots s. überdies *Hofmann*, in: *Schmidt-Bleibtreu / Hofmann / Hopfauf*, GG, Art. 19 Rdnr. 11 ff.

Himmel die Beachtung des Zitiergebots.[695] Anderenfalls ergäbe sich die paradoxe Situation, dass Eingriffe in Versammlungen unter freiem Himmel engeren Grenzen unterlägen als Eingriffe in Versammlungen, die nicht unter Art. 8 II GG fallen.[696] Dies erscheint – trotz etwaiger dogmatischer Vorbehalte an der hier vertretenen Sichtweise – wenig nachvollziehbar. Der Anwendung des allgemeinen Polizei- und Ordnungsrecht steht nach hier vertretener Auffassung daher nicht das Zitiergebot in Art. 19 I 2 GG entgegen.[697]

II. Minusmaßnahmen

Die Frage nach der Anwendbarkeit des Versammlungsgesetzes stellt sich darüber hinaus hinsichtlich so genannter Minusmaßnahmen. Hierbei handelt es sich um Maßnahmen, die von den zuständigen Behörden ergriffen werden, „um das scharfe Schwert der Auflösungsverfügung zu vermeiden."[698] Sie können sich sowohl gegen die Versammlung selbst als auch gegen einzelne Teilnehmer richten. Eine klassische Minusmaßnahme stellt etwa die Wegnahme eines volksverhetzenden oder beleidigenden Spruchbandes dar, das im Rahmen einer Versammlung gezeigt wird.[699] Gleiches gilt für die Ingewahrsamnahme einzelner Versammlungsteilnehmer.[700] Als Rechtsgrundlage komme, so das Bundesverwaltungsgericht,[701] eine Kombination von § 15 I VersG mit den allgemeinen Befugnissen des Polizei- und Ordnungsrechts der Länder in Betracht. Dies folge nicht nur aus dem Grundsatz der Verhältnismäßigkeit sondern auch aus dem Wortlaut des § 15 I VersG, der, indem er von „bestimmten Auflagen" spricht, den Rückgriff auf das

---

695 *Schenke*, POR, S. 218; a.A.: *Kötter / Nolte*, DÖV 2009, 399 (403).

696 *Schenke*, POR, S. 218; a.A.: *Kötter / Nolte*, DÖV 2009, 399 (403).

697 Nichts desto trotz bleibt festzuhalten, dass etwaige Zweifel hieran letztendlich wohl nur durch eine gesetzgeberische Entscheidung beseitigt werden können. Dabei böten sich – unter Berücksichtigung der durch die Föderalismusreform I erfolgten Verfassungsänderungen – dem Bundes- bzw. Landesgesetzgeber zwei Möglichkeiten: So ließen sich einerseits die versammlungsspezifischen Vorfeldmaßnahmen im Versammlungsgesetz des Bundes sowie in den (künftigen) Gesetzen der Länder ausdrücklich verankern. Möglich wäre andererseits auch die Zitierung von Art. 8 GG im Rahmen des allgemeinen Polizei- und Ordnungsrechts (*Kötter / Nolte*, DÖV 2009, 399 [403]; *Meßmann*, JuS 2007, 524 [528]; *Pieroth / Schlink / Kniesel*, POR, S. 354).

698 *Kniesel / Poscher*, in: *Lisken / Denninger*, Hdb. PolR, S. 1149.

699 *Kötter / Nolte*, DÖV 2009, 399 [403 n.w.N.]; *Pieroth / Schlink / Kniesel*, POR, S. 376.

700 *Pieroth / Schlink / Kniesel*, POR, S. 376.

701 *BVerwGE* 64, 55 (58). Vgl. hierzu auch *Brenneisen*, DÖV 2000, 275 (277 f.); *Enders*, JURA 2003, 34 (40 f.); *Meßmann*, JuS 2007, 524 (526).

breite Spektrum landesrechtlich geregelter Maßnahmen des Gefahrenabwehrrechts erlaube.[702] Gegen den vom Bundesverwaltungsgericht vertretenen Ansatz spricht zunächst die Konzeption des § 15 I VersG als eigenständige Ermächtigungsgrundlage sowie der abschließende Charakter des Versammlungsgesetzes hinsichtlich öffentlicher Versammlungen.[703] Zu beachten ist darüber hinaus, dass die auf einem Zusammenspiel von allgemeinem Ordnungs- und Versammlungsrecht beruhenden Minusmaßnahmen in aller Regel gerade keinen – im Vergleich zur Auflösungsverfügung – minderintensiven Eingriff darstellen.[704] So bleibt die Versammlung, deren Teilnehmer auf einer von der Polizei verordneten Route „entlang getrieben"[705] werden, zwar erhalten; sie verliert jedoch zugleich ihre Selbstbestimmung und Eigenverantwortung „und damit unter Umständen mehr als durch eine Auflösung."[706] Aufgrund ihres die Eigenverantwortung und Autonomie der Versammlung beschränkenden Charakters handelt es sich bei den Minusmaßnahmen daher um ein so genanntes aliud zur Auflösung.[707] Sofern die Gesamtveranstaltung betroffen ist, widerspricht der Rückgriff auf den Maßnahmenkatalog des allgemeinen Gefahrenabwehrrechts somit dem Regelungskonzept des Versammlungsgesetzes, das auf der Wechselseitigkeit von Auflagen- und Auflösungsbefugnis basiert.[708] Eingriffe ins Versammlungsgeschehen können daher nur in Gestalt (nachträglicher) Auflagen im Sinne von § 15 I VersG erfolgen, deren Nichtbeachtung zur Auflösung nach § 15 III VersG führen kann.[709] Richten sich die Minusmaßnahmen lediglich gegen einzelne Versammlungsteilnehmer, ist für die Anwendung allgemeinen Polizeirechts zunächst ebenfalls kein Raum.[710] Vielmehr besteht die Möglichkeit, Teilnehmer, die gegen die Ordnung der Versammlung verstoßen, gemäß §§ 11, 18 III, 19 IV VersG hiervon auszuschließen.[711] Erst durch den Ausschluss entfällt der

702 *BVerwGE* 64, 55 (58); zustimmend *Schenke*, POR, S. 239.

703 *Kniesel / Poscher*, in: *Lisken / Denninger*, Hdb. PolR, S. 1150.

704 *Kniesel / Poscher*, in: *Lisken / Denninger*, Hdb. PolR, S. 1150; *Kötter / Nolte*, DÖV 2009, 399 (404).

705 *Kniesel / Poscher*, in: *Lisken / Denninger*, Hdb. PolR, S. 1150.

706 *Kniesel / Poscher*, in: *Lisken / Denninger*, Hdb. PolR, S. 1150.

707 *Kniesel / Poscher*, in: *Lisken / Denninger*, Hdb. PolR, S. 1150; *Wuttke*, Polizeirecht und Zitiergebot, S. 146.

708 *Kniesel / Poscher*, in: *Lisken / Denninger*, Hdb. PolR, S. 1148 ff.; *Kötter / Nolte*, DÖV 2009, 399 (404); *Pieroth / Schlink / Kniesel*, POR, S. 352 m.w.N.

709 So *BVerfGE* 69, 315 (353).

710 *Kötter / Nolte*, DÖV 2009, 399 (404).

711 *Kniesel / Poscher*, in: *Lisken / Denninger*, Hdb. PolR, S. 1151; *Kötter / Nolte*, DÖV 2009, 399 (404).

Regelungsanspruch des Versammlungsgesetzes und ein Vorgehen auf Grundlage der Normen des allgemeinen Polizeirechts kommt in Betracht.[712]

III. Nichtöffentliche Versammlungen

Als problematisch erweisen sich zuletzt die nichtöffentlichen Versammlungen, für die das Versammlungsgesetz keinerlei Regelungen enthält.[713] Nichtöffentlich ist eine Versammlung dann, wenn nicht jedermann, sondern nur ein individuell abgegrenzter Personenkreis Zugang hat.[714] Teile der Literatur befürworten insoweit eine analoge Anwendung des Versammlungsgesetzes.[715] Da sowohl die öffentlichen Versammlungen in geschlossenen Räumen als auch die nichtöffentlichen Versammlungen von dem Schrankenvorbehalt des Art. 8 II GG ausgenommen seien, könne in beiden Fällen ein Eingriff nur unter den engen Voraussetzungen der §§ 5 ff. VersG erfolgen.[716] So wäre es „sinn- und systemwidrig, wenn gegen die nicht-öffentliche Versammlung aufgrund des allgemeinen Polizeirechts leichter Maßnahmen ergriffen werden dürften als bei einer öffentlichen Versammlung auf Grund des VersG."[717] Dabei wird jedoch übersehen, dass sich die Rubrik der nichtöffentlichen Versammlung dem Regelungsgehalt des Versammlungsgesetzes vollständig entzieht.[718] Auch der Verweis auf die Gefahr etwaiger Wertungswidersprüche vermag nicht zu überzeugen. So kann der besonderen Bedeutung des Art. 8 GG durch eine verfassungsorientierte Interpretation der Bestimmungen des allgemeinen Gefahrenabwehrrechts Rechnung getragen werden.[719] Mangels Sperrwirkung gelangt das allgemeine Polizei- und Ordnungsrecht daher im Falle nichtöffentlicher Versammlungen zur

---

712 *BVerfG* NVwZ 2005, 80 f.; *OVG Bremen* NVwZ 1987, 235 (236); *Kniesel / Poscher*, in: *Lisken / Denninger*, Hdb. PolR, S. 1151; *Kötter / Nolte*, DÖV 2009, 399 (404).

713 *Kötter / Nolte*, DÖV 2009, 399 (404). Zur Frage, ob die §§ 3, 21 VersG auch den Bereich nichtöffentlicher Versammlungen umfassen, vgl. etwa *VG Minden* NVwZ 1988, 663 (664); *Gallwas*, JA 1986, 484 (488).

714 *BVerwG* NVwZ 1999, 991 (992); *Dietel / Gintzel / Kniesel*, VersG, § 1 Rdnr. 216; *Kettler*, DÖV 1990, 954.

715 *Dietel / Gintzel / Kniesel*, VersG, § 1 Rdnr. 224 ff.; *Drews / Wacke / Vogel / Martens*, Gefabw, S. 176; *Meßmann*, JuS 2007, 524 (526 f.); *Pieroth / Schlink / Kniesel*, POR, S. 352; *Rühl*, NVwZ 1988, 577 (581).

716 *Kötter / Nolte*, DÖV 2009, 399 (404); *Pieroth / Schlink / Kniesel*, POR, S. 352.

717 *Meßmann*, JuS 2007, 524 (526 f.); genauso *Pieroth / Schlink / Kniesel*, POR, S. 352, sowie *Schoch*, JuS 1994, 479 (481).

718 *Kötter / Nolte*, DÖV 2009, 399 (405).

719 *Gusy*, POR, S. 254; *Kniesel / Poscher*, in: *Lisken / Denninger*, Hdb. PolR, S. 1148; so auch *Deger*, NVwZ 1999, 265 (268); *Wehr*, Ex.-Rep. PolR, S. 81.

Anwendung.[720] Hiermit ist auch das in Art. 19 I 2 GG verankerte Zitiergebot in Einklang zu bringen, das aufgrund des Gesetzesvorbehalts in Art. 8 II GG nur im Hinblick auf Versammlungen unter freiem Himmel Bedeutung erlangt.[721] Eben jener Kategorie gehört die nichtöffentliche Versammlung, die angesichts eines individuell abgegrenzten Teilnehmerkreises regelmäßig eine Begrenzung zu den Seiten hin aufweist und damit als Versammlung in geschlossenen Räumen zu qualifizieren ist, jedoch nahezu ausnahmslos nicht an.[722] Schwierigkeiten bestehen somit nur für den äußerst unwahrscheinlichen Fall einer nichtöffentlichen Versammlung unter freiem Himmel.[723]

C. Fazit

Der Grundsatz der Polizeifestigkeit des Versammlungsrechts hat von seiner Bedeutung nichts verloren. Zwar lässt er sich infolge der Föderalismusreform von 2006 nicht mehr auf das Kompetenzgefüge des Grundgesetzes zurückführen; unberührt hiervon bleibt jedoch der verwaltungsrechtliche Begründungsansatz.[724] Der Begriff der Polizeifestigkeit bringt demnach das für Rechtssätze der gleichen Rangordnung geltende Vorrangprinzip spezieller Vorschriften gegenüber den allgemeinen Regelungen zum Ausdruck („lex specialis derogat legi generali"). Dabei reicht die Rückgriffssperre jedoch nur soweit, wie das speziellere Gesetz von abschließender Regelungsdichte ist.[725] Kontrovers diskutiert wird die Frage der Reichweite der Polizeifestigkeit über den Bereich der versammlungsbezogenen Vorfeldmaßnahmen hinaus auch mit Blick auf die so genannten Minusmaßnahmen sowie die nichtöffentlichen Versammlungen. Dabei erweisen sich die (vermeintlichen) Problemkonstellationen bei näherer Betrachtung als weniger diffizil. Sachgerechte Lösungen lassen sich in allen Fällen

---

720 *BVerwG* NVwZ 1999, 991 (992); *VGH Mannheim* NVwZ 1987, 237; *OVG Lüneburg* NVwZ 1988, 638; *v. Coelln*, NVwZ 2001, 1234 (1236 ff.); *Enders*, JURA 2003, 34 (40); *Kniesel / Poscher*, in: *Lisken / Denninger*, Hdb. PolR, S. 1148; *Kötter / Nolte*, DÖV 2009, 399 (405); *Schoch*, JuS 1994, 479 (481). Eine eingeschränkte Anwendung der polizeilichen Generalklausel befürwortet hingegen *Bergmann*, Die Polizeifestigkeit des Versammlungsgeschehens, S. 46.

721 *v. Coelln*, NVwZ 2001, 1234 (1237 f.); *Kniesel / Poscher*, in: *Lisken / Denninger*, Hdb. PolR, S. 1148; *Kötter / Nolte*, DÖV 2009, 399 (405); *Krüger*, VersR, S. 163.

722 *v. Coelln*, NVwZ 2001, 1234 (1238); *Kötter / Nolte*, DÖV 2009, 399 (405); *Krüger*, VersR, S. 163.

723 *Kötter / Nolte*, DÖV 2009, 399 (405).

724 *Kötter / Nolte*, DÖV 2009, 399 (405).

725 *Meßmann*, JuS 2007, 524 (525 m.w.N.).

über eine konsequente Anwendung des Spezialitätsprinzips erreichen. Aufgrund der Systematik des Versammlungsrechts steht der Anwendung des allgemeinen Polizeirechts auf die Kategorie der Vorfeldmaßnahmen nach hier vertretener Auffassung auch nicht das Zitiergebot in Art. 19 I 2 GG entgegen. Gleichwohl erscheint eine – etwaige Zweifel hieran ausräumende – gesetzgeberische Lösung durchaus wünschenswert.

Aufgrund der sich immer komplexer gestaltenden Versammlungswirklichkeit wird der lex-specialis Grundsatz schließlich auch das Verhältnis (künftiger) Versammlungsgesetze der Länder zu den allgemeinen polizeilichen Befugnissen bestimmen.[726]

---

726 *Kötter / Nolte*, DÖV 2009, 399 (405).

Zweiter Teil: Die Gefährderansprache als Bestandteil versammlungsspezifischer Vorfeldmaßnahmen

Kapitel 1: Einführende Darstellung der Rechtsfigur

Obgleich die Gefährderansprache bereits im ersten Teil der Bearbeitung Erwähnung fand,[727] gilt es zunächst, sie einführend darzustellen. Erst die Erörterung der ihr eigenen Struktur erlaubt es, die grundrechtsspezifischen Problemkreise in weiteren Schritten zu thematisieren.[728] Neben der definitorischen Erfassung widmet sich der folgende Abschnitt hierzu auch der Frage nach den Gefahren und der Wirkungsweise einer Gefährderansprache. Aufzuzeigen sind darüber hinaus die unterschiedlichen Anwendungsbereiche der Maßnahme.

A. Grundlegende Begriffserläuterung

Es stellt sich zunächst die Frage, was genau sich hinter dem gesetzlich nicht definierten Begriff der Gefährderansprache verbirgt. Ausgehend von der dem Handlungsinstrument zugrundeliegenden Prämisse, Gefahren von den Schutzgütern der öffentlichen Sicherheit abzuwehren,[729] lässt sich die auf die polizei- und ordnungsrechtliche Generalklausel[730] stützende Gefährderansprache als „die in einem konkreten Fall an einen potentiellen Gefahrenverursacher gerichtete Ermahnung, Störungen der öffentlichen Sicherheit zu unterlassen",[731] umschreiben. Dabei führt die Polizei dem Adressaten in einem konfrontativen Gespräch unmissverständlich vor Augen, dass sie nicht bereit sei, eine entsprechende

---

727 Vgl. nur 1. Kap. E. III., 4. Kap. A. I.

728 Dabei können, wie von *Hebeler*, NVwZ 2011, 1364, richtig erkannt, systematische Aufarbeitungen aus dem Schrifttum nur begrenzt herangezogen werden, erschöpfen sich entsprechende Äußerungen zur Gefährderansprache bis dato üblicherweise in einigen „punktuellen" Bemerkungen. Demgegenüber beschäftigte sich das *OVG Lüneburg* als bislang einziges Oberverwaltungsgericht in einer viel beachteten Entscheidung (NJW 2006, 391) recht ausführlich mit den verwaltungsrechtlichen Fragestellungen rund um das Gefährderanschreiben.

729 *Hebeler*, NVwZ 2011, 1364 (1365).

730 Vgl. § 3 i.V.m. § 1 I 1 PolG BW; Art. 11 I BayPAG; Art. 7 II, III BayLStVG; § 17 ASOG Bln; § 10 I BbgPolG; §13 I BbgOBG; § 10 I BremPolG; § 3 HbgSOG; § 11 HessSOG; § 13 SOG MV; § 11 NdsSOG; § 8 I PolG NW; § 14 I OBG NW; § 9 I POG RP; § 8 I SaarlPolG; § 3 I SächsPolG; § 13 i.V.m. § 13 SOG LSA; § 174 LVwG SH; § 5 I ThürOBG; § 12 I ThürPAG. Zur Frage der Rechtsgrundlage s. überdies 2. Teil 2. Kap. C. II. 2.

731 *Rachor*, in: *Lisken / Denninger*, Hdb. PolR, S. 540.

Gefahrenlage zu dulden.[732] Typischerweise wird der betreffenden Person hierzu eingangs mittgeteilt, bereits zu einem früheren Zeitpunkt polizeilich in Erscheinung getreten zu sein.[733] Aufgrund ihrer bisherigen Verhaltensweisen stehe sie, so ein weiterer Hinweis, nun (erneut) im polizeilichen Fokus.[734] Durch die gezielte individuelle Ansprache, die häufig unangekündigt am Wohnort des Adressaten erfolgt,[735] soll diesem unmissverständlich signalisiert werden, die Polizeibehörde habe eine konkrete Gefahrenlage erkannt.[736] Um ihrer Aussage Nachdruck zu verleihen, macht sie den potentiellen Störer nun in einem weiteren Schritt auf die Bandbreite der möglicherweise gegen ihn in Betracht kommenden behördlichen Maßnahmen aufmerksam: Sollte er der Ansprache nicht Folge leisten, werde unter Zugrundelegung der gesetzlichen Voraussetzungen vorbeugend oder strafverfolgend gegen ihn eingeschritten.[737] Der Anonymität der breiten Massen entzogen,[738] sieht sich der Adressat nunmehr „für den Fall einer Beteiligung an Gewalttaten … einem erhöhtem Entdeckungsrisiko ausgesetzt".[739] Ergänzt werden kann die Gefährderansprache schließlich dadurch, dass dem Angesprochenen nahegelegt wird, bestimmte Orte während eines fest umrissenen Zeitraums gar nicht erst aufzusuchen,[740] sowie durch den Hinweis, bereits im Falle einer bloßen Anreise

---

732 *Stenger*, in: *Hoffmann / Wondrak*, Umgang mit Gewalttätern, S. 94.

733 *Rachor*, in: *Lisken / Denninger*, Hdb. PolR, S. 540; so auch *Franz / Günther*, NWVBl. 2006, 201 (206). Dass sich die Ansprache an eine bis dato in keinster Weise in Erscheinung getretene Person richten könnte, ist demgegenüber nahezu ausgeschlossen.

734 *Breucker*, NJW 2006, 1233 (1236); *Brenneisen / Wilksen*, VersR, S. 283.

735 *Schenk*, in: *Hoffmann / Wondrak*, Umgang mit Gewalttätern, S. 70, der die Gefährderansprache in seinen Ausführungen insbesondere vor dem Hintergrund so genannter Stalking-Fälle beleuchtet. Neben dem Wohnort können sich selbstverständlich auch andere Orte, so etwa der öffentliche Raum oder der Arbeitsplatz des Betroffenen, anbieten, um die Ansprache durchzuführen. Zu beachten ist darüber hinaus, dass die Gefährderansprache – wie bereits im 1. Teil angedeutet (4. Kap. D.) – keineswegs nur im erweiterten Vorfeld (einer Veranstaltung) Anwendung findet, sondern gleichsam ad hoc und situativ durchgeführt werden kann (LT-Dr Nds 16/4946, S. 2).

736 LT-Dr Nds 16/4946, S. 1.

737 *Breucker*, NJW 2006, 1233 (1236); *Franz / Günther*, NWVBl. 2006, 201 (206); *Rachor*, in: *Lisken / Denninger*, Hdb. PolR, S. 540; *Roos*, Kriminalistik 2006, 261 (262).

738 So die Antwort der niedersächsischen Landesregierung auf die mündliche Anfrage des Landtagsabgeordneten Briese (Bündnis 90 / Die Grünen) v. 18. Februar 2010 (LT-Dr Nds 16/4946, S. 1); *Franz / Günther*, NWVBl. 2006, 201 (206).

739 Ebda.

740 *Hebeler*, NVwZ 2011, 1364; *Muckel*, Fälle VerwR BT, S. 13. Vgl. hierzu beispielsweise *Unkroth*, JURA 2008, 464.

teilnahmeverhindernde Maßnahmen einleiten zu wollen.[741] Die vergleichsweise neue[742] Handlungsweise der Gefährderansprache beinhaltet demnach sowohl hinweisende als auch warnende und empfehlende Elemente,[743] denen in Abhängigkeit von den individuellen Gegebenheiten des Einzelfalls unterschiedliche Gewichtung zukommt. Zentrales, die Erscheinungsform prägendes Merkmal ist die gegenüber dem Bürger erfolgende behördliche Informationserteilung.[744] Nicht Gegenstand der Ansprache ist hingegen die vornehmlich im Wege der polizeilichen Befragung[745] erfolgende Informationsgewinnung.[746] Zwar kann auch die Gefährderansprache dazu beitragen, die zukunftsorientierte Einschätzung relevanter Sachverhalte zu ermöglichen;[747] die gezielte Ermittlung der solchen Sachverhalten zugrundeliegenden Gesichtspunkte ist hiervon jedoch nicht umfasst.[748] Die Notwendigkeit einer scharfen Abgrenzung von Gefährderansprache und Befragung ist dabei umso deutlicher zu betonen, als sich die Grenze zwischen beiden Maßnahmen in der Praxis oftmals fließend gestaltet.[749]

Neben der mündlich durchzuführenden Gefährderansprache steht den Sicherheitsbehörden das Instrument des Gefährderanschreibens zur Verfügung. Ohne einen unmittelbaren persönlichen Kontakt zwischen Adressat und Absender erfolgt die beschriebene Mitteilung in diesem Fall schriftlich.[750] Sachlich-inhaltliche Unterschiede sind mit der Wahl jedoch nicht verbunden,[751] so dass - der Einfachheit halber - im weiteren Verlauf der Bearbeitung vorzugsweise der Begriff der Gefährderansprache Anwendung findet.[752]

---

741 *Breucker*, NJW 2006, 1233 (1236).

742 *Schübel-Pfister*, JuS 2007, 24 (26); *Waldhoff*, Anm. z. *OVG Lüneburg* NJW 2006, 391, in: JuS 2006, 276 (277).

743 *Hebeler*, NVwZ 2011, 1364 (1365).

744 *Franz / Günther*, NWVBl. 2006, 201 (206); *Rachor*, in: *Lisken / Denninger*, Hdb. PolR, S. 541.

745 Eingehend hierzu *Müller*, Polizeiliche Datenerhebung durch Befragung, 1997.

746 *Rachor*, in: *Lisken / Denninger*, Hdb. PolR, S. 540 f.

747 *Schilling*, in: *Hoffmann / Wondrak*, Umgang mit Gewalttätern, S. 79, der sich in seinem Beitrag schwerpunktmäßig mit der Gefährderansprache als Mittel zur Eindämmung häuslicher Gewalt beschäftigt.

748 Anders jedoch *Schenk*, in: *Hoffmann / Wondrak*, Umgang mit Gewalttätern, S. 70.

749 *Rachor*, in: *Lisken / Denninger*, Hdb. PolR, S. 540 f.

750 LT-Dr Nds 16/4946, S. 1; *Hebeler*, NVwZ 2011, 1364.

751 *Hebeler*, NVwZ 2011, 1364. Zu der Frage nach den jeweils betroffenen grundrechtlichen Schutzbereichen vgl. indes 2. Teil 2. Kap. A.

752 So auch *Hebeler*, NVwZ 2011, 1364.

B. Wirkungsweise

„Als ein auf die Willensbetätigung einwirkendes psychologisches Mittel“[753] unterscheidet sich die einen „appellativen Charakter“[754] aufweisende Gefährderansprache hinsichtlich ihrer Wirkungsweise grundlegend von den sonstigen gefahrenabwehrrechtlichen Befugnissen. Obgleich sie dem Betroffenen in aller Regel kein bestimmtes Handeln, Dulden oder Unterlassen rechtsverbindlich aufgibt,[755] versucht sie dennoch, „eine etwaige Normunsicherheit des Angesprochenen ... in Richtung eines sozialkonformen Verhaltens zu beeinflussen.“[756] Die auf Abschreckung gerichtete[757] Gefährderansprache setzt dem potentiellen Störer hierzu klare Grenzen und zeigt die rechtlichen Konsequenzen einer der Ermahnung zuwiderlaufenden Verhaltensweise unmissverständlich auf.[758] Gleichsam führt sie dem Adressaten vor Augen, dass die Polizei alle notwendigen Maßnahmen ergreifen wird, um ihn von seinem Vorhaben abzubringen.[759] Bereits „durch die Offizialisierung seiner ‚Privatangelegenheit‘ und ... die Beteiligung der ‚Staatsmacht‘“[760] soll er dazu bewegt werden, sich – zumindest temporär – normadäquat zu verhalten.[761] Dabei kann der tatsächliche Effekt der Gefährderansprache sowohl einschüchternder als auch Einsicht fördernder Natur sein.[762] Wie genau der Adressat sie versteht, hängt in erster Linie von der individuellen Rezeption ab: Dies berücksichtigend, kann sie als Empfehlung oder Rat, in gleicher Weise jedoch auch als Warnung oder Drohung aufgefasst werden.[763]

C. Erfolgsfördernde Faktoren

Von entscheidender Bedeutung für den Erfolg einer Gefährderansprache ist die Fähigkeit des Durchführenden, sich auf die Person des potentiellen Gefährders einstellen zu können.[764] Hierzu bietet es sich bereits im Vorfeld der Ansprache an,

753 *Rachor*, in: *Lisken / Denninger*, Hdb. PolR, S. 540.
754 *Rachor*, in: *Lisken / Denninger*, Hdb. PolR, S. 541.
755 *Hebeler*, NVwZ 2011, 1364 (1365).
756 LT-Dr Nds 16/4946, S. 1.
757 *Rachor*, in: *Lisken / Denninger*, Hdb. PolR, S. 540.
758 LT-Dr Nds 16/4946, S. 1.
759 *Stenger*, in: *Hoffmann / Wondrak*, Umgang mit Gewalttätern, S. 94.
760 *Schenk*, in: *Hoffmann / Wondrak*, Umgang mit Gewalttätern, S. 70.
761 *Brenneisen / Wilksen*, VersR, S. 283.
762 *Rachor*, in: *Lisken / Denninger*, Hdb. PolR, S. 540; LT-Dr Nds 16/4946, S. 2.
763 *Rachor*, in: *Lisken / Denninger*, Hdb. PolR, S. 541.
764 *Schenk*, in: *Hoffmann / Wondrak*, Umgang mit Gewalttätern, S. 72.

auf der Grundlage persönlichkeitsbezogener Merkmale eine so genannte „Groborientierung im Gefährderspektrum“[765] vorzunehmen; umfassend aufzudecken ist darüber hinaus die – auf die persönlichen Wünsche und Perspektiven abzielende – „individuelle Bedürfnisstruktur“[766] des Adressaten.[767] Die sich hieraus ergebenden persönlichen Druckmittel ermöglichen es dem Durchführenden, seinem Gegenüber zu signalisieren, „dass er etwas für ihn Wichtiges zu verlieren hat“.[768] Dabei sollte ihm gleichwohl verdeutlicht werden, die weitere Entwicklung selbst in der Hand zu haben.[769] „Erfolgsentscheidend“ ist somit nicht zuletzt die unmittelbare Gesprächsführung selbst, in deren Rahmen der potentielle Gefahrenverursacher unmissverständlich auf die Folgen eines möglichen Fehlverhaltens hingewiesen wird.[770] Der Adressat sollte klar erkennen, mit welchem sicherheitsbehördlichen Vorgehen er im Falle einer „Grenzüberschreitung“ zu rechnen hat.[771] Ob er dem zu erwartenden Widerstand dann tatsächlich aus dem Weg gehen wird, hängt nicht zuletzt davon ab, wie konsequent und stringent er die Ansprache empfindet.[772] Auch oder gerade eine freundlich bestimmte, souverän abgeklärte Gesprächsführung vermag dies zu gewährleisten.[773]

D. Mögliche Gefahren

Setzt eine erfolgversprechende Gefährderansprache eine klare Botschaft verbunden mit dem Inaussichtstellen von greifbaren Konsequenzen bei Nichteinhaltung voraus, stellt sich zugleich die Frage nach den zu einer etwaigen Verschlechterung der Gesamtlage führenden Gefahren.[774] Diese bestehen in erster Linie darin, dass der die Maßnahme Durchführende seinem Gegenüber den polizeilichen Standpunkt nicht hinreichend konsequent vermittelt.[775] Mangelt es der Mitteilung folglich am notwendigen „appellativen Charakter“[776] oder drängt sich dem Adressaten

765 *Schenk*, in: *Hoffmann / Wondrak*, Umgang mit Gewalttätern, S. 72.
766 *Schenk*, in: *Hoffmann / Wondrak*, Umgang mit Gewalttätern, S. 73.
767 *Schenk*, in: *Hoffmann / Wondrak*, Umgang mit Gewalttätern, S. 73.
768 *Schenk*, in: *Hoffmann / Wondrak*, Umgang mit Gewalttätern, S. 74.
769 *Schenk*, in: *Hoffmann / Wondrak*, Umgang mit Gewalttätern, S. 74.
770 *Schenk*, in: *Hoffmann / Wondrak*, Umgang mit Gewalttätern, S. 75; *Stenger*, in: *Hoffmann / Wondrak*, Umgang mit Gewalttätern, S. 94.
771 *Stenger*, in: *Hoffmann / Wondrak*, Umgang mit Gewalttätern, S. 94.
772 *Schenk*, in: *Hoffmann / Wondrak*, Umgang mit Gewalttätern, S. 74; *Stenger*, in: *Hoffmann / Wondrak*, Umgang mit Gewalttätern, S. 94.
773 *Schenk*, in: *Hoffmann / Wondrak*, Umgang mit Gewalttätern, S. 74.
774 *Schenk*, in: *Hoffmann / Wondrak*, Umgang mit Gewalttätern, S. 71 f.
775 *Schilling*, in: *Hoffmann / Wondrak*, Umgang mit Gewalttätern, S. 82.
776 *Rachor*, in: *Lisken / Denninger*, Hdb. PolR, S. 541.

die Vermutung auf, weiterführenden Maßnahmen ohnehin nicht ausgesetzt zu sein, kann sich bei ihm ein „Gefühl der Unantastbarkeit“[777] entwickeln, das ihn gegebenenfalls noch selbstbewusster agieren lässt.[778] Gefahren bestehen überdies, wenn sich die Ansprache zu emotionalisiert gestaltet oder weitere Personen zugegen sind.[779] Zwar stellt die Gefährderansprache regelmäßig eine zumindest kurzzeitige Verschärfung der situativen Gegebenheiten dar; einen möglichen Gesichtsverlust vor anwesenden Dritten, der die betreffende Person in einen entsprechenden Handlungszwang manövriert, gilt es jedoch zwingend zu vermeiden.[780]

E. Konkreter Anwendungsbereich

Obgleich sich die Bearbeitung einzig der Gefährderansprache im versammlungsspezifischen Kontext widmet, gibt es eine Vielzahl unterschiedlicher Lebenslagen, in denen die Maßnahme zur Anwendung kommt.[781] Diese sind im Folgenden aufzuzeigen.

I. Versammlungslagen

Wie bereits im ersten Teil der Bearbeitung dargelegt,[782] findet die Gefährderansprache schwerpunktmäßig im erweiterten Vorfeld von als kritisch eingestuften Versammlungen Anwendung. Als so genannte versammlungsspezifische Vorfeldmaßnahme fungiert sie in diesem Zusammenhang als Bestandteil eines umfassenden „polizeitaktischen Stufenkonzepts.“[783] Dabei macht es keinen Unterschied, ob die betreffende Versammlung in[784] oder außerhalb[785] Deutschlands abgehalten wird.

---

777 *Schenk*, in: *Hoffmann / Wondrak*, Umgang mit Gewalttätern, S. 71.

778 *Schenk*, in: *Hoffmann / Wondrak*, Umgang mit Gewalttätern, S. 71.

779 *Schenk*, in: *Hoffmann / Wondrak*, Umgang mit Gewalttätern, S. 71.

780 *Schenk*, in: *Hoffmann / Wondrak*, Umgang mit Gewalttätern, S. 71.

781 *Hebeler*, NVwZ 2011, 1364.

782 Vgl. hierzu 4. Kap. A. I.; grundlegend überdies *Roos*, Kriminalistik 2006, 261.

783 *Rachor*, in: *Lisken / Denninger*, Hdb. PolR, S. 540, bezogen auf die vergleichbare Sachlage im Vorfeld einer Sportgroßveranstaltung.

784 So wurde das Handlungsinstrument der Gefährderansprache beispielsweise aus Anlass des Weltwirtschaftsgipfels 2007 in Heiligendamm eingesetzt (LT-Dr Nds 16/4946, S. 3). Vgl. ferner *Hasselmann*, Autonome dürfen nicht zu Springer, www.tagesspiegel.de/berlin/1-Mai-demo-autonome-duerfen-nicht-zu-springer/6546166.html v. 24. April 2012, sowie *Brenneisen / Wilksen*, VersR, S. 283 m.w.N., bezogen auf die im Rahmen der Berliner Mai-Demonstrationen durchgeführten Gefährderansprachen.

785 S. insbesondere *OVG Lüneburg* NJW 2006, 391, die Rechtswidrigkeit eines im Vorfeld des Brüsseler EU-Gipfels 2001 angeordneten Gefährderanschreibens feststellend.

II. Sonstige Anwendungsfelder

Der Anwendungsbereich der Gefährderansprache beschränkt sich jedoch keineswegs auf den Bereich des Versammlungsvorfelds. Nicht zuletzt ihre spezifische Erscheinungsform als ein im frühen Stadium „auf die Willensbetätigung einwirkendes psychologisches Mittel"[786] hat dazu geführt, dass die vielseitig einsetzbare Gefährderansprache auf nahezu allen gefahrenabwehrrechtlichen Tätigkeitsfeldern zur Anwendung kommt.[787] Dies gilt etwa für sportliche Großveranstaltungen:[788] Gefährderansprachen erfolgen in diesem Zusammenhang gegenüber bereits zu einem früheren Zeitpunkt in Erscheinung getretenen Personen, um typische Erscheinungsformen kollektiver Gewalt – im Bereich des Fußballsports auch besser bekannt unter dem Schlagwort des Hooliganismus[789] – einzudämmen.[790] Anwendung findet die Gefährderansprache darüber hinaus häufig im „sozialen Nahbereich"[791] zur Verhinderung von Stalking[792] und häuslicher Gewalt.[793] Auf dem Gebiet der Jugendkriminalität richtet sie sich an minderjährige Intensiv- und Schwellentäter,[794] denen etwa nahegelegt werden kann, sich aus einer Jugendbande zurückzuziehen.[795] Potentielle Adressaten einer Gefährderansprache stellen ferner rückfallgefährdete Sexualstraftäter[796] sowie gewaltbereite Rechtsextreme[797] dar. Auch zum Zwecke der Bekämpfung so genannter Rockerkriminalität gelangt sie

786 *Rachor*, in: *Lisken / Denninger*, Hdb. PolR, S. 540.

787 *Hebeler*, NVwZ 2011, 1364, der zudem betont, dass mit der Gefährderansprache auch entsprechend unterschiedliche behördliche Intentionen verbunden sein können.

788 Vgl. nur *Arzt*, Die Polizei 2006, 156.

789 Vertiefend: *Meier*, Hooliganismus in Deutschland, 2001; *Weigelt*, Die Subkultur der Hooligans, 2004; ferner *Breucker*, Transnationale polizeiliche Gewaltprävention, 2003, im Hinblick auf die Maßnahmen gegen reisende Hooligans.

790 Vgl. hierzu u.a. *Breucker*, NJW 2006, 1233 (1236); *Franz / Günther*, NWVBl. 2006, 201 (206); *v. Törne*, Hausbesuch bei Hooligans, www.tagesspiegel.de/berlin/europameisterschaft/hausbesuch-bei-hooligans/6714670.html v. 06. Juni 2012.

791 *Rachor*, in: *Lisken / Denninger*, Hdb. PolR, S. 540.

792 Zur Einführung des neuen Stalking-Straftatbestandes des § 238 StGB vgl. beispielhaft *Dornis*, FamRB 2007, 61.

793 LT-Dr Nds 16/4946, S. 2; Schenk, in: *Hoffmann / Wondrak*, Umgang mit Gewalttätern, S. 71.

794 LT-Dr Nds 16/4946, S. 2.

795 *Hebeler*, NVwZ 2011, 1364.

796 LT-Dr Nds 16/4946, S. 2.

797 *Bornewasser / Krense*, in: *Groß / Frevel / Dams*, Hdb. Pol, S. 253.

bisweilen zur Anwendung.[798] Nur auf den ersten Blick ungewöhnlich erscheint die an den Geschäftsführer eines Inkassounternehmens gerichtete Gefährderansprache, die ihn darüber in Kenntnis setzt, dass das Einziehen unberechtigter Forderungen die Erfüllung eines Straftatbestandes darstellen kann.[799] Ziel eines solchen Vorgehens ist – ebenso wie in den zuvor genannten Fällen – die Verhütung drohender Straftaten.[800] Durchgeführt werden kann eine Ansprache schließlich auch vom Verfassungsschutz.[801] Richtet diese sich jedoch gegen ohnehin unter dauerhafter Beobachtung stehende Extremisten, ist nicht von einer Gefährderansprache sondern von einer „Erinnerung" die Rede.[802]

F. Fazit

Bei einer Gefährderansprache handelt es sich um „die in einem konkreten Fall an einen potentiellen Gefahrenverursacher gerichtete Ermahnung, Störungen der öffentlichen Sicherheit zu unterlassen."[803] Typischerweise wird ein solche Ermahnung durch die Feststellung untermauert, dass der Adressat bereits in der Vergangenheit polizeilich in Erscheinung getreten sei, sowie durch den Hinweis ergänzt, dass andernfalls polizeiliche Maßnahmen gegen ihn ergriffen werden.[804] Obgleich die Gefährderansprache in aller Regel kein Tun, Dulden oder Unterlassen rechtsverbindlich aufgibt,[805] versucht sie den Betroffenen in Richtung eines normadäquaten Verhaltens zu beeinflussen.[806] Entscheidend hierfür ist jedoch nicht zuletzt die unmittelbare Gesprächsführung selbst, in deren Rahmen es zu einer unmissverständlichen und hinreichend konsequenten Vermittlung des polizeilichen Standpunktes kommen sollte.[807] Zu beachten gilt es schließlich, dass das Handlungsinstrument der Gefährderansprache über das Versammlungsgeschehen hinaus einer Vielzahl weiterer Anwendungsfelder zugerechnet werden kann.[808]

---

798 So zu sehen in der am 15. Oktober 2012 ausgestrahlten ARD-Dokumentation „Die Story im Ersten: Machtkampf der Rocker".

799 *VGH Kassel* DÖV 2012, 364.

800 *VGH Kassel* DÖV 2012, 364.

801 FAZ v. 13. September 2001, zitiert nach: *Rachor*, in: *Lisken / Denninger*, Hdb. PolR, S. 540.

802 FAZ v. 13. September 2001, zitiert nach: *Rachor*, in: *Lisken / Denninger*, Hdb. PolR, S. 540.

803 *Rachor*, in: *Lisken / Denninger*, Hdb. PolR, S. 540.

804 *Rachor*, in: *Lisken / Denninger*, Hdb. PolR, S. 540.

805 *Hebeler*, NVwZ 2011, 1364 (1365).

806 LT-Dr Nds 16/4946, S. 1.

807 *Schilling*, in: *Hoffmann / Wondrak*, Umgang mit Gewalttätern, S. 82.

808 *Hebeler*, NVwZ 2011, 1364 (1365).

Kapitel 2: Die Gefährderansprache unter grundrechtlichen Gesichtspunkten

Anknüpfend an die einführende Darstellung der versammlungsspezifischen Gefährderansprache folgt in einem weiteren Schritt nun der zentrale Gesichtspunkt: Die verfassungsrechtliche Bewertung der Rechtsfigur. Wie bereits erwähnt, orientiert dabei sich der Aufbau der Untersuchung an der „klassischen" Struktur der Grundrechtsprüfung. Im Sinne eines gestuften Argumentationsprozesses gilt es somit, zwischen dem Eingriff in einen speziellen Grundrechtstatbestand und dessen möglicher Rechtfertigung zu unterscheiden,[809] um eine Antwort auf die Frage zu finden, ob die Gefährderansprache den Belangen des Grundgesetzes hinreichend Rechnung trägt.

A. Tangierte Schutzbereiche

Es stellt sich zunächst die Frage nach den von der Gefährderansprache tangierten grundrechtlichen Schutzbereichen.

I. Versammlungsfreiheit - Art. 8 I GG

Als Bestandteil *versammlungs*spezifischer Vorfeldmaßnahmen könnte die Gefährderansprache zunächst mit dem Schutzbereich des Art. 8 I GG in Berührung kommen.

Unabhängig davon, ob die in Art. 8 I GG verbürgte Versammlungsfreiheit einer formalen Kategorie demokratischer Grundrechte zuzurechnen ist,[810,811] ist der ihr innewohnende politische Bezug weitgehend unbestritten.[812] Gerade im parlamentarischen Repräsentativsystem, das dem Bürger nur in begrenztem Maße

809 *I. Augsberg / S. Augsberg / Schwabenbauer*, Klausur VerfR, S. 62.

810 Dafür *Geulen*, KritJ 16 (1983), 189 (192); *Kniesel*, NJW 1992, 857 (861 m.w.N.); ablehnend *Höfling*, Der Staat 33 (1994), 493 (506 f.); *ders.*, in: *Sachs*, GG, Art. 8 Rdnr. 5 ff; ähnlich wohl *Kunig*, in: *v. Münch / Kunig*, GG, Bd. I, Art. 8 Rdnr. 3.

811 Als vorzeitige inhaltliche Festlegung auf einen (engen) Versammlungsbegriff, der den Schutz von Art. 8 I GG auf Zusammenkünfte beschränkt, die die „gemeinschaftliche kommunikative Entfaltung" bezwecken (*Höfling*, in: *Sachs*, GG, Art. 8 Rdnr. 11), erweist sich zudem eine Verortung im Bereich der so genannten Kommunikationsgrundrechte (so aber beispielsweise *Katz*, StaatsR, S. 394; *Pieroth / Schlink / Kingreen / Poscher*, GRe, S. 187).

812 *Höfling*, in: *Sachs*, GG, Art. 8 Rdnr. 4.

plebiszitäre Mitwirkungsrechte einräumt,[813] sind Versammlungen „ein wesentliches Element demokratischer Offenheit“[814] und verkörpern „ein Stück ursprünglich-ungebändigter unmittelbarer Demokratie“.[815] Als „Korrektivelement des institutionellen Demokratiegefüges“,[816] das darauf angewiesen ist, im Kräfteverhältnis der politischen Willensbildung alle Akteure hinreichend zur Entfaltung kommen zu lassen,[817] bieten sie den „Unzufriedenen ... oder gar Aufsässigen“[818] die Möglichkeit der kollektiven Einflussnahme auf die „Obrigkeit“.[819] Unterschiedliche Sichtweisen gibt es indes über die genauen Konturen des Art. 8 I GG zugrundeliegenden Versammlungsbegriffs. Dies führt zur Frage nach dem konkreten Gewährleistungsgehalt des Grundrechts.

1. Teilnehmerzahl

Art. 8 I GG spricht vom „Recht, sich ... zu versammeln.“ Wie viele Menschen hierfür tatsächlich zusammenkommen müssen, ist seit jeher umstritten.[820]

a) „Ein-Mensch-Versammlung“

Einigkeit besteht zunächst darüber, dass es mit dem Wortsinn des Art. 8 I GG nicht in Einklang zu bringen ist, die so genannte „Ein-Mensch-Versammlung“ dem Schutz der Versammlungsfreiheit zu unterstellen.[821] Zwar ist der einzelne Demonstrant durchaus vorstellbar, ein Einschreiten gegen ihn jedoch an den sonstigen Grundrechten, zuvorderst Art. 5 I GG, zu messen.[822]

b) Zwei Personen

Nach der wohl herrschenden Meinung reicht bereits die Zusammenkunft von zwei Personen für ein „Sich-Versammeln“ im Sinne des Art. 8 I GG aus.[823] Dies

---

813 *BVerfGE* 69, 315 (347).

814 *Hesse*, VerfR, S. 176.

815 Ebda.

816 *Höfling*, in: *Sachs*, GG, Art. 8 Rdnr. 4.

817 *BVerfGE* 69, 315 (346).

818 *Kloepfer*, in: *Isensee / Kirchhof*, Hdb. StaatsR, Bd. VII, S. 978.

819 *BVerfGE* 69, 315 (346); *Kloepfer*, in: *Isensee / Kirchhof*, Hdb. StaatsR, Bd. VII, S. 978.

820 *Geis*, Ex.-Rep. StaatsR, S. 185.

821 Stellvertretend *Depenheuer*, in: *Maunz / Dürig*, GG, Bd. II, Art. 8 Rdnr. 44; *Hufen*, StaatsR II, S. 476; *Kunig*, in: *v. Münch / Kunig*, GG, Bd. I, Art. 8 Rdnr. 13; *Schulze-Fielitz*, in: *Dreier*, GG, Bd. I, Art. 8 Rdnr. 24; a.A. wohl *BVerfG* NJW 1987, 3245.

822 *Kunig*, in: *v. Münch / Kunig*, GG, Bd. I, Art. 8 Rdnr. 13; *Michael / Morlok*, GRe, S. 153.

823 Beispielhaft *VGH Mannheim* VBlBW 2008, 60; *Bleckmann*, StaatsR II, S. 914 f.; *Dietel / Gintzel / Kniesel*, VersG, § 1 Rdnr. 18; *Höfling*, in: *Sachs*, GG, Art. 8 Rdnr. 9; *Höfling /*

sei allen voran dem Wortlaut der Grundrechtsnorm zu entnehmen, könnten sich doch bereits zwei Personen gemeinsam sammeln und somit auch versammeln.[824]

c) Notwendigkeit einer größeren Anzahl

Demgegenüber wird die Meinung vertreten, die Zusammenkunft von zwei Personen reiche nicht aus, um eine Versammlung zu bilden. Erforderlich sei vielmehr eine Mindestzahl von drei[825] beziehungsweise sieben[826] Personen. Dies folge aus dem allgemeinen Sprachgebrauch und den Bestimmungen zum bürgerlichrechtlichen Verein (§§ 56, 73 BGB).[827]

d) Stellungnahme

Obgleich es unter phänomenologischen Gesichtspunkten durchaus diskussionswürdig sein mag, das Zusammenkommen zweier Personen als Versammlung zu bezeichnen,[828] vermögen die Sichtweisen, die eine Teilnehmerzahl von drei beziehungsweise sieben Personen für erforderlich halten, nicht zu überzeugen. Schon methodisch verfehlt ist es, die Regelungen der §§ 56, 73 BGB heranzuziehen, verbietet doch die Normenhierarchie die Auslegung verfassungsrechtlicher Bestimmungen am Maßstab des so genannten einfachen Bundesrechts.[829] Ferner übersehen die Vertreter der restriktiven Auffassung, dass Versammlungen bei weitem nicht immer von Vereinen organisiert werden, die Versammlungsfreiheit folglich nicht als Ausprägung der Vereinsfreiheit zu

---

Krohne, JA 2012, 734 (736); *Kniesel*, NJW 1992, 857; *Kohl*, in: *Umbach / Clemens*, GG, Bd. I, Art. 8 Rdnr. 26; *Pieroth / Schlink / Kingreen / Poscher*, GRe, S. 189; *Sachs*, in: *Stern*, StaatsR, Bd. IV/1, S. 1197 f.; *Schulze-Fielitz*, in: *Dreier*, GG, Bd. I, Art. 8 Rdnr. 24.

824 *Kloepfer*, in: *Isensee / Kirchhof*, Hdb. StaatsR, Bd. VII, S. 990.

825 So beispielsweise *BayObLG* BayVBl. 1979, 378 (379); *Hoffmann-Riem*, in: AK-GG, Bd. I, Art. 8 Rdnr. 38.

826 Dafür etwa *Depenheuer*, in: *Maunz / Dürig*, GG, Bd. II, Art. 8 Rdnr. 44, der jedoch – zu Recht – darauf hinweist, dass § 56 BGB in diesem Zusammenhang nicht als Begründung herhalten kann; in diese Richtung wohl auch das Bundesverfassungsgericht, das eine Zusammenkunft „mehrerer Personen“ verlangt (*BVerfGE* 104, 92 [104]).

827 *Pieroth / Schlink / Kingreen / Poscher*, GRe, S. 189.

828 *Depenheuer*, in: *Maunz / Dürig*, GG, Bd. II, Art. 8 Rdnr. 44; ähnlich *Hölscheidt*, DVBl. 1987, 666 (667).

829 *Depenheuer*, in: *Maunz / Dürig*, GG, Bd. II, Art. 8 Rdnr. 44; *Geis*, Ex.-Rep. StaatsR, S. 185; *Kloepfer*, in: *Isensee / Kirchhof*, Hdb. StaatsR, Bd. VII, S. 989.

verstehen ist.[830] Die Notwendigkeit einer größeren Teilnehmerzahl widerspräche darüber hinaus dem Sinn und Zweck des Art. 8 I GG, der gerade die drohende Isolation des Einzelnen verhindern soll.[831] Schließlich gilt es festzuhalten, dass auch der Wortlaut von Art. 8 I GG zwei Personen als ausreichend erscheinen lässt.[832] Warum es diesen, anders als drei oder sieben Personen, nicht möglich sein soll „sich … zu versammeln", erscheint wenig plausibel,[833] ist doch „der ‚Mehrwert' gegenseitigen kommunikativen Austauschs und gemeinschaftlichen Erlebens … schon zu zweit zu erreichen".[834] Richtigerweise können somit bereits zwei Personen eine Versammlung im Sinne des Art. 8 I GG bilden.[835]

2. Zweck der Versammlung

Ob der Schutzbereich des Art. 8 I GG eröffnet ist, bemisst sich überdies nach dem angestrebten Versammlungszweck. Es stellt sich somit die Frage, *wozu* die beteiligten Personen zusammenkommen müssen. Einigkeit besteht zunächst darüber, dass nicht jede beliebige Zusammenkunft eine Versammlung im grundrechtlichen

---

830 *Geis*, Ex.-Rep. StaatsR, S. 185. Ein systematischer Zusammenhang zwischen dem grundrechtlichen Versammlungsbegriff und den Bestimmungen zum Vereinsrecht existiert somit nicht (*Epping*, GRe, S. 13; *Michael / Morlok*, GRe, S. 152).

831 *Epping*, GRe, S. 13; *Geis*, in: *Friauf / Höfling*, GG, Bd. I, Art. 8 Rdnr. 16; *Höfling / Krohne*, JA 2012, 734 (736); *Limmer*, Rechtliche Grenzen der Einschüchterung im Versammlungsrecht, S. 10.

832 *Kloepfer*, in: *Isensee / Kirchhof*, Hdb. StaatsR, Bd. VII, S. 990; *Pieroth / Schlink / Kingreen / Poscher*, GRe, S. 189.

833 *Geis*, Ex.-Rep. StaatsR, S. 185.

834 *Michael / Morlok*, GRe, S. 153. *Kloepfer*, in: *Isensee / Kirchhof*, Hdb. StaatsR, Bd. VII, S. 990 weist allerdings zu Recht darauf hin, dass der Schutzgehalt der Versammlungsfreiheit bei größeren Veranstaltungen stärker zur Entfaltung kommt.

835 Übersehen werden sollte indes nicht, dass die Problematik der Teilnehmerzahl in rechtspraktischer Hinsicht mangels entscheidungserheblicher Relevanz eher von untergeordneter Bedeutung ist (*Depenheuer*, in: *Maunz / Dürig*, GG, Bd. II, Art. 8 Rdnr. 44; *Laubinger / Repkewitz*, VerwArch 92 [2001], 585 [615], die in diesem Zusammenhang vom „Streit um des Kaisers Bart" sprechen). Dies gilt im Ergebnis auch für die hier problematisierte Gefährderansprache. So ist davon auszugehen, dass diese nur im Vorfeld solcher Veranstaltungen zur Anwendung kommt, deren Teilnehmerzahlen sich jenseits der soeben angesprochenen Größenordnung bewegen. Betroffen hiervon sind insbesondere Großdemonstrationen, die naturgemäß die Mehrzahl der Versammlungen ausmachen (*Kunig*, in: *v. Münch / Kunig*, GG, Bd. I, Art. 8 Rdnr. 13).

Sinne darstellen kann.[836] Vielmehr bedarf es eines gemeinsamen Zwecks, über den die Anwesenden miteinander verbunden sein müssen.[837] Von der Versammlung zu unterscheiden ist daher, so die einhellige Auffassung, die bloße Ansammlung.[838] Diese zeichnet sich dadurch aus, dass zufällig beieinander stehende Personen zwar den gleichen, nicht jedoch gemeinsamen Zweck verfolgen.[839] Wie genau der die Anwesenden miteinander verbindende Zweck beschaffen sein muss, ist indes umstritten[840] und bedarf der näheren Untersuchung.

a) Weiter Versammlungsbegriff

Vertreten wird zunächst die Auffassung, der verfolgte Zweck zeichne sich durch eine „völlige Offenheit"[841] aus. Eine Versammlung liege, so die Befürworter dieses Ansatzes, bereits dann vor, wenn mehrere Personen zu einem gemeinsamen, im Übrigen aber beliebigen Zweck zusammenkommen.[842] Dies umfasse auch das rein gesellige Zusammensein.[843] Ursächlich hierfür sei zuvorderst die Intention des Art. 8 I GG, der drohenden Isolierung des Einzelnen durch die Gewährleistung der Persönlichkeitsentfaltung in Gruppenform entgegenzuwirken.[844]

---

836 *Hebeler*, StaatsR, S. 68; *Pieroth / Schlink / Kingreen / Poscher*, GRe, S. 188.

837 *Gusy*, in: *v. Mangoldt / Klein / Starck*, GG, Bd. I, Art. 8 Rdnr. 16; *Höfling / Krohne*, JA 2012, 734 (736).

838 Etwa der Menschenauflauf bei einem Verkehrsunfall oder das Verweilen vor einem Informationsstand einer Partei (*BVerwGE* 56, 63 [69]; *Höfling*, in: *Sachs*, GG, Art. 8 Rdnr. 15). Zu beachten ist jedoch, dass, sollte sich eine innere Verbindung einstellen, auch die bloße Ansammlung zur Versammlung werden kann (*Jarass*, in: *ders. / Pieroth*, GG, Art. 8 Rdnr. 3; *Kunig*, in: *v. Münch / Kunig*, GG, Bd. I, Art. 8 Rdnr. 14).

839 *Pieroth / Schlink / Kingreen / Poscher*, GRe, S. 188.

840 S. hierzu allg. *Deutelmoser*, NVwZ 1999, 240; *Geck*, DVBl. 1980, 797; *Hermanns*, JA 2001, 79 f., sowie *Tillmanns*, Anm. z. *BVerfG* NJW 2001, 2459, in: JA 2002, 277 (278 ff.).

841 *Höfling / Krohne*, JA 2012, 734 (736).

842 So u.a. *Depenheuer*, in: *Maunz / Dürig*, GG, Bd. II, Art. 8 Rdnr. 48; *Geck / Moselle*, JuS 1980, 744 ff.; *Höfling*, in: *Sachs*, GG, Art. 8 Rdnr. 11 ff.; *Ipsen*, StaatsR II, S. 164; *Kniesel*, NJW 2000, 2857 f.; *v. Mutius*, JURA 1988, 30 (36 f.); *Pieroth / Schlink / Kingreen / Poscher*, GRe, S. 188; *Schäffer*, DVBl. 2012, 546 (547); *Schulze-Fielitz*, in: *Dreier*, GG, Bd. I, Art. 8 Rdnr. 27 f.; *Wiefelspütz*, DÖV 2001, 21 (22); *ders.*, Anm. z. *BVerfG* NJW 2001, 2459, in: NJW 2002, 274 (275).

843 *Tillmanns*, Anm. z. *BVerfG* NJW 2001, 2459, in: JA 2002, 277 (278 f.).

844 *Gusy*, in: *v. Mangoldt / Klein / Starck*, GG, Bd. I, Art. 8 Rdnr. 9 m.w.N.; *Pieroth / Schlink / Kingreen / Poscher*, GRe, S. 188.

b) Erweiterter Versammlungsbegriff

Im Gegensatz dazu beschränkt der so genannte erweiterte Versammlungsbegriff den innerlich verbindenden Zweck auf die gemeinsame Meinungsbildung und -äußerung.[845] Diese Einschränkung resultiere im Wesentlichen aus der Art. 8 I GG innewohnenden Komplementärfunktion zum Grundrecht der Meinungsfreiheit.[846]

c) Enger Versammlungsbegriff

Eine kollektive Meinungsbildung fordern schließlich auch die Vertreter des engen Versammlungsbegriffs. Diese müsse sich jedoch, so die Einschränkung, auf die Erörterung öffentlicher Angelegenheiten beziehen.[847] Zur Begründung berufen sich die Vertreter dieser restriktiven Auffassung auf die Funktion des Art. 8 I GG als politisches Grundrechte sowie den historischen Entwicklungsprozess der Versammlungsfreiheit.[848]

d) Stellungnahme

Zuzustimmen ist der zuletzt genannten Ansicht insofern, als es historisch betrachtet gerade politische Zusammenkünfte waren, derentwegen der „Kampf" um ein eigenständiges Recht der Versammlungsfreiheit geführt wurde.[849] Dies gilt sowohl für den angloamerikanischen Rechtsraum, in dem sich die Versammlungsfreiheit gegen Ende des achtzehnten Jahrhunderts etablierte, als auch für den deutschsprachigen, wo entsprechende Rechtssetzungsakte in der Mitte des

---

845 Beispielsweise *BVerfGE* 84, 203 (209); *BVerfG* NJW 2002, 1031 (1032); *BVerwGE* 56, 63 (69); 82, 34 (38 f.); 129, 42 (45); *VGH München* BayVBl. 1994, 600 (601); *Frowein*, Anm. z. *BVerfGE* 69, 315, in: NJW 1985, 2376; *Kannengießer*, in: *Schmidt-Bleibtreu / Hofmann / Hopfauf*, GG, Art. 8 Rdnr. 3; *Kunig*, in: *v. Münch / Kunig*, GG, Bd. I, Art. 8 Rdnr. 14; *Seidel*, DÖV 2002, 283 (284 f.); *Sodan*, GG, Art. 8 Rdnr. 3.

846 *Deger*, NJW 1997, 923 (924); *Frowein*, Anm. z. *BVerfGE* 69, 315, in: NJW 1985, 2376; *Hesse*, VerfR, S. 176; *Katz*, StaatsR, S. 394.

847 Etwa *BVerfG* NJW 2001, 2459 (2460); *BVerfGE* 104, 92 (104); *BVerwGE* 26, 135 (137); *VGH München* NVwZ 1988, 1055 (1056); *OVG Münster* NVwZ 2001, 1316; *VG Hamburg* NVwZ 1987, 829 (830); *Bergmann*, in: *Hömig*, GG, Art. 8 Rdnr. 4; *Hoffmann-Riem*, in: AK-GG, Bd. I, Art. 8 Rdnr. 15; *ders.*, NVwZ 2002, 257 (259); *Jarass*, in: *ders. / Pieroth*, GG, Art. 8 Rdnr. 3.

848 *BVerfG* NJW 2001, 2459 (2460); *Hebeler*, StaatsR, S. 71 f.; *Laubinger / Repkewitz*, VerwArch 92 (2001), 585 (625).

849 *Höfling / Krohne*, JA 2012, 734 (736); *Pieroth / Schlink / Kingreen / Poscher*, GRe, S. 188.

neunzehnten Jahrhunderts erfolgten.[850] Zutreffend dargelegt wird von den Vertretern des engen Versammlungsbegriffs überdies die besondere Bedeutung der Versammlungsfreiheit für den Prozess der öffentlichen Meinungsbildung.[851] So gewährleistet sie gerade in Demokratien mit geringen plebiszitären Elementen effektiven Minderheitenschutz und ermöglicht denen die Einflussnahme auf den politischen Prozess, denen der unmittelbare Zugang zu den Medien üblicherweise verwehrt bleibt.[852] Ob es sinnvoll ist, einer restriktiven Interpretation des Versammlungsbergriffs zu folgen, erscheint dennoch fraglich. Zwar mag es zutreffen, dass Versammlungen, die die Erörterung öffentlicher Angelegenheiten zum Gegenstand haben, in höherem Maße der Gefahr staatlicher Eingriffe ausgesetzt sind;[853] dies schließt jedoch nicht aus, auch weniger gefährdete Zusammenkünfte dem verfassungsrechtlichen Schutz des Art. 8 I GG zu unterstellen.[854] Probleme bereitet überdies das Begriffspaar der „öffentlichen" beziehungsweise „politischen Angelegenheit", dass sich einer exakten juristischen Definition entzieht.[855] Wo genau die Grenze zur bloßen Meinungsbetätigung verläuft, wird nicht ersichtlich.[856] Indem er die Versammlungsfreiheit auf eine – ohnehin fragwürdige[857] – demokratisch-funktionale Bedeutung reduziert,[858] vernachlässigt der enge Versammlungsbegriff zudem die individualrechtliche Komponente des Art. 8 I

850 *Höfling*, in: *Sachs*, GG, Art. 8 Rdnr. 1 f.; *Schwäble*, Versammlungsfreiheit, S. 18 ff.; speziell zur Entwicklung der Versammlungsfreiheit in Deutschland und Nordamerika: *Ehrentraut*, Die Versammlungsfreiheit im amerikanischen und deutschen Verfassungsrecht, 1990.

851 *Deutelmoser*, NVwZ 1999, 240 (241).

852 *BVerfGE* 69, 315 (346 f.); *Hebeler*, StaatsR, S. 71 f.; *Hesse*, VerfR, S. 176; *Hoffmann-Riem*, NVwZ 2002, 257 (259).

853 *Kloepfer*, in: *Isensee / Kirchhof*, Hdb. StaatsR, Bd. VII, S. 991.

854 *Höfling / Krohne*, JA 2012, 734 (736); *Kloepfer*, in: *Isensee / Kirchhof*, Hdb. StaatsR, Bd. VII, S. 991; *Pieroth / Schlink / Kingreen / Poscher*, GRe, S. 188.

855 *Deutelmoser*, NVwZ 1999, 240 (241), die zudem betont, dass eine entsprechende Eingrenzung schlicht willkürlich sei; so im Ergebnis auch *Benda*, in: BK, Bd. III, Art. 8 Rdnr. 21; *Geis*, in: *Friauf / Höfling*, GG, Bd. I, Art. 8 Rdnr. 18, sowie *Gusy*, in: *v. Mangoldt / Klein / Starck*, GG, Bd. I, Art. 8 Rdnr. 18.

856 *Geis*, in: *Friauf / Höfling*, GG, Bd. I, Art. 8 Rdnr. 18 m.w.N.

857 *Höfling*, in: *Sachs*, GG, Art. 8 Rdnr. 4 ff., der zu Recht darlegt, dass die „politische Wirksamkeit" eines Grundrechts allein nicht zugleich die Qualifikation als „politisches oder demokratisches Grundrecht" nach sich zieht. Einer solchen Auffassung steht entgegen, dass mit beinahe jeder Grundrechtsbetätigung eine politische Wirkung erzielt werden kann; ähnlich wohl *Kunig*, in: v. *Münch / Kunig*, GG, Bd. I, Art. 8 Rdnr. 3.

858 *Geis*, in: *Friauf / Höfling*, GG, Bd. I, Art. 8 Rdnr. 18.

GG.[859] Den Vertretern des erweiterten Versammlungsbegriffs ist hingegen zuzugestehen, dass gerade Versammlungen die Möglichkeit bieten, „die Wirkung einfacher Meinungsäußerung durch Zusammenwirken zu potenzieren."[860] Richtig ist im Übrigen, dass die Versammlungsfreiheit in einem gewissen Näheverhältnis zu den sonstigen Kommunikationsgrundrechten steht.[861] Dem lässt sich wiederum entgegenhalten, dass sich Art. 8 I GG keineswegs in einer bloßen Komplementärfunktion zur Meinungsfreiheit erschöpft,[862] sondern „als Querschnittsgrundrecht die kollektive Freiheitsausübung"[863] schützt und die drohende Isolation des Einzelnen verhindern soll.[864] Eine enge systematische Verknüpfung zwischen der Versammlungsfreiheit und Art. 5 GG ist dem Grundgesetz somit nicht zu entnehmen.[865] Gegen eine weitergehende Beschränkung des grundrechtlichen Schutzbereichs spricht zudem der klare Wortlaut des Art. 8 I GG, der nicht erkennen lässt, wieso nur Formen kollektiver Meinungsbildung und -äußerung erfasst sein sollten.[866] Schließlich gilt es zu bedenken, dass die versammlungsrechtlich geschützten Veranstaltungen nicht bloß „Zusammenkünfte traditioneller Art" umfassen,[867] sondern „vielfältige Formen gemeinsamen Verhaltens".[868] Vorzugswürdig erscheint es daher, einen weiten Versammlungsbegriff zugrunde zu legen.

Als so genannte versammlungsspezifische Vorfeldmaßnahme kommt die Gefährderansprache unter anderem im Zuge globalisierungskritischer Großveranstaltungen zum Einsatz.[869] Darüber hinaus erstreckt sich ihr Anwendungsbereich

859 *Geis*, in: *Friauf / Höfling*, GG, Bd. I, Art. 8 Rdnr. 18, der hierin zugleich ein „Einfallstor für die inhaltliche Bewertung der Zusammenkunft" sieht; *Kannengießer*, in: *Schmidt-Bleibtreu / Hofmann / Hopfauf*, GG, Art. 8 Rdnr. 3 m.w.N.; *Kloepfer*, in: *Isensee / Kirchhof*, Hdb. StaatsR, Bd. VII, S. 990.

860 *Hebeler*, StaatsR, S. 70 m.w.N.

861 *Höfling*, Fälle GRe, S. 5.

862 *Höfling*, in: *Sachs*, GG, Art. 8 Rdnr. 11; *Kniesel*, NJW 1992, 857 (858).

863 *Hebeler*, StaatsR, S. 69.

864 *Kniesel*, NJW 1992, 857 (858); *Pieroth / Schlink / Kingreen / Poscher*, GRe, S. 188, die unter Bezugnahme auf *BVerfGE* 69, 315 (344 ff.) argumentieren, der Schutz der meinungsbildenden und -äußernden Versammlung richte sich ohnehin nach Art. 8 i.V.m. Art. 5 GG.

865 *Höfling*, Fälle GRe, S. 5; in diesem Sinne auch *Geck*, DVBl. 1980, 797 (799 f.).

866 So *Geck*, DVBl. 1980, 797 (799); *Höfling / Krohne*, JA 2012, 734 (736).

867 *BVerwGE* 82, 34 (39).

868 *BVerfGE* 69, 315 (343); zustimmend *Hermanns*, JA 2001, 79 (80).

869 Vgl. *OVG Lüneburg* NJW 2006, 391; LT-Dr Nds 16/4946, S. 3. Vgl. insoweit auch 1. Teil 1. Kap. A.

etwa auf rechtsextremistische Aufmärsche[870] sowie die – vornehmlich in Berlin zu beobachtenden – alljährlichen Mai-Kundgebungen.[871] Ziel globalisierungskritischer Protestveranstaltungen ist es, die rasante Entwicklung hin zu einer „global entfesselten ‚Weltwirtschaftsgesellschaft'"[872] offen in Frage zu stellen.[873] Dies trifft im Wesentlichen auch auf die so genannten „Mai-Demonstrationen" zu, die sich den Veranstaltern zufolge darüber hinaus gegen jegliche Art von Rassismus und Diskriminierung richten.[874] Demgegenüber bezwecken rechtsextremistische Aufzüge regelmäßig und teils unverhohlen die Verbreitung radikalen, sich an der Ideologie des NS-Unrechtsstaats orientierenden Gedankenguts.

Festzuhalten lässt sich, dass in den genannten Fällen eine Vielzahl von Personen zu einem gemeinsamen Zweck zusammenkommen. Dieser besteht erkennbar in der Erörterung öffentlich-politischer Angelegenheiten. Es handelt sich demnach um politische Versammlungen beziehungsweise Demonstrationen,[875] die nicht bloß unter Zugrundelegung des als vorzugswürdig erachteten weiten Versammlungsbegriffs, sondern nach allen Auffassungen dem Schutzbereich des Art. 8 I GG unterfallen.[876] „Denn als gemeinschaftliche Kundgabe politischer

---

870 S. hierzu etwa S. 33 des bayerischen Handlungskonzepts gegen Rechtsextremismus vom 12. Januar 2009 (abrufbar unter: www.innenministerium.bayern.de/imperia/md/content/stmi/sicherheit/verfas-sungsschutz/rechtsextremismus/handlungskonzept_rechtsextremismus.pdf).

871 Etwa *Knape*, Die Polizei 2001, 249 (253).

872 *Koch / Mielke*, ZUR 2009, 403.

873 *Weiß*, Die Polizei 2003, 121 (123 f.).

874 *Wulff*, Die Polizei 2007, 305 f. m.w.N.

875 Zur Identität dieses Begriffspaares s. *Kunig*, in: *v. Münch / Kunig*, GG, Bd. I, Art. 8 Rdnr. 12, der jedoch zu Recht ausführt, dass die „Demonstration" kein Rechtsbegriff im eigentlichen Sinne ist. Vgl. in diesem Zusammenhang auch 2. Teil 2. Kap. A. II., die Existenz eines eigenständigen Grundrechts der Demonstrationsfreiheit hinterfragend.

876 *Bühring*, Demonstrationsfreiheit für Rechtsextremisten?, S. 19; *Pieroth / Schlink / Kingreen / Poscher*, GRe, S. 188; fallbezogen *Geis*, Ex.-Rep. StaatsR, S. 185 f. Zu den neueren Erscheinungsformen kollektiver Zusammenkünfte gehört u.a. die so genannte „Clownsarmy" (vgl. hierzu beispielsweise *Ebert*, Die Polizei 2009, 37; *Staack / Schwarzer*, Die Polizei 2010, 172), deren Ziel es ist, durch clowneske Auftritte die Sicherheits- und Ordnungsbehörden zu karikieren (*OVG Lüneburg* DVBl. 2011, 1303 [1305]). Aufgrund der hierin zum Ausdruck kommenden „Kritik an einer als zu ‚militarisiert' empfundenen Welt" (*Höfling / Krohne*, JA 2012, 734 [739]) handelt es sich bei der „Clownsarmy" grundsätzlich um eine verfassungsrechtlich geschützte Versammlung (*Dietel / Gintzel / Kniesel*, VersG, § 1 Rdnr. 54; *Höfling / Krohne*, JA 2012, 734 [739]).

Meinungen bilden geradewegs sie den Musterfall einer Versammlung, die schon immer im Mittelpunkt der Grundrechtsgewährleistung stand."[877]

3. *Geschützte Verhaltensweisen*

Art. 8 I GG gewährleistet allen Deutschen das Recht, „sich ohne Anmeldung oder Erlaubnis friedlich und ohne Waffen zu versammeln."[878] Geschützt wird hierdurch das Recht des Einzelnen, nicht jedoch der Versammlung als solcher.[879] Dieser Schutz umfasst in funktionaler Hinsicht sowohl die Teilnahme als auch die Veranstaltung und Leitung der Versammlung.[880] Zu der Vielzahl grundrechtlich gesicherter Verhaltensweisen gehört dabei insbesondere das „Selbstbestimmungsrecht über Ort, Zeitpunkt, Art und Inhalt"[881], das auch die Modalitäten der Meinungskundgabe miteinschließt;[882] den Teilnehmern steht es zu, ihrem Anliegen die größtmögliche Aufmerksamkeit zu verschaffen.[883] Von der Versammlungsfreiheit geschützt ist indes nicht nur die widerspruchslose Unterstützung der Versammlung, sondern auch die kritische Teilnahme,[884] sofern abweichende Ziele lediglich mit kommunikativen Mitteln verfolgt werden.[885] Dieser Schutz endet jedoch dort, wo nicht die Teilnahme an einer Veranstaltung, sondern einzig deren Verhinderung bezweckt wird.[886] In zeitlicher Hinsicht zählen zum Gewährleistungsgehalt des Art. 8 I GG darüber hinaus alle vorbereitenden Maßnahmen

---

877 *Bühring*, Demonstrationsfreiheit für Rechtsextremisten?, S. 19.

878 In gleicher Weise geschützt ist die so genannte negative Versammlungsfreiheit, die dem Einzelnen das Recht einräumt, einer Versammlung fernzubleiben (*BVerfGE* 69, 315 [343]; *Schneider*, in: *Epping / Hillgruber*, GG, Art. 8 Rdnr. 16; ausführlich zur negativen Grundrechtsdimension *Hellermann*, Die sogenannte negative Seite der Freiheitsrechte, 1993).

879 *Depenheuer*, in: *Maunz / Dürig*, GG, Bd. II, Art. 8 Rdnr. 57; *Geis*, in: *Friauf / Höfling*, GG, Bd. I, Art. 8 Rdnr. 28; *Gusy*, in: *v. Mangoldt / Klein / Starck*, GG; Bd. I, Art. 8 Rdnr. 29; *Schulze-Fielitz*, in: *Dreier*, GG, Bd. I, Art. 8 Rdnr. 31.

880 *Höfling*, in: *Sachs*, GG, Art. 8 Rdnr. 24; *Sachs*, in: *Stern*, StaatsR, Bd. IV/1, S. 1222; *Schneider*, in: *Epping / Hillgruber*, GG, Art. 8 Rdnr. 15.

881 *BVerfGE* 69, 315 (343).

882 *Kunig*, in: *v. Münch / Kunig*, GG, Bd. I, Art 8 Rdnr. 19 m.w.N. Vgl. etwa *VGH Kassel* NJW 1988, 2125.

883 *Schneider*, in: *Epping / Hillgruber*, GG, Art. 8 Rdnr. 15; ebenso *Dörr*, VerwArch 93 (2002), 485 (486); *Kniesel*, NJW 2000, 2857 (2858).

884 *BVerfGE* 84, 203 (209); 92, 191 (203); *Depenheuer*, in: *Maunz / Dürig*, GG, Bd. II, Art. 8 Rdnr. 69; *Höfling*, in: *Sachs*, GG, Art. 8 Rdnr. 24.

885 *Kannengießer*, in: *Schmidt-Bleibtreu / Hofmann / Hopfauf*, GG, Art. 8 Rdnr. 7.

886 *BVerfGE* 84, 203 (209).

im Versammlungsvorfeld.[887] Dies umfasst auch den Zugang beziehungsweise die Anreise.[888] Schließlich genießen die Teilnehmer auch unmittelbar nach der Versammlungsauflösung noch den grundrechtlichen Schutz des Art 8 I GG.[889]

Wie bereits erwähnt, gewährleistet Art. 8 I GG insbesondere „das Selbstbestimmungsrecht über Ort, Zeitpunkt, Art und Inhalt der Veranstaltung".[890] Schutzgut ist somit die „Willensentschließungsfreiheit"[891] des potentiellen Versammlungsteilnehmers. Ihm obliegt die Entscheidung, eine Versammlung durchzuführen beziehungsweise an ihr teilzunehmen.[892] Die spezifische Verhaltensfreiheit des Art. 8 I GG zeichnet sich somit durch die „Beliebigkeit des Verhaltenkönnens"[893] aus. Dies gilt nicht zuletzt für die Adressaten versammlungsbezogener Gefährderansprachen, deren individuelle Entschlussfreiheit ebenfalls vom Schutzbereich der Versammlungsfreiheit gedeckt ist.[894]

---

887 *Dietel / Gintzel / Kniesel*, VersG, § 1 Rdnr. 70; *Hoffmann-Riem*, in: AK-GG, Bd. I, Art. 8 Rdnr. 29 m.w.N.; *Schulze-Fielitz*, in: *Dreier*, GG, Bd. I, Art. 8 Rdnr. 33; so wohl auch *Alberts*, NVwZ 1992, 38 (39).

888 *BVerfGE* 69, 315 (349); 84, 203 (209); *Enders*, JURA 2003, 34 (36); *Geis*, in: *Friauf / Höfling*, GG, Bd. I, Art. 8 Rdnr. 35; *Gusy*, in: *v. Mangoldt / Klein / Starck*, GG, Bd. I, Art. 8 Rdnr. 30; *Hofmann-Hoeppel*, DÖV 1992, 867 (868 m.w.N.); *Schulze-Fielitz*, in: *Dreier*, GG, Bd. I, Art. 8 Rdnr. 33; kritisch *Kunig*, in: *v. Münch / Kunig*, GG, Bd. I, Art. 8 Rdnr. 18, der gleichwohl davon spricht, dass „Maßnahmen im Vorfeld ... die Grundrechtsausübung nicht aushöhlen" dürfen.

889 *VG Hamburg* NVwZ 1987, 829; VG Berlin NVwZ-RR 1990, 188; *Alberts*, NVwZ 1992, 38 (39); *Dietel / Gintzel / Kniesel*, VersG, § 1 Rdnr. 73 ff.; *Schulze-Fielitz*, in: *Dreier*, GG, Bd. I, Art. 8 Rdnr. 38.

890 *BVerfGE* 69, 315 (343).

891 *OVG Lüneburg* NJW 2006, 391 (392).

892 *Hoffmann-Riem*, in: AK-GG, Bd. I, Art. 8 Rdnr. 29.

893 *Höfling*, in: *Sachs*, GG, Art. 8 Rdnr. 25.

894 Ob die Versammlung auf deutschem Staatsgebiet stattfindet oder nicht, spielt dabei grundsätzlich keine Rolle, da auch die Anreise zu einer Versammlung im Ausland dem verfassungsrechtlichen Schutz des Art. 8 I GG unterliegt (*Dietel / Gintzel / Kniesel*, VersG, § 1 Rdnr. 71). Darüber hinaus gilt es zu bedenken, dass eine Gefährderansprache mit grenzüberschreitendem Bezug zwar auf einen Handlungserfolg außerhalb des grundrechtlichen Geltungsbereichs abzielt, ihre Wirkung sich aber bereits im Zeitpunkt der Durchführung (auf deutschem Staatsgebiet) entfaltet (im Ergebnis genauso *OVG Lüneburg* NJW 2006, 391 [392 f.]). Nehmen Organe der deutschen öffentlichen Gewalt Handlungen mit Wirkung für das Ausland vor, sind diese der Bindung des Grundgesetzes daher keineswegs entzogen (*Sachs*, GG, Einf. Rdnr. 28 m.w.N.; ähnlich *BVerwG* NVwZ 2007, 1439 [1441]).

4. *Friedlichkeit*

Der Eröffnung des Schutzbereichs könnte jedoch entgegenstehen, dass Gefährderansprachen gerade dann zur Anwendung kommen, wenn zu befürchten steht, dass die als konfliktträchtig eingestufte Versammlung einen gewalttätigen Verlauf nimmt. Vom Schutz des Art. 8 I GG umfasst ist hingegen nur die friedliche und waffenlose Versammlung. Bei der „Friedlichkeit" handelt es sich um einen Begriff, der vor dem Hintergrund versammlungsspezifischer Besonderheiten einer näheren Konkretisierung bedarf.[895] In Anlehnung an §§ 5 Nr. 3, 13 I Nr. 2 VersG wird hierfür traditionell an den Terminus des „gewalttätigen und aufrührerischen Verlauf[s]" angeknüpft.[896] Dabei gilt es zu berücksichtigen, dass die Friedlichkeit keinen überhöhten Anforderungen unterliegen darf,[897] beschränkt sich das Grundrecht der Versammlungsfreiheit doch gerade nicht auf Auseinandersetzungen geistiger Natur.[898] Vielmehr gewährleistet es die „Unruhestiftung"[899] und „‚Störung' der institutionalisierten Ordnung".[900] Während die „öffentliche Demonstration von Macht durch Masse"[901] sowie die Einflussnahme auf die Willensbildung Dritter im Regelfall nicht zulässig sind, gehören sie im versammlungsrechtlichen Geschehen, das die „physische Präsenz"[902] und „Körperlichkeit"[903] der Teilnehmer voraussetzt, zu den grundrechtlich geschützten Verhaltensweisen.[904] Nicht jeder Rechtsverstoß kann somit zur Unfriedlichkeit führen.[905] Anderenfalls wäre der Gesetzesvorbehalt

895 *Kunig*, in: *v. Münch / Kunig*, GG, Bd. I, Art. 8 Rdnr. 23.

896 *BVerfGE* 73, 206 (249); *Pieroth / Schlink / Kingreen / Poscher*, GRe, S. 190; so etwa *Höfling*, in: *Sachs*, GG, Art. 8 Rdnr. 31; *Jarass*, in: *ders. / Pieroth*, GG, Art. 8 Rdnr. 8; *Kunig*, in: *v. Münch / Kunig*, GG, Bd. I, Art. 8 Rdnr. 23; *Schulze-Fielitz*, in: *Dreier*, GG, Bd. I, Art. 8 Rdnr. 41; *Schwäble*, Versammlungsfreiheit, S. 119.

897 *Schneider*, in: *Epping / Hillgruber*, GG, Art. 8 Rdnr. 10; ebenso *Hoffmann-Riem*, in: AK-GG, Bd. I, Art. 8 Rdnr. 23.

898 So aber *BGH* NJW 1972, 1571 (1573).

899 *Höfling*, in: *Sachs*, GG, Art. 8 Rdnr. 27.

900 *Höfling*, in: *Sachs*, GG, Art. 8 Rdnr. 27; zustimmend *Schneider*, in: *Epping / Hillgruber*, GG, Art. 8 Rdnr. 10.

901 *Gusy*, in: *v. Mangoldt / Klein / Starck*, GG, Bd. I, Art. 8 Rdnr. 22.

902 *Gusy*, in: *v. Mangoldt / Klein / Starck*, GG, Bd. I, Art. 8 Rdnr. 22; so auch *Höfling*, in: *Sachs*, GG, Art. 8 Rdnr. 27; *Schneider*, in: *Epping / Hillgruber*, GG, Art. 8 Rdnr. 10.

903 *Gusy*, in: *v. Mangoldt / Klein / Starck*, GG, Bd. I, Art. 8 Rdnr. 22.

904 *Gusy*, in: *v. Mangoldt / Klein / Starck*, GG, Bd. I, Art. 8 Rdnr. 22, unter Bezugnahme auf *BVerfGE* 73, 206 (250).

905 *Hoffmann-Riem*, in: AK-GG, Bd. I, Art. 8 Rdnr. 23; *Höfling*, in: *Sachs*, GG, Art. 8 Rdnr. 29; *Jarass*, in: *ders. / Pieroth*, GG, Art. 8 Rdnr. 8; *Kniesel*, NJW 1992, 857 (861);

des Art. 8 II GG überflüssig.[906] Eine Versammlung ist somit erst dann unfriedlich, „wenn Handlungen von einiger Gefährlichkeit wie etwa aggressive Ausschreitungen gegen Personen oder Sachen oder sonstige Gewalttätigkeiten stattfinden, nicht schon, wenn es zu Behinderungen Dritter kommt, seien diese auch gewollt und nicht nur in Kauf genommen."[907] Gehen diese Handlungen „lediglich" von einzelnen Personen aus, bleibt den übrigen, friedlichen Teilnehmern der Schutz des Art. 8 I GG grundsätzlich erhalten.[908] Er entfällt hiermit nur insoweit, wie die Unfriedlichkeit reicht.[909] Die Friedlichkeit der gesamten Zusammenkunft ist allerdings dann nicht mehr gegeben, wenn das gewalttätige Verhalten von der Solidarität der Masse getragen wird oder der Versammlungsleiter nicht einmal versucht, dem entgegenzuwirken.[910] Nicht zwingend erforderlich ist es, dass die Versammlung bereits einen gewalttätigen oder aufrührerischen Verlauf genommen hat. Vielmehr genügt es, wenn ein solcher droht, also unmittelbar bevorsteht.[911] Maßgebend hierfür ist die prognostische Beurteilung des Einzelfalls,[912] die auf Grundlage der allgemeinen „Regel von der umgekehrten Proportionalität von Eintrittswahrscheinlichkeit und Ausmaß des möglichen Schadens"[913] erfolgt.

Schneider, in: *Epping / Hillgruber*, GG, Art. 8 Rdnr. 10; kritisch hingegen *Depenheuer*, in: *Maunz / Dürig*, GG, Bd. II, Art. 8 Rdnr. 79 f.

906 *BVerfGE* 73, 206 (248); *Geis*, in: *Friauf / Höfling*, GG, Bd. I, Art. 8 Rdnr. 44; *Jarass*, in: *ders. / Pieroth*, GG, Art. 8 Rdnr. 8; *Kunig*, in: *v. Münch / Kunig*, GG, Bd. I, Art. 8 Rdnr. 23; *Schulze-Fielitz*, in: *Dreier*, GG, Bd. I, Art. 8 Rdnr. 42.

907 *BVerfGE* 104, 92 (106); ebenso *BVerfGE* 73, 206 (248); 87, 399 (466); zustimmend u.a. *Gusy*, in: *v. Mangoldt / Klein / Starck*, GG, Bd. I, Art. 8 Rdnr. 23; *Kohl*, in: *Umbach / Clemens*, GG, Bd. I, Art. 8 Rdnr. 30; *Schneider*, in: *Epping / Hillgruber*, GG, Art. 8 Rdnr. 10; *Schulze-Fielitz*, in: *Dreier*, GG, Bd. I, Art. 8 Rdnr. 42; a.A. *Depenheuer*, in: *Maunz / Dürig*, GG, Bd. II, Art. 8 Rdnr. 79 f.

908 *BVerfGE* 69, 315 (361); *OVG Saarlouis* DÖV 1973, 863 (864 f.); *Depenheuer*, in: *Maunz / Dürig*, GG, Bd. II, Art. 8 Rdnr. 93; *Kunig*, in: *v. Münch / Kunig*, GG, Bd. I, Art. 8 Rdnr. 24; *Pieroth / Schlink / Kingreen / Poscher*, GRe, S. 190.

909 *Hoffmann-Riem*, in: AK-GG, Bd. I, Art. 8 Rdnr. 28; *Höfling*, in: *Sachs*, GG, Art. 8 Rdnr. 33.

910 *Hoffmann-Riem*, in: AK-GG, Bd. I, Art. 8 Rdnr. 28; *Jarass*, in: *ders. / Pieroth*, GG, Art. 8 Rdnr. 10; a.A. *Kunig*, in: *v. Münch / Kunig*, GG, Bd. I, Art. 8 Rdnr. 24, der – ohne dies näher zu begründen – eine Handlungspflicht des Versammlungsleiters ablehnt.

911 *Pieroth / Schlink / Kingreen / Poscher*, GRe, S. 191. Vgl. diesbezüglich etwa *VG Gelsenkirchen*, Beschl. v. 12. August 2009 – 14 L 746/09.

912 *Höfling*, in: *Sachs*, GG, Art. 8 Rdnr. 32.

913 *Depenheuer*, in: *Maunz / Dürig*, GG, Bd. II, Art. 8 Rdnr. 87; näher hierzu u.a. *Gusy*, POR, S. 59 f.

Richten sich Gefährderansprachen gerade gegen Personen, denen unfriedliche Absichten unterstellt werden, könnte der Friedlichkeitsvorbehalt somit der Eröffnung des Schutzbereichs entgegenstehen. Bloße Vermutungen, es könne zu Handlungen von einiger Gefährlichkeit kommen, reichen hierfür gleichwohl nicht aus. Erforderlich ist stattdessen eine „Prognose mit hoher Wahrscheinlichkeit",[914] für die der Staat die Beweislast trägt.[915] Eine solche wird jedoch in der Vorfeldphase aufgrund der zeitlich-räumlichen Distanz zum eigentlichen (Versammlungs-) Geschehen regelmäßig nicht möglich sein. Zudem verbietet es der hohe Rang der Versammlungsfreiheit, dass sich die unvermeidliche Prognoseunsicherheit zu Lasten des Grundrechtsträgers auswirkt.[916] Mit einer gewissen Unsicherheit behaftete, generalisierende Vermutungen sind mit dem restriktiven Charakter des Friedlichkeitsvorbehalts jedenfalls nicht in Einklang zu bringen,[917] sondern „gehen … zugunsten der Demonstranten."[918] Dies schließt für gewöhnlich aus, dass der Friedlichkeitsvorbehalt der Eröffnung des Schutzbereichs entgegenstehen könnte.

5. *Grundrechtsträger*

Träger des Grundrechts der Versammlungsfreiheit sind ausweislich des Wortlauts von Art. 8 I GG alle Deutschen im Sinne des Art. 116 I GG.[919] Demgegenüber

---

914 *BVerfGE* 69, 315 (360) = NJW 1985, 2395 (2400). Noch restriktiver erweist sich in diesem Zusammenhang das BVerwG, das – bezogen auf das vergleichbare Handlungsinstrument der Meldeauflage – eine bloße Prognose künftiger Unfriedlichkeit generell für unzureichend hält (*BVerwG* NVwZ 2007, 1439 [1441]).

915 *Kokott*, Beweislastverteilung und Prognoseentscheidungen bei der Inanspruchnahme von Grund- und Menschenrechten, S. 285 m.w.N.

916 *BVerwG* NVwZ 2007, 1439 (1441).

917 *Höfling*, in: *Sachs*, GG, Art. 8 Rdnr. 32. Auch die Vermummung einzelner Teilnehmer, die allenfalls als Indiz in einen entsprechenden Abwägungsvorgang miteinfliessen kann (*Gusy*, in: *v. Mangoldt / Klein / Starck*, GG, Bd. I, Art. 8 Rdnr. 25), rechtfertigt demzufolge nicht automatisch die Annahme der Unfriedlichkeit (*Höfling*, in: *Sachs*, GG, Art. 8 Rdnr. 32; genauso *Gusy*, in: *v. Mangoldt / Klein / Starck*, GG, Bd. I, Art. 8 Rdnr. 25; *Hoffmann-Riem*, in: AK-GG, Bd. I, Art. 8 Rdnr. 25; *Schulze-Fielitz*, in: *Dreier*, GG, Bd. I, Art. 8 Rdnr. 44).

918 *Kokott*, Beweislastverteilung und Prognoseentscheidungen bei der Inanspruchnahme von Grund- und Menschenrechten, S. 285.

919 Ursächlich hierfür sind die mit der Versammlungsfreiheit verbundenen „Möglichkeiten der Ausübung politisch-staatsbürgerlicher Rechte" sowie ihre „Nutzbarkeit als Mittel zur Mitwirkung an der Legitimation der Staatsgewalt" (*Hoffmann-Riem*, in: *Merten / Papier*, Hdb. GRe, Bd. IV, S. 1160); näher zum Begriff des Deutschen *Masing*, in: *v. Mangoldt / Klein / Starck*, GG, Bd. III, Art. 116 Rdnr. 10 ff.

können sich Ausländer und Staatenlose nicht auf Art. 8 I GG, sondern allein auf das „Auffanggrundrecht“ des Art. 2 I GG berufen.[920,921] Ob dies auch für EU-Ausländer gilt, ist umstritten.[922] Vertreten wird mitunter die Auffassung, der Anwendungsbereich des Art. 8 I GG – sowie der sonstigen Deutschengrundrechte – erstrecke sich ebenso auf Bürger anderer EU-Mitgliedsstaaten.[923] Gegen eine solche Handhabung spricht indes der klare Wortlaut des Art. 8 I GG, der nur den „Deutschen“ das Recht zugesteht, sich zu versammeln.[924] Zwar ist es richtig, dass das in Art. 18 AEUV verankerte allgemeine Diskriminierungsverbot eine Schlechterbehandlung aus Gründen der Staatsangehörigkeit untersagt.[925] Die Konsequenz der Unionsrechtswidrigkeit des Art. 8 I GG ergibt sich hieraus jedoch nicht.[926] Einer unionsrechtskonformen Rechtsfortbildung auf Verfassungsebene bedarf es bereits deshalb nicht, da der einfachrechtliche Schutz durch das Versammlungsgesetz weiter reicht als der Gewährleistungsumfang des Art. 8 GG.[927] Auch können einfachgesetzliche Ingerenzen, die die versammlungsrechtliche Position von Ausländern stärker beeinträchtigen, eine unionsrechtskonforme Konkretisierung erfahren, die dazu führt, dass EU-Ausländer nicht anders als Deutsche zu behandeln sind.[928] Durch die faktische Anhebung des grundrechtlichen Schutzniveaus auf das des Art. 8 I GG kommen die EU-Bürger schließlich in den Genuss einer „qualifizierten und derjenigen der Deutschen gleichwertigen

---

920 Etwa *Bergmann*, in: *Hömig*, GG, Art. 8 Rdnr. 3; *Höfling*, in: *Sachs*, GG, Art. 8 Rdnr. 46; *Jarass*, in: *ders. / Pieroth*, GG, Art. 8 Rdnr. 11; *Sachs*, in: *Stern*, StaatsR, Bd. IV/1, S. 1238; generell gegen einen Grundrechtsschutz von Ausländern *v. Mutius*, JURA 1988, 30 (33).

921 Dabei kann das Schutzniveau allerdings graduell hinter das der Deutschen zurückfallen (*Michael / Morlok*, GRe, S. 219 f.; so auch *Sachs*, in: *Stern*, StaatsR, Bd. IV/1, S. 1238); allgemein zur Auffangfunktion des Art. 2 I GG und der damit in Verbindung stehenden Frage des Grundrechtschutzes für Ausländer *Hillgruber*, in: *Umbach / Clemens*, GG, Bd. I, Art. 2 Rdnr. 248 ff., 266 ff., sowie – aus der Rechtsprechung – *BVerfGE* 104, 337 (346).

922 Fallbezogen *Michael / Sauer*, ZJS 2010, 86 (92).

923 Etwa *Michael / Morlok*, GRe, S. 221.

924 *Dreier*, GG, Bd. I, Vorb. v. Art 1 Rdnr. 116; *Hoffmann-Riem*, in: AK-GG, Bd. I, Art. 8 Rdnr. 31; *Höfling*, in: *Sachs*, Art. 8 Rdnr. 46 a.

925 Etwa *Frenz*, Hdb. EuropaR, Bd. I, S. 1225; *Michael / Morlok*, GRe, S. 220.

926 *Hoffmann-Riem*, in: *Merten / Papier*, Hdb. GRe, Bd. IV, S. 1161.

927 *Hoffmann-Riem*, in: *Merten / Papier*, Hdb. GRe, Bd. IV, S. 1161; *Höfling*, in: *Sachs*, Art. 8 Rdnr. 46 a. So unterscheidet etwa § 1 VersG nicht zwischen Deutschen und (EU-)Ausländern, sondern gewährt das Recht, Versammlungen zu veranstalten bzw. an solchen teilzunehmen, jedermann.

928 *Höfling*, in: *Sachs*, Art. 8 Rdnr. 46 a m.w.N.

Grundrechtsposition."[929] Eine Erweiterung des persönlichen Schutzbereichs der Versammlungsfreiheit auf Bürger anderer EU-Mitgliedsstaaten ist demnach nicht erforderlich.[930]

6. *Fazit*

Festhalten lässt sich somit, dass die Gefährderansprache die durch die „Beliebigkeit des Verhaltenkönnens"[931] gekennzeichnete Willensentschließungsfreiheit eines potentiellen Versammlungsteilnehmers tangiert. Der Schutzbereich des Art. 8 I GG ist somit eröffnet.

II. Eigenständiges Grundrecht der Demonstrationsfreiheit

Wie bereits im Rahmen der vorangegangenen Ausführungen dargelegt,[932] erstreckt sich der Anwendungsbereich der Gefährderansprache nahezu ausnahmslos auf Versammlungen politischer Natur. Neben der Versammlungsfreiheit könnte somit ein eigenständiges Grundrecht der Demonstrationsfreiheit betroffen sein. Ein solches wird bisweilen aus Art. 8 I in Verbindung mit Art. 5 I GG hergeleitet.[933] Aufgrund des im Vordringen befindlichen[934] weiten Versammlungsbegriffs gewährleiste, so die Argumentation, nur ein spezifisches Demonstrationsgrundrecht die notwendige Abgrenzung zu Kundgebungen, denen es in Ermangelung eines gemeinsamen Kommunikationszwecks nicht darum geht, „durch Kollektivität Meinungsäußerung [zu] potenzieren".[935]

Die Notwendigkeit, ein eigenständiges Grundrecht der Demonstrationsfreiheit zu schaffen, besteht indes nicht.[936] Zwar ist es richtig, dass Demonstrationen als „Mittel zur plakativen, teilweise auch aufsehenerregenden Meinungskundgabe"[937] regelmäßig eine enge Verbindung zur Meinungsfreiheit aufweisen.[938] Sollten Meinungsinhalte jedoch den Anknüpfungspunkt für staatliche Sanktionen bilden,

---

929 *Dreier*, GG, Bd. I, Vorb. v. Art 1 Rdnr. 116.

930 *Kunig*, in: *v. Münch / Kunig*, GG, Bd. I, Art. 8 Rdnr. 8.

931 *Höfling*, in: *Sachs*, GG, Art. 8 Rdnr. 25.

932 Vgl. 2. Teil 2. Kap. A. I. 2. d).

933 Etwa *Dietel / Gintzel / Kniesel*, VersG, § 1 Rdnr. 20 ff., 29 ff.

934 *Kniesel / Brenneisen*, in: *Staack / Schwentuchowski*, Versammlungen, S. 54.

935 *Dietel / Gintzel / Kniesel*, VersG, § 1 Rdnr. 29, unter Verweis auf *Mohl*, VR 1991, 245 (254); hierauf bezugnehmend *Geis*, in: *Friauf / Höfling*, GG, Bd. I, Art. 8 Rdnr. 27.

936 *Geis*, in: *Friauf / Höfling*, GG, Bd. I, Art. 8 Rdnr. 27; *Götz*, DVBl. 1985, 1347; *Höfling*, in: *Sachs*, GG, Art. 8 Rdnr. 18; *Kunig*, in: *v. Münch / Kunig*, GG, Bd. I, Art. 8 Rdnr. 12.

937 *Kloepfer*, in: *Isensee / Kirchhof*, Hdb. StaatsR, Bd. VII, S. 996.

938 *Kloepfer*, in: *Isensee / Kirchhof*, Hdb. StaatsR, Bd. VII, S. 996.

liefert Art. 5 GG den sachgerechten Prüfungsmaßstab.[939] Zu bedenken gilt es außerdem, dass Demonstrationen gerade den Musterfall des grundrechtlichen Versammlungsbegriffs bilden und infolgedessen dem Schutzbereich des Art. 8 I GG nach allen Auffassungen unterfallen.[940] Die Existenz eines separaten Demonstrationsgrundrechts ist daher richtigerweise zu verneinen.

III. Meinungsfreiheit - Art. 5 I 1, 1. Hs. GG

Regelmäßig kommt es bei der Ausübung der Versammlungsfreiheit zu Überschneidungen und Berührungen mit anderen Grundrechten,[941] deren individueller Schutzbereich somit ebenfalls eröffnet sein könnte. Dies gilt[942] in besonderer Weise für das Grundrecht der Meinungsfreiheit, das in Art. 5 I 1, 1. Hs. GG verankert ist.[943]

Für den einzelnen Menschen stellt die Möglichkeit zur ungehinderten Meinungskundgabe eine unabdingbare Voraussetzung seiner Existenz dar.[944] Als zentraler Bestandteil des Verfassungsstaats der Moderne[945] ist das Grundrecht der Meinungsfreiheit somit „schlechthin konstituierend für die freiheitlich-demokratische Ordnung".[946] Obgleich die Meinungsfreiheit nur eines von insgesamt fünf Grundrechten des Art. 5 I GG ist,[947] gilt sie gleichsam als dessen

---

939 *Höfling*, in: *Sachs*, GG, Art. 8 Rdnr. 18; *Kloepfer*, in: *Isensee / Kirchhof*, Hdb. StaatsR, Bd. VII, S. 996.

940 *Bühring*, Demonstrationsfreiheit für Rechtsextremisten?, S. 19.

941 *Depenheuer*, in: *Maunz / Dürig*, GG, Bd. II, Art. 8 Rdnr. 181; *Schulze-Fielitz*, in: *Dreier*, GG, Bd. I, Art. 8 Rdnr. 125.

942 Gerade bei Versammlungen im politischen Raum.

943 *Schulze-Fielitz*, in: *Dreier*, GG, Bd. I, Art. 8 Rdnr. 128.

944 *Schmidt-Jortzig*, in: *Isensee / Kirchhof*, Hdb. StaatsR, Bd. VII, S. 876.

945 *Pieroth / Schlink / Kingreen / Poscher*, GRe, S. 145.

946 *BVerfGE* 93, 266 (293); näher zur geschichtlichen Entwicklung der Meinungsfreiheit *Hoffmann-Riem*, in: AK-GG, Bd. I, Art. 5 I, II Rdnr. 1 f., sowie *Hufen*, StaatsR II, S. 398 ff.

947 Neben der Meinungsfreiheit (Art. 5 I 1, 1. Hs. GG) schützt Art. 5 I GG die Informations- (Art. 5 I 1, 2. Hs. GG), Presse- (Art. 5 I 2, 1. Var. GG), Rundfunk- (Art. 5 I 2, 2. Var. GG) und Filmfreiheit (Art. 5 I 2, 3. Var. GG). Ungeachtet dessen, dass einzelne Gewährleistungen in einem besonderen Näheverhältnis zueinander stehen (*Jarass*, in: *ders. / Pieroth*, GG, Art. 5 Rdnr. 1), erweist sich eine Zusammenfassung der verschiedenen Grundrechtsbestimmungen zu einer einheitlichen Kommunikations- bzw. Medienfreiheit als verzichtbar (*Degenhart*, in: BK, Bd. II, Art. 5 I, II Rdnr. 20).

„Stammgrundrecht",[948] dem mit Blick auf den Prozess der politischen Meinungs- und Willensbildung eine essentielle Funktion anheimfällt.[949] Dabei dient sie nicht bloß der Ermittlung der Wahrheit, sondern soll sicherstellen, dass jeder äußern kann, was er denkt, ohne für sein Urteil nachprüfbare Gründe angeben zu müssen.[950] Das Grundrecht der Meinungsfreiheit zählt hiermit zu den „vornehmsten Menschenrechten überhaupt"[951] und „ist in gewissem Sinne die Grundlage jeder Freiheit".[952]

1. Begriff der Meinung

Aufgrund der elementaren Bedeutung der Meinungsfreiheit ist der Meinungsbegriff des Art. 5 I 1, 1. Hs. GG „grundsätzlich weit zu verstehen".[953] Er umfasst all jene Äußerungen, die sich durch ein „Element der Stellungnahme, des Dafürhaltens, des Meinens im Rahmen einer geistigen Auseinandersetzung"[954] auszeichnen. Maßgebend ist hiernach der subjektive Bezug zwischen dem Individuum und dem Äußerungsinhalt.[955] Dem Schutzbereich des Art. 5 I 1, 1. Hs. GG unterfällt somit „jede Ansicht, Auffassung, Anschauung, Überzeugung, Einschätzung, Stellungnahme und jedes (Wert-)Urteil".[956] Welche Themen hiervon berührt werden, spielt indes keine Rolle.[957] Auch kommt es nicht darauf an, ob die Meinung öffentliche oder private Angelegenheiten zum Gegenstand hat.[958] Gleiches

948 *Hufen*, StaatsR II, S. 397 f.

949 *Kannengießer*, in: *Schmidt-Bleibtreu / Hofmann / Hopfauf*, GG, Art. 5 Rdnr. 2 m.w.N.

950 *BVerfGE* 42, 163 (171); 61, 1 (7).

951 *BVerfGE* 7, 198 (208); 69, 315 (344); zustimmend *Degenhart*, in: BK, Bd. II, Art. 5 I, II Rdnr. 86.

952 *BVerfGE* 7, 198 (208), das in diesem Zusammenhang auf die Worte des US-amerikanischen Juristen Cardozo ("the matrix, the indispensable condition of nearly every other form of freedom") verweist.

953 *BVerfGE* 61, 1 (9); so auch *Hufen*, StaatsR II, S. 401 f.

954 *BVerfGE* 61, 1 (8).

955 *Grimm*, NJW 1995, 1697 (1698), unter Verweis auf *BVerfGE* 33, 1 (14); *Stern*, StaatsR, Bd. IV/1, S. 1392; *Wendt*, in: *v. Münch / Kunig*, GG, Bd. I, Art. 5 Rdnr. 8 m.w.N.

956 *Schulze-Fielitz*, in: *Dreier*, GG, Bd. I, Art. 5 I, II Rdnr. 62.

957 *Jarass*, in: *ders. / Pieroth*, GG, Art. 5 Rdnr. 3; *Pieroth / Schlink / Kingreen / Poscher*, GRe, S. 145.

958 *Bethge*, in: *Sachs*, GG, Art. 5 Rdnr. 23; *Schmitt Glaeser*, AöR 113 (1988), 52 (72 m.w.N.); *Starck*, in: *v. Mangoldt / Klein / Starck*, GG, Bd. I, Art. 5 I, II Rdnr. 22. Dem „weiten Verständnis der Meinungsäußerung" (*Stern*, StaatsR, Bd. IV/1, S. 1396) sowie deren „Zweckfreiheit" (*Hufen*, StaatsR II, S. 404) geschuldet, genießt somit auch die reine Wirtschaftswerbung den Schutz des Art. 5 I 1, 1. Hs. GG (*Hufen*, StaatsR II, S. 403 ff.;

gilt für die Frage, ob sie rational oder emotional[959], begründet oder unbegründet ist[960], für wertvoll oder wertlos,[961] nützlich oder schädlich gehalten wird.[962] Selbst polemische, übersteigerte und verletzend formulierte Aussagen werden erfasst.[963] Den Kategorien richtig und falsch entzieht sich die Meinungsäußerung als „wertende Stellungnahme"[964] von vornherein.[965] Fraglich ist derweil, ob auch die bloße Tatsachenbehauptung den Schutz des Art. 5 I 1, 1. Hs. GG genießt. Im Gegensatz zum Werturteil, das dem Beweis nicht zugänglich ist,[966] bezieht sie sich als „Aussage über ein äußeres oder inneres Geschehen der Vergangenheit oder Gegenwart"[967] auf die Realität und ist objektiv nachprüfbar.[968] Nach Ansicht des Bundesverfassungsgerichts sind Tatsachenbehauptungen nur insoweit geschützt, „als sie Voraussetzung für die Bildung von Meinungen sind."[969] Nicht erfasst seien daher Informationen, die weder mit Werturteilen verknüpft noch für die Meinungsbildung von Bedeutung sind.[970] Dies treffe etwa auf Angaben

---

ders., in: FS Schmidt, S. 347 ff.; *Stern*, StaatsR, Bd. IV/1, S. 1396 ff.; ferner *Friauf / Höfling*, AfP 1985, 249 [253 f.]; *Nolte / Tams*, JuS 2004, 111 [112]; so wohl auch *Grigoleit / Kersten*, DVBl. 1996, 596 [600]). Diesem Standpunkt nähert sich auch das BVerfG an, wenngleich es nach wie vor betont, dass die reine Wirtschaftswerbung über einen „wertenden, meinungsbildenden Inhalt" verfügen müsse (*BVerfGE* 71, 162 [175]; 102, 347 [359]).

959 *BVerfGE* 33, 1 (14); 61, 1 (7); 85, 1 (15); 93, 266 (289); *Degenhart*, in: BK, Bd. II, Art. 5 I, II Rdnr. 101.

960 *BVerfGE* 42, 163 (171); 61, 1 (7); 85, 1 (15); 90, 255 (259); 93, 266 (289); *Jarass*, in: *ders. / Pieroth*, GG, Art. 5 Rdnr. 3.

961 *BVerfGE* 30, 336 (347); 61, 1 (7); 65, 1 (41); 85, 1 (15); 93, 266 (289); *Schulze-Fielitz*, in: *Dreier*, GG, Bd. I, Art. 5 I, II Rdnr. 62; *Stern*, StaatsR, Bd. IV/1, S. 1392 m.w.N.

962 *BVerfGE* 93, 266 (289).

963 *BVerfGE* 54, 129 (139); 61, 1 (7 f.); 93, 266 (289); *Brugger*, Der Staat 42 (2003), 77 (82 ff.); *Jarass*, in: *ders. / Pieroth*, GG, Art. 5 Rdnr. 3; *Kübler*, AöR 125 (2000), 109 (124); *Pieroth / Schlink / Kingreen / Poscher*, GRe, S. 145; *Schulze-Fielitz*, in: *Dreier*, GG, Bd. I, Art. 5 I, II Rdnr. 62; *Wendt*, in: *v. Münch / Kunig*, GG, Bd. I, Art. 5 Rdnr. 8.

964 *Epping*, GRe, S. 94; *Scheuner*, VVDStRL 22 (1965), 1 (63).

965 *BVerfGE* 33, 1 (14); *Degenhart*, in: BK, Bd. II, Art. 5 I, II Rdnr. 101; *Schmitt Glaeser*, AöR 113 (1988), 52 (71).

966 *Grimm*, NJW 1995, 1697 (1698).

967 *Steffen*, in: *Löffler*, PresseR, § 6 LPG Rdnr. 83.

968 *Hufen*, StaatsR II, S. 402; *Pieroth / Schlink / Kingreen / Poscher*, GRe, S. 146.

969 *BVerfGE* 90, 241 (247); nahezu wortgleich *BVerfGE* 61, 1 (8); 65, 1 (41); 94, 1 (7).

970 BVerfGE, 1 (41); *Pieroth / Schlink / Kingreen / Poscher*, GRe, S. 146.

rein statistischer Art zu.[971] Aus dem Schutzbereich falle zudem die „erwiesen oder bewußt unwahre Tatsachenbehauptung“,[972] die „unter dem Blickwinkel der Meinungsfreiheit kein schützenswertes Gut“[973] darstelle. Dabei dürfe die Wahrheitspflicht jedoch keinen übersteigerten Anforderungen unterliegen.[974] Obgleich das Bundesverfassungsgericht somit einen recht weiten Meinungsbegriff verwendet,[975] hält es bestimmte tatbestandliche Einschränkungen für geboten. Dem ist im Ergebnis nicht zuzustimmen,[976] erweist sich eine strikte Trennung zwischen Meinung und Tatsachenmitteilung doch als „objektiv unmöglich.“[977] Weitgehend unbestritten ist heute, dass eine wertende Stellungnahme bereits in der Auswahl bestimmter Tatsachen sowie dem hiermit einhergehenden Weglassen des für unbedeutsam Gehaltenen liegt.[978] Indem das Mittgeteilte als mitteilenswert erachtet wird, erfährt es somit gleichsam eine Bewertung.[979] Umgekehrt gibt es kaum ein Werturteil, in das nicht auch empirisch-deskriptive Tatsachen einfließen.[980] Dies hat zur Folge, dass beide Elemente üblicherweise untrennbar

971 *BVerfGE* 65, 1 (41); *Sodan*, GG, Art. 5 Rdnr. 4; *Starck*, in: *v. Mangoldt / Klein / Starck*, GG, Bd. I, Art. 5 I, II Rdnr. 26.

972 *BVerfGE* 61, 1 (8); 85, 1 (15); *Leibholz / Rinck*, GG, Bd. I, Art. 5 Rdnr. 26. Geschützt würden entsprechende Behauptungen jedoch durch Art. 2 I GG (*Jarass*, in: *ders. / Pieroth*, GG, Art. 5 Rdnr. 4a).

973 *BVerfGE* 54, 208 (219); 99, 185 (197); ebenso *Antoni*, in: *Hömig*, GG, Art. 5 Rdnr. 5; *Leibholz / Rinck*, GG, Bd. I, Art. 5, Rdnr. 26; *Sodan*, GG, Art. 5 Rdnr. 4.

974 *BVerfGE* 54, 208 (219 f.); *Degenhart*, in: BK, Bd. II, Art. 5 I, II, Rdnr. 109; *Schulze-Fielitz*, in: *Dreier*, GG, Bd. I, Art. 5 I, II Rdnr. 64.

975 *Pieroth / Schlink / Kingreen / Poscher*, GRe, S. 146.

976 So u.a. auch *Hufen*, StaatsR II, S. 402 f.; *Schulze-Fielitz*, in: *Dreier*, GG, Bd. I, Art. 5 I, II Rdnr. 65.

977 *Herzog*, in: *Maunz / Dürig*, GG, Bd. I, Art. 5 I, II Rdnr. 51; zustimmend etwa *Dietz*, KritJ 28 (1995), 210 (213 ff.), vor dem Hintergrund der Diskussion über die „Auschwitzlüge“; *Hufen*, StaatsR II, S. 402; *Starck*, in: *v. Mangoldt / Klein / Starck*, GG, Bd. I, Art. 5 I, II Rdnr. 26; kritisch hingegen *Rühl*, AfP 2000, 17.

978 *Schmidt-Jortzig*, in: *Isensee / Kirchhof*, Hdb. StaatsR, Bd. VII, S. 885; *Wendt*, in: *v. Münch / Kunig*, GG, Bd. I, Art. 5 Rdnr. 9; *Wolter*, Der Staat 36 (1997), 426 (439 m.w.N.).

979 *Wendt*, in: *v. Münch / Kunig*, GG, Bd. I, Art. 5 Rdnr. 9 m.w.N. Dies gilt letztlich auch für Angaben rein statistischer Art (*Schulze-Fielitz*, in: *Dreier*, GG, Bd. I, Art. 5 I, II Rdnr. 65; zustimmend u.a. *Jarass*, in: *ders. / Pieroth*, GG, Art. 5 Rdnr. 4; a.A. aber *BVerfGE* 65, 1 (41); *Stern*, StaatsR, Bd. IV/1, S. 395.

980 *Schulze-Fielitz*, in: *Dreier*, GG, Bd. I, Art. 5 I, II Rdnr. 63.

miteinander verbunden sind.[981] Zu beachten ist darüber hinaus, dass Art. 5 I 1, 1. Hs. GG gerade keine rechtliche „Wahrheitspflicht“ statuiert.[982] Vielmehr unterfallen dem Grundrecht der Meinungsfreiheit nicht zuletzt „abwegige und abstruse Meinungen ..., die regelmäßig auch auf unrichtigen Tatsachenannahmen fußen.“[983] Im Sinne eines objektiv-umfassenden Freiheitsansatzes[984] ist daher auch die Behauptung unwahrer Tatsachen geschützt.[985,986] Der Meinungsbegriff des Art. 5 I 1, 1. Hs. GG umfasst somit im Ergebnis „jede Äußerung von (auch unrichtigen) Ansichten und / oder (auch unwahren) Tatsachen“.[987]

Wie bereits im Rahmen der Ausführungen zu Art. 8 I GG dargelegt, erfolgen Gefährderansprachen nahezu ausnahmslos im Vorfeld politischer Versammlungen beziehungsweise Demonstrationen, die die Erörterung (tages-)politischer Streitfragen zum Gegenstand haben.[988] Festgestellt wurde hierbei zugleich, dass die genannten Versammlungsformen selbst dem engen Versammlungsbegriff

---

981 Ähnlich *Bethge*, in: *Sachs*, GG, Art. 5 Rdnr. 29; *Ohrmann*, Der Schutz der Persönlichkeit in Online-Medien, S. 13. Dem stimmt grds. auch das BVerfG zu (*BVerfGE* 61, 1 [9]; 66, 116 [149]; 85, 1 [15 f.]; *Leibholz / Rinck*, GG, Bd. I, Art. 5 Rdnr. 26), obschon es sich einem umfassenden Freiheitsverständnis weiterhin verschließt (s. etwa *BVerfGE* 90, 241 [247]; 94, 1 [8]).

982 *Köhler*, NJW 1985, 2389 (2390). So aber die Vertreter (etwa *BVerfGE* 61, 1 [8] = NJW 1983, 1415 [1416]) einer „objektivistisch-institutionellen Sicht der Meinungsfreiheit“ (*Köhler*, NJW 1985, 2389 [2340]), die Art. 5 I 1, 1. Hs. GG eine solche Pflicht entnehmen.

983 So zu Recht *Schulze-Fielitz*, in: *Dreier*, GG, Bd. I, Art. 5 I, II Rdnr. 65.

984 *Schmidt-Jortzig*, in: *Isensee / Kirchhof*, Hdb. StaatsR, Bd. VII, S. 886.

985 So etwa *Jestaedt*, in: *Merten / Papier*, Hdb. GRe, Bd. IV, S. 904; *Schmidt-Jortzig*, in: *Isensee / Kirchhof*, Hdb. StaatsR, Bd. VII, S. 885 f.; *Schulze-Fielitz*, in: *Dreier*, GG, Bd. I, Art. 5 I, II Rdnr. 65.; *Thieme*, DÖV 1980, 149 (150); anders beispielsweise *BVerfGE* 61, 1 (8); *Bethge*, in: *Sachs*, GG, Art. 5 Rdnr. 28; *Hoffmann-Riem*, in: AK-GG, Art. 5 I, II Rdnr. 30; *Schemmer*, in: *Epping / Hillgruber*, GG, Art. 5 Rdnr. 6.

986 Obschon der Wahrheitsgehalt somit nicht als taugliches Kriterium zur Schutzbereichsabgrenzung dient (*Wendt*, in: *v. Münch / Kunig*, GG, Bd. I, Art. 5 Rdnr. 10; ebenso *Jestaedt*, in: *Merten / Papier*, Hdb. GRe, Bd. IV, S. 904), besteht gleichwohl die Möglichkeit, kollidierenden Rechten Dritter angemessen Rechnung zu tragen. Platz hierfür bietet die auf der Ebene der verfassungsrechtlichen Rechtfertigung vorzunehmende Güterabwägung (*Hufen*, StaatsR II, S. 403; *Schmidt-Jortzig*, in: *Isensee / Kirchhof*, Hdb. StaatsR, Bd. VII, S. 886; *Schulze-Fielitz*, in: *Dreier*, GG, Bd. I, Art. 5 I, II Rdnr. 65; *Thieme*, DÖV 1980, 149 (150); *Wendt*, in: *v. Münch / Kunig*, GG, Bd. I, Art. 5 Rdnr. 10; in diese Richtung wohl auch *Köhler*, NJW 1985, 2389 (2390).

987 *Schulze-Fielitz*, in: *Dreier*, GG, Bd. I, Art. 5 I, II Rdnr. 66.

988 Vgl. 2. Teil 2. Kap. A. I. 2. d).

unterfallen, der den Schutz des Art. 8 I GG auf gemeinschaftliche, „die Teilhabe an der öffentlichen Meinungsbildung“[989] bezweckende Zusammenkünfte beschränkt.[990] Gerade die politische Versammlung zeichnet sich somit durch ein „Stellung beziehende[s] Dafürhalten“[991] der einzelnen Teilnehmer aus. In Gestalt der zum Ausdruck gebrachten Ansichten, Auffassungen und Überzeugungen kommt das den Meinungsbegriff kennzeichnende Element der „präskriptiven Wertung“[992] dabei hinreichend deutlich zum Ausdruck. Im Rahmen der hier angesprochenen Versammlungsformen finden daher Meinungskundgaben nach Art. 5 I 1, 1. Hs. GG statt.[993]

2. *Geschützte Verhaltensweisen*

Was die unterschiedlichen Modalitäten der Meinungskundgabe betrifft, handelt es sich bei den explizit benannten Formen des Äußerns und Verbreitens in Wort, Schrift und Bild um eine nicht abschließende Aufzählung.[994] Besondere Bedeutung ist gleichwohl der auf Drittwirkung angelegten Handlungsform des „Verbreitens“ beizumessen,[995] die das eigentliche Schutzanliegen des Grundrechts bildet.[996] Auf den Inhalt sowie die Art und Weise der Meinungskundgabe kommt es dabei nicht an.[997] Zu den geschützten Verhaltensweisen zählt das schlichte Buhen und Pfeifen[998] somit genauso wie die schriftliche Kundgabe in Form von Plakaten und Transparenten.[999] Dies schließt die „Wahl des Ortes und der Zeit einer Äußerung“[1000] mit ein. Der Schutzbereich des Art. 5 I 1, 1. Hs. GG umfasst demzufolge auch die

---

989 *BVerfGE* 104, 92 (104).

990 Vgl. 2. Teil 2. Kap. A. I. 2. d).

991 *Schulze-Fielitz*, in: *Dreier*, GG, Bd. I, Art. 5 I, II Rdnr. 62.

992 Ebda.

993 Allg. *Depenheuer*, in: *Maunz / Dürig*, GG, Bd. II, Art. 8 Rdnr. 181.

994 *Pieroth / Schlink / Kingreen / Poscher*, GRe, S. 147.

995 *Hufen*, StaatsR II, S. 405. Demgegenüber versteht man, so *Schmidt-Jortzig*, in: *Isensee / Kirchhof*, Hdb. StaatsR, Bd. VII, S. 888, unter „Äußern“ das „bloße Artikulieren der Meinung ohne Rücksicht darauf, ob jemand zugegen ist, der hiervon Kenntnis nehmen kann.“

996 *Schmidt-Jortzig*, in: *Isensee / Kirchhof*, Hdb. StaatsR, Bd. VII, S. 888; genauso *Hufen*, StaatsR II, S. 405; in diesem Sinne wohl auch *BVerfGE* 7, 198 (210); 61, 1 (7).

997 *BVerfGE* 54, 129 (138 f.); 60, 234 (241); 68, 226 (230 f.); *Hufen*, StaatsR II, S. 405; *Jarass*, in: *ders. / Pieroth*, GG, Art. 5 Rdnr. 6. Vgl. hierzu etwa *Fiedler*, Meinungsfreiheit in einer vernetzten Welt, 2002.

998 *Schmidt-Jortzig*, in: *Isensee / Kirchhof*, Hdb. StaatsR, Bd. VII, S. 887.

999 So u.a. *Herzog*, in: *Maunz / Dürig*, GG, Bd. I, Art. 5 I, II Rdnr. 71.

1000 *BVerfGE* 93, 266 (289).

Entscheidung über das Äußern und Verbreiten einer Meinung – also ihre „Abgabe und den mehr oder minder langen Prozess der Informationsübertragung“[1001] – im Zuge einer Versammlung.

3. *Verhältnis zur Versammlungsfreiheit*

Ob das gefahrenabwehrrechtliche Handlungsinstrument der Gefährderansprache tatsächlich an Art. 5 I 1, 1. Hs. GG zu messen ist, bestimmt sich indes nach den allgemeinen Regeln der so genannten Grundrechtskonkurrenz.[1002] Im Hinblick auf die tatbestandliche Abgrenzung zwischen dem Grundrecht der Meinungsfreiheit und Art. 8 I GG ist deshalb im Folgenden zu ermitteln, „welches Grundrecht vorrangig mit seinen rechtlichen Maßstäben entscheidende Geltung beanspruchen kann.“[1003]

Wie bereits angedeutet,[1004] handelt es sich bei Art. 8 I GG nicht bloß um eine Erweiterung der Meinungsfreiheit in personeller Hinsicht.[1005] Beide Freiheitsrechte sind daher grundsätzlich nebeneinander anwendbar.[1006] Gleichwohl ist zu beachten, dass gerade bei Versammlungen im politischen Raum die kollektive Meinungskundgabe eine zentrale Rolle spielt.[1007] Stellt sich in diesem Zusammenhang die Frage nach dem grundrechtlichen Prüfungsmaßstab, erweist sich die Zielrichtung der betreffenden Maßnahme als taugliches Abgrenzungskriterium zur Ermittlung des einschlägigen Schutzbereichs.[1008] So kommt Art. 5 I 1,

---

1001 *Jarass*, in: *ders. / Pieroth*, GG, Art. 5 Rdnr. 6.

1002 Näher zur Begrifflichkeit etwa *Sachs*, VerfR II, S. 158 ff; grundlegend *Schwabe*, Probleme der Grundrechtsdogmatik, S. 324 ff.

1003 *Schulze-Fielitz*, in: *Dreier*, GG, Bd. I, Art. 8 Rdnr. 125; ausführlich zum Konkurrenzverhältnis der beiden Grundrechtsnormen *Limmer*, Rechtliche Grenzen der Einschüchterung im Versammlungsrecht, S. 222 ff.

1004 S. hierzu die Ausführungen im Rahmen der Schutzbereichsprüfung von Art. 8 I GG (2. Teil 2. Kap. A. I. 2. d).

1005 *Depenheuer*, in: *Maunz / Dürig*, GG, Bd. II, Art. 8 Rdnr. 182; *Kunig*, in: *v. Münch / Kunig*, GG, Bd. I, Art. 8 Rdnr. 38.

1006 So u.a. *BVerfGE* 82, 236 (258); 90, 241 (250, 254); *Drosdzol*, JuS 1983, 409 (410); *Kannengießer*, in: *Schmidt-Bleibtreu / Hofmann / Hopfauf*, GG, Art. 5 Rdnr. 34; *Kunig*, in: *v. Münch / Kunig*, GG, Bd. I, Art. 8 Rdnr. 38.

1007 *Kloepfer*, in: *Isensee / Kirchhof*, Hdb. StaatsR, Bd. VII, S. 1030; *Schulze-Fielitz*, in: *Dreier*, GG, Bd. I, Art. 8 Rdnr. 128.

1008 So die einhellige Auffassung (vgl. stellvertretend *Gusy*, in: *v. Mangoldt / Klein / Starck*, GG, Bd. I, Art. 8 Rdnr. 87; *Höfling*, in: *Sachs*, GG, Art. 8 Rdnr. 73; *Jarass*, in: *ders. / Pieroth*, GG, Art. 8 Rdnr. 2; *Kannengießer*, in: *Schmidt-Bleibtreu / Hofmann / Hopfauf*, GG, Art. 8 Rdnr. 18).

1. Hs. GG zum Tragen, wenn die Maßnahme sich gegen die von den Versammelten vertretenen Ansichten richtet.[1009] Umgekehrt ist ausschließlich Art. 8 I GG mit seinen individuellen Schrankenbestimmungen einschlägig, sofern es um einen meinungsneutralen Eingriff in die Versammlung als solche geht.[1010] Zu differenzieren ist demnach zwischen dem „Inhalt (der Meinung) und [der] Form (der Äußerung)".[1011] Eben jener Inhalt steht bei einer versammlungsspezifischen Gefährderansprache, die als meinungsneutrale Handlungsform die geäußerten Meinungen außer Acht lässt, aber gerade nicht im Vordergrund. Maßgeblich ist vielmehr die „Art und Weise der kollektiven Meinungskundgabe",[1012] das „Medium der Versammlung"[1013] selbst. Unabhängig von den inhaltlichen Auffassungen bezweckt die Gefährderansprache die Abwehr einer spezifischen, sich aus dem Zusammenschluss mehrerer (potentieller) Gewalttäter ergebenden Gefahr. Die „Gefährlichkeit der Menschenansammlung" dient somit als zentrales Handlungsmotiv.[1014]

Festzuhalten gilt es somit, dass die versammlungsspezifische Gefährderansprache in aller Regel nicht die Inhibition eines bestimmten Meinungsinhalts zu erreichen sucht. Im Verhältnis zu Art. 5 I 1, 1. Hs. GG kommt dem Grundrecht der Versammlungsfreiheit daher vorrangige Bedeutung zu.[1015]

1009 *BVerfG* NJW 2001, 2069 (2070); *Gusy*, in: *v. Mangoldt / Klein / Starck*, GG, Bd. I, Art. 8 Rdnr. 87; *Kloepfer*, in: *Isensee / Kirchhof*, Hdb. StaatsR, Bd. VII, S. 1030; so wohl auch *Depenheuer*, in: *Maunz / Dürig*, GG, Bd. II, Art. 8 Rdnr. 182; anders etwa *Jarass*, in: *ders. / Pieroth*, GG, Art. 8 Rdnr. 2 m.w.N., sowie *Schulze-Fielitz*, in: *Dreier*, GG, Bd. I, Art. 8 Rdnr. 128 m.w.N., die im Falle von Beschränkungen des Meinungsinhalts sowohl auf die Schrankenbestimmungen des Art. 5 II GG als auch auf die von Art. 8 II GG abstellen.

1010 *Depenheuer*, in: *Maunz / Dürig*, GG, Bd. II, Art. 8 Rdnr. 182; *Geis*, in: *Friauf / Höfling*, GG, Bd. I, Art. 8 Rdnr. 137; *Höfling*, in: *Sachs*, GG, Art. 8 Rdnr. 73; *Jarass*, in: *ders. / Pieroth*, GG, Art. 8 Rdnr. 2, der in diesem Zusammenhang unmittelbar auf den lex-specialis Grundsatz eingeht; *Kloepfer*, in: *Isensee / Kirchhof*, Hdb. StaatsR, Bd. VII, S. 1030.

1011 *Gusy*, in: *v. Mangoldt / Klein / Starck*, GG, Bd. I, Art. 8 Rdnr. 87, unter Verweis auf *BVerfGE* 90, 241 (246, 250 f.).

1012 *Kloepfer*, in: *Isensee / Kirchhof*, Hdb. StaatsR, Bd. VII, S. 1030, unter Verweis auf *BVerfG* NJW 2001, 2069 (2070).

1013 *Gusy*, in: *v. Mangoldt / Klein / Starck*, GG, Bd. I, Art. 8 Rdnr. 87.

1014 *Kloepfer*, in: *Isensee / Kirchhof*, Hdb. StaatsR, Bd. VII, S. 1030.

1015 Anders wohl *VG Göttingen*, Urt. v. 27. Januar 2004 – 1 A 1014/02, sowie *OVG Lüneburg* NJW 2006, 391 (392), die die Einschlägigkeit beider Grundrecht bejahen, ohne sich jedoch mit der Konkurrenzproblematik auseinanderzusetzen.

IV. Freizügigkeit - Art. 11 I GG

Möglicherweise könnte jedoch der Schutzbereich des Art. 11 I GG eröffnet sein. Obgleich die in Art. 11 I GG geschützte Freizügigkeit in der Rechtsprechung des Bundesverfassungsgerichts bislang nur wenig Bedeutung gewonnen hat,[1016] kann ihr Stellenwert „für eine offene demokratische Gesellschaft [...] nicht hoch genug eingeschätzt werden."[1017] Als „Ausdruck des Strebens nach individueller Selbstbestimmung für den eigenen Lebenskreis"[1018] ist sie zugleich elementare „Voraussetzung für die effektive Ausübung anderer Grundrechte."[1019] Verstärkt ins Blickfeld gerückt ist Art. 11 I GG in der jüngeren Vergangenheit.[1020] Zu den vielen neuen Phänomenen mit Freizügigkeitsbezug, die einer eingehenden rechtlichen Aufarbeitung bedürfen, zählt dabei unter anderem das des „reisende[n] Gewalttäter[s]".[1021]

1. Aufenthaltsnahme

Art. 11 I GG garantiert allen Deutschen „das Recht, an jedem Orte innerhalb des Bundesgebiets Aufenthalt und Wohnsitz zu nehmen".[1022] In negativer Hinsicht geschützt ist zudem die Möglichkeit des Verweilen[s] im gewählten sozialen Umfeld".[1023] Gegenüber dem „Aufenthalt" erweist sich die „Wohnsitznahme", die § 7 I BGB als ständige Niederlassung an einem Ort definiert,[1024] als der speziellere

1016 *Pieroth / Schlink / Kingreen / Poscher*, GRe, S. 213; so auch *Pagenkopf*, in: *Sachs*, GG, Art. 11 Rdnr. 10.

1017 *Pagenkopf*, in: *Sachs*, GG, Art. 11 Rdnr. 10.

1018 *Kunig*, in: *v. Münch / Kunig*, GG, Bd. I, Art. 11 Rdnr. 1.

1019 *Kunig*, in: *v. Münch / Kunig*, GG, Bd. I, Art. 11 Rdnr. 1; so auch *Michael / Morlok*, GRe, S. 176.

1020 *Pagenkopf*, in: *Sachs*, GG, Art. 11 Rdnr. 10.

1021 *Pagenkopf*, in: *Sachs*, GG, Art. 11 Rdnr. 10, der in diesem Zusammenhang auch „gewalttätige Fußballtouristen, Aufenthaltsverbote für Drogenanbieter, Großumsiedlungen für den Braunkohleabbau, Massentourismus etc" anspricht.

1022 *BVerfGE* 2, 266 (273); nahezu identisch *BVerfGE* 43, 203 (211); 80, 137 (150).

1023 *Pernice*, in: *Dreier*, GG, Bd. I, Voraufl. (2004), Art. 11 Rdnr. 17; so auch *Hailbronner*, in: *Isensee / Kirchhof*, Hdb. StaatsR, Bd. VII, S. 330; ablehnend hingegen *Durner*, in: *Maunz / Dürig*, GG, Bd. II, Art. 11 Rdnr. 88 ff. Nicht geschützt sind hingegen die Modalitäten der Ortsveränderung. Dies gilt allen voran für die Wahl des Beförderungsmittels sowie die Schaffung dafür geeigneter Verkehrswege (*BVerfGE* 80, 137 [150]; *Durner*, in: *Maunz / Dürig*, GG, Bd. II, Art. 11 Rdnr. 74).

1024 Diese Definition wird denn auch ganz überwiegend zur Konkretisierung der Begrifflichkeit des Wohnsitzes herangezogen (*Durner*, in: *Maunz / Dürig*, GG, Bd. II, Art. 11 Rdnr. 76; *Hofmann*, in: *Umbach / Clemens*, GG, Bd. I, Art. 11 Rdnr. 21;

Begriff.[1025] Während letztere hier ersichtlich nicht betroffen ist, besteht gleichwohl die Möglichkeit, dass das Recht der freien Aufenthaltsnahme durch die Erteilung einer versammlungsbezogenen Gefährderansprache berührt sein könnte.[1026] Aufenthalt bedeutet das vorübergehende Verweilen an einem Ort.[1027] Da jedoch „jede Fortbewegung eine Folge von Augenblicken des Verweilens ist,"[1028] gilt es zunächst das Verhältnis von Art. 11 I GG zu Art. 2 II 2 GG, der die Freiheit der Person gewährleistet, genauer zu beleuchten.[1029] In einem zweiten Schritt ist schließlich zu untersuchen, ob die Gefährderansprache als „aufenthaltsrelevant" zu klassifizieren ist.

a) Abgrenzungsversuche

Dürig zufolge ist im Hinblick auf die Abgrenzung von Art. 2 II 2 GG zu Art. 11 I GG zwischen interterritorialer, interkommunaler und interlokaler Freizügigkeit zu unterscheiden.[1030] Während die beiden erstgenannten Kategorien, also der freie Zug innerhalb der Bundesgrenzen sowie zwischen einzelnen Gemeinden, dem Schutz des Art. 11 I GG unterfallen sollen, gelte dies nicht für den Ortswechsel innerhalb eines Gemeindegebiets (interlokale Freizügigkeit).[1031] Entgegenzuhalten ist dieser Auffassung, dass sie die Eröffnung des Schutzbereichs der Freizügigkeit vom zufälligen Verlauf der Gemeindegrenzen abhängig

---

Pieroth / Schlink / Kingreen / Poscher, GRe, S. 213; *Rittstieg*, in: AK-GG, Bd. I, Art. 11 Rdnr. 33).

1025 *Hofmann*, in: *Umbach / Clemens*, GG, Bd. I, Art. 11 Rdnr. 21; *Pieroth*, JuS 1985, 81 (83).

1026 Ort der Freizügigkeit ist dabei „lediglich" das in der Präambel des Grundgesetzes näher umschriebene Staatsgebiet der Bundesrepublik Deutschland. Sofern die Gefährderansprache eine Versammlung außerhalb des räumlichen Geltungsbereichs des Grundgesetzes in den Blick nimmt, kommt Art. 11 I GG als Prüfungsmaßstab somit nicht in Frage. Zur möglichen Einschlägigkeit der (nach h.M.) in Art. 2 I GG verankerten Ausreisefreiheit s. 2. Teil 2. Kap. A. V.

1027 *Hofmann*, in: *Umbach / Clemens*, GG, Bd. I, Art. 11 Rdnr. 21; *Jarass*, in: *ders. / Pieroth*, GG, Art. 11 Rdnr. 2; *Schmidbauer*, BayVBl. 2002, 257 (262).

1028 *Pieroth / Schlink / Kingreen / Poscher*, GRe, S. 213.

1029 *Pieroth / Schlink / Kingreen / Poscher*, GRe, S. 213; ebenso *Durner*, in: *Maunz / Dürig*, GG, Bd. II, Art. 11 Rdnr. 77. Eine Abgrenzung ist dabei insbesondere aufgrund der verschiedenen Gesetzesvorbehalte unerlässlich (*Durner*, in: *Maunz / Dürig*, GG, Bd. II, Art. 11 Rdnr. 77).

1030 *Pagenkopf*, in: *Sachs*, GG, Art. 11 Rdnr. 17; *Trierweiler*, Wohnungsverweisung und Rückkehrverbot, S. 101.

1031 *Dürig*, in: *Maunz / Dürig*, GG, Bd. II, Losebl. (Stand: Februar 2003), Art. 11 Rdnr. 28, zitiert nach: *Trierweiler*, Wohnungsverweisung und Rückkehrverbot, S. 101.

macht.[1032] Dies wird von *Pieroth*[1033] zu Recht als sinnwidrig bezeichnet.[1034] Ebenso wenig überzeugen kann der Ansatz, der zur Abgrenzung von Art. 2 II 2 GG und Art. 11 I GG auf die zeitliche Dauer des Aufenthalts abstellt, erweisen sich doch die von den Befürwortern dieses Lösungsansatzes geforderten Zeiträume[1035] allesamt als „willkürlich".[1036] Zutreffend ist demgegenüber, dass auch ein Verweilen von nur wenigen Minuten elementare Bedeutung für den Einzelnen haben kann.[1037] Dies gilt nicht zuletzt für eine in zunehmender Weise vom Mobilitätsgedanken angetriebene Gesellschaft.[1038] Abzulehnen sind darüber hinaus Versuche, die Abgrenzung anhand rein subjektiver Kriterien zu bestimmen. Ob ein Ortswechsel mit der „Absicht der permanenten Veränderung"[1039] erfolgt, ist daher ebenso wenig von Belang wie die Frage, ob der Einzelne ihn „als qualitativ bedeutend für sich"[1040] erachtet.[1041] Anderenfalls ergäbe sich die paradoxe Situation, dem Betroffenen selbst die Entscheidung zu überlassen, ob er sein Handeln als von Art. 11 I GG geschützt ansehen will oder nicht.[1042] *Randelzhofer* macht die Eröffnung des Schutzbereichs des Art. 11 I GG schließlich davon abhängig, ob ein „Wechsel von einem Lebenskreis in einen anderen"[1043] erfolgt. Den Terminus des Lebenskreises definiert er dabei als „unmittelbaren Bewegungsspielraum

---

1032 *Antoni*, in: *Hömig*, GG, Art. 11 Rdnr. 3; *Gusy*, in: *v. Mangoldt / Klein / Starck*, GG, Bd. I, Art. 11 Rdnr. 26; *Kunig*, in: *v. Münch / Kunig*, GG, Bd. I, Art. 11 Rdnr. 12; *Randelzhofer*, in: BK, Bd. III, Art. 11 Rdnr. 27; *Trierweiler*, Wohnungsverweisung und Rückkehrverbot, S. 101.

1033 JuS 1985, 81 (83); ebenso *Robrecht*, SächsVBl. 1999, 232 (234).

1034 Dem steht auch nicht der Umstand entgegen, dass der freie Zug innerhalb einzelner Gemeinden früher nicht von der Freizügigkeitsgarantie umfasst war (*Gusy*, in: *v. Mangoldt / Klein / Starck*, GG, Bd. I, Art. 11 Rdnr. 26).

1035 So plädiert etwa *Merten*, Der Inhalt des Freizügigkeitsrecht, S. 44, für eine „Übernachtung", während *Rittstieg*, in: AK-GG, Bd. I, Art. 11 Rdnr. 33, einen „mehr als flüchtigen Aufenthalt[es]" für notwendig hält. *Hantel*, JuS 1990, 865 (866), wiederum verlangt eine „gewisse[r] Dauer."

1036 *Pieroth*, JuS 1985, 81 (83); genauso *Randelzhofer*, in: BK, Bd. III, Art. 11 Rdnr. 26, sowie *Ziekow*, Über Freizügigkeit und Aufenthalt, S. 465.

1037 *Pieroth*, JuS 1985, 81 (83).

1038 *Trierweiler*, Wohnungsverweisung und Rückkehrverbot, S. 106.

1039 *Tiemann*, NVwZ 1987, 10 (13).

1040 *Robrecht*, SächsVBl. 1999, 232 (234).

1041 *Durner*, in: *Maunz / Dürig*, GG, Bd. II, Art. 11 Rdnr. 81.

1042 *Durner*, in: *Maunz / Dürig*, GG, Bd. II, Art. 11 Rdnr. 81.

1043 *Randelzhofer*, in: BK, Bd. III, Art. 11 Rdnr. 28. Bewegungen innerhalb dieses Kreises werden, so die Auffassung Randelzhofers, hingegen vom Schutz des Art. 2 II 2 GG umfasst.

als Ausdruck alltäglicher Abläufe".[1044] Auch dieser Ansatz begegnet jedoch Bedenken.[1045] So verkennt *Randelzhofer*, dass sich die alltäglichen Ortsveränderungen von Person zu Person völlig anders gestalten können.[1046] Einzelfallabhängig fiele somit auch die Reichweite des Schutzbereichs unterschiedlich aus.[1047] Gegen die „Lebenskreistheorie" spricht nicht zuletzt der Umstand, dass erst durch den Einblick in private Lebensumstände über den grundrechtlichen Schutz des Art. 11 I GG befunden werden könnte.[1048]

Richtigerweise erfolgt die Abgrenzung von Art. 11 I GG zu Art. 2 II 2 GG anhand einer wertenden Gesamtbetrachtung aller „zeitlichen, räumlichen und finalen" Kriterien.[1049,1050] Ein vom Grundrecht der Freizügigkeit gedeckter Ortswechsel ist demzufolge immer dann zu bejahen, „wenn diesem Vorgang nach den Gesichtspunkten der Alltäglichkeit, Persönlichkeitsrelevanz, Entfernung und Dauer eine gesteigerte, über die normale Bewegungsfreiheit hinausgehende Bedeutung zukommt."[1051] Anders als die vorherigen Lösungswege bietet dieser Ansatz den entscheidenden Vorteil, der Entstehung zufälliger Ergebnisse, die aus einer isolierten Betrachtung einzelner Aspekte resultieren, adäquat entgegenzuwirken.[1052] Auch kurze Aufenthalte, so sie für den Betroffenen von immenser

1044 *Randelzhofer*, in: BK, Bd. III, Art. 11 Rdnr. 28.

1045 Zutreffend *Kunig*, in: *v. Münch / Kunig*, GG, Bd. I, Art. 11 Rdnr. 13.

1046 *Tiemann*, NVwZ 1987, 10 (13), der entsprechende Beispiele nennt.

1047 *Durner*, in: *Maunz / Dürig*, GG, Bd. II, Art. 11 Rdnr. 80; *Tiemann*, NVwZ 1987, 10 (13). *Kunig*, in: *v. Münch / Kunig*, GG, Bd. I, Art. 11 Rdnr. 13, weist zu Recht darauf hin, dass etwa der Zug von Personen, die über einen weitreichenden Lebenskreis verfügen, dann nicht mehr von Art. 11 I GG erfasst wäre.

1048 *Kunig*, in: *v. Münch / Kunig*, GG, Bd. I, Art. 11 Rdnr. 13; zustimmend *Trierweiler*, Wohnungsverweisung und Rückkehrverbot, S. 106.

1049 *Kunig*, JURA 1990, 306 (308); *ders.*, in: *v. Münch / Kunig*, GG, Bd. I, Art. 11 Rdnr. 13; zustimmend *Hailbronner*, in: *Isensee / Kirchhof*, Hdb. StaatsR, Bd. VII, S. 329; *Trierweiler*, Wohnungsverweisung und Rückkehrverbot, S. 107; ähnlich *Antoni*, in: *Hömig*, GG, Art. 11 Rdnr. 4; *Pagenkopf*, in: *Sachs*, GG, Art. 11 Rdnr. 16; *Pieroth / Schlink / Kingreen / Poscher*, GRe, S. 214; ablehnend hingegen *Ziekow*, Über Freizügigkeit und Aufenthalt, S. 465, der sich die Frage stellt, „welcher heuristische Wert der Kombination für sich genommen untauglicher Kriterien zukommen soll[e]."

1050 Sowohl *Kunig*, in: *v. Münch / Kunig*, GG, Bd. I, Art. 11 Rdnr. 13, als auch *Durner*, in: *Maunz / Dürig*, GG, Bd. II, Art. 11 Rdnr. 79, weisen in diesem Zusammenhang zu Recht darauf hin, dass die Angrenzungskriterien der zuvor dargestellten Alternativlösungen somit doch mittelbaren Eingang in die Freizügigkeitsdefinition finden.

1051 *Durner*, in: *Maunz / Dürig*, GG, Bd. II, Art. 11 Rdnr. 82.

1052 *Trierweiler*, Wohnungsverweisung und Rückkehrverbot, S. 107.

Bedeutung sind,[1053] können demnach zur Eröffnung des Schutzbereichs des Art. 11 I GG führen.[1054]

b) Aufenthaltsrelevanz der Gefährderansprache

Es stellt sich nun die Frage, ob die Gefährderansprache über eine entsprechende „Aufenthaltsrelevanz" verfügt. Dies würde voraussetzen, dass dem mit der Versammlungsteilnahme verbundenen Ortswechsel, den das Handlungsinstrument der Gefährderansprache zu unterbinden versucht, unter Berücksichtigung der zuvor dargestellten Gesichtspunkte eine „über die normale Bewegungsfreiheit hinausgehende Bedeutung zukommt."[1055] Hierfür spricht bereits eine Betrachtung unter zeitlichen Kriterien. So bezweckt die Gefährderansprache gerade im Vorfeld internationaler politischer Gipfeltreffen, einem der Hauptanwendungsfelder, die Anreise zu den nicht selten mehrtägigen Gegenveranstaltungen zu verhindern und umfasst dabei einen „freizügigkeitsrelevanten Zeitraum".[1056] Der Eröffnung des Schutzbereichs steht jedoch auch die auf lediglich wenige Stunden beschränkte Versammlungsteilnahme nicht entgegen, sofern die übrigen Kriterien diesen Umstand im Wege einer Gesamtschau kompensieren können.[1057] Indizielle Bedeutung für die Einschlägigkeit des Art. 11 I GG hat dabei bereits die Tatsache, dass der Besuch einer Versammlung in aller Regel ein Verlassen des unmittelbaren Lebenskreises erfordern wird. Auch gilt es zu bedenken, dass es sich hierbei gerade nicht um einen alltäglichen Vorgang, vergleichbar etwa dem des Einkaufens oder Spazierengehens, handelt.[1058] Maßgebend ist indes, dass die Versammlungsfreiheit dem Bürger die Möglichkeit bietet, „seine Meinung in der Öffentlichkeit deutlich zu artikulieren",[1059] um auf diesem Wege „aktiv Einfluss auf die … demokratische Staatswillensbildung zu nehmen."[1060] Als „eines der

---

1053 Entgegen teils anders lautender Auffassungen – beispielsweise *Pieroth*, JuS 1985, 81 (83) – kann der Zweck des Aufenthalts somit durchaus von Bedeutung für die Frage der Einschlägigkeit des Grundrechts sein.

1054 *Trierweiler*, Wohnungsverweisung und Rückkehrverbot, S. 107.

1055 So die bereits angesprochene Definition von *Durner*, in: *Maunz / Dürig*, GG, Bd. II, Art. 11 Rdnr. 82.

1056 Das Begriffspaar von *Trierweiler*, Wohnungsverweisung und Rückkehrverbot, S. 104, verwendend.

1057 Allgemein *Trierweiler*, Wohnungsverweisung und Rückkehrverbot, S. 107.

1058 Dies gilt wohl selbst für Personen, die regelmäßig an Versammlungen teilnehmen.

1059 *Geis*, in: *Friauf / Höfling*, GG, Bd. I, Art. 8 Rdnr. 13.

1060 *Herzog*, in: *Maunz / Dürig*, GG, Bd. II, Losebl. (Stand: Juni 2006), Art. 8 Rdnr. 9, zitiert nach: *Geis*, in: *Friauf / Höfling*, GG, Bd. I, Art. 8 Rdnr. 13.

vornehmsten Menschenrechte überhaupt",[1061] ist ihre Inanspruchnahme daher von überragender Bedeutung für den Einzelnen. „Indem der Demonstrant ... seine Persönlichkeit in unmittelbarer Weise"[1062] entfaltet, erlangt der mit der Versammlungsteilnahme verbundene Mobilitätsvorgang somit auch unter Berücksichtigung der Persönlichkeitsrelevanz eine besondere Qualität. Festzuhalten bleibt somit, dass die Gefährderansprache jedenfalls im Regelfall über die geforderte „Aufenthaltsrelevanz" verfügt.

2. Träger des Grundrechts

Der Entstehungsgeschichte des deutschen Nationalstaats geschuldet,[1063] erstreckt sich der personelle Schutzbereich des Art. 11 I GG ausschließlich auf Deutsche im Sinne des Art. 116 I GG.[1064] Ausländer können sich dagegen nicht auf das Grundrecht der Freizügigkeit berufen.[1065] Ob dies auch für Unionsbürger gilt, ist angesichts des Art. 21 AEUV, der einen Anspruch auf völlige Gleichstellung verbürgt, umstritten.[1066] So wird zum Teil gefordert, „Unionsbürger Deutschen interpretatorisch gleichzustellen".[1067] Wie bereits im Rahmen der Prüfung von Art. 8 I GG dargelegt,[1068] vermag diese Sichtweise aufgrund des eindeutigen Wortlauts der betreffenden Grundrechtsbestimmungen nicht zu überzeugen. Vielmehr erscheint auch im Hinblick auf die Grundrechtsträgerschaft von EU-Ausländern eine Lösung über Art. 2 I GG vorzugswürdig.[1069] Dabei sind jedoch die strengen Maßstäbe des speziellen Freiheitsrechts so anzulegen,[1070] dass die

1061 *BVerfGE* 69, 315 (344 f.).

1062 *BVerfGE* 69, 315 (345).

1063 Ziel des deutschen Nationalstaats war es zunächst, die Gleichstellung aller Staatsangehörigen sicherzustellen (*Huber*, in: *Merten / Papier*, Hdb. GRe, Bd. II, S, 1147 m.w.N.). Somit diente die Freizügigkeit der Inländergleichbehandlung (*Hailbronner*, in: *Isensee / Kirchhof*, Hdb. StaatsR, Bd. VII, S. 312).

1064 *Hailbronner*, in: *Isensee / Kirchhof*, Hdb. StaatsR, Bd. VII, S. 311 f. m.w.N.; *Huber*, in: *Merten / Papier*, Hdb. GRe, Bd. II, S, 1147.

1065 Für sie kann unmittelbar nur Art. 2 II 2, I GG herangezogen werden (*Frenzel*, JuS 2011, 595 [597]).

1066 *Durner*, in: *Maunz / Dürig*, GG, Bd. II, Art. 11 Rdnr. 64.

1067 *Heintzen*, in: *Merten / Papier*, Hdb. GRe, Bd. II, S, 1188; bezogen auf Art. 11 GG etwa *Frenzel*, JuS 2011, 595 (597), sowie *Jarass*, in: *ders. / Pieroth*, GG, Art. 11 Rdnr. 6.

1068 Vgl. 2. Teil. 2. Kap. A. I. 5.

1069 Explizit mit Blick auf Art. 11 GG *Durner*, in: *Maunz / Dürig*, GG, Bd. II, Art. 11 Rdnr. 65; allg. *Heintzen*, in: *Merten / Papier*, Hdb. GRe, Bd. II, S, 1188 f.

1070 *Dreier*, GG, Bd. I, Vorb. v. Art 1 Rdnr. 116; *Schroeder*, GRe, S. 33, bezogen auf Art. 8 I GG.

Unionsbürger letztendlich in den Genuss einer „qualifizierten und derjenigen der Deutschen gleichwertigen Grundrechtsposition."[1071] gelangen.

3. *Verhältnis zu Art. 8 I GG*

Erst die Klärung der grundrechtlichen Konkurrenzrelation erlaubt es jedoch festzustellen, an welcher Grundrechtsnorm die betreffende hoheitliche Maßnahme tatsächlich zu messen ist.[1072] Dies führt zu der Frage, in welchem Verhältnis das Grundrecht der Freizügigkeit zu Art. 8 GG steht.[1073] Anknüpfend an die allgemeinen methodischen Regeln zur Konkurrenzdogmatik bedarf es hierzu einer Analyse der sachlichen Tatbestände der miteinander konkurrierenden Verfassungsnormen.[1074] Ob eine dieser Normen einen engeren Bezug zu dem in Rede stehenden Lebenssachverhalt aufweist, orientiert sich dabei in erster Linie an den Gegebenheiten des jeweiligen Einzelfalls.[1075]

Wie bereits dargelegt, entfaltet das Grundrecht der Versammlungsfreiheit seine Wirkung bereits im Vorfeld einer Versammlung.[1076] Vom Gewährleistungsgehalt des Art. 8 I GG umfasst ist daher auch der Zugang beziehungsweise die Anreise zum Versammlungsort.[1077] Gleichzeitig garantiert Art. 11 I GG allen Deutschen „das Recht, an jedem Orte innerhalb des Bundesgebiets Aufenthalt und Wohnsitz zu nehmen."[1078] Dabei kommt es auf den Grund des Ortswechsels gerade nicht an.[1079] Eben jene Neutralität des Zwecks[1080] bewirkt jedoch, dass Art. 8 I GG

1071 *Dreier*, GG, Bd. I, Vorb. v. Art 1 Rdnr. 116.

1072 *Heß*, Grundrechtskonkurrenzen, S. 15 f.

1073 Allg. zur Konkurrenz von Grundrechten des Grundgesetzes *Stern*, StaatsR, Bd. III/2, S. 1363 ff.

1074 *Heß*, Grundrechtskonkurrenzen, S. 93, 149.

1075 *Heß*, Grundrechtskonkurrenzen, S. 149; *Stern*, StaatsR, Bd. III/2, S. 1397.

1076 *Depenheuer*, in: *Maunz / Dürig*, GG, Bd. II, Art. 8 Rdnr. 75; *Höfling*, in: *Sachs*, GG, Art. 8 Rdnr. 22.

1077 *BVerfGE* 69, 315 (349); 84, 203 (209); *Depenheuer*, in: *Maunz / Dürig*, GG, Bd. II, Art. 8 Rdnr. 75; *Enders*, JURA 2003, 34 (36); *Geis*, in: *Friauf / Höfling*, GG, Bd. I, Art. 8 Rdnr. 35; *Gusy*, in: *v. Mangoldt / Klein / Starck*, GG, Bd. I, Art. 8 Rdnr. 30; *Hofmann-Hoeppel*, DÖV 1992, 867 (868 m.w.N.); *Schulze-Fielitz*, in: *Dreier*, GG, Bd. I, Art. 8 Rdnr. 33; kritisch *Kunig*, in: *v. Münch / Kunig*, GG, Bd. I, Art. 8 Rdnr. 18, der gleichwohl davon spricht, dass „Maßnahmen im Vorfeld … die Grundrechtsausübung nicht aushöhlen" dürfen.

1078 *BVerfGE* 2, 266 (273); nahezu identisch *BVerfGE* 43, 203 (211); 80, 137 (150).

1079 *Epping*, GRe, S. 337; *Ziekow*, in: *Friauf / Höfling*, GG, Bd. I, Art. 11 Rdnr. 50.

1080 *Epping*, GRe, S. 337; *Ziekow*, in: *Friauf / Höfling*, GG, Bd. I, Art. 11 Rdnr. 50.

materiell ins „Zentrum der Grundrechtsbetroffenheit“[1081] rückt.[1082] So stellt die Anreise zu einer Versammlungsstätte gegenüber dem zweckneutralen Grundrecht aus Art. 11 I GG einen qualifizierenden Zweck dar,[1083] dessen rechtliche Beurteilung sich in erster Linie am sachnäheren Art. 8 I GG orientiert. Als „inhaltsbestimmendes Grundrecht“[1084] ist die Versammlungsfreiheit daher „dichter“[1085] an dem hier zu beurteilenden Lebenssachverhalt als Art. 11 I GG. Dies hat zur Folge, dass – neben der Meinungsfreiheit[1086] – auch Art. 11 I GG durch die insoweit speziellere Gewährleistung des Art. 8 I GG verdrängt wird.[1087] Im Verhältnis zum Grundrecht der Freizügigkeit kommt Art. 8 I GG daher vorrangige Bedeutung zu.

V. Ausreisefreiheit – Art. 2 I GG

Wird dem Adressaten einer Gefährderansprache nahe gelegt, sich nicht an einer Versammlung im Ausland zu beteiligen, könnte darüber hinaus die grundrechtlich geschützte Ausreisefreiheit betroffen sein. Deren normative Grundlage findet sich nach mittlerweile herrschender Auffassung nicht in Art. 11 I GG, sondern in Art. 2 I GG.[1088] Gegen das Ansinnen, die Ausreisefreiheit dem Schutzbereich der Freizügigkeit zu unterstellen,[1089] spricht dabei insbesondere der Wortlaut von Art. 11 I GG („im ganzen Bundesgebiet“) sowie der sich auf Beschränkungen im Inland beziehende Gesetzesvorbehalt in Absatz zwei.[1090]

1081 Allg. *Heß*, Grundrechtskonkurrenzen, S. 156.

1082 *Depenheuer*, in: *Maunz / Dürig*, GG, Bd. II, Art. 8 Rdnr. 75.

1083 *Depenheuer*, in: *Maunz / Dürig*, GG, Bd. II, Art. 8 Rdnr. 75.

1084 Allg. *Heß*, Grundrechtskonkurrenzen, S. 154.

1085 Allg. *Heß*, Grundrechtskonkurrenzen, S. 156.

1086 Siehe 2. Teil 2. Kap. A. III. 3.

1087 So zu Recht *Depenheuer*, in: *Maunz / Dürig*, GG, Bd. II, Art. 8 Rdnr. 187; anders *BVerwGE* 129, 142 (154); *Gusy*, in: *v. Mangoldt / Klein / Starck*, GG, Bd. I, Art. 8 Rdnr. 91; *Schulze-Fielitz*, in: *Dreier*, GG, Bd. I, Art. 8 Rdnr. 132; *Ziekow*, in: *Friauf / Höfling*, GG, Bd. I, Art. 11 Rdnr. 50, die – ohne dies zu begründen – davon ausgehen, dass beide Grundrechte nebeneinander zur Anwendung kommen.

1088 So bereits *BVerfGE* 6, 32 (34 ff.); 72, 200 (245); zustimmend u.a. *Hailbronner*, in: *Isensee / Kirchhof*, Hdb. StaatsR, Bd. VII, S. 359; *Hofmann*, in: *Umbach / Clemens*, GG, Bd. I, Art. 11 Rdnr. 27; *Kunig*, in: *v. Münch / Kunig*, GG, Bd. I, Art. 11 Rdnr. 15; *Randelzhofer*, in: BK, Bd. III, Art. 11 Rdnr. 78 ff.; *Rossi*, AöR 127 (2002), 612 (614 ff.); *Wollenschläger*, in: *Dreier*, GG, Bd. I, Art. 11 Rdnr. 31; *Ziekow*, in: *Friauf / Höfling*, GG, Bd. I, Art. 11 Rdnr. 74.

1089 So aber insbesondere *Hesse*, VerfR, S. 164.

1090 *BVerfGE* 6, 32 (34 ff.); *Frenzel*, JuS 2011, 595 (596); *Wollenschläger*, in: *Dreier*, GG, Bd. I, Art. 11 Rdnr. 31.

Auch finden sich in der Entstehungsgeschichte des Grundgesetzes keinerlei Anhaltspunkte, die den Verdacht nahelegen, der Verfassungsgeber habe die Ausreisefreiheit in Art. 11 I GG garantieren wollen.[1091]

Art. 8 I GG schützt bekanntermaßen bereits die Anreise zu einer Versammlung.[1092] Beabsichtigt der Versammlungsteilnehmer, hierzu das Staatsgebiet der Bundesrepublik Deutschland zu verlassen, ist auch die Ausreisemöglichkeit als Voraussetzung einer solchen Anreise an Art. 8 I GG zu messen.[1093] Dass der Schutzgehalt der Ausreisefreiheit in diesem Fall über den der Versammlungsfreiheit hinausreicht, ist nicht ersichtlich. Maßgebende Bedeutung kommt somit dem gegenüber Art. 2 I GG specialiter geltenden Art. 8 I GG zu.[1094] Auf ihre Vereinbarkeit mit der grundrechtlich geschützten Ausreisefreiheit ist die Gefährderansprache daher nicht zu untersuchen.

VI. Recht auf Freiheit der Person – Art. 2 II 2 GG

In engem Zusammenhang mit Art. 8 I GG steht überdies Art. 2 II 2 GG,[1095] der – anders als der Wortlaut der Bestimmung vermuten lässt – lediglich die körperliche Bewegungsfreiheit umfasst.[1096] Geschützt ist demnach das Recht, „im Rahmen der allgemeinen Rechtsordnung jeden an sich […] zugänglichen Ort aufzusuchen, sich dort aufzuhalten oder ihn zu verlassen".[1097] Ohne auf die Konturen des Schutzbereichs näher einzugehen, lässt sich bereits an dieser Stelle festhalten, dass auch Art. 2 II 2 GG durch den insoweit spezielleren Art. 8 I GG verdrängt wird.[1098]

1091 S. etwa *BVerfGE* 6, 32 (35). Vielmehr entschied sich der Parlamentarische Rat aus Sorge vor einer Stärkung der ohnehin existierenden Auswanderungsbereitschaft nach dem Ende des zweiten Weltkriegs bewusst dagegen (*Hofmann*, in: *Umbach / Clemens*, GG, Bd. I, Art. 11 Rdnr. 27).

1092 S. etwa *BVerfGE* 69, 315 (349); 84, 203 (209); *Enders*, JURA 2003, 34 (36).

1093 *Dietel / Gintzel / Kniesel*, VersG, § 1 Rdnr. 122.

1094 *Dietel / Gintzel / Kniesel*, VersG, § 1 Rdnr. 122.

1095 *Dietel / Gintzel / Kniesel*, VersG, § 1 Rdnr. 122.

1096 *Schulze-Fielitz*, in: *Dreier*, GG, Bd. I, Art. 2 II Rdnr. 98 m.w.N.; *Starck*, in: *v. Mangoldt / Klein / Starck*, GG, Bd. I, Art. 2 II Rdnr. 196 m.w.N.

1097 *Schulze-Fielitz*, in: *Dreier*, GG, Bd. I, Art. 2 II Rdnr. 99, unter Bezugnahme auf *BVerfGE* 94, 166 (198); 105, 239 (248).

1098 *Geis*, in: *Friauf / Höfling*, GG, Bd. I, Art. 8 Rdnr. 136; *Kloepfer*, in: *Isensee / Kirchhof*, Hdb. StaatsR, Bd. VII, S. 1029 f.; *Schulze-Fielitz*, in: *Dreier*, GG, Bd. I, Art. 8 Rdnr. 126; ausführlich *Dietel / Gintzel / Kniesel*, VersG, § 1 Rdnr. 123 ff. Einer weitergehenden Schutzbereichsprüfung stünde darüber hinaus der Umstand entgegen, dass Art. 2 II 2 GG und Art. 11 GG, dessen Schutzbereich trotz der Verdrängung durch den spezielleren Art. 8 I GG als eröffnet anzusehen ist (s. insoweit 2. Teil 2. Kap. A. IV. 1.),

Vorrangige Bedeutung kommt daher dem Grundrecht der Versammlungsfreiheit zu.

VII. Allgemeines Persönlichkeitsrecht – Art. 2 I i.V.m. Art. 1 I GG

Erfolgt die Gefährderansprache im Beisein Dritter, könnte jedoch zugleich der Schutzbereich des allgemeinen Persönlichkeitsrechts betroffen sein.[1099]

Als „Produkt richterlicher Rechtsfortbildung“[1100] ist das allgemeine Persönlichkeitsrecht vom Bundesverfassungsgericht aus Art. 2 I GG in Verbindung mit Art. 1 I GG hergeleitet worden.[1101] Im Gegensatz zur allgemeinen Handlungsfreiheit, die – einem weiten Schutzbereichsverständnis folgend – grundsätzlich „jede Form menschlichen Handels“ schützt,[1102] dient das allgemeine Persönlichkeitsrecht vor allem der Wahrung der Integrität des Einzelnen.[1103] Es gewährleistet jene „Elemente der Persönlichkeit, die nicht Gegenstand der besonderen Freiheitsgarantien des Grundgesetzes sind, diesen aber in ihrer konstituierenden Bedeutung für die Persönlichkeit nicht nachstehen.“[1104] Aufgrund seiner Entwicklungsoffenheit ist es dabei in der Lage, auch neuartigen Gefährdungen

---

im „Verhältnis gegenseitiger Exklusivität“ zueinander stehen (*Durner*, in: *Maunz / Dürig*, GG, Bd. II, Art. 11 Rdnr. 166; genauso *Gusy*, in: *v. Mangoldt / Klein / Starck*, GG, Bd. I, Art. 11 Rdnr. 65).

1099 Von vornherein ausgeschlossen ist die Eröffnung des Schutzbereichs daher, wenn die Polizei nicht den unmittelbaren persönlichen Kontakt zum Betroffenen sucht, sondern auf das Handlungsinstrument des Gefährder*anschreibens* zurückgreift. Dieses unterscheidet sich von der Gefährder*ansprache* dadurch, dass die „Ermahnung, Störungen der öffentlichen Sicherheit zu unterlassen“ (*Rachor*, in: *Lisken / Denninger*, Hdb. PolR, S. 540), in schriftlicher Form erfolgt. Die Gefahr eines „Anprangerungseffekts“ besteht in diesem Fall nicht (*Rachor*, in: *Lisken / Denninger*, Hdb. PolR, S. 541).

1100 *Dreier*, GG, Bd. I, Art. 2 I Rdnr. 69.

1101 S. etwa *BVerfGE* 27, 1 (6); 35, 202 (219 f.); 54, 148 (153); 72, 155 (170). Nicht zutreffend ist indes, dass beide Grundrechte kumulativ zur Anwendung kommen. Während das allgemeine Persönlichkeitsrecht seine Wurzeln in Art. 2 I GG hat, dient Art. 1 I GG als Interpretationsrichtlinie zur Bestimmung von Inhalt und Umfang (*Murswiek*, in: *Sachs*, GG, Art. 2 Rdnr. 63 m.w.N.; *Pieroth / Schlink / Kingreen / Poscher*, GRe, S. 93).

1102 *BVerfGE* 80, 137 (152).

1103 *Dreier*, GG, Bd. I, Art. 2 I Rdnr. 69; *Lang*, in: *Epping / Hillgruber*, GG, Art. 2 Rdnr. 31.

1104 *BVerfGE* 120, 274 (303); nahezu wortgleich *BVerfGE* 99, 185 (193); ähnlich *BVerfGE* 54, 148 (153).

flexibel zu begegnen.[1105] Zu den verschiedenen Teilgehalten[1106] des allgemeinen Persönlichkeitsrechts gehört unter anderem das „Verfügungsrecht über die Darstellung der eigenen Person, die soziale Anerkennung sowie die persönliche Ehre."[1107] Hiervon umfasst ist auch der „Schutz vor Äußerungen, die geeignet sind, sich abträglich auf das Ansehen der Person, insbesondere ihr Bild in der Öffentlichkeit, auszuwirken."[1108] Indem sie das „Ansehen des Einzelnen schmälern, seine sozialen Kontakte schwächen und infolgedessen sein Selbstwertgefühl untergraben können",[1109] gefährden eben jene Äußerungen die freie Entfaltung der Persönlichkeit.[1110]

Die Polizei ist grundsätzlich gehalten, die Gefährderansprache unmittelbar und ohne Einbeziehung weiterer Personen an den Adressaten zu richten.[1111] Es erscheint gleichwohl nicht ausgeschlossen, dass zum Zeitpunkt der Durchführung auch Dritte zugegen sein könnten.[1112] Dies betrifft etwa den Fall, dass die Ansprache am Arbeitsplatz des potentiellen Gefahrenverursachers oder an sonstigen auch Dritten zugänglich gemachten Orten erfolgt.[1113] Wie bereits erwähnt, schützt Art. 2 I in Verbindung mit Art. 1 I GG vor Äußerungen, die geeignet sind, einen Ansehens- und Ehrverlust des Einzelnen herbeizuführen.[1114] Hierzu gehören nicht zuletzt sozialethische Unwerturteile[1115] wie die Gefährderansprache. Dies hat zur Folge, dass der Schutzbereich des allgemeinen Persönlichkeitsrechts in Form des Rechts der persönlichen Ehre betroffen ist.[1116,1117]

1105 *Dreier*, GG, Bd. I, Art. 2 I Rdnr. 69, unter Verweis auf *BVerfGE* 54, 148 (153); *Epping*, GRe, S. 281.

1106 Vgl. zu den einzelnen Elementen des allgemeinen Persönlichkeitsrechts etwa *Germann*, JURA 2010, 734 (736 ff.), sowie *Degenhart*, JuS 1992, 361 [363 ff.].

1107 *BVerfGE* 114, 339 (346); zustimmend u.a. *Epping*, GRe, S. 282 f.; *Jarass*, in: *ders.* / *Pieroth*, GG, Art. 2 Rdnr. 40 f.

1108 *BVerfGE* 114, 339 (346); nahezu identisch *BVerfGE* 99, 185 (193).

1109 *BVerfGE* 99, 185 (194).

1110 *BVerfGE* 99, 185 (194); genauso *Britz*, Freie Entfaltung durch Selbstdarstellung, S. 83.

1111 *Rachor*, in: *Lisken / Denninger*, Hdb. PolR, S. 541 f.

1112 *Kießling*, DVBl. 2012, 1210 [1212]; *Rachor*, in: *Lisken / Denninger*, Hdb. PolR, S. 541.

1113 *Kießling*, DVBl. 2012, 1210 [1212]; *Rachor*, in: *Lisken / Denninger*, Hdb. PolR, S. 541.

1114 *BVerfGE* 99, 185 (193); 114, 339 (346).

1115 *Rachor*, in: *Lisken / Denninger*, Hdb. PolR, S. 541.

1116 *Franz / Günther*, NWVBl. 2006, 201 (206); *Kießling*, DVBl. 2012, 1210 (1212); *Rachor*, in: *Lisken / Denninger*, Hdb. PolR, S. 541; wohl auch *Schenke*, POR, S. 355.

1117 Keine Schwierigkeiten ergeben sich im Hinblick auf den personellen Schutzbereich. Dieser erstreckt sich wie bei den übrigen „Jedermann-Grundrechten" auf alle natürlichen Personen (bzgl. Art. 2 I i.V.m. Art. 1 I GG *Germann*, JURA 2010, 734 [741]).

VIII. Allgemeine Handlungsfreiheit – Art. 2 I GG

Das Verhältnis der allgemeinen Handlungsfreiheit zu Art. 8 I GG bemisst sich nach dem lex-specialis-Grundsatz.[1118] Soweit die Versammlungsfreiheit in sachlicher und personeller Hinsicht betroffen ist, tritt Art. 2 I GG als „Auffanggrundrecht" stets zurück.[1119] Lediglich der versammlungsrechtliche Status von ausländischen Staatsangehörigen richtet sich daher nach Art. 2 I GG.[1120] Eine gesonderte Betrachtung erfordert in diesem Zusammenhang die Rolle der Unionsbürger.[1121] „Im Sinne einer europarechtskonformen Grundrechtsinterpretation"[1122] gelangen diese durch die faktische Anhebung des grundrechtlichen Schutzniveaus auf das des Art. 8 I GG in den Genuss einer „qualifizierten und derjenigen der Deutschen gleichwertigen Grundrechtsposition."[1123]

IX. Zwischenergebnis

Es lässt sich hiermit Folgendes festhalten: Die Gefährderansprache berührt zuvorderst den Schutzbereich des Art. 8 I GG. Da Träger dieses Grundrechts ausschließlich Deutsche im Sinne von Art. 116 I GG sind, erfolgt der Grundrechtsschutz für ausländische Staatsangehörige über Art. 2 I GG.[1124] Einen „qualifizierte[n]"[1125] Schutz genießen dabei die Unionsbürger. Einzelfallabhängig[1126] kann neben der Versammlungsfreiheit auch das allgemeine Persönlichkeitsrecht betroffen sein,

---

1118 *Depenheuer*, in: *Maunz / Dürig*, GG, Bd. II, Art. 8 Rdnr. 188; *Geis*, in: *Friauf / Höfling*, GG, Bd. I, Art. 8 Rdnr. 135; *Gusy*, in: in: *v. Mangoldt / Klein / Starck*, GG, Bd. I, Art. 8 Rdnr. 92; *Starck*, in: in: *v. Mangoldt / Klein / Starck*, GG, Bd. I, Art. 2 I Rdnr. 49, 51.

1119 *Depenheuer*, in: *Maunz / Dürig*, GG, Bd. II, Art. 8 Rdnr. 188; *Gusy*, in: in: *v. Mangoldt / Klein / Starck*, GG, Bd. I, Art. 8 Rdnr. 92; *Kunig*, in: *v. Münch / Kunig*, GG, Bd. I, Art. 8 Rdnr. 38; *Schulze-Fielitz*, in: *Dreier*, GG, Bd. I, Art. 8 Rdnr. 126; allgemein zur Anwendungssubsidiarität des Art. 2 I GG *BVerfGE* 6, 32 (37); *Di Fabio*, in: *Maunz / Dürig*, GG, Bd. I, Art. 2 I Rdnr. 21 ff.; *Lorenz*, in: BK, Bd. I, Art. 2 I Rdnr. 73 ff.

1120 *Schulze-Fielitz*, in: *Dreier*, GG, Bd. I, Art. 8 Rdnr. 55; ebenso *Geis*, in: *Friauf / Höfling*, GG, Bd. I, Art. 8 Rdnr. 135; *Gusy*, in: *v. Mangoldt / Klein / Starck*, GG, Bd. I, Art. 8 Rdnr. 92; *Kunig*, in: *v. Münch / Kunig*, GG, Bd. I, Art. 8 Rdnr. 38; a.A. jedoch *Depenheuer*, in: *Maunz / Dürig*, GG, Bd. II, Art. 8 Rdnr. 188 m.w.N.

1121 *Dreier*, GG, Bd. I, Vorb. v. Art 1 Rdnr. 74. S. hierzu bereits die ausführliche Erörterung unter 2. Teil 2. Kap. A. I. 5.

1122 *Dreier*, GG, Bd. I, Vorb. v. Art 1 Rdnr. 116.

1123 *Dreier*, GG, Bd. I, Vorb. v. Art 1 Rdnr. 116.

1124 *Epping*, GRe, S. 263.

1125 *Bauer / Kahl*, JZ 1995, 1077 (1085).

1126 Vgl. 2. Teil 2. Kap. A. VII.

sofern die Ermahnung, sich nicht an gewaltsamen Aktionen zu beteiligen, im Beisein Dritter erfolgt. Nicht zu messen ist die Gefährderansprache hingegen an den Grundrechten aus Art. 5 I 1, 1. Hs., 11 I GG, die von der insoweit spezielleren Gewährleistung des Art. 8 I GG verdrängt werden.

B. Eingriffsqualität der Gefährderansprache

Soweit der Schutzbereich eines Grundrechts eröffnet ist, stellt sich die Frage nach einem die verfassungsrechtliche Rechtfertigungsbedürftigkeit auslösenden Grundrechtseingriff.[1127,1128] Ein derartiger Eingriff setzt voraus, dass eine „nicht unerhebliche Einwirkung des Staates auf ein grundrechtliches Schutzgut gegen den Willen des Grundrechtsträgers" vorliegt.[1129] Zu unterscheiden ist dabei zwischen dem „klassischen" und dem „modernen" Eingriffsbegriff.[1130] Ob die versammlungsbezogene Gefährderansprache über die geforderte Eingriffsqualität verfügt, gilt es im Verlauf des nun folgenden Abschnitts zu klären.

I. „Klassischer" Eingriffsbegriff

Bei einer im Versammlungsvorfeld durchgeführten Gefährderansprache könnte es sich zunächst um einen „klassischen" Grundrechtseingriff handeln. Der als klassisch apostrophierte Grundrechtseingriff[1131] bezeichnet nach allgemeiner Auffassung einen rechtsförmigem Akt, der „unmittelbar und gezielt (final) durch ein vom Staat verfügtes, erforderlichenfalls zwangsweise durchzusetzendes Ge- oder Verbot, also imperativ, zu einer Verkürzung grundrechtlicher Freiheiten

---

1127 *Epping*, GRe, S. 170, der darauf hinweist, dass die Frage der Eingriffsqualität darüber hinaus etwa für das Prinzip vom Vorbehalt des Gesetzes (Art. 20 III GG) bedeutsam ist; ebenso *Isensee*, in: *ders. / Kirchhof*, Hdb. StaatsR, Bd. IX, S. 463, der dem Eingriff eine „Schlüsselposition für das Abwehrrecht" attestiert; zustimmend *Voßkuhle / Kaiser*, JuS 2009, 313.

1128 Ausführlich zur Dogmatik des Grundrechtseingriffs *Sachs*, in: *Stern*, StaatsR, Bd. III/2, S. 75 ff.

1129 *Isensee*, in: *ders. / Kirchhof*, Hdb. StaatsR, Bd. IX, S. 463.

1130 *Epping*, GRe, S. 170; *Isensee*, in: *ders. / Kirchhof*, Hdb. StaatsR, Bd. IX, S. 464 ff.; *Sodan*, GG, Vorb. v. Art. 1 Rdnr. 47 ff.; *Volkmann*, StaatsR II, S. 34 f.; *Voßkuhle / Kaiser*, JuS 2009, 313, die dem Leser einen prägnanten Überblick über die beiden Formen des Grundrechtseingriffs verschaffen.

1131 *Sachs*, in: *Stern*, StaatsR, Bd. III/2, S. 82 m.w.N. Vgl. stellvertretend etwa *v. Arnauld*, StaatsR, S. 154; *Callies*, in: *Merten / Papier*, Hdb. GRe, Bd. II, S. 975; *Jarass*, NVwZ 1984, 473 (476); *Scherzberg*, Grundrechtsschutz und „Eingriffsintensität", S. 142; *Zippelius / Würtenberger*, StaatsR, S. 208.

führt."[1132] Maßgebend sind somit die Kriterien der Rechtsförmigkeit, Finalität, Unmittelbarkeit und Imperativität. Diese müsste die Gefährderansprache auf sich vereinen.

1. Rechtsförmigkeit

Erforderlich ist zunächst, dass die Gefährderansprache einen rechtsförmigen Akt darstellt. Ein solcher zeichnet sich dadurch aus, dass er – anders als der Realakt – rechtliche und nicht bloß tatsächliche Wirkungen auslöst.[1133] Dies trifft unter anderem auf die „zentrale normative Handlungsform der Verwaltung",[1134] den Verwaltungsakt, zu.[1135] Um eine derartige Handlungsform könnte es sich möglicherweise auch bei der Gefährderansprache handeln.

a) Gefährderansprache als Verwaltungsakt

Der „personell [...] eng mit dem ‚Meister der deutschen Verwaltungsrechtswissenschaft' Otto Mayer verbunden[e]"[1136] Verwaltungsakt umfasst eine – wenngleich sehr umfangreiche – Gruppe administrativer Maßnahmen, die verbindende Merkmale aufweisen und gemeinsamen Rechtsregeln unterliegen.[1137] Nach der Legaldefinition des § 35 S. 1 VwVfG[1138] handelt es sich dabei um „jede Verfügung, Entscheidung oder andere hoheitliche Maßnahme, die eine Behörde zur Regelung eines Einzelfalls auf dem Gebiet des öffentlichen Rechts trifft und die auf unmittelbare Rechtswirkung nach außen gerichtet ist." Die Gefährderansprache müsste diese – der Abgrenzung gegenüber den sonstigen Formen staatlichen Handelns dienenden[1139] – Begriffsmerkmale aufweisen.

1132 *BVerfGE* 105, 279 (300).

1133 *Pieroth / Schlink / Kingreen / Poscher*, GRe, S. 62; *Sachs*, in: *Stern*, StaatsR, Bd. III/2, S. 126 f.

1134 *Herrmann*, ZJS 2011, 25.

1135 Rechtsakte im Sinne des klassischen Eingriffsbegriffs stellen darüber hinaus etwa Gesetze, Verordnungen und Urteile dar (S. etwa *Bleckmann*, StaatsR II, S. 412).

1136 *Schmidt-De Caluwe*, Der Verwaltungsakt in der Lehre Otto Mayers, S. 19.

1137 *Maurer*, Allg. VerwR, S. 198, der in diesem Zusammenhang verschiedene Beispiele nennt; ausführlich zum Verwaltungsakt etwa *Bull / Mehde*, Allg. VerwR, S. 288 ff.; *Kopp / Ramsauer*, VwVfG, § 35 Rdnr. 1 ff.; *Ruffert*, in: *Erichsen / Ehlers*, Allg. VerwR, S. 669 ff.

1138 Gleichlautende Definitionen finden sich in den Verwaltungsverfahrensgesetzen der einzelnen Bundesländer – einzig § 106 I LVwG SH verwendet anstatt „hoheitlich[e]" das Begriffspaar „öffentlich-rechtlich[e]" – sowie in den Bestimmungen der §§ 118 AO, 31 SGB X.

1139 *Kopp / Ramsauer*, VwVfG, § 35 Rdnr. 1; *Maurer*, Allg. VerwR, S. 199.

aa) Bestimmung der einzelnen Begriffsmerkmale

Voraussetzung ist zunächst, dass es sich bei einer Gefährderansprache um eine „hoheitliche Maßnahme" handelt. Unter einer Maßnahme ist „jedes Tun mit Erklärungswert"[1140] zu verstehen. Hoheitlich ist eine Maßnahme immer dann, wenn sie einseitig erlassen wird.[1141] Durch das Merkmal der Einseitigkeit unterscheidet sich der Verwaltungsakt somit von der vertraglichen, im gegenseitigen Einvernehmen zustande gekommenen Regelung.[1142] Die Gefährderansprache stellt eine Willensäußerung der Verwaltung dar, die auf die eine ihr vorgelagerte Entscheidungsfindung zurückzuführen ist.[1143] Sie erfolgt darüber hinaus gerade unabhängig vom Willen des potentiell Betroffenen[1144] und ist somit als „hoheitliche Maßnahme" im Sinne von § 35 S. 1 VwVfG zu werten. In Gestalt der Polizei- und Ordnungsbehörden werden überdies Stellen tätig, die „Aufgaben der öffentlichen Verwaltung unter Einsatz obrigkeitlicher Gewalt"[1145] wahrnehmen und dadurch dem Behördenbegriff des § 1 IV VwVfG unterfallen.[1146] Dieses Tätigwerden müsste allerdings „auf dem Gebiet des öffentlichen Rechts" erfolgen. Notwendig ist demnach ein „Handeln aufgrund einer wirklichen oder vermeintlichen [...] öffentlich-rechtlichen Befugnis".[1147] Dies trifft auf die versammlungsbezogene Gefährderansprache zu, deren Rechtsgrundlage in der gefahrenabwehrrechtlichen Generalklausel zu finden ist.[1148] Indem die

---

1140 *Ziekow*, VwVfG, § 35 Rdnr. 22; in diesem Sinne auch *Jachmann / Drüen*, Allg. VerwR, S. 64, sowie *Peine*, Allg. VerwR, S. 83.

1141 *Ziekow*, VwVfG, § 35 Rdnr. 23; ebenso *Storr / Schröder*, Allg. VerwR, S. 107.

1142 *Ziekow*, VwVfG, § 35 Rdnr. 23; ferner *Kopp / Ramsauer*, VwVfG, § 35 Rdnr. 60; *Storr / Schröder*, Allg. VerwR, S. 107; zur Wirksamkeit des so genannten mitwirkungsbedürftigen Verwaltungsakts vgl. *Pünder*, in: *Erichsen / Ehlers*, Allg. VerwR, S. 463 m.w.N.

1143 Anknüpfend an die von *Peine*, Allg. VerwR, S. 83, herausgearbeiteten Kriterien zum Begriffsmerkmal der „hoheitliche[n] Maßnahme".

1144 Ebda.

1145 *Kopp / Ramsauer*, VwVfG, § 35 Rdnr. 65 m.w.N.

1146 Näher zum Begriffsmerkmal der „Behörde" u.a. *Braun / Kanzok / Müller*, Allg. VerwR, S. 80 f.; *Detterbeck*, Allg. VerwR, S. 138 f.; *Jachmann / Drüen*, Allg. VerwR, S. 62.

1147 *Kopp / Ramsauer*, VwVfG, § 35 Rdnr. 70; genauso *Ziekow*, VwVfG, § 35 Rdnr. 24. Demgegenüber misst *Detterbeck*, Allg. VerwR, S. 143, diesem Merkmal keine eigenständige Bedeutung zu.

1148 Beispielhaft *OVG Lüneburg* NJW 2006, 391; *OVG Magdeburg* NVwZ-RR 2012, 720 (721); *Hebeler*, NVwZ 2011, 1364 (1366); fallbezogen *Jötten / Tams*, JuS 2008, 436 (439); näher hierzu auch 2. Teil 2. Kap. C. II. 2.

Gefährderansprache eine konkrete Veranstaltung in den Blick nimmt und sich an einen individuell bestimmbaren Adressaten richtet,[1149] betrifft sie auch einen „Einzelfall".[1150] Schließlich greift sie über den verwaltungsinternen Bereich hinaus[1151] und verfügt somit über die notwendige „Außenwirkung".[1152]

bb) Regelungscharakter der Gefährderansprache

Ob die Gefährderansprache tatsächlich einen Verwaltungsakt darstellt, ist jedoch mit Blick auf den von § 35 S. 1 VwVfG geforderten Regelungsgehalt fraglich. Eine Regelung ist immer dann anzunehmen, „wenn die Maßnahme der Behörde ihrem objektiven Gehalt nach darauf gerichtet ist, eine verbindliche Rechtsfolge zu setzen. Dies ist der Fall, wenn Rechte des Betroffenen unmittelbar begründet, geändert, aufgehoben, mit bindender Wirkung festgestellt oder verneint werden."[1153] Dem Begriffsmerkmal der Regelung kommt somit die Funktion zu, das Ziel der jeweiligen Maßnahme zu bestimmen.[1154] Am Regelungscharakter mangelt es insbesondere den rein tatsächlichen Verwaltungshandlungen.[1155] Hierzu gehören solche behördlichen Erklärungen, die „gerade keine unmittelbaren Rechtswirkungen hervorbringen sollen."[1156] Zu nennen sind in diesem Zusammenhang

---

1149 S. etwa *OVG Lüneburg* NJW 2006, 391.

1150 Dem Kriterium des Einzelfalls kommt somit die Aufgabe zu, den Verwaltungsakt von der abstrakt-generellen Rechtsnorm abzugrenzen. Näher hierzu u.a. *Peine*, Allg. VerwR, S. 89 ff.; *Storr / Schröder*, Allg. VerwR, S. 110 f.; *Trockels*, in: *Schweickhardt / Vondung*, Allg. VerwR, S. 73 ff.

1151 Anknüpfend an die Ausführungen von *Dorf*, JA 2011, 116 (119), sowie *Maurer*, Allg. VerwR, S. 209, zur Bestimmung des Kriteriums der Außenwirkung.

1152 Auszuschließen sind demnach solche Maßnahmen, deren Adressat keine außerhalb der Verwaltung stehende Person ist (*Achterberg*, Allg. VerwR, S. 418); vgl. zur Außenwirkung auch *Kopp / Ramsauer*, VwVfG, § 35 Rdnr. 124 ff; *Trockels*, in: *Schweickhardt / Vondung*, Allg. VerwR, S. 72 f.

1153 *BVerwGE* 111, 246 (251); nahezu identisch *BVerwGE* 77, 268 (271).

1154 *Peine*, Allg. VerwR, S. 87.

1155 Gleiches gilt für Vorbereitungs- und Teilakte, sofern sie noch keine abschließende Regelung treffen, sowie für rechtserhebliche Willenserklärungen der Behörde ohne Anordnungscharakter (*Detterbeck*, Allg. VerwR, S. 144 ff.; *Maurer*, Allg. VerwR, S. 200 ff. m.w.N.). So handelt es sich etwa bei der Bewertung einzelner Prüfungsarbeiten im Rahmen eines mehrteiligen Prüfungsverfahrens nicht um einen Verwaltungsakt (beispielhaft *BVerwG* DVBl. 1994, 1356; *BVerwG* DVBl. 2003, 871). Nicht regelnden Charakters ist darüber hinaus u.a. die behördliche Aufrechnungserklärung (*BVerwGE* 66, 218 [220]; *VGH München* NJW 1997, 3392).

1156 *Maurer*, Allg. VerwR, S. 201 f.; so auch *Kopp / Ramsauer*, VwVfG, § 35 Rdnr. 91.

etwa bloße Mitteilungen,[1157] Hinweise,[1158] Informationen,[1159] Empfehlungen[1160] und Warnungen.[1161]

Die versammlungsspezifische Gefährderansprache zeichnet sich üblicherweise durch eine Verknüpfung einzelner Formen schlichthoheitlichen Handelns aus. So enthält sie zunächst Informationen über die „in der Vergangenheit zur Last gelegten Verhaltensauffälligkeiten“[1162] des Betroffenen.[1163] Gleichzeitig beinhaltet sie die Empfehlung, sich nicht an gewaltsamen Aktionen zu beteiligen beziehungsweise gar nicht erst den Versammlungsort aufzusuchen.[1164] Hiermit einher geht für gewöhnlich der warnende Hinweis, dass gegen die betreffende Person vorgegangen werde, sollte sie trotz der Ermahnung Straftaten begehen.[1165] Maßgebend ist somit die Intention, dem potentiellen Gefahrenverursacher ein bestimmtes Verhalten „lediglich“ nahelegen zu wollen. Konkrete Rechte und Pflichten begründet die Gefährderansprache demgegenüber nicht. Trotz ihres „appellativen Charakters“[1166] wird sie daher typischerweise keine Regelungswirkung aufweisen.

Etwas anderes kann nur dann gelten, wenn die Gefährderansprache sich nicht auf warnende Hinweise beschränkt, sondern zugleich konkrete Ge- und Verbote enthält.[1167] Dies beurteilt sich einzelfallabhängig danach, wie der Betroffene „bei objektiver Auslegung analog §§ 157, 133 BGB die Erklärung oder das Verhalten der Behörde verstehen durfte oder musste.“[1168] Maßgebende Bedeutung kommt

---

1157 Etwa *OLG Düsseldorf* NVwZ-RR 1993, 452.

1158 Etwa *BVerwGE* 51, 55.

1159 Etwa *BVerwG* NVwZ-RR 1991, 200; *BVerwG* NJW 1992, 1641.

1160 Etwa *BVerwGE* 71, 183 = NJW 1985, 2774.

1161 Etwa *BVerwGE* 82, 76; *BVerwG* NJW 1991, 1766.

1162 *VG Göttingen*, Urt. v. 27. Januar 2004 – 1 A 1014/02, fallbezogen etwa *Jötten / Tams*, JuS 2008, 436.

1163 *Rachor*, in: *Lisken / Denninger*, Hdb. PolR, S. 541.

1164 *VG Göttingen*, Urt. v. 27. Januar 2004 – 1 A 1014/02; *Hebeler*, NVwZ 2011, 1364.

1165 *Kießling*, DVBL. 2012, 1210, unter Bezugnahme auf *VG Göttingen*, Urt. v. 27. Januar 2004 – 1 A 1014/02; *Rachor*, in: *Lisken / Denninger*, Hdb. PolR, S. 540.; fallbezogen *Jötten / Tams*, JuS 2008, 436.

1166 *Rachor*, in: *Lisken / Denninger*, Hdb. PolR, S. 541.

1167 *OVG Magdeburg* NVwZ-RR 2012, 720; anders beispielsweise *Hebeler*, NVwZ 2011, 1364 (1365); *Kießling*, DVBl. 2012, 1210 (1211); *Rachor*, in: *Lisken / Denninger*, Hdb. PolR, S. 541; *Tettinger / Erbguth / Mann*, Bes. VerwR, S. 223, die den Regelungscharakter einer Gefährderansprache zu Unrecht pauschal verneinen.

1168 *Kopp / Ramsauer*, VwVfG, § 35 Rdnr. 54, unter Bezugnahme auf *BVerwGE* 48, 279 (281); 49, 244 (247); 60, 223 (228 f.); allgemein zur Auslegung von Rechtsnormen *Wank*, Die Auslegung von Gesetzen, 2011.

somit dem Empfängerhorizont, nicht jedoch dem Erklärungswillen der Behörde zu.[1169] Bejahen lässt sich der Regelungscharakter, wenn die Gefährderansprache „aus der Sicht eines verständigen Empfängers“[1170] nicht anders zu deuten ist, als dass dem Adressaten „einseitig hoheitlich ein bestimmtes Tun und Unterlassen auferlegt“ wird.[1171] Über das unverbindliche Nahelegen und allgemein gehaltene Empfehlen[1172] hinaus bedarf es mithin einer expliziten Aufforderung, konkret benannte und einzeln aufgezählte Verhaltensweisen zu unterlassen.[1173] Zu Recht als Regelung und somit auch als Verwaltungsakt zu werten ist daher die an eine potentielle Versammlungsteilnehmerin ergangene Aufforderung, im Zuge einer gegen Rechtsextremismus gerichteten Kundgebung Beleidigungen, Tätlichkeiten gegenüber anderen Personen, Sachbeschädigungen sowie das Verwenden von Kennzeichen und Symbolen verfassungswidriger Organisationen zu unterlassen.[1174]

b) Zwischenfazit

Ob es sich bei einer Gefährderansprache um einen Verwaltungsakt im Sinne von § 35 S. 1 VwVfG handelt, beurteilt sich nach den konkreten Umständen des Einzelfalls. Von zentraler Bedeutung ist dabei die Frage, ob der Betroffene sich lediglich warnenden Hinweisen ausgesetzt sieht oder Adressat konkreter Ge- und Verbote ist. Keine Zustimmung verdient somit die von Teilen der Literatur geäußerte Auffassung, einer Gefährderansprache mangele es per se am Regelungscharakter. Wenngleich dies für die Mehrzahl entsprechender Maßnahmen durchaus gelten mag, ist stets zu prüfen, wie der Angesprochene die Erklärung der Behörde verstehen durfte. Wird ihm bloß anheimgestellt, eine bestimme Verhaltensweise zu unterlassen, fehlt es der Gefährderansprache an der Regelungswirkung und damit der Verwaltungsaktsqualität. Mangels Rechtsförmigkeit scheidet ein klassischer Grundrechtseingriff aus.[1175] Sofern die Gefährderansprache hingegen die explizite Aufforderung zu einem bestimmten Tun oder Unterlassen enthält, ist sie regelnden Charakters und stellt zugleich einen

---

1169 *OVG Magdeburg* NVwZ-RR 2012, 720; *Kluth*, NVwZ 1990, 608 (610); *Ziekow*, VwVfG, § 35 Rdnr. 8.

1170 *OVG Magdeburg* NVwZ-RR 2012, 720.

1171 *OVG Magdeburg* NVwZ-RR 2012, 720.

1172 *Jöttens / Tams*, JuS 2008, 436 (437).

1173 So *OVG Magdeburg* NVwZ-RR 2012, 720.

1174 *OVG Magdeburg* NVwZ-RR 2012, 720.

1175 In Betracht kommt in diesem Fall jedoch eine Beeinträchtigung im Sinne des modernen Eingriffsbegriffs (S. hierzu 2. Teil 2. Kap. B. II.).

rechtsförmigen Akt dar. Um einen klassischen Grundrechtseingriff zu verkörpern, müsste sie jedoch auch dessen sonstige Merkmale aufweisen. Dies soll im Folgenden geklärt werden.

2. *Weitere Kriterien des klassischen Eingriffsbegriffs*

Eine mit Regelungswirkung versehene Gefährderansprache müsste im Übrigen „gezielt [...] zu einer Verkürzung grundrechtlicher Freiheiten“[1176] führen. Dies setzt voraus, dass die Beeinträchtigung des Schutzbereichs durch die staatliche Maßnahme gerade bezweckt ist.[1177] Ausgeschlossen sind somit „unbeabsichtigte Folgen eines auf andere Ziele gerichteten Staatshandelns.“[1178] Durch die Anwendung versammlungsspezifischer Gefährderansprachen beabsichtigt die handelnde Behörde, potentielle Gefahrenverursacher von der Teilnahme an einer Versammlung abzuhalten.[1179] Gerade im Hinblick auf Art. 8 I GG ist eine gezielte Beeinträchtigung grundrechtlicher Freiheiten somit zu bejahen. Diese Grundrechtsbeeinträchtigung erfolgt darüber hinaus auch unmittelbar, das heißt ohne weitere Zwischenursachen,[1180] da eine mit Ge- und Verboten verknüpfte Gefährderansprache direkt auf die Herbeiführung belastender Rechtsfolgen gerichtet ist.[1181] Im Gegensatz zur bloßen Empfehlung[1182] handelt es sich bei einer Gefährderansprache mit Verwaltungsaktsqualität schließlich um eine rechtsverbindliche Anordnung und demzufolge eine Maßnahme mit imperativen Gehalt. Es lässt sich demnach festhalten, dass eine Gefährderansprache, die dem Adressaten „ein bestimmtes Tun und Unterlassen [explizit] auferlegt“,[1183] als belastender Verwaltungsakt den „Prototyp“[1184] des klassischen Grundrechtseingriffs verkörpert.

1176 *BVerfGE* 105, 279 (300).
1177 *Epping*, GRe, S. 171.
1178 *Pieroth / Schlink / Kingreen / Poscher*, GRe, S. 62; genauso *Voßkuhle / Kaiser*, JuS 2009, 313.
1179 Etwa *Hebeler*, NVwZ 2011, 1364 m.w.N.
1180 *Epping*, GRe, S. 171.
1181 Anknüpfend an die Definition von *Schroeder*, GRe, S. 38, zum Kriterium der Unmittelbarkeit; zum gegenteiligen Fall einer nur mittelbaren Beeinträchtigung vgl. beispielhaft *Muckel*, Anm. z. *BVerfG*, Beschl. v. 21. Dezember 2011 - 1 BvR 2007/10, in: JA 2012, 312.
1182 *Epping*, GRe, S. 171.
1183 *OVG Magdeburg* NVwZ-RR 2012, 720.
1184 *Dreier*, GG, Bd. I, Vorb. v. Art 1 Rdnr. 124; ebenso *Bleckmann*, StaatsR II, S. 412.

II. „Moderner“ Eingriffsbegriff

Sofern die Gefährderansprache mangels Regelungscharakter keinen Rechtsakt darstellt, könnte sie jedoch als „funktionales Äquivalent“[1185] zur Beeinträchtigung grundrechtlicher Freiheiten führen.

1. Allgemeines

Dass der Abwehrgehalt der Grundrechte nicht nur bei klassischen Eingriffen betroffen sein kann, erkannten Vertreter des modernen Grundrechtsverständnisses spätestens in den 1970er Jahren.[1186] Ursächlich hierfür war die in immer mehr Lebenslagen zu Berührungspunkten und Konfliktmöglichkeiten zwischen Staat und Bürger führende Veränderung staatlicher Handlungsformen im Zuge der Entwicklung hin zum sozialen Rechtsstaat.[1187] Diesem Umstand trägt der – allgemein anerkannte[1188] – moderne beziehungsweise erweiterte[1189] Eingriffsbegriff Rechnung,[1190] der sämtliche Merkmale der tradierten Argumentationsfigur ausweitet.[1191] Eingriffscharakter kommt demnach „jedem staatlichen Handeln zu, das dem einzelnen ein Verhalten, das in den Schutzbereich eines Grundrechts

---

1185 So die Begriffswahl des Bundesverfassungsgerichts (etwa *BVerfGE* 105, 252 [273]; 105, 279 [303]; 116, 202 [222]).

1186 *Voßkuhle / Kaiser*, JuS 2009, 313.

1187 *Hillgruber*, in: *Isensee / Kirchhof*, Hdb. StaatsR, Bd. IX, S. 1020; *Pieroth / Schlink / Kingreen / Poscher*, GRe, S. 62; *Voßkuhle / Kaiser*, JuS 2009, 313; so auch *Bethge*, in: *Merten / Papier*, Hdb. GRe, Bd. III, S. 121, der vom „erweiterten Arsenal[s] staatlicher Sicherungstechniken spricht“; ferner *Peine*, in: *Merten / Papier*, Hdb. GRe, Bd. III, S. 97. Vgl. speziell zur Einwirkung dieser Entwicklung auf die verwaltungsrechtliche Theorie *Badura*, Verwaltungsrecht im liberalen und im sozialen Rechtsstaat, 1966.

1188 Statt vieler *Lenski*, ZJS 2008, 13 (14), sowie *Pieroth / Schlink / Kingreen / Poscher*, GRe, S. 62; wohl auch *Dreier*, GG, Bd. I, Vorb. v. Art 1 Rdnr. 125 m.w.N. Im Unterschied dazu bestimmt die Lehre vom funktionalen Schutzbereich den Schutzbereich eingriffsbezogen, indem sie danach fragt, ob der Schutzzweck des jeweiligen Grundrechts auch den konkreten (mittelbaren) Eingriff erfasst (*Epping*, GRe, S. 171 m.w.N.; *Kemmler*, JA 2005, 908 [911]).

1189 So etwa *Schaub*, Der Schutz kleiner Glaubensgemeinschaften vor staatlicher und privater Diskriminierung, S. 123; *Schlecht*, Behördliche Warnungen vor gesundheitsgefährdenden Produkten, S. 50; *Schmidt-Assmann*, Aufgaben und Perspektiven verwaltungsrechtlicher Forschung, S. 77.

1190 *Voßkuhle / Kaiser*, JuS 2009, 313.

1191 *Bethge*, in: *Merten / Papier*, Hdb. GRe, Bd. III, S. 121; *Epping*, GRe, S. 171.

fällt, ganz oder teilweise unmöglich macht."[1192] Hierher rechnen insbesondere Realakte,[1193] denen es am Kriterium des rechtsförmigen Zugriffs fehlt, sowie vom Staat nur mittelbar[1194] verursachte Beeinträchtigungen.[1195] Dabei bereitet die Frage nach den Kriterien für die Relevanz sonstiger Beeinträchtigungen zumindest dann keine größeren Probleme, wenn es sich um einen Fall staatlicher Alleinverantwortung handelt.[1196] Hierzu gehören auch warnende Hinweise der Exekutive, sofern sie – wie die Gefährderansprache – keine tripolaren Verhältnisse[1197] nach sich ziehen, die die Gefahr der Beeinträchtigung Dritter bergen. Faktische Grundrechtsbeeinträchtigungen durch schlicht-hoheitliches Handeln sind jedenfalls dann als Eingriff zu qualifizieren, wenn sie „in der Zielsetzung und in ihren Wirkungen [klassischen] Eingriffen gleichkommen."[1198] Mit Blick auf Art. 8 I GG bedarf es daher einer Maßnahme, die den Betroffenen von der Versammlungsteilnahme abzuhalten versucht.[1199] Ob dies auf eine Gefährderansprache (ohne Regelungscharakter) zutrifft, soll im Folgenden untersucht werden.

1192 *Peine*, in: *Merten / Papier*, in: Hdb. GRe, Bd. III, S. 98; zustimmend etwa *Hillgruber*, in: *Isensee / Kirchhof*, Hdb. StaatsR, Bd. IX, S. 1020; *Pieroth / Schlink / Kingreen / Poscher*, GRe, S. 62.

1193 Ausführlich hierzu *Schulte*, Schlichtes Verwaltungshandeln, 1995.

1194 Vgl. etwa *BVerfGE* 113, 63 (76); *Bethge*, in: *Merten / Papier*, Hdb. GRe, Bd. III, S. 113 ff.; *Gusy*, NJW 2000, 977 (982 ff.); *Muckel*, Anm. z. *BVerfG*, Beschl. v. 21. Dezember 2011 – 1 BvR 2007/10, in: JA 2012, 312; *Murswiek*, NVwZ 2003, 1.

1195 *BVerfGE* 116, 202 (222); *Dreier*, GG, Bd. I, Vorb. v. Art 1 Rdnr. 125; *Jarass*, in: *ders. / Pieroth*, GG, Vorb. v. Art. 1 Rdnr. 28; ebenso *Bethge*, in: *Merten / Papier*, Hdb. GRe, Bd. III, S. 121 f., 131 der in diesem Zusammenhang zu Recht darauf hinweist, dass die „beiden Modalitäten zwar benachbart, aber keinesfalls deckungsgleich" sind.

1196 *Sachs*, GG, Vorb. v. Art. 1 Rdnr. Rdnr. 83, 88. Darüber hinaus hat sich eine „allgemein akzeptierte Dogmatik" zur Frage, unter welchen Voraussetzungen ein „sonstiger Eingriff" (so *Jarass*, in: *Merten / Papier*, Hdb. GRe, Bd. II, S. 633) anzunehmen ist, (noch) nicht herausgebildet (*Dreier*, GG, Bd. I, Vorb. v. Art 1 Rdnr. 126, der in diesem Zusammenhang auch einen Überblick über die verschiedenen Ansätze liefert; so auch *Schulte*, Schlichtes Verwaltungshandeln, S. 88, der – im Hinblick auf die Fälle mittelbarer Grundrechtsbeeinträchtigungen – gar von einem „dogmatischen Chaos" spricht).

1197 Vgl. insoweit etwa *Lenski*, ZJS 2008, 13, sowie *Weber-Dürler*, VVDStRL 57 (1998), 57 (71).

1198 *BVerfGE* 116, 202 (222); ähnlich in der Wortwahl *BVerfGE* 105, 252 (273); 110, 177 (191).

1199 *Jarass*, in: *ders. / Pieroth*, GG, Art. 8 Rdnr. 13, sowie *Kloepfer*, in: *Isensee / Kirchhof*, Hdb. StaatsR, Bd. VII, S. 1012, unter Bezugnahme auf *BVerfGE* 65, 1 (43).

2. *Verbleibender Entscheidungsspielraum*

Ziel einer schlicht-hoheitlichen Gefährderansprache ist es, zum Zwecke der Verhütung von Straftaten[1200] potentiellen Gefahrenverursachern nahezulegen, bestimmte Veranstaltungsstätten gar nicht erst aufzusuchen.[1201] Von ihrem mit Regelungswirkung versehenen Pendant, das zur Untermauerung dieser Intention zugleich konkrete Ge- und / oder Verbote enthält,[1202] unterscheidet sie sich mit Blick auf die Zielrichtung somit allenfalls graduell. Gleichkommen müsste sie ihm jedoch auch in ihren Wirkungen.[1203] Dabei ist zunächst darauf hinzuweisen, dass jeder Grundrechtsträger „ständigen – auch staatlichen – Einflussnahmen im Bereich der Willensbildung und -entschließung ausgesetzt [ist]."[1204] Dies trifft in besonderem Maße auf Willensentscheidungen nach Art. 8 I GG zu. Angesichts der einer freiheitlichen demokratischen Grundordnung immanenten geistigen Auseinandersetzung ist jedoch zu bedenken, dass nicht jede dieser Einflussnahmen einen Grundrechtseingriff darstellt.[1205] Ob die geforderte Eingriffsqualität gegeben ist, beurteilt sich vielmehr danach, wie viel Handlungsspielraum dem Betroffenen im jeweiligen Einzelfall verbleibt, um eine eigenverantwortliche Entscheidung zu treffen.[1206] Von maßgebender Bedeutung ist somit der konkrete Inhalt der Ansprache. Beschränkt sich dieser lediglich auf allgemein gehaltene Hinweise und Informationen, ohne dass dem Adressaten gegenüber konkrete sicherheitsbehördliche Maßnahmen angesprochen werden, ist der Eingriffscharakter mangels einschüchternder Wirkung[1207] grundsätzlich abzulehnen.[1208] Demgegenüber führt die Bezugnahme auf konkrete, dem Betroffenen in der Vergangenheit zur Last gelegte Verhaltensweisen sowie auf die polizeiliche Relevanz eines gleichgelagerten Verhaltens regelmäßig dazu, dass der Einzelne im Hinblick auf Art. 8 I GG keine Entschließungsfreiheit mehr für sich

---

1200 S. 1. Teil 3. Kap. der Bearbeitung.

1201 *Hebeler*, NVwZ 2011, 1364; fallbezogen *Unkroth*, JURA 2008, 464.

1202 Vgl. hierzu nur *OVG Magdeburg* NVwZ-RR 2012, 720.

1203 Allg. *BVerfGE* 105, 252 (273); 110, 177 (191); 116, 202 (222).

1204 *VG Göttingen*, Urt. v. 27. Januar 2004 – 1 A 1014/02.

1205 *VG Göttingen*, Urt. v. 27. Januar 2004 – 1 A 1014/02.

1206 *VG Göttingen*, Urt. v. 27. Januar 2004 – 1 A 1014/02; zustimmend *Arzt*, Die Polizei 2006, 156 (157); *Kießling*, DVBl. 2012, 1210 (1211).

1207 Vgl. zur einschüchternden Wirkung einer versammlungsbezogenen Videoüberwachung *VG Berlin* NVwZ 2010, 1442 (1443), sowie – auf die Entscheidung bezugnehmend – *Roggan*, NVwZ 2010, 1402.

1208 *VG Göttingen*, Urt. v. 27. Januar 2004 – 1 A 1014/02.

sieht.[1209] Begrenzt wird der Spielraum der individuellen Willensentscheidung dabei insbesondere durch die Furcht vor polizeilicher Überwachung und daraus resultierenden Folgemaßnahmen.[1210] Dies hat zur Folge, dass die Eingriffsqualität dann gegeben ist, wenn die Gefährderansprache das Ziel verfolgt, vom Adressaten nicht bloß als unverbindliche Empfehlung, sondern als unmissverständlicher Appell aufgefasst zu werden,[1211] der ihn vernünftigerweise keinen anderen Entschluss wird treffen lassen, als den, der Empfehlung Folge zu leisten.[1212] Ob der Betroffene durch die Ansprache tatsächlich wie gewünscht eingeschüchtert wird, ist dabei nicht entscheidend.[1213] Vielmehr reicht unabhängig vom konkreten Erfolg der „allgemeine Einschüchterungs- und Abschreckungseffekt".[1214] Lässt sich dieser bejahen, wirkt die Gefährderansprache zielgerichtet zu Lasten des Betroffenen und stellt folgerichtig einen Eingriff im Sinne des modernen Eingriffsbegriffs dar.

3. *„Anprangerungseffekt"*

Sofern sie im Beisein Dritter erfolgt, greift die versammlungsspezifische Gefährderansprache zudem in den Schutzbereich des Allgemeinen Persönlichkeitsrechts in Form des Rechts der persönlichen Ehre aus Art. 2 I in Verbindung mit Art. 1 I GG ein.[1215] Ursächlich hierfür ist der ihr innewohnende „Anprangerungseffekt".[1216] Dieser beruht darauf, dass der Betroffene durch die im öffentlichen Raum ausgesprochene Ermahnung, sich nicht an gewaltsamen Aktionen zu beteiligen, in den Augen Dritter als potentieller Straftäter erscheint.[1217] Aufgrund des diskriminierenden Charakters[1218] der Gefährderansprache besteht somit die Möglichkeit

---

1209 *OVG Lüneburg* NJW 2006, 391 (392); *VG Göttingen*, Urt. v. 27. Januar 2004 - 1 A 1014/02; *Rachor*, in: *Lisken / Denninger*, Hdb. PolR, S. 541.

1210 *VG Göttingen*, Urt. v. 27. Januar 2004 - 1 A 1014/02.

1211 *VG Göttingen*, Urt. v. 27. Januar 2004 - 1 A 1014/02.

1212 *Rachor*, in: *Lisken / Denninger*, Hdb. PolR, S. 541.

1213 *Kießling*, DVBl. 2012, 1210 (1211).

1214 *Kießling*, DVBl. 2012, 1210 (1211 m.w.N.).

1215 *Franz / Günther*, NWVBl. 2006, 201 (206); *Kießling*, DVBl. 2012, 1210 (1212); *Rachor*, in: *Lisken / Denninger*, Hdb. PolR, S. 541; wohl auch *Schenke*, POR, S. 355.

1216 *Rachor*, in: *Lisken / Denninger*, Hdb. PolR, S. 541, zustimmend *Kießling*, DVBl. 2012, 1210 (1212);

1217 *Rachor*, in: *Lisken / Denninger*, Hdb. PolR, S. 541; genauso *Brenneisen / Wilksen*, VersR, S. 284. Ob ein solcher „Anprangerungseffekt" von der Polizei tatsächlich bezweckt wird, ist dabei nicht von Belang.

1218 *Schenke*, POR, S. 355.

eines nicht unerheblichen Ansehens- und Ehrverlusts gegenüber den anwesenden Personen.[1219] Auch dies darf nicht ohne rechtfertigenden Grund geschehen.[1220]

III. Zwischenergebnis

Obgleich es sich bei einer Gefährderansprache nicht zwangsläufig um einen Grundrechtseingriff handeln muss, wird dies in aller Regel der Fall sein.[1221] Dabei ist den Kriterien des klassischen Eingriffsbegriffs Genüge getan, sofern der Adressat explizit aufgefordert wird, konkret benannte und einzeln aufgezählte Verhaltensweisen zu unterlassen.[1222] Fehlt es der Gefährderansprache hingegen am Regelungscharakter und somit der Verwaltungsaktsqualität, kommt es entscheidend darauf an, wie viel Handlungsspielraum dem Betroffenen verbleibt, um eine eigenverantwortliche Entscheidung zu treffen.[1223] Dies beurteilt sich nach den konkreten Umständen des Einzelfalls.[1224]

C. Verfassungsrechtliche Rechtfertigung

Ein durch die Gefährderansprache hervorgerufener Grundrechtseingriff könnte jedoch gegebenenfalls gerechtfertigt sein.[1225]

Richtig ist, dass „die rechtstechnische Qualifikation als Eingriff … nicht ohne weiteres das Urteil über die Rechtswidrigkeit nach sich [zieht].“[1226] Zum Zwecke der Gewährleistung eines gedeihlichen Zusammenlebens in der staatlichen Gemeinschaft ist es vielmehr unausweichlich, die Ausübung grundrechtlicher Freiheiten auch zu begrenzen.[1227] Eine Grundrechtsverletzung ist somit erst dann zu bejahen, wenn der Eingriff unzulässig ist.[1228] Dies hängt zunächst davon ab, ob die Verfassung für das betroffene Grundrecht eine Beschränkungsmöglichkeit

---

1219 *Rachor*, in: *Lisken / Denninger*, Hdb. PolR, S. 541, der in diesem Zusammenhang auch von der Gefährderansprache als „sozialethisches Unwerturteil“ spricht.

1220 *Rachor*, in: *Lisken / Denninger*, Hdb. PolR, S. 541.

1221 *Rachor*, in: *Lisken / Denninger*, Hdb. PolR, S. 541; genauso *Brenneisen / Wilksen*, VersR, S. 283.

1222 So *OVG Magdeburg* NVwZ-RR 2012, 720.

1223 *VG Göttingen*, Urt. v. 27. Januar 2004 - 1 A 1014/02; zustimmend *Arzt*, Die Polizei 2006, 156 (157); *Kießling*, DVBl. 2012, 1210 (1211).

1224 *Rachor*, in: *Lisken / Denninger*, Hdb. PolR, S. 541.

1225 Allg. *Sodan*, GG, Vorb. v. Art. 1 Rdnr. 45.

1226 *Isensee*, in: *ders. / Kirchhof*, Hdb. StaatsR, Bd. IX, S. 469.

1227 *Müller-Franken*, in: *Schmidt-Bleibtreu / Hofmann / Hopfauf*, GG, Vorb. v. Art. 1 Rdnr. 38 m.w.N.

1228 *Sodan*, GG, Vorb. v. Art. 1 Rdnr. 50.

vorsieht.[1229] Darüber hinaus bedarf es zur Rechtfertigung eines Eingriffs einer verfassungsgemäßen gesetzlichen Grundlage.[1230] Schließlich müsste die auf dem Gesetz beruhende Einzelmaßnahme ihrerseits verfassungsgemäß sein.[1231]

I. Einschränkbarkeit der Grundrechte

Es stellt sich somit zunächst die Frage, ob und – wenn ja – unter welchen Voraussetzungen die von der Gefährderansprache beeinträchtigten Grundrechte einschränkbar sind.

1. Versammlungsfreiheit - Art. 8 I GG

Unter einen ausdrücklichen Gesetzesvorbehalt stellt Art. 8 II GG solche Versammlungen, die „unter freiem Himmel" stattfinden.[1232] Dies setzt voraus, dass „der Versammlungsort zu den Seiten hin offen und damit für jedermann zugänglich ist."[1233] Auf eine Überdachung der Versammlungsfläche kommt es dabei nicht an.[1234] Dem Anwendungsbereich des Art. 8 II GG entzogen sind aufgrund ihrer geringeren Störanfälligkeit[1235] Versammlungen in geschlossenen Räumen. Gleichwohl können auch sie beschränkt werden, wenn dies zum Schutz kollidierender Verfassungsgüter zwingend geboten ist.[1236] Die wichtigsten verfassungsimmanenten Schranken ergeben sich dabei aus den Grundrechten Dritter.[1237] So kann gegen eine Versammlung in geschlossenen Räumen insbesondere dann

1229 *Müller-Franken*, in: *Schmidt-Bleibtreu / Hofmann / Hopfauf*, GG, Vorb. v. Art. 1 Rdnr. 38.

1230 *Manssen*, StaatsR II, S. 139; *Pieroth / Schlink / Kingreen / Poscher*, GRe, S. 83.

1231 *Pieroth / Schlink / Kingreen / Poscher*, GRe, S. 83.

1232 *Michael / Morlok*, GRe, S. 316.

1233 *Michael / Morlok*, GRe, S. 316. Zur Frage, ob dies auf ein Flughafengebäude zutrifft *BVerfGE* 128, 226 (255 f.).

1234 *Manssen*, GRe, S. 138; *Pieroth / Schlink / Kingreen / Poscher*, GRe, S. 191. Entscheidend für die Abgrenzung ist somit, ob die Versammlung „in räumlich unmittelbarer Auseinandersetzung mit einer unbeteiligten Öffentlichkeit erfolgt" oder nicht (*Jarass*, in: *ders. / Pieroth*, GG, Art. 8 Rdnr. 17, unter Bezug auf *BVerfGE* 128, 226 [256]).

1235 *BVerfGE* 128, 226 (256); *Höfling*, Fälle GRe, S. 7 m.w.N.

1236 *BVerwG* DVBl. 1999, 1740 (1742); *Höfling*, Fälle GRe, S. 7; *Jarass*, in: *ders. / Pieroth*, GG, Art. 8 Rdnr. 20; *Manssen*, GRe, S. 142; *Schneider*, in: *Epping / Hillgruber*, GG, Art. 8 Rdnr. 53.

1237 *Michael / Morlok*, GRe, S. 337.

vorgegangen werden, wenn die Verletzung von Personen[1238] oder die Beeinträchtigung fremden Sacheigentums droht.[1239]

Anwendung findet eine Gefährderansprache immer dann, wenn „die Möglichkeit unmittelbarer Einwirkung der Versammelten oder der Versammlung auf die Rechtssphäre Dritter“[1240] besteht. Dies trifft in erster Linie auf Versammlungen unter freiem Himmel zu.[1241] Die sich als Kollektiv im öffentlichen Raum bewegenden[1242] Versammlungen unter freiem Himmel finden in enger „Berührung mit der Außenwelt“[1243] statt. Dabei können sich Emotionalisierungen „schneller zuspitzen und eventuell Gegenreaktionen provozieren.“[1244] Im Vergleich zu den in abgeschirmten Räumen stattfindenden Zusammenkünften besteht ein weitaus höheres, weniger beherrschbares Gefahrenpotential,[1245] das eine Ausweitung regulierender Instanzen und Vorkehrungen[1246] erfordert.[1247] Von maßgebender Bedeutung ist daher der Einschränkungsvorbehalt des Art. 8 II GG.[1248]

1238 *BVerwG* NVwZ 1999, 991 (992).

1239 *Jarass*, in: *ders. / Pieroth*, GG, Art. 8 Rdnr. 20; *Schulze-Fielitz*, in: *Dreier*, GG, Bd. I, Art. 8 Rdnr. 74.

1240 Allg. *Gusy*, in: *v. Mangoldt / Klein / Starck*, GG, Bd. I, Art. 8 Rdnr. 54.

1241 Hierzu gehören insbesondere die auf öffentlichen Straßen und Plätzen abgehaltenen (Groß-)Demonstrationen, die den Idealtyp der Versammlung unter freiem Himmel ausmachen.

1242 *BVerfGE* 128, 226 (256).

1243 *BVerfGE* 69, 315 (348).

1244 *BVerfGE* 128, 226 (256).

1245 *BVerfGE* 128, 226 (256).

1246 Nicht zuletzt in Form der versammlungsspezifischen Gefährderansprache.

1247 *BVerfGE* 128, 226 (255 f.); *Gusy*, in: *v. Mangoldt / Klein / Starck*, GG, Bd. I, Art. 8 Rdnr. 54 m.w.N.

1248 Dass eine Gefährderansprache auch im Vorfeld einer Versammlung in „geschlossenen Räumen“ Anwendung finden könnte, ist hiermit keineswegs ausgeschlossen. Wird die Versammlungsfreiheit tatsächlich aufgrund kollidierenden Verfassungsrechts beschränkt, ist jedoch im Rahmen der Verhältnismäßigkeit besondere Zurückhaltung geboten (*Jarass*, in: *ders. / Pieroth*, GG, Art. 8 Rdnr. 20). Erforderlich ist daher, den Konflikt zwischen dem Träger eines vorbehaltlos gewährleisteten Grundrechts und anderen verfassungsrechtlich geschützten Gütern nach dem Grundsatz der praktischen Konkordanz zu lösen. Dieser verlangt, dass alle beteiligten Rechtspositionen einen möglichst schonenden Ausgleich erfahren (*BVerfGE* 93, 1 [21 m.w.N.]).

2. *Allgemeines Persönlichkeitsrecht – Art. 2 I i.V.m. Art. 1 I GG*

Auch das von der Gefährderansprache potentiell beeinträchtigte allgemeine Persönlichkeitsrecht unterliegt der grundsätzlichen Einschränkbarkeit.[1249] Dabei ist zu beachten, dass die dogmatische Verankerung dieses vom Bundesverfassungsgericht[1250] entwickelten unbenannten Freiheitsrechts in Art. 2 I GG zu finden ist.[1251] Dessen Schranken kommen daher auch im Hinblick auf das allgemeine Persönlichkeitsrecht zur Anwendung.[1252] Dies gilt nicht zuletzt dann, wenn – wie im Fall der Gefährderansprache – anstelle der Intim- und Privatsphäre der Geltungsanspruch in der Öffentlichkeit und damit die Sozialsphäre des Grundrechtsträgers betroffen ist.[1253] Obgleich Art. 2 I GG nach seinem Wortlaut eine so genannte „Schrankentrias“[1254] enthält, ist einzig der Vorbehalt der verfassungsmäßigen Ordnung von Bedeutung.[1255] Dieser umfasst, einem extensiven Begriffsverständnis folgend,[1256] die Gesamtheit aller Normen, die „formell und materiell der Verfassung gemäß sind.“[1257] Die Schranke der verfassungsmäßigen

---

1249 *Born*, Schadensersatz bei Datenschutzverstößen, S. 44; ausführlich zum allgemeinen Persönlichkeitsrecht etwa *Germann*, JURA 2010, 734, sowie *Martini*, JA 2009, 839.

1250 Vgl. etwa *BVerfGE* 6, 389 (433); 27, 1 (6); 27, 344 (351); 34, 269 (281 f.).

1251 So u.a. *Morgenroth*, Interesse als Einflussfaktor auf die Gesetzesbildung, Gesetzesanwendung und Vertragsgestaltung im Rahmen der Sportvermarktung, S. 166; *Murswiek*, in: *Sachs*, GG, Art. 2 Rdnr. 63; *Pieroth / Schlink / Kingreen / Poscher*, GRe, S. 93; *Schmalz*, GRe, S. 185.

1252 *BVerfGE* 65, 1 (43 f.); *Di Fabio*, in: *Maunz / Dürig*, GG, Bd. I, Art. 2 I Rdnr. 133; *Epping*, GRe, S. 291; *Horn*, in: *Stern / Becker*, GG, Art. 2 Rdnr. 93; *Jarass*, in: *ders. / Pieroth*, GG, Art. 2 Rdnr. 58; *Pieroth / Schlink / Kingreen / Poscher*, GRe, S. 96; für die Anwendung des Art. 2 II 3 GG noch *BVerfGE* 32, 373 (379); 34, 238 (246).

1253 *Germann*, JURA 2010, 734 (742).

1254 Etwa *Kahl*, Die Schutzergänzungsfunktion von Art. 2 Abs. 1 Grundgesetz, S. 45.

1255 *Epping*, GRe, S. 257, 291; *Horn*, in: *Stern / Becker*, GG, Art. 2 Rdnr. 93; *Pieroth / Schlink / Kingreen / Poscher*, GRe, S. 96.

1256 *Murswiek*, in: Sachs, GG, Art. 2 Rdnr. 3 m.w.N.

1257 *BVerfGE* 6, 32; nahezu wortgleich *BVerfGE* 90, 145 (171 f.); 96, 10 (21). Keine eigenständige Bedeutung weisen daher die beiden anderen Schrankenregelungen des Art. 2 I GG auf, die selbst Teil der „verfassungsgemäßen Ordnung“ sind (*Dreier*, GG, Bd. I, Art. 2 I Rdnr. 52, sowie *Stern*, StaatsR, Bd. IV/1, S. 266, bzgl. der subjektiven Rechte anderer; *Jarass*, in: *ders. / Pieroth*, GG, Art. 2 Rdnr. 19; *Kloepfer*, VerfR II, S. 148; *Murswiek*, in: *Sachs*, GG, Art. 2 Rdnr. 99, bzgl. des Sittengesetzes).

Ordnung stellt damit nach einhelliger Auffassung einen einfachen Gesetzesvorbehalt dar.[1258]

3. *Allgemeine Handlungsfreiheit – Art. 2 I GG*

Wie bereits dargelegt,[1259] richtet sich der versammlungsrechtliche Status ausländischer Staatsangehöriger nach Art. 2 I GG.[1260] Maßgeblich ist somit auch in diesem Zusammenhang die Schranke der verfassungsmäßigen Ordnung.[1261]

4. *Fazit*

Festhalten lässt sich an dieser Stelle, dass die von der Gefährderansprache beeinträchtigten Grundrechte einschränkbar sind. Eine Rechtfertigung der Beeinträchtigung ist daher nicht von vornherein ausgeschlossen.

II. Verfassungsmäßigkeit des Schrankengesetzes

Auch bei einer Grundrechtsprüfung, die einen Akt der Exekutive zum Gegenstand, stellt sich zunächst die Frage nach der Verfassungsmäßigkeit des Schrankengesetzes, auf dem der in Rede stehende Eingriff beruht.[1262] Verfassungskonform müsste dieses sowohl in formeller als auch in materieller Hinsicht sein.[1263]

1. *Grundsatz vom Vorbehalt des Gesetzes*

a) Abgrenzung zu den grundrechtlichen Gesetzesvorbehalten

Ob ein Eingriff in den Schutzbereich eines oder mehrerer Grundrechte gerechtfertigt werden kann, hängt nach dem Prinzip vom Vorbehalt des Gesetzes davon ab, ob er „auf einer gesetzlichen Grundlage basiert oder auf eine

1258 *Di Fabio*, in: *Maunz / Dürig*, GG, Bd. I, Art. 2 I Rdnr. 38; *Epping*, GRe, S. 257; *Horn*, in: *Stern / Becker*, GG, Art. 2 Rdnr. 94; *Jarass*, in: *ders. / Pieroth*, GG, Art. 2 Rdnr. 18; *Murswiek*, in: *Sachs*, GG, Art. 2 Rdnr. 90; *Pieroth / Schlink / Kingreen / Poscher*, GRe, S. 97.

1259 S. 2. Teil 2. Kap. A. I. 5.

1260 *Schulze-Fielitz*, in: *Dreier*, GG, Bd. I, Art. 8 Rdnr. 55; ebenso *Geis*, in: *Friauf / Höfling*, GG, Bd. I, Art. 8 Rdnr. 135; *Gusy*, in: *v. Mangoldt / Klein / Starck*, GG, Bd. I, Art. 8 Rdnr. 92; *Kunig*, in: *v. Münch / Kunig*, GG, Bd. I, Art. 8 Rdnr. 38; a.A. jedoch *Depenheuer*, in: *Maunz / Dürig*, GG, Bd. II, Art. 8 Rdnr. 188 m.w.N.

1261 *Pieroth / Schlink / Kingreen / Poscher*, GRe, S. 94.

1262 Beispielhaft *Degenhart*, KK StaatsR II, S. 18.

1263 Beispielhaft *Degenhart*, KK StaatsR II, S. 16, 18.

solche zurückgeführt werden kann."[1264] Sinn und Zweck dieses Prinzips, das zusammen mit dem Vorrang[1265] des Gesetzes den Grundsatz der Gesetzmäßigkeit der Verwaltung bildet,[1266] ist es, hoheitliches Handeln für den Einzelnen voraussehbar und berechenbar zu machen sowie der Gefahr willkürlicher Vorgehensweisen entgegenzuwirken.[1267] Seine Grundlagen finden sich im Demokratie- und Rechtsstaatsprinzip sowie in den einzelnen grundrechtlichen Gesetzesvorbehalten.[1268] Dabei gilt es zu beachten, dass Letztere keineswegs deckungsgleich mit dem Vorbehalt des Gesetzes sind.[1269] Während der Begriff des (grundrechtlichen) Gesetzesvorbehalts die im Grundgesetz explizit vorgesehenen Möglichkeiten der Grundrechtsbegrenzung umschreibt,[1270] zielt der Vorbehalt des Gesetzes auf das Erfordernis einer besonderen gesetzlichen Grundlage für Grundrechtseingriffe ab.[1271] Handelt es sich bei dem Vorbehalt des Gesetzes um ein allgemeines „rechtsstaatliches Postulat",[1272] so stellen die grundrechtlichen Gesetzesvorbehalte dessen einzelne und bereichsspezifische Ausformungen dar.[1273] Die Gemeinsamkeit beider Begrifflichkeiten besteht gleichwohl darin, dass im jeweiligen Anwendungsbereich einschränkende Regelungen nur durch oder aufgrund eines Gesetzes erfolgen können.[1274]

1264 *Volkmann*, StaatsR II, S. 267. Dies gilt auch dann, wenn ein schrankenlos gewährleistetes Grundrecht beschränkt wird (etwa *BVerfGE* 128, 1 [41 m.w.N.]; *Jarass*, in: *ders. / Pieroth*, GG, Vorb. v. Art. 1 Rdnr. 51; *Ketteler*, DÖV 1990, 954 [957]; anders *Schulze-Fielitz*, in: *Dreier*, GG, Bd. I, Art. 8 Rdnr. 73 m.w.N.). Ausführlich zum Vorbehalt des Gesetzes *Krebs*, Vorbehalt des Gesetzes und Grundrechte, 1975.

1265 Dieser besagt, dass die Exekutive keine Handlungen vornehmen darf, die gegen gesetzliche Vorschriften verstoßen (*Erbguth*, Allg. VerwR, S. 95; *Bull / Mehde*, Allg. VerwR, S. 77).

1266 *Erbguth*, Allg. VerwR, S. 95; *Degenhart*, StaatsR I, S. 117.

1267 *Epping*, GRe, S. 176; so auch *Michael / Morlok*, GRe, S. 269.

1268 *Michael / Morlok*, GRe, S. 269; *Volkmann*, StaatsR II, S. 267 f.; allgemein zum Demokratie- und Rechtsstaatsprinzip *Hofmann*, in: *Schmidt-Bleibtreu / Hofmann / Hopfauf*, GG, Art. 20 Rdnr. 41 ff., 57 ff.

1269 *Heintschel v. Heinegg / Pallas*, GRe, S. 32; *Sachs*, VerfR II, S. 115 f.; *Volkmann*, StaatsR II, S. 267; *Wehr*, JuS 1997, 419 (420 m.w.N.).

1270 *Volkmann*, StaatsR II, S. 267; näher hierzu etwa *Sachs*, in: *Stern*, StaatsR, Bd. III/2, S. 369 ff.

1271 *Degenhart*, StaatsR I, S. 120; *Michael / Morlok*, GRe, S. 269 f.; *Volkmann*, StaatsR II, S. 267.

1272 *Michael / Morlok*, GRe, S. 270.

1273 *Volkmann*, StaatsR II, S. 267.

1274 *Sachs*, VerfR II, S. 116. Dass die beiden Begrifflichkeiten eng miteinander verbunden sind, erkennt auch *Volkmann*, StaatsR II, S. 267, der zu Recht darauf hinweist,

b) Erforderlichkeit einer gesetzlichen Grundlage für faktisch-mittelbare Beeinträchtigungen

Ob die so beschriebene Forderung nach einer gesetzlichen Grundlage auch für Grundrechtsbeschränkungen gilt, die keinen Eingriff im klassischen Sinne darstellen, ist indes unklar.[1275]

aa) Rechtsprechung des Bundesverfassungsgerichts

Dem widerspricht das Bundesverfassungsgericht[1276] in der *Glykol*-Entscheidung vom 26. Juni 2002[1277] und der *Osho*-Entscheidung vom selben Tag[1278] jedenfalls insoweit, als es um durch regierungsamtliches Informationshandeln hervorgerufene faktisch-mittelbare Beeinträchtigungen geht.[1279] Zugrunde lagen beiden Entscheidungen öffentlich getätigte Äußerungen von Teilen der Bundesregierung beziehungsweise Vertretern einzelner Ministerien, die aufgrund ihres warnenden Charakters Beeinträchtigungen der jeweiligen Beschwerdeführer nach sich zogen.[1280] In diesem Zusammenhang stellte das Bundesverfassungsgericht fest, dass es keineswegs selbstverständlich sei, „dass der Gesetzesvorbehalt zwangsläufig mit der Ausweitung des Schutzes auf faktisch-mittelbare Beeinträchtigungen von Grundrechten“ mitwachse.[1281] Entscheidend sei vielmehr, ob die gesetzliche Ermächtigung dazu beitragen könne, „die im Rechtsstaats- und im Demokratieprinzip wurzelnden Anliegen des Gesetzesvorbehalts zu erfüllen.“[1282] Vor diesem Hintergrund entzögen sich die aus komplexen Geschehensabläufen resultierenden faktisch-mittelbaren Wirkungen jedoch typischerweise einer Normierung.[1283] Ausreichend sei vielmehr die „Zuweisung der

---

dass die grundrechtlichen Gesetzesvorbehalte auch als Indiz dafür taugen, dass Grundrechtseingriffe nur auf gesetzlicher Grundlage möglich sein sollen.

1275 *Epping*, GRe, S. 177.

1276 Und bestätigte somit im Kern die Rechtsprechung des Bundesverwaltungsgerichts (*BVerwGE* 87, 37; *BVerwG* NJW 1991, 1770).

1277 *BVerfGE* 105, 252.

1278 *BVerfGE* 105, 279.

1279 Zu faktischen Beeinträchtigungen des Art. 8 GG *Jarass*, in: *ders.* / *Pieroth*, Art. 8 Rdnr. 13.

1280 *Lenski*, ZJS 2008, 13; *Rusteberg*, Der grundrechtliche Gewährleistungsgehalt, S. 77. Während im Glykol-Fall vor dem Verzehr glykolhaltiger Weine gewarnt wurde, hatte die Osho-Entscheidung eine staatliche Warnung vor einer als „pseudoreligiös“ bezeichneten „Jugendsekte“ zum Gegenstand.

1281 *BVerfGE* 105, 279 (303 f.).

1282 *BVerfGE* 105, 279 (304).

1283 *BVerfGE* 105, 279 (304).

Aufgabe der Staatsleitung"[1284] als solche, aus der sich eine entsprechende Kompetenz zur Informationstätigkeit ergebe.[1285]

Als „neue Art von Warnung",[1286] die zugleich informierenden Charakter hat, könnte sich somit auch die Gefährderansprache, so sie nicht in Gestalt eines klassischen Grundrechtseingriffs erfolgt, der Notwendigkeit einer besonderen gesetzlichen Ermächtigung entziehen.

bb) Kritik

Dies erscheint jedoch schon mit Blick auf den zuvor dargestellten verfassungsgerichtlichen Ansatz als solchen fraglich. Zwar ist die Rechtsprechung des Bundesverfassungsgerichts von dem Bemühen getragen, angesichts der sich verändernden Formen staatlicher Aufgabenwahrnehmung einen pragmatischen Lösungsweg einzuschlagen;[1287] in der Literatur ist dieser jedoch auf zum Teil schwer wiegende Bedenken gestoßen.[1288] Kritisiert wurde dabei vor allem der Rückschluss von der Aufgabenzuteilung auf die Befugnisnorm.[1289] So besage die Zuweisung einer bestimmten Aufgabe an die Regierung noch nichts darüber, ob diese auch ohne gesetzliche Ermächtigung tätig werden dürfe.[1290] Vielmehr sei eine solche Ermächtigung aus Gründen des Rechtsstaats- und Demokratieprinzips geboten.[1291] Dass die vom Bundesverfassungsgericht vertretene These von der generellen Nichtnormierbarkeit fehlgehe, zeige in diesem Zusammenhang etwa die polizeiliche Generalklausel, die durch ihre allgemeine Fassung in der Lage sei, der gebotenen

---

1284 *BVerfGE* 105, 279.

1285 *BVerfGE* 105, 279 (301 ff.).

1286 *Hebeler*, NVwZ 2011, 1364 (1366).

1287 So zu Recht *Volkmann*, StaatsR II, S. 269.

1288 Vgl. etwa *Dreier*, Die Verwaltung 36 (2003), 105 (135 f.); *ders.*, GG, Bd. I, Vorb. v. Art. 1 Rdnr. 128 m.w.N.; *Epping*, S. 178 m.w.N.; *Höfling*, in: FS Rüfner, S. 339; *ders.*, Fälle GRe, S. 17; *Huber*, JZ 2003, 290 (292 ff.); *Murswiek*, NVwZ 2003, 1 (6 f.); *Rusteberg*, Der grundrechtliche Gewährleistungsgehalt, S. 77 ff.

1289 *Bethge*, JURA 2003, 327 (332); *v. Coelln*, Anm. z. *BVerfGE* 105, 252, in: JA 2003, 116 (118); *Huber*, JZ 2003, 290 (295); *Rusteberg*, Der grundrechtliche Gewährleistungsgehalt, S. 83; bezogen auf das dem Glykol-Fall vorausgegangene Urteil des Bundesverwaltungsgerichts (*BVerwGE* 87, 37) bereits *Lege*, DVBl. 1999, 569 (574 f.), sowie *Schoch*, DVBl. 1991, 667 (672 f. m.w.N.).

1290 *Volkmann*, StaatsR II, S. 269; so auch *Epping*, GRe, S. 178, der in diesem Zusammenhang zugleich die Voraussetzungen, unter denen ein Gesetz als Ermächtigungsgrundlage in Betracht kommt, darstellt.

1291 *Volkmann*, StaatsR II, S. 270; bezogen auf die rechtsstaatliche Sicherungsfunktion *Höfling*, Fälle GRe, S. 17.

Flexibilität Rechnung zu tragen, ohne dadurch die rechtsstaatlichen Sicherungsmechanismen außer Acht zu lassen.[1292] Vorzugswürdig sei es daher, für jeden Eingriff eine entsprechende Ermächtigung zu fordern.[1293]

cc) Fehlende Übertragbarkeit auf die Konstellation der Gefährderansprache

Neben der inhaltlichen Kritik an der Auffassung des Bundesverfassungsgerichts spricht gegen eine Übertragung der Argumentationsstruktur auf die hier zu untersuchende Problematik der Umstand, dass im Fall der Gefährderansprache negative Auswirkungen zu Lasten des Grundrechtsträgers nicht erst über das Verhalten Dritter erfolgen.[1294] Anders als das Sachgebiet des „klassischen“ staatlichen Informationshandelns zeichnet sich die Gefährderansprache somit nicht durch ein so genanntes „Dreiecksverhältnis“[1295] aus. Zu bedenken gilt es schließlich, dass gerade aufgrund des finalen Charakters der Gefährderansprache sowie der Vorhersehbarkeit der nicht bloß unerheblichen Nachteile eine gesetzliche Grundlage von Nöten ist.[1296] Ob eine solche existiert, soll im folgenden Abschnitt untersucht werden.

2. Normative Grundlage der Gefährderansprache

a) Versammlungsgesetzliche Bestimmungen

Eine Ermächtigungsgrundlage für das Handlungsinstrument der Gefährderansprache könnte zunächst dem Versammlungsgesetz des Bundes beziehungsweise den im Zuge der Föderalismusreform I[1297] auf Länderebene geschaffenen Versammlungsgesetzen[1298] zu entnehmen sein. Dem steht jedoch der Umstand

---

1292 *Michael / Morlok*, GRe, S. 276; *Volkmann*, StaatsR II, S. 269.

1293 *Michael / Morlok*, GRe, S. 275.; so bereits *Bethge*, VVDStRL 57 (1998), 7 (46 f.).

1294 Anknüpfend an die Ausführungen von *Lenski*, ZJS 2008, 13, sowie *Rusteberg*, Der grundrechtliche Gewährleistungsgehalt, S. 80, zum Sachgebiet der staatlichen Warnungen.

1295 *Lenski*, ZJS 2008, 13; ähnlich in der Wortwahl etwa *Weber-Dürler*, VVDStRL 57 (1998), 57 (71).

1296 So allg. *BVerwG* NJW 2006, 1303 (1304); *Rusteberg*, Der grundrechtliche Gewährleistungsgehalt, S. 80 ff.

1297 Zur kompetenzrechtlichen Situation des Versammlungsrechts nach der am 01. September 2006 in Kraft getretenen Föderalismusreform I s. *Degenhardt*, NVwZ 2006, 1209 (1214); *Ipsen*, NJW 2006, 2801 (2804).

1298 So geschehen in Bayern (Vgl. zum BayVersG auch *Hanschmann*, DÖV 2009, 389), Niedersachsen (näher zum NVersG *Ullrich*, NdsVBl. 2011, 183), Sachsen (eingehend hierzu *Scheidler*, NVwZ 2011, 924) und Sachsen-Anhalt (Vgl. bzgl. des VersammlG LSA u.a. *Bücken-Thielmeyer*, LKV 2010, 107).

entgegen, dass die betreffenden Gesetze üblicherweise nur solche Vorfeldmaßnahmen regeln, die sich – so insbesondere die Verbots- und Auflagentatbestände der §§ 5, 15 I VersG[1299] – unmittelbar gegen den Veranstalter einer Versammlung richten.[1300] Ausgeklammert bleibt hingegen das Sachgebiet der teilnehmerbezogenen[1301] Vorfeldmaßnahmen, das lediglich über sporadische, allenfalls punktuelle Bestimmungen verfügt.[1302] Mangels entsprechender Befugnisnormen scheidet ein Rückgriff auf das Versammlungsrecht somit aus.[1303]

b) Aufgabenzuweisungsnormen

In Betracht könnten indes die den Handlungsbereich der Gefahrenabwehrbehörden festlegenden[1304] Aufgabenzuweisungsnormen kommen.[1305] Entgegenzuhalten ist einem solchen Ansatz jedoch die „nach allen Richtungen hin abgesicherte Erkenntnis",[1306] dass aus der Zuweisung von gefahrenabwehrrechtlichen Aufgaben an die zuständigen Polizei- und Ordnungsbehörden allein noch nicht die Befugnis dieser Behörden folgt, in grundrechtsbeschränkender Weise tätig zu werden.[1307]

1299 Bzw. Art. 12, 15 I–IV, VI BayVersG; §§ 8, 14 NVersG; §§ 4, 15 SächsVersG; §§ 4, 13 VersammlG LSA.

1300 *Deger*, NVwZ 1999, 265 (266); *Kniesel / Poscher*, in: *Lisken / Denninger*, Hdb. PolR, S. 1151 f.; *Pieroth / Schlink / Kniesel*, POR, S. 353.

1301 Zur Unterscheidung s. 1. Teil. 3. Kap. A. II. 4.

1302 *Deger*, NVwZ 1999, 265 (266); *Jötten / Tams*, JuS 2008, 436 (440); *Kötter / Nolte*, DÖV 2009, 399 (403 m.w.N.); *Kniesel / Poscher*, in: *Lisken / Denninger*, Hdb. PolR, S. 1151 f.; *Wehr*, PolR, S. 81. Zu nennen sind in diesem Zusammenhang lediglich die §§ 12 a (siehe hierzu bereits 1. Teil 4. Kap. B. I.) und 17 a IV VersG, sowie die entsprechenden landesrechtlichen Befugnisnormen (Art. 9, 16 V BayVersG; §§ 10 III 1, 12, 15 III 3, 17 NVersG; §§ 12, 17 IV, 20 SächsVersG; §§ 15 III, 18 VersammlG LSA).

1303 *Hebeler*, NVwZ 2011, 1364 (1366).

1304 *Schoch*, Bes. VerwR, S. 146.

1305 Vgl. § 1 I PolG BW; Art. 2 I BayPAG; § 1 I 1 ASOG Bln; § 1 I BbgOBG; § 1 I 1 BbgPolG; § 1 I 1 BremPolG; § 3 I HbgSOG; § 1 I 1 HessSOG; § 1 I, 2 I SOG MV; § 1 I 1 NdsSOG; § 1 I OBG NW; § 1 I 1 PolG NW; § 1 I 1 POG RP; § 1 II SaarlPolG; § 1 I 1 SächsPolG; § 1 I 1 SOG LSA; §§ 162 I, 163 I LVwG SH; § 2 I ThürOBG; § 2 I 1 ThürPAG.

1306 *Schoch*, DVBl. 1991, 667 (672).

1307 *Gusy*, POR, S. 6 m.w.N.; *Schenke*, POR, S. 16; *Schoch*, Bes. VerwR, S. 146. Als Rechtsgrundlage für ein behördliches Vorgehen sind Aufgabenzuweisungsnormen lediglich dann heranzuziehen, wenn die Verwaltungsmaßnahmen mit keinerlei Eingriffen in die Rechtssphäre der beteiligten Personen verbunden sind (*Kugelmann*, POR, S. 67; *Pieroth / Schlink / Kniesel*, POR, S. 35; *Schoch*, Bes. VerwR, S. 146 m.w.N.).

Zwischen Aufgabenzuweisungs- und Befugnisnorm ist demnach strikt zu trennen.[1308] Dies hat zur Folge, dass Aufgabenzuweisungsnormen dann keine taugliche Ermächtigungsgrundlage darstellen, wenn es – wie im Fall der Gefährderansprache üblich[1309] – zu einer rechtlichen Belastung des Betroffenen kommt.[1310]

c) Befragung

Eine Befugnisnorm könnte jedoch gegebenenfalls in den Reihen der polizeilichen Standardmaßnahmen[1311] zu finden sein. Diese gehen in ihrem Anwendungsbereich der gefahrenabwehrrechtlichen Generalklausel vor.[1312] Als „wichtiges Mittel der Datenerhebung [und] … klassische Form der polizeilichen Informationsgewinnung"[1313] fungiert die Befragung[1314] von Personen, die in allen Polizeigesetzen der Länder positiv geregelt ist. Um eine solche könnte es sich möglicherweise auch bei der Gefährderansprache handeln. Dies ist jedoch im Ergebnis nicht der Fall. Zentrales, die Erscheinungsform der Gefährderansprache kennzeichnendes Merkmal ist die an den Bürger gerichtete behördliche Informationserteilung.[1315] Nicht Gegenstand der Ansprache ist hingegen die vorzugsweise im Wege der polizeilichen Befragung[1316] erfolgende Informationsgewinnung.[1317] Zwar kann auch die Gefährderansprache dazu beitragen, die zukunftsorientierte Einschätzung relevanter Sachverhalte zu

---

1308 *Gusy*, NJW 2000, 977 (984 f.); *Lege*, DVBl. 1999, 569 (574 f.); *Schoch*, DVBl. 1991, 667 (672); *ders.*, Bes. VerwR, S. 146.

1309 *Rachor*, in: *Lisken / Denninger*, Hdb. PolR, S. 541.

1310 *Schenke*, POR, S. 16; *Schoch*, Bes. VerwR, S. 146.; bezogen auf die Gefährderansprache *OVG Lüneburg* NJW 2006, 391 (393); *Arzt*, Die Polizei 2006, 156 (158 m.w.N.).

1311 Näher hierzu etwa *Erichsen*, JURA 1993, 45; *Heintzen*, DÖV 2005, 1038; *Möstl*, JURA 2011, 840; *Schmitt-Kammler*, NWVBl. 1995, 166; lesenswert auch *Finger*, JuS 2005, 116.

1312 Statt aller *Schenke*, POR, S. 17 m.w.N.

1313 *Schenke*, POR, S. 105, ähnlich *Pieroth / Schlink / Kniesel*, POR, S. 214.

1314 Hierunter ist die „Anhörung einer Person gegen oder ohne ihren Willen zu polizei- oder ordnungsrechtlichen Zwecken" zu verstehen (*Gusy*, POR, S. 118). Vgl. insoweit § 20 I PolG BW; Art. 12 BayPAG; § 18 ASOG Bln; § 23 Nr. 1 lit. a BbgOBG; § 11 BbgPolG; § 13 BremPolG; § 3 HmbDatenVPolG; § 12 HessSOG; § 28 SOG MV; § 12 NdsSOG; § 24 Nr. 1 OBG NW; § 9 PolG NW; § 9 a POG RP; § 11 I SaarlPolG; § 18 I SächsPolG; § 14 SOG LSA; § 180 I, II LVwG SH; § 16 I–III ThürOBG; § 13 ThürPAG.

1315 *Franz / Günther*, NWVBl. 2006, 201 (206); *Rachor*, in: *Lisken / Denninger*, Hdb. PolR, S. 541.

1316 Eingehend hierzu auch *Müller*, Polizeiliche Datenerhebung durch Befragung, 1997.

1317 *Rachor*, in: *Lisken / Denninger*, Hdb. PolR, S. 540 f.

ermöglichen;[1318] die gezielte Ermittlung der solchen Sachverhalten zugrundeliegenden Gesichtspunkte ist hiervon jedoch nicht umfasst, sondern hat im Zuge der auf Kenntniserlangung gerichteten Datenerhebung zu erfolgen.[1319] Ein Rückgriff auf die landesgesetzlichen Regelungen zur Befragung von Personen scheidet somit ebenfalls aus.

d) Aufenthaltsverbot

Der Gefährderansprache ist im Übrigen kein ausdrückliches Verbot zu entnehmen, sich für einen bestimmten Zeitraum in einem bestimmten örtlichen Bereich aufzuhalten. Ziel der Gefährderansprache ist es, den Adressaten von der Begehung etwaiger Straftaten abzuhalten[1320] und so „in Richtung eines sozialkonformen Verhaltens zu beeinflussen."[1321] „Als ein auf die Willensbetätigung einwirkendes psychologisches Mittel"[1322] gibt sie ihm hierzu jedoch nicht rechtsverbindlich auf,[1323] einer bestimmten Veranstaltungsstätte fernzubleiben, sondern legt ihm dies „bloß" nahe.[1324] Demzufolge handelt es sich bei der Gefährderansprache auch nicht um ein Aufenthaltsverbot im Sinne der Vorschriften[1325] des Polizei- und Ordnungsrechts.[1326]

1318 *Schilling*, in: *Hoffmann / Wondrak*, Umgang mit Gewalttätern, S. 79, der sich in seinem Beitrag schwerpunktmäßig mit der Gefährderansprache als Mittel zur Eindämmung häuslicher Gewalt beschäftigt.

1319 *Breucker*, NJW 2006, 1233 (1236); anders jedoch *Schenk*, in: *Hoffmann / Wondrak*, Umgang mit Gewalttätern, S. 70.

1320 *Kießling*, DVBl. 2012, 1210 (1211).

1321 LT-Dr Nds 16/4946, S. 1.

1322 *Rachor*, in: *Lisken / Denninger*, Hdb. PolR, S. 540.

1323 *Kießling*, DVBl. 2012, 1210 (1211).

1324 *Hebeler*, NVwZ 2011, 1364.

1325 § 27 a II PolG BW; § 29 II ASOG Bln; § 23 Nr. 1 lit. e BbgOBG; § 16 II BbgPolG; § 14 II BremPolG; § 12 b II HbgSOG; § 31 III HessSOG; § 52 III SOG MV; § 17 IV NdsSOG; § 34 II PolG NW; § 13 III POG RP; § 12 III SaarlPolG; § 21 II SächsPolG; § 36 II SOG LSA; § 201 II LVwG SH; § 17 II ThürOBG; § 18 III ThürPAG. Das BayPAG sieht hingegen in Art. 16 lediglich den Platzverweis vor. Zu den sich daraus ergebenden Fragestellungen vgl. *Schenke*, POR, S. 75 f.; näher zum Aufenthaltsverbot auch 1. Teil 4. Kap. A. III.

1326 Zutreffend *Jötten / Tams*, JuS 2008, 436 (439).

e) Gefahrenabwehrrechtliche Generalklausel

Mangels ausdrücklicher gesetzlicher Regelung kommt als taugliche Ermächtigungsgrundlage somit nur die gefahrenabwehrrechtliche Generalklausel[1327] in Betracht.[1328] Hierbei handelt es sich um die „allgemeinste und weiteste Befugnisnorm des Polizei- und Ordnungsrechts".[1329] Sie ermächtigt dazu, all jene Maßnahmen zu treffen, um eine im Einzelfall bestehende, konkrete Gefahr für die öffentliche Sicherheit oder Ordnung abzuwehren.[1330] Ohne deren Art und Weise oder Inhalt näher einzugrenzen, eröffnet sie den Polizei- und Ordnungsbehörden dabei einen umfassenden Handlungsspielraum,[1331] von dem jedoch nur dann Gebrauch gemacht werden kann, wenn der Anwendungsbereich vorrangiger Bestimmungen nicht eröffnet ist.[1332] Obgleich der Generalklausel somit die Rolle eines subsidiären Lückenfüllers[1333] anheimfällt, bleibt sie aufgrund der Funktion, nicht vorhersehbare Fallgestaltungen zu erfassen, im polizei- und ordnungsrechtlichen Alltag unverzichtbar.[1334] Sinn und Zweck der Gefährderansprache ist es, einen potentiellen Gefahrenverursacher dazu zu bewegen, Störungen der öffentlichen Sicherheit

---

1327 Vgl. § 3 i.V.m. § 1 I 1 PolG BW; Art. 11 I BayPAG; Art. 7 II, III BayLStVG; § 17 I ASOG Bln; § 13 I BbgOBG; § 10 I BbgPolG; § 10 I BremPolG; § 3 I HbgSOG; § 11 HessSOG; § 13 SOG MV; § 11 NdsSOG; § 14 I OBG NW; § 8 I PolG NW; § 9 I POG RP; § 8 I SaarlPolG; § 3 I SächsPolG; § 13 SOG LSA; § 174 LVwG SH; § 5 I ThürOBG; § 12 I ThürPAG.

1328 So die nahezu einhellige Meinung: *OVG Magdeburg* NVwZ-RR 2012, 720 (721); *OVG Lüneburg* NJW 2006, 391; *VG Göttingen*, Urt. v. 27. Januar 2004 – 1 A 1014/02; LT-Dr Nds 16/4946, S. 2; *Breucker*, NJW 2006, 1233 (1236); *Hebeler*, NVwZ 2011, 1364 (1366); *Jötten / Tams*, JuS 2008, 436 (439); *Kugelmann*, POR, S. 155; *Pieroth / Schlink / Kniesel*, POR, S. 369; *Rachor*, in: *Lisken / Denninger*, Hdb. PolR, S. 542; *Schenke*, POR, S. 25; kritisch hingegen *Arzt*, Die Polizei 2006, 156 (158), sowie *Kießling*, DVBl. 2012, 1210 (1213 f.).

1329 *Kugelmann*, POR, S. 130 m.w.N. Zur rechtsgeschichtlichen Entwicklung der Generalklausel vgl. insbesondere *Schucht*, Generalklausel und Standardmaßnahme, S. 42 ff.

1330 So etwa der Wortlaut von § 8 I PolG NW.

1331 *Kugelmann*, POR, S. 131; ähnlich *Pieroth / Schlink / Kniesel*, POR, S. 110.

1332 Ein Rückgriff auf die Generalklausel scheidet daher aus, wenn die Polizei- und Ordnungsbehördengesetze insgesamt von einer spezielleren Rechtsmaterie verdrängt werden oder selbst spezielle Befugnisnormen aufweisen (*Rachor*, in: *Lisken / Denninger*, Hdb. PolR, S. 525 f.; so auch *Möller / Warg*, POR, S. 41 f., die in diesem Zusammenhang folgerichtig von „doppelter Subsidiariät" sprechen).

1333 *Gusy*, POR, S. 185.

1334 *Kugelmann*, POR, S. 131; *Pieroth / Schlink / Kniesel*, POR, S. 114; *Schenke*, POR, S. 23.

zu unterlassen.[1335] Hierzu wird dem Betroffenen verdeutlicht, dass die zuständige Behörde eine sich abzeichnende Gefahrenlage unter keinen Umständen dulden wird.[1336] Als Grundlage für ein solches Vorgehen kommt einzig die gefahrenabwehrrechtliche Generalklausel in Betracht.

f) Zwischenfazit

Durch den Rückgriff auf die Generalklausel des Polizei- und Ordnungsrechts ist dem zu Beginn der Rechtfertigungsprüfung angesprochenen Vorbehalt des Gesetzes Genüge getan. Einer weiterführenden Diskussion über die Frage der Notwendigkeit einer normativen Ermächtigung bedarf es daher nicht.

3. Zitiergebot

Der Anwendung der Generalklausel steht jedoch möglicherweise entgegen, dass die Gefährderansprache zwar in aller Regel in den Schutzbereich der Versammlungsfreiheit eingreift,[1337] eine Zitierung des Art. 8 GG in den Polizei- und Ordnungsbehördengesetze[1338] der Länder üblicherweise unterbleibt.[1339] Dies könnte einen Verstoß gegen das Zitiergebot des Art. 19 I 2 GG zur Folge haben.[1340] Nach Art. 19 I 2 GG kann ein Gesetz nur dann verfassungsrechtlich gerechtfertigt sein, wenn es das von ihm eingeschränkte Grundrecht unter Angabe des Artikels nennt.[1341] Als „psychologisches Hindernis“[1342] entfaltet das Zitiergebot gegenüber dem Gesetzgeber eine Warn- und Beweisfunktion.[1343] Gleichzeitig wird ihm eine

---

1335 *Rachor*, in: *Lisken / Denninger*, Hdb. PolR, S. 540.

1336 *Roos*, Kriminalistik 2006, 261.

1337 S. 2. Teil 2. Kap. B.

1338 Vgl. beispielshaft § 4 PolG BW; § 66 ASOG Bln; §§ 78, 98 SOG MV; § 79 SächsPolG. Eine ausdrückliche Zitierung von Art. 8 GG findet sich allerdings in Art. 74 BayPAG; Art. 58 S. 1 BayLStVG; § 10 NdsSOG, § 8 Nr. 3 POG RP; § 11 Nr. 7 SOG LSA.

1339 *Meßmann*, JuS 2007, 524 (527); *Pieroth / Schlink / Kniesel*, POR, S. 353.

1340 Demgegenüber ist das allgemeine Persönlichkeitsrecht als unbenanntes Freiheitsrecht vom Anwendungsbereich des Zitiergebots ausgenommen (etwa *Stegemann*, GRe, S. 31; offenlassend *BVerfGE* 120, 274 [340]). Gleiches gilt für die allgemeine Handlungsfreiheit aus Art. 2 I GG mit ihrer „unkonturierten Reichweite“ (*Dreier*, GG, Bd. I, Art. 19 I Rdnr. 23; genauso *Hillgruber*, in: *Isensee / Kirchhof*, Hdb. GRe, Bd. IX, S. 1052).

1341 *Pieroth / Schlink / Kingreen / Poscher*, GRe, S. 75; genauso *Stein / Frank*, StaatsR, S. 243.

1342 *Stein / Frank*, StaatsR, S. 243.

1343 *BVerfGE* 64, 72 (80); 113, 348 (366); *Bethge*, DVBl. 1972, 365 (367); *Huber*, in: *v. Mangoldt / Klein / Starck*, GG, Bd. I, Art. 19 I Rdnr. 68; *Krebs*, in: *v. Münch / Kunig*, GG, Bd. I, Art. 19 Rdnr. 14.

Klarstellungsfunktion zugeschriebenen, die sich sowohl an den Gesetzesanwender als auch den betroffenen Grundrechtsträger richtet.[1344]

Wie bereits im Rahmen des ersten Teils der Bearbeitung ausführlich dargelegt,[1345] kommt im Hinblick auf Art. 8 GG ein Verstoß gegen das Zitiergebot nicht in Betracht. Die dem Gesetzesvorbehalt in Art. 8 II GG unterliegende Versammlung unter freiem Himmel zeichnet sich aufgrund ihrer räumlichen Offenheit durch eine besondere Störanfälligkeit aus.[1346] Für die vorbehaltlos gewährleisteten sonstigen Versammlungsformen, auf die das Zitiergebot des Art. 19 I 2 GG keine Anwendung findet,[1347] gilt dies hingegen üblicherweise nicht. Eingriffe in das Versammlungsgeschehen sind hier nur unter sehr engen Voraussetzungen zum Schutz kollidierender Verfassungsgüter möglich.[1348] Dieses dem Versammlungsrecht zugrundeliegende Prinzip abgestufter Eingriffsschwellen würde ins Gegenteil verkehrt, forderte man im Hinblick auf Versammlungen unter freiem Himmel die Beachtung des Zitiergebots.[1349] Anderenfalls ergäbe sich die paradoxe Situation, dass Eingriffe in Versammlungen unter freiem Himmel engeren Grenzen unterlägen als Eingriffe in Versammlungen, die nicht unter Art. 8 II GG fallen.[1350] Dies erscheint – trotz etwaiger dogmatischer Vorbehalte an der hier vertretenen Sichtweise – wenig nachvollziehbar. Der Anwendung der polizei- und ordnungsrechtlichen Generalklausel steht das in Art. 19 I 2 GG verankerte Zitiergebot somit nicht entgegen.[1351]

1344 *Alberts*, JA 1986, 72; *Dehner / Jahn*, Anm. z. *BVerfG* NJW 1987, 180, in: JuS 1988, 30 (32); *Huber*, in: *v. Mangoldt / Klein / Starck*, GG, Bd. I, Art. 19 I Rdnr. 69 m.w.N.; *Pieroth / Schlink / Kingreen / Poscher*, GRe, S. 75.

1345 S. 1. Teil 6. Kap.

1346 *Pieroth / Schlink / Kingreen / Poscher*, GRe, S. 191.

1347 *Michael / Morlok*, GRe, S. 279; *Schenke*, POR, S. 219. Zu den vielfältigen Ausnahmen des Zitiergebots s. überdies *Hofmann*, in: *Schmidt-Bleibtreu / Hofmann / Hopfauf*, GG, Art. 19 Rdnr. 11 ff.

1348 Vgl. insoweit *Schenke*, POR, S. 231, hinsichtlich der öffentlichen Versammlung in geschlossenen Räumen sowie *Gusy*, POR, S. 254, bzgl. nichtöffentlicher Versammlungen.

1349 In diese Richtung wohl *Schenke*, POR, S. 218; a.A.: *Kötter / Nolte*, DÖV 2009, 399 (403).

1350 In diese Richtung wohl *Schenke*, POR, S. 218; a.A.: *Kötter / Nolte*, DÖV 2009, 399 (403).

1351 Nichts desto trotz bleibt festzuhalten, dass etwaige Zweifel hieran wohl nur durch eine gesetzgeberische Entscheidung beseitigt werden können. Dabei böten sich – unter Berücksichtigung der durch die Föderalismusreform I erfolgten Verfassungsänderungen – dem Bundes- bzw. Landesgesetzgeber zwei Möglichkeiten: So ließen

4. *Kompetenz der Landesgesetzgeber*

Einschränkungen ergeben sich darüber hinaus auch nicht aus kompetenzrechtlichen Gesichtspunkten. Als zentrale Befugnisnorm der präventiven Gefahrenabwehr ist die Generalklausel Teil des allgemeinen Polizei- und Ordnungsrechts, das nicht im Zuständigkeitskatalog der Art. 73 ff. GG aufgeführt ist und so in die ausschließliche Gesetzgebungskompetenz der Länder fällt.[1352] Tätig wurden somit die zuständigen (Landes-)Gesetzgeber.

5. *Bestimmtheitsgebot*

Wie jedes grundrechtsbeschränkende Gesetz ist auch die polizei- und ordnungsrechtliche Generalklausel dem verfassungsrechtlichen Bestimmtheitsgebot unterworfen. Es stellt sich vor diesem Hintergrund die Frage, ob die Notwendigkeit einer eigenständigen Regelung zur Durchführung der Gefährderansprache besteht.[1353]

a) Allgemeines

Zu den wesentlichen Bestandteilen des Rechtsstaatsprinzips zählt das der Rechtssicherheit[1354] dienende Gebot der Bestimmtheit staatlicher Machtäußerungen.[1355] Es verlangt, dass „eine gesetzliche Ermächtigung der Exekutive zur Vornahme von Verwaltungsakten nach Inhalt, Zweck und Ausmaß hinreichend bestimmt und begrenzt ist, so daß das Handeln der Verwaltung meßbar und in gewissem Ausmaß für den Staatsbürger voraussehbar und berechenbar wird."[1356] Darüber hinaus sollen der Verwaltung angemessen klare Maßstäbe für eine gegebenenfalls erforderliche Abwägungsentscheidung bereitgestellt und eine gerichtliche

---

sich einerseits die versammlungsspezifischen Vorfeldmaßnahmen im Versammlungsgesetz des Bundes sowie in den (künftigen) Gesetzen der Länder ausdrücklich verankern. Möglich wäre andererseits auch die Zitierung von Art. 8 GG im Rahmen des allgemeinen Polizei- und Ordnungsrechts (*Kötter / Nolte*, DÖV 2009, 399 [403]; *Meßmann*, JuS 2007, 524 [528]; *Pieroth / Schlink / Kniesel*, POR, S. 354).

1352 Allg. *Schenke*, POR, S. 9.

1353 So *Arzt*, Die Polizei 2006, 156 (158).

1354 Ausführlich zum Einzelgehalt der Rechtssicherheit etwa *Grzeszick*, in: *Maunz / Dürig*, GG, Bd. III, Art. 20 (VII) Rdnr. 50 ff.; *Sachs*, GG, Art. 20 Rdnr. 122 ff; *Schmidt-Aßmann*, in: *Isensee / Kirchhof*, Hdb. StaatsR, Bd. II, S. 586 ff.; *Sommermann*, in: *v. Mangoldt / Klein / Starck*, GG, Bd. II, Art. 20 Rdnr. 288 ff.

1355 *Katz*, StaatsR, S. 102.

1356 *BVerfGE* 56, 1 (12); nahezu wortgleich *BVerfGE* 8, 274 (325); 9, 137 (147); *BVerwGE* 100, 230 (236).

Kontrolle ermöglicht werden.[1357] Diese Gesichtspunkte sind umso bedeutsamer, je schwerwiegender die Auswirkungen für den Regelungsadressaten sind.[1358] Das auf „inhaltliche Präzisierung“[1359] abzielende Bestimmtheitsgebot überlagert und ergänzt dabei die so genannte Wesentlichkeitstheorie.[1360] Durch sie wird der Gesetzgeber verpflichtet, wesentliche Entscheidungen selbst zu treffen und nicht dem Handeln der Verwaltung zu überlassen.[1361] Wesentlich sind Entscheidungen insbesondere dann, wenn sie den Bereich der Grundrechtsverwirklichung betreffen.[1362]

b) Abgrenzung von Generalklausel und Standardmaßnahmen

Obgleich die gefahrenabwehrrechtliche Generalklausel als solche nicht gegen den Bestimmtheitsgrundsatz verstößt,[1363] widerstreitet es den dargelegten verfassungsrechtlichen Anforderungen, eine so weit gespannte generalklauselartige Regelung wie die des Polizei- und Ordnungsrechts stets als ausreichende normative Grundlage heranzuziehen.[1364] Dem haben die Landesgesetzgeber dadurch Rechnung getragen, dass sie einzelne Befugnisse aus dem Anwendungsbereich der Generalklausel herausgelöst und hinreichend detaillierten und bestimmten Regelungen

1357 *Jarass*, in: *ders. / Pieroth*, GG, Art. 20 Rdnr. 58, unter Verweis auf *BVerfGE* 110, 33 (54 f.); 114, 1 (53 f.).

1358 *BVerfGE* 56, 1 (13); 102, 254 (337); 110, 33 (55); *Rachor*, in: *Lisken / Denninger*, Hdb. PolR, S. 528.

1359 *Sachs*, GG, Art. 20 Rdnr. 126.

1360 *Rachor*, in: *Lisken / Denninger*, Hdb. PolR, S. 528; ähnlich *Gurlit*, Verwaltungsvertrag und Gesetz, S. 138 m.w.N.; *Jarass*, in: *ders. / Pieroth*, GG, Art. 20 Rdnr. 57 m.w.N.; *Katz*, StaatsR, S. 102.

1361 *BVerfGE* 49, 89 (126); 61, 260 (275); *Rachor*, in: *Lisken / Denninger*, Hdb. PolR, S. 528; allg. zur Wesentlichkeitsdoktrin *Hofmann*, in: *Schmidt-Bleibtreu / Hofmann / Hopfauf*, GG, Art. 20 Rdnr. 70; *Kloepfer*, VerfR I, S. 320 ff.; *Sachs*, GG, Art. 20 Rdnr. 116 f.; *Zippelius / Würtenberger*, StaatsR, S. 115 ff.

1362 Statt aller *Faßnacht*, Rechtsfragen bei der Verwendung von Ortungstechnologien und einsatzunterstützender Systeme durch Feuerwehr und THW, S. 83.

1363 *Rachor*, in: *Lisken / Denninger*, Hdb. PolR, S. 528 m.w.N.; im Ergebnis ebenso *Kirchhof*, Die Bestimmtheit und Offenheit der Rechtssprache, S. 23. Unbedenklich ist die Verwendung der Generalklausel deshalb, weil sie, so etwa *BVerfGE* 54, 143 (144 f. m.w.N.), „in jahrzehntelanger Entwicklung durch Rechtsprechung und Lehre nach Inhalt, Zweck und Ausmaß hinreichend präzisiert, in ihrer Bedeutung geklärt und im juristischen Sprachegebrauch verfestigt ist.“

1364 *Rachor*, in: *Lisken / Denninger*, Hdb. PolR, S. 528 m.w.N.

unterworfen haben.[1365] Es stellt sich indes die Frage, ob auf die Generalklausel immer dann zurückgegriffen werden darf, wenn – wie auch im Fall der Gefährderansprache – eine behördliche Handlungsweise nicht vom Anwendungsbereich der polizei- und ordnungsrechtlichen Standardmaßnahmen gedeckt ist.[1366] Dies bemisst sich im Wesentlichen anhand der Typik beziehungsweise Atypik der Maßnahme.[1367] Um der effizienten Gefahrenabwehr willen hat der Gesetzgeber in Form der Spezialermächtigungen typisierte Befugnisse für typisierte Situationen geschaffen.[1368] Demgegenüber kommt der Generalklausel eine „Reservefunktion für neuartige, atypische oder kurzfristige Fallkonstellationen zu,“[1369] die aufgrund ihrer Unvorhersehbarkeit nicht regelbar sind.[1370] Wächst eine bestimmte Maßnahme aufgrund der Häufigkeit ihres Gebrauchs sowie der Beschreibung in Erlassen oder Dienstvorschriften mehr und mehr in den Bereich des Standardrepertoires hinein, so wandelt sie sich von einer atypischen zu einer typischen.[1371] Dies hat zur Folge, dass der Gesetzgeber verpflichtet ist, Inhalt und Grenzen der neuartigen Maßnahme präzise zu formulieren.[1372] Die Heranziehung der Generalklausel kommt dann allenfalls noch für einen Übergangszeitraum in Frage.[1373]

c) Fehlende Erforderlichkeit einer Standardermächtigung für die Gefährderansprache

Bezogen auf die versammlungsspezifische Gefährderansprache könnte für das Erfordernis einer eigenständigen Regelung zunächst der Umstand sprechen, dass das Rechtskonstrukt der Gefährderansprache seit nunmehr über zehn Jahren

---

1365 *Rachor*, in: *Lisken / Denninger*, Hdb. PolR, S. 528; allg. zu diesen so genannten Standardmaßnahmen etwa *Erichsen*, JURA 1993, 45; *Finger*, JuS 2005, 116; *Heintzen*, DÖV 2005, 1038; *Möstl*, JURA 2011, 840; *Schmitt-Kammler*, NVWBl. 1995, 166.

1366 *Kießling*, DVBl. 2012, 1210 (1213); *Pieroth / Schlink / Kniesel*, POR, S. 115.

1367 *Pieroth / Schlink / Kniesel*, POR, S. 115, bezugnehmend u.a. auf *Butzer*, VerwArch 93 (2002), 506 (524 ff.).

1368 *Pieroth / Schlink / Kniesel*, POR, S. 116 m.w.N.; so auch *OVG Bremen* NVwZ 1999, 314 (315).

1369 *Gusy*, POR, S. 185 f; ähnlich *OVG Bremen* NVwZ 1999, 314 (315), das von einer „Auffangfunktion“ der Generalklausel spricht; *Kugelmann*, POR, S. 131.

1370 *Gusy*, POR, S. 185 f.; in diese Richtung auch *Kirchhof*, Die Allgemeinheit des Gesetzes, S. 636, sowie *Schenke / Schenke*, in: *Steiner*, Bes. VerwR, S. 190.

1371 *Arzt*, Die Polizei 2006, 156 (158); *Rachor*, in: *Lisken / Denninger*, Hdb. PolR, S. 528.

1372 Zutreffend *Arzt*, Die Polizei 2006, 156 (158).

1373 *Arzt*, Die Polizei 2006, 156 (158); *Pieroth / Schlink / Kniesel*, POR, S. 117. Vgl. insoweit auch *VG Saarlouis*, Beschluss v. 15. September 2010 - 6 L 746/10; *Schoch*, Bes. VerwR, S. 172 m.w.N.

fester Bestandteil der polizei- und ordnungsbehördlichen Aufgabenwahrnehmung ist.[1374] Darüber hinaus findet es zum Teil auch in verwaltungsinternen Handlungsanweisungen Erwähnung.[1375] Eine Wandlung hin zu einer typischen Maßnahme des Gefahrenabwehrrechts lässt sich somit grundsätzlich bejahen.

Gegen die Notwendigkeit einer Spezialnorm lässt sich allerdings anführen, dass das Erscheinungsbild der Gefährderansprache als zeitlich und räumlich begrenzt wirkende Maßnahme mit dem tradierten Bild der Polizei, das auch der gefahrenabwehrrechtlichen Generalklausel zugrunde liegt, durchaus in Einklang zu bringen ist.[1376] Ferner gilt es zu bedenken, dass eine eigenständige Spezialermächtigung jedenfalls dann keinen rechtsstaatlichen Fortschritt mit sich bringt, wenn sie inhaltlich ohnehin nur die Tatbestandsmerkmale der Generalklausel wiederholte.[1377] Auch stellt sich die Frage, ob die Normierung spezialgesetzlicher Befugnisse aufgrund der hiermit einhergehenden Ausdehnung der „Gesetzesflut" als wünschenswert zu erachten ist.[1378] Gegen die Forderung nach einer eigenständigen Regelung spricht letztendlich die vergleichsweise geringe Intensität der Gefährderansprache.[1379] Zwar stellt sie in aller Regel einen Grundrechtseingriff in die für die demokratische Staatsordnung schlechthin konstituierende[1380] Versammlungsfreiheit dar. „Als ein auf die Willensbetätigung einwirkendes psychologisches Mittel"[1381] gibt sie dem Betroffenen jedoch nicht rechtsverbindlich auf,[1382] einer bestimmten Veranstaltungsstätte fernzubleiben, sondern legt ihm

---

1374 Vgl. etwa das dem Urteil des *VG Göttingen* (Urt. v. 27. Januar 2004 – 1 A 1014/02) zugrundeliegende Gefährderanschreiben, das die Polizeiinspektion Göttingen am 07. Dezember 2001 an den Betroffenen richtete; *Kießling*, DVBl. 2012, 1210 (1213 m.w.N.); in diese Richtung auch *Arzt*, Die Polizei 2006, 156 (158).

1375 S. beispielsweise die vorläufige Dienstanweisung des Polizeipräsidiums Mannheims v. 23. August 2004, zitiert nach: *Kießling*, DVBl. 2012, 1210 (1213).

1376 Bezugnehmend auf die allgemeinen Ausführungen von *Rachor*, in: *Lisken / Denninger*, Hdb. PolR, S. 529, der als Gegenbeispiel eine mehrwöchige oder gar mehrmonatige Beschränkung der Bewegungsfreiheit nennt.

1377 *Schenke*, POR, S. 23 f.

1378 Allg. *Schenke*, POR, S. 23, der in diesem Zusammenhang auch von einer „Überdehnung des grundrechtlichen Parlamentsvorbehalts" spricht.

1379 *Rachor*, in: *Lisken / Denninger*, Hdb. PolR, S. 542. Dies erkennt auch *Kießling*, DVBl. 2012, 1210 (1214), durchaus an.

1380 *BVerfGE* 128, 226 (250 m.w.N.); in diese Richtung auch *BVerfGE* 69, 315 (346 f.); *Deutelmoser*, NVwZ 1999, 240 (241); *Hebeler*, StaatsR, S. 71 f.; *Hesse*, VerfR, S. 176; *Hoffmann-Riem*, NVwZ 2002, 257 (259).

1381 *Rachor*, in: *Lisken / Denninger*, Hdb. PolR, S. 540.

1382 *Kießling*, DVBl. 2012, 1210 (1211).

dies „bloß“ nahe.[1383] Im Rahmen polizeitaktischer Stufenkonzepte rangiert sie mit Blick auf die Eingriffsintensität somit nur im unteren Bereich.[1384] Eine Ansprache potentieller Gefahrenverursacher erfordert daher zu Recht keine spezialgesetzlich geregelte Befugnisnorm. Ausreichend ist vielmehr die gefahrenabwehrrechtliche Generalklausel,[1385] die aufgrund ihrer allgemeinen Fassung in der Lage ist, der gebotenen Flexibilität Rechnung zu tragen, ohne dadurch die rechtsstaatlichen Sicherungsmechanismen außer Acht zu lassen.[1386]

6. *Verhältnismäßigkeit des Schrankengesetzes*

Schließlich wird die gefahrenabwehrrechtliche Generalklausel als solche auch den Anforderungen des Verhältnismäßigkeitsgrundsatzes gerecht. Als „zentrale Kompetenzquelle polizeilichen Handelns“[1387] ist sie geeignet und erforderlich, den legitimen Zweck der Abwehr von Gefahren für die öffentliche Sicherheit und Ordnung zu erreichen. Die mit der Generalklausel verbundenen Nachteile stehen darüber hinaus nicht außer Verhältnis zu den von ihr bewirkten Vorteilen.[1388]

7. *Fazit*

Festzuhalten gilt es somit, dass die polizei- und ordnungsrechtliche Generalklausel als maßgebliches Schrankengesetz sowohl in formeller als auch materieller Hinsicht verfassungsgemäß ist.

III. Verfassungsmäßigkeit des Einzelaktes

Mit der Feststellung der Grundrechtskonformität der gefahrenabwehrrechtlichen Generalklausel ist die Prüfung der verfassungsrechtlichen Rechtfertigung

---

1383 *Hebeler*, NVwZ 2011, 1364.

1384 *Rachor*, in: *Lisken / Denninger*, Hdb. PolR, S. 540.

1385 So die nahezu einhellige Meinung: *OVG Magdeburg* NVwZ-RR 2012, 720 (721); *OVG Lüneburg* NJW 2006, 391; *VG Göttingen*, Urt. v. 27. Januar 2004 – 1 A 1014/02; LT-Dr Nds 16/4946, S. 2; *Breucker*, NJW 2006, 1233 (1236); *Hebeler*, NVwZ 2011, 1364 (1366); *Jötten / Tams*, JuS 2008, 436 (439); *Kugelmann*, POR, S. 155; *Pieroth / Schlink / Kniesel*, POR, S. 369; *Rachor*, in: *Lisken / Denninger*, Hdb. PolR, S. 542; *Schenke*, POR, S. 25; kritisch hingegen *Arzt*, Die Polizei 2006, 156 (158), sowie *Kießling*, DVBl. 2012, 1210 (1213 f.).

1386 *Michael / Morlok*, GRe, S. 276; *Volkmann*, StaatsR II, S. 269.

1387 *Winter*, Politikum Polizei, S. 64.

1388 Allg. zur Verhältnismäßigkeit etwa *Badura*, StaatsR, S. 370 f.; *Schulze-Fielitz*, in: *Dreier*, GG, Bd. II, Art. 20 (Rechtsstaat) Rdnr. 179 ff.; *Sommermann*, in: *v. Mangoldt / Klein / Starck*, GG, Bd. II, Art. 20 III Rdnr. 308 ff.

nicht beendet. Ein selbstständiger Verfassungsverstoß kann auch in der das – verfassungskonforme – Schrankengesetz konkretisierenden Einzelmaßnahme liegen.[1389] Dies beurteilt sich im Wesentlichen anhand der Verhältnismäßigkeit des jeweiligen Exekutivaktes,[1390] hier der Gefährderansprache.

1. *Grundsatz der Verhältnismäßigkeit*

Verfassungsgeschichtlich bis in die antiken Gerechtigkeitslehren zurückreichend,[1391] hat sich der Grundsatz der Verhältnismäßigkeit – auch Übermaßverbot genannt[1392] – rechtsprechungstaktisch und verfassungstheoretisch zu einer „zentralen rechtsstaatlichen Maxime"[1393] entwickelt.[1394] Als regulatives Leitprinzip des Grundrechtsschutzes[1395] verlangt er vom Staat, übermäßige, nicht durch gewichtigere Belange des Gemeinwohls gerechtfertigte Eingriffe in die von der Rechtsordnung gedeckten Rechtspositionen des Einzelnen zu verhindern.[1396] Beschränkt werden dürfen die grundrechtlichen Freiheitsräume demzufolge nur insoweit, „als es zum Schutz öffentlicher Interessen unerlässlich ist."[1397] Dem Verhältnismäßigkeitsgrundsatz kommt auf diese Weise eine „die individuelle Rechts- und Freiheitssphäre verteidigende Funktion zu."[1398] Seine Wurzeln hat das Gebot der Verhältnismäßigkeit in dem in Art. 20 III GG verankerten Rechtsstaatsprinzip.[1399]

1389 Allg. *Degenhart*, KK StaatsR II, S. 19; *Winkler*, GRe, S. 106.

1390 Etwa *Pieroth / Schlink / Kingreen / Poscher*, GRe, S. 82; *Winkler*, GRe, S. 106; fallbezogen u.a. *Höfling*, Fälle GRe, S. 17 f., 55, 64; *Volkmann*, GRe, S. 196 ff.; hinsichtlich Art. 8 GG *BVerfGE* 69, 315 (348 f.); 87, 399 (407).

1391 *Sommermann*, in: *v. Mangoldt / Klein / Starck*, GG, Bd. II, Art. 20 III Rdnr. 309 m.w.N.

1392 So etwa *BVerwG* NVwZ 1995, 497; *Durner*, in: *Maunz / Dürig*, GG, Bd. II, Art. 10 Rdnr. 143; *Hufen*, StaatsR II, S. 116; *Jarass*, in: *ders. / Pieroth*, GG, Art. 20 Rdnr. 80 m.w.N.; *Krumm*, NJW 2004, 328; *Remmert*, Verfassungs- und verwaltungsrechtsgeschichtliche Grundlagen des Übermaßverbotes, 1995.

1393 *Schulze-Fielitz*, in: *Dreier*, GG, Bd. II, Art. 20 (Rechtsstaat) Rdnr. 179.

1394 *Schulze-Fielitz*, in: *Dreier*, GG, Bd. II, Art. 20 (Rechtsstaat) Rdnr. 179.

1395 *Sommermann*, in: *v. Mangoldt / Klein / Starck*, GG, Bd. II, Art. 20 III Rdnr. 311.

1396 *Sommermann*, in: *v. Mangoldt / Klein / Strack*, GG, Bd. II, Art. 20 III Rdnr. 308.

1397 *BVerfGE* 19, 342 (348 f.); nahezu wortgleich *BVerfGE* 76, 1 (50 f.); *Schulze-Fielitz*, in: *Dreier*, GG, Bd. II, Art. 20 (Rechtsstaat) Rdnr. 179.

1398 *BVerfGE* 81, 310 (338), bezugnehmend auf *BVerfGE* 79, 311 (341).

1399 *BVerfGE* 19, 342 (348 f.); 69, 1 (35); 76, 256 (359); *Hofmann*, in: *Schmidt-Bleibtreu / Hofmann / Hopfauf*, GG, Art. 20 Rdnr. 73; *Sachs*, GG, Art. 20 Rdnr. 146 m.w.N.; *Stern*, StaatsR, Bd. III/2, S. 771 f.

Zudem ergibt es sich bereits „aus dem Wesen der Grundrechte selbst",[1400] die ihr Schutzpotenzial nur dann hinreichend entfalten können, wenn unnötige und übermäßige Beschränkungen ausgeschlossen werden.[1401] Weithin Einigkeit besteht über die inhaltliche Struktur sowie die verschiedenen Teilelemente des nicht pauschal, sondern stufenweise zu prüfenden[1402] Verhältnismäßigkeitsprinzips.[1403] Demnach muss alles[1404] staatliche Handeln, sofern es subjektive Rechte der Bürger beeinträchtigt, geeignet, erforderlich und angemessen sein.[1405] Maßgeblicher Bezugspunkt dieser Kriterien ist der mit der Einschränkung verfolgte Zweck, dessen Verfassungslegitimität gesondert festzustellen ist.[1406] Unter welchen Voraussetzungen die versammlungsbezogene Gefährderansprache einen verhältnismäßigen Exekutivakt darstellt, soll im Folgenden geklärt werden.

a) Legitimer Zweck

Ausgangspunkt einer sachgerechten Verhältnismäßigkeitsprüfung ist die Ermittlung des mit der Maßnahme verfolgten Zwecks.[1407] Dieser ergibt sich für die Rechtsprechung und Verwaltung aus den Gesetzen selbst, während er für den Gesetzgeber aus dessen Zwecksetzungskompetenz nach Maßgabe des Grundgesetzes folgt.[1408] Zur Rechtfertigung eines Eingriffs kann ein Zweck jedoch nur

---

1400 *BVerfGE* 19, 342 (348 f.); 61, 126 (134); 76, 1 (50 f.); *Jarass*, in: *ders. / Pieroth*, GG, Art. 20 Rdnr. 80; *Leibholz / Rinck*, GG, Bd. II, Art. 20 Rdnr. 776 m.w.N. Eine Herleitung allein aus den Grundrechten befürwortet hingegen *Merten*, in: *ders. / Papier*, Hdb. GRe, Bd. III, S. 538 ff.

1401 *Sommermann*, in: *v. Mangoldt / Klein / Starck*, GG, Bd. II, Art. 20 III Rdnr. 308.

1402 *Merten*, in: *ders. / Papier*, Hdb. GRe, Bd. III, S. 546, der in diesem Zusammenhang zu Recht darauf hinweist, dass die Prüfungsreihenfolge aus logischen Gründen strikt einzuhalten ist.

1403 *Schulze-Fielitz*, in: *Dreier*, GG, Bd. II, Art. 20 (Rechtsstaat) Rdnr. 180.

1404 *Merten*, in: *ders. / Papier*, Hdb. GRe, Bd. III, S. 542; *Sachs*, GG, Art. 20 Rdnr. 148.

1405 *Schulze-Fielitz*, in: *Dreier*, GG, Bd. II, Art. 20 (Rechtsstaat) Rdnr. 180 m.w.N.; ebenso *Antoni*, in: *Hömig*, GG, Art. 20 Rdnr. 13; *Jarass*, in: *ders. / Pieroth*, GG, Art. 20 Rdnr. 83; *Sachs*, GG, Art. 20 Rdnr. 149; *Stern*, StaatsR, Bd. III/2, S. 775. Zu beachten gilt es, dass das Kriterium der Angemessenheit bisweilen auch als Verhältnismäßigkeit im engeren Sinne bezeichnet wird (etwa *BVerfGE* 104, 337 [349]; 126, 112 [152]; *Sommermann*, in: *v. Mangoldt / Klein / Starck*, GG, Bd. II, Art. 20 III Rdnr. 314).

1406 *Sachs*, GG, Art. 20 Rdnr. 149; *Schulze-Fielitz*, in: *Dreier*, GG, Bd. II, Art. 20 (Rechtsstaat) Rdnr. 181 m.w.N.; ähnlich *Huster / Rux*, in: *Epping / Hillgruber*, GG, Art. 20 Rdnr. 180; *Stern*, StaatsR, Bd. III/2, S. 775.

1407 *Sommermann*, in: *v. Mangoldt / Klein / Starck*, GG, Bd. II, Art. 20 III Rdnr. 314.

1408 *Sachs*, GG, Art. 20 Rdnr. 149; *Schulze-Fielitz*, in: *Dreier*, GG, Bd. II, Art. 20 (Rechtsstaat) Rdnr. 181.

dann herangezogen werden, wenn ihn die verfassungsgemäße Rechtsordnung trägt, er mithin legitim ist.[1409] Nach der Rechtsprechung des Bundesverfassungsgerichts „ist grundsätzlich jedes öffentliche Interesse [legitim], das verfassungsrechtlich nicht ausgeschlossen ist. Welche Zwecke legitim sind, hängt dabei auch vom jeweiligen Grundrecht ab, in das eingegriffen wird."[1410]

Bei einer Gefährderansprache sucht die zuständige Gefahrenabwehrbehörde eine Person auf, von der sie annimmt, sie werde sich anlässlich eines bestimmten Ereignisses an gewaltsamen Aktionen beteiligen.[1411] Dabei wird ihr signalisiert, dass sie „aus der Anonymität der Masse herausgehoben und für den Fall der Beteiligung an Gewalttaten einem erhöhten Entdeckungsrisiko ausgesetzt"[1412] ist. Ziel der Gefährderansprache ist es daher, durch die unmittelbare „Ermahnung"[1413] potentieller Gefahrenverursacher „diese zu verunsichern und sie dazu zu bewegen, ihr Verhalten zu ändern und sie von ihrem [geplanten] Vorhaben abzubringen."[1414] Hierdurch soll dem Eintritt von Schadensereignissen bereits zu einem sehr frühen Zeitpunkt entgegengewirkt werden.[1415] Die Gefährderansprache weist somit eine gefahrenabwehrrechtliche Zielrichtung auf.[1416] Sie trägt insbesondere dazu bei, Straftaten zu verhindern und bedeutende Individualrechtsgüter Dritter wie Leben, Gesundheit und Eigentum zu schützen.[1417] Dieses Ziel ist (verfassungs-) legitim und kann grundsätzlich auch Eingriffe in die verfassungsrechtlich geschützte Versammlungsfreiheit rechtfertigen.[1418]

b) Geeignetheit

Zur Zweckerreichung muss die Gefährderansprache jedoch auch geeignet sein. Die Eignung ist immer dann zu bejahen, wenn „die Wahrscheinlichkeit erhöht

1409 *Jarass*, in: *ders. / Pieroth*, GG, Art. 20 Rdnr. 83 a, bezugnehmend u.a. auf *BVerfGE* 100, 313 (359); 115, 320 (345); 117, 163 (182); 124, 300 (331); *Pieroth / Schlink / Kniesel*, POR, S. 174 f.

1410 *BVerfGE* 124, 300 (331); zustimmend *Hillgruber*, in: *Isensee / Kirchhof*, Hdb. StaatsR, Bd. IX, S. 1055.

1411 *Kießling*, DVBl. 2012, 1210.

1412 So eine Antwort der niedersächsischen Landesregierung auf eine mündliche Anfrage des Abgeordneten Ralf Briese vom 18. Februar 2010 (abgedruckt in LT-Dr Nds 16/4946, S. 1).

1413 *Rachor*, in: *Lisken / Denninger*, Hdb. PolR, S. 540.

1414 *Roos*, Kriminalistik 2006, 261; ähnlich *Kießling*, DVBl. 2012, 1210 (1211).

1415 LT-Dr Nds 16/4946, S. 2.

1416 *Hebeler*, NVwZ 2011, 1364 (1365); *Rachor*, in: *Lisken / Denninger*, Hdb. PolR, S. 540.

1417 *Jötten / Tams*, JuS 2008, 436 (438).

1418 *Jötten / Tams*, JuS 2008, 436 (438).

wird, dass der angestrebte Erfolg eintritt,"[1419] dieser also „gefördert werden kann."[1420] Dabei ist es jedoch nicht erforderlich, stets das bestmögliche und wirkungsstärkste Mittel einzusetzen.[1421] Ebenso wenig muss der gewünschte Erfolg in jedem Einzelfall eintreten.[1422] Notwendig und ausreichend ist vielmehr die abstrakte „Möglichkeit der Zweckerreichung",[1423] wobei das Ziel nicht die Förderung irgendeines öffentlichen Interesses sein darf.[1424]

„Als ein auf die Willensbetätigung einwirkendes psychologisches Mittel"[1425] wird die Gefährderansprache zur Abschreckung potentieller Störer eingesetzt.[1426] Ihr tatsächlicher Effekt hängt indes vom individuellen Verständnis des Betroffenen ab.[1427] Dieser kann die Ansprache als Empfehlung oder Rat, gleichermaßen jedoch auch als Warnung oder gar Drohung auffassen.[1428] Dass sich der Adressat infolge der an ihn gerichteten Ermahnung tatsächlich dazu entschließt, von seinem ursprünglichen Vorhaben Abstand zu nehmen, ist dabei nicht von vornherein ausgeschlossen.[1429] Vielmehr ist davon auszugehen „dass das Ausmaß gewaltsamer Aktionen dadurch begrenzt wird, dass weniger potenziell gewaltbereite Teilnehmer an einer Demonstration teilnehmen."[1430] Die in rechtspraktischer Hinsicht „erfolgversprechende Maßnahme"[1431] der Gefährderansprache weist somit die abstrakte Möglichkeit auf, die Verhinderung von Straftaten sowie

---

1419 *Sachs*, GG, Art. 20 Rdnr. 150; ähnlich *Stern*, in: *ders. / Becker*, GG, Einl. Rdnr. 138.

1420 *BVerfGE* 96, 10 (23); 103, 293 (307); nahezu wortgleich *BVerfGE* 100, 313 (373).

1421 *BVerfGE* 118, 277 (374); *Jarass*, in: *ders. / Pieroth*, GG, Art. 20 Rdnr. 84; *Sachs*, GG, Art. 20 Rdnr. 150.

1422 *BVerfGE* 67, 157 (175); *Jarass*, in: *ders. / Pieroth*, GG, Art. 20 Rdnr. 84; *Schulze-Fielitz*, in: *Dreier*, GG, Bd. II, Art. 20 (Rechtsstaat) Rdnr. 182; ähnlich *Merten*, in: *ders. / Papier*, Hdb. GRe, Bd. III, S. 553.

1423 *BVerfGE* 96, 10 (23); 103, 293 (307); 116, 202 (224); *Jarass*, in: *ders. / Pieroth*, GG, Art. 20 Rdnr. 84.; *Merten*, in: *ders. / Papier*, Hdb. GRe, Bd. III, S. 553 m.w.N.

1424 *BVerfG* NVwZ 2004, 1131; *Jarass*, in: *ders. / Pieroth*, GG, Art. 20 Rdnr. 84.

1425 *Rachor*, in: *Lisken / Denninger*, Hdb. PolR, S. 540.

1426 *Rachor*, in: *Lisken / Denninger*, Hdb. PolR, S. 540.

1427 *Rachor*, in: *Lisken / Denninger*, Hdb. PolR, S. 541.

1428 *Rachor*, in: *Lisken / Denninger*, Hdb. PolR, S. 541.

1429 So geschehen in dem *OVG Lüneburg* NJW 2006, 391 zugrundeliegenden Sachverhalt.

1430 *Jötten / Tams*, JuS 2008, 436 (441). Vgl. zur allgemeinen Wirksamkeit von Gefährderansprachen auch *Lesmeister*, in: *Boeger*, Jugendliche Intensivtäter, S. 48, die nachweist, dass jugendliche Intensivtäter, bei denen einen Gefährderansprache durchgeführte wurde, seltener wiederauffällig wurden, als die Jugendlichen, bei denen auf eine solche Ansprache verzichtet wurde.

1431 *Roos*, Kriminalistik 2006, 261.

den Schutz bedeutender Individualrechtsgüter zu erreichen.[1432] Sie ist daher auch geeignet im Sinne des Verhältnismäßigkeitsgrundsatzes.

c) Erforderlichkeit

Um dem Grundsatz der Verhältnismäßigkeit zu genügen, müsste die Gefährderansprache im Übrigen erforderlich sein.[1433] Erforderlich im Sinne der Verhältnismäßigkeit ist eine grundrechtsbeschränkende Maßnahme lediglich dann, wenn sie überhaupt beziehungsweise in der gewählten Intensität notwendig ist.[1434] Demgegenüber ist das Gebot verletzt, sofern das „Ziel der staatlichen Maßnahme auch durch ein anderes, gleich wirksames Mittel erreicht werden kann, das das betreffende Grundrecht nicht oder deutlich weniger fühlbar einschränkt“[1435] und Dritte nicht stärker belastet.[1436] Dabei gilt es zu berücksichtigen, dass die „sachliche Gleichwertigkeit zur Zweckerreichung … eindeutig feststehen“[1437] muss.

Als (mindestens) ebenso wirksam könnte sich die Erteilung einer Meldeauflage[1438] sowie die Ingewahrsamnahme[1439] des potentiellen Gefahrenverursachers erweisen. Die genannten Maßnahmen hätten jedoch einen viel weitreichenderen Eingriff in die Grundrechte des Betroffenen zur Folge und scheiden daher als „milderes“ Mittel im Sinne des Erforderlichkeitsgebots aus.[1440] Ein unterhalb der Eingriffsschwelle liegender bloßer Hinweis auf die Rechtslage verspricht demgegenüber nicht die gleiche Wirksamkeit wie eine Gefährderansprache.[1441]

1432 *Breucker*, NJW 2006, 1233 (1236); *Jötten / Tams*, JuS 2008, 436 (441); so auch *Roos*, Kriminalistik 2006, 261, der die Gefährderansprache in diesem Zusammenhang als „erfolgversprechende Maßnahme“ bezeichnet.

1433 Allg. zum Gebot der Erforderlichkeit *Merten*, in: *ders. / Papier*, Hdb. GRe, Bd. III, S. 554; ähnlich *Antoni*, in: *Hömig*, GG, Art. 20 Rdnr. 13 m.w.N.; *Huster / Rux*, in: *Epping / Hillgruber*, GG, Art. 20 Rdnr. 183.

1434 *Merten*, in: *ders. / Papier*, Hdb. GRe, Bd. III, S. 554 m.w.N.; ähnlich *Leisner*, in: *Sodan*, GG, Art. 20 Rdnr. 68.

1435 *Jarass*, in: *ders. / Pieroth*, GG, Art. 20 Rdnr. 85, bezugnehmend auf *BVerfGE* 68, 193 (218 f.); 90, 145 (172); 92, 262 (273); 126, 112 (144 f.); *Antoni*, in: *Hömig*, GG, Art. 20 Rdnr. 13 m.w.N.

1436 *BVerfGE* 109, 64 (86); 113, 167 (259); *Antoni*, in: *Hömig*, GG, Art. 20 Rdnr. 13.

1437 *BVerfGE* 81, 70 (91).

1438 Ausführlich *Rachor*, in: *Lisken / Denninger*, Hdb. PolR, S. 542 ff.; *Schucht*, NVwZ 2011, 709.

1439 Grundlegend *Götz*, POR, S. 64 ff.; *Gusy*, POR, S. 174 ff.; *Schenke*, POR, S. 80 ff.

1440 *Jötten / Tams*, JuS 2008, 436 (441); zur Meldeauflage vgl. u.a. *Schucht*, NVwZ 2011, 709 (711).

1441 *Jötten / Tams*, JuS 2008, 436 (441).

Zwar wäre ein solcher Hinweis milder, in Ermangelung einer an den Adressaten gerichteten, expliziten Ermahnung, Störungen der öffentlichen Sicherheit zu unterlassen,[1442] jedoch weniger geeignet als eine Gefährderansprache.[1443] Festhalten lässt sich somit, dass die eine relativ geringe Eingriffsintensität aufweisende[1444] Gefährderansprache auch erforderlich im Sinne des Verhältnismäßigkeitsgrundsatzes ist.

d) Angemessenheit

Zur Wahrung des Verhältnismäßigkeitsgrundsatzes muss das Handlungsinstrument der Gefährderansprache schließlich angemessen sein.

aa) Einführende Bemerkungen

Die letzte, zugleich jedoch „wichtigste“[1445] und in praktischer sowie definitorischer Hinsicht problematischste[1446] Stufe der Verhältnismäßigkeit bildet die Angemessenheit, die auch als Verhältnismäßigkeit im engeren Sinne,[1447] Proportionalität,[1448] Zumutbarkeit[1449] oder Adäquanz[1450] bezeichnet wird.[1451] Sie bezieht sich auf die Frage, ob eine Grundrechtsbegrenzung gemessen an dem von ihr verfolgten Zweck durchführenswert ist oder nicht.[1452] Das Gebot der Angemessenheit verlangt dabei, dass „das Maß der den einzelnen … treffenden Belastung noch in einem vernünftigen Verhältnis zu den der Allgemeinheit erwachsenden

---

1442 Allg. *Rachor*, in: *Lisken / Denninger*, Hdb. PolR, S. 540.

1443 *Jötten / Tams*, JuS 2008, 436 (441).

1444 *Rachor*, in: *Lisken / Denninger*, Hdb. PolR, S. 540.

1445 *Jarass*, in: *ders. / Pieroth*, GG, Art. 20 Rdnr. 86; so auch *Reuter*, JURA 2009, 511, der von der Angemessenheitsprüfung als „Königsdisziplin“ spricht; kritisch hingegen *Pieroth / Schlink / Kingreen / Poscher*, GRe, S. 71.

1446 *Stern*, StaatsR, Bd. III/2, S. 782, 814 m.w.N.; zustimmend *Camilo de Oliveira*, Zur Kritik der Abwägung in der Grundrechtsdogmatik, S. 132.

1447 Beispielhaft *BVerfGE*, 104, 337 (349); *Hillgruber*, in: *Isensee / Kirchhof*, Hdb. GRe, Bd. IX, S. 1060; *Sommermann*, in: *v. Mangoldt / Klein / Starck*, GG, Bd. II, Art. 20 III Rdnr. 314; *Stern*, StaatsR, Bd. III/2, S. 782.

1448 Etwa *Camilo de Oliveira*, Zur Kritik der Abwägung in der Grundrechtsdogmatik, S. 132; *Merten*, in: *ders. / Papier*, Hdb. GRe, Bd. III, S. 556; *Sachs*, GG, Art. 20 Rdnr. 154; *Stern*, StaatsR, Bd. III/2, S. 782.

1449 *BVerfGE* 74, 203 (216); 80, 1 (24); 90, 262 (274); *Hillgruber*, in: *Isensee / Kirchhof*, Hdb. GRe, Bd. IX, S. 1060.

1450 *Merten*, in: *ders. / Papier*, GG, Bd. III, der insoweit auch von einer „Zweck-Mittel-Relation“ spricht.

1451 *Jarass*, in: *ders. / Pieroth*, GG, Art. 20 Rdnr. 86.

1452 *Camilo de Oliveira*, Zur Kritik der Abwägung in der Grundrechtsdogmatik, S. 132.

Vorteilen“[1453] steht. Der Grundsatz der Angemessenheit zielt somit auf einen Ausgleich zwischen der Intensität der Grundrechtsbelastung einerseits sowie der Bedeutung der von der Maßnahme geförderten Gemeinwohlbelange andererseits.[1454] Um einen solchen Ausgleich herzustellen, bedarf es einer Gesamtabwägung zwischen den widerstreitenden Interessen,[1455] wobei „das zulässige Maß der Nichterfüllung oder Beeinträchtigung des einen Prinzips vom Wichtigkeitsgrad der Erfüllung des anderen“[1456] abhängt. Eine Einschränkung von Grundrechten ist hiernach nur dann zulässig, „wenn gegenläufigen Prinzipien im konkreten Fall gegenüber dem grundrechtlichen Prinzip ein höheres Gewicht zukommt“,[1457] wenn für den Einzelnen „die Grenze der Zumutbarkeit gewahrt bleibt“.[1458] Das gerade auf der Ebene des einzelfallbezogenen Verwaltungshandelns dominierende[1459] Gebot der Angemessenheit verhindert auf diese Weise, dass „der [Eingriffs-] Zweck die [Eingriffs-]Mittel heiligt.“[1460]

bb) Spezifische Vorgaben

(1) Wechselwirkungslehre

Aufgrund der herausragenden Bedeutung des Art. 8 GG für den Prozess der demokratischen Willensbildung[1461] ist bei Maßnahmen, die das Grundrecht der Versammlungsfreiheit einschränken, eine „Rückkoppelung zum Normbereich des Art. 8 GG in besonderer Weise gefordert.“[1462] Unverzichtbare Voraussetzung

---

1453 *BVerfGE* 76, 1 (51); ähnlich *BVerfGE* 100, 313, (375 f.); *Jarass*, in: *ders. / Pieroth*, GG, Art. 20 Rdnr. 86. Umgekehrt darf die „Schwere des Eingriffs ... nicht außer Verhältnis zu dem Gewicht der ihn rechtfertigenden Gründe stehen“ (*BVerfGE* 118, 168 [195]; im Ergebnis genauso *BVerfGE* 65, 1 [54]; 80, 297 [312]; *Grzeszick*, in: *Maunz / Dürig*, GG, Bd. III, Art. 20 [VII] Rdnr. 117 m.w.N.; *Sachs*, GG, Art. 20 Rdnr. 154 m.w.N.).

1454 *BVerfGE* 92, 277 (327); 100, 313 (376); *Schulze-Fielitz*, in: *Dreier*, GG, Bd. II, Art. 20 Rdnr. 184.

1455 *Camilo de Oliveira*, Zur Kritik der Abwägung in der Grundrechtsdogmatik, S. 132; *Huster / Rux*, in: *Epping / Hillgruber*, GG, Art. 20 Rdnr. 184; *Schulze-Fielitz*, in: *Dreier*, GG, Bd. II, Art. 20 Rdnr. 184.

1456 *Alexy*, Theorie der Grundrechte, S. 146.

1457 *Alexy*, Theorie der Grundrechte, S. 267.

1458 *BVerfGE* 83, 1 (19); nahezu wortgleich *BVerfGE* 113, 167 (260); 120, 224 (241); 126, 112 (152 f.).

1459 *Schulze-Fielitz*, in: *Dreier*, GG, Bd. II, Art. 20 Rdnr. 189.

1460 *Merten*, in: *ders. / Papier*, Hdb. GRe, Bd. III, S. 557.

1461 Etwa *BVerfGE* 69, 315 (348); *Bühring*, Demonstrationsfreiheit für Rechtsextremisten?, S. 69; *Kohl*, in: *Umbach / Clemens*, GG, Bd. I, Art. 8 Rdnr. 10.

1462 *Schwäble*, Versammlungsfreiheit, S. 216, im Hinblick auf Maßnahmen nach § 15 VersG.

für eine die grundrechtlichen Wertmaßstäbe respektierende Beschränkungsdogmatik ist daher die vom Bundesverfassungsgericht[1463] ursprünglich für Art. 5 I GG entwickelte so genannte Wechselwirkungslehre,[1464] die auch als typisierte Angemessenheitsprüfung verstanden werden kann.[1465] Diese gebietet es, dem spezifischen Freiheitsgehalt des Art. 8 I GG optimal gerecht zu werden[1466] und dessen Reichweite trotz des scheinbar unbeschränkten Gesetzesvorbehalts in Art. 8 II GG nicht beliebig zu relativieren.[1467] So hat der Gesetzgeber bei allen begrenzenden Regelungen die in Art. 8 GG verkörperte verfassungsrechtliche Grundentscheidung hinreichend zu beachten.[1468] Gleichzeitig gilt es, die einschränkenden Gesetze stets „im Lichte der grundlegenden Bedeutung von Art. 8 Abs. I auszulegen."[1469] Gemäß der Wechselwirkungstheorie erfolgt die Begrenzungswirkung somit nicht nur in Richtung der Grundrechtsbeschränkung;[1470] vielmehr werden die Beschränkungsbefugnisse ihrerseits durch eine restriktive Interpretation begrenzt.[1471] Einschränkungen der Versammlungsfreiheit sind demnach „nur zum Schutz gleichwertiger anderer Rechtsgüter unter strikter Wahrung des Grundsatzes der Verhältnismäßigkeit"[1472] möglich. Zumindest darf kein krasses Missverhältnis zwischen dem Gewicht der Versammlungsfreiheit auf der einen sowie dem Zweck der Einschränkung auf der anderen Seite bestehen.[1473] Hinter dem Begriff der Wechselwirkung verbirgt sich somit die

---

1463 Grundlegend *BVerfGE* 7, 198 (208 f.).

1464 *Schwäble*, Versammlungsfreiheit, S. 217; allg. zur Wechselwirkungstheorie etwa *Ipsen*, StaatsR II, S. 143 f.; *Kloepfer*, VerfR II, S. 37; *Michael / Morlok*, GRe, S. 312.

1465 *Grupp / Stelkens*, Saarheimer Fälle zum Staats- und Verwaltungsrecht, www.saarheim.de/Anmerkungen/verhaeltnismaessigkeit.htm v. 01. Dezember 2011; in diesem Sinne auch *Schulze-Fielitz*, in: *Dreier*, GG, Bd. I, Art. 5 I, II Rdnr. 159, sowie *Starck*, in: *v. Mangoldt / Klein / Starck*, GG, Bd. I, Art. 5 I, II Rdnr. 201, bezogen jeweils auf das Recht zur Meinungsäußerung.

1466 *Schwäble*, Versammlungsfreiheit, S. 216.

1467 *BVerfGE* 69, 315 (348).

1468 *BVerfGE* 69, 315 (348); *Kloepfer*, in: *Isensee / Kirchhof*, Hdb. StaatsR, Bd. VII, S. 1013.

1469 *BVerfGE* 87, 399 (407). Der Wechselwirkung ist somit auch dann Rechnung zu tragen, wenn Behörden und Gerichte die vom Gesetzgeber erlassenen grundrechtsbegrenzenden Regelungen auslegen und anwenden (*BVerfGE* 69, 315 [348 f.]; *Bühring*, Demonstrationsfreiheit für Rechtsextremisten?, S. 69).

1470 *Kloepfer*, in: *Isensee / Kirchhof*, Hdb. StaatsR, Bd. VII, S. 1013.

1471 *Kloepfer*, in: *Isensee / Kirchhof*, Hdb. StaatsR, Bd. VII, S. 1013.

1472 *BVerfGE* 69, 315 (348 f.); zustimmend *Bühring*, Demonstrationsfreiheit für Rechtsextremisten?, S. 69; *Jarass*, in: *ders. / Pieroth*, GG, Art. 8 Rdnr. 19.

1473 *Kloepfer*, in: *Isensee / Kirchhof*, Hdb. StaatsR, Bd. VII, S. 1014; *Jarass*, in: *ders. / Pieroth*, GG, Art. 8 Rdnr. 19.

Umschreibung der grundrechtsdogmatischen Aufgabe, durch eine sachgerechte Zuordnung der betroffenen Güter praktische Konkordanz herzustellen, um auf diese Weise „alle den jeweiligen Fall bestimmenden normativen Gehalte in optimalem Umfang zu verwirklichen."[1474]

(2) Gewicht des Persönlichkeitseingriffs

Erfolgt eine Gefährderansprache im Beisein Dritter, ist hiermit regelmäßig ein Eingriff in das Allgemeine Persönlichkeitsrecht aus Art. 2 I in Verbindung mit Art. 1 I GG verbunden.[1475] Der effektive Garantiebereich dieses Rechts wird vor allem durch die Anwendung des Verhältnismäßigkeitsgrundsatzes bestimmt.[1476] Für die im Rahmen der Angemessenheit vorzunehmende Güterabwägung ist dabei das Gewicht des Persönlichkeitseingriffs von maßgebender Bedeutung.[1477] Dem trägt das Bundesverfassungsgericht durch die so genannte Sphärentheorie[1478] Rechnung,[1479] die „verschiedene Sphären der Persönlichkeitsentfaltung mit verschieden starker Eingriffsresistenz zu unterscheiden sucht."[1480] Absoluten Schutz soll hiernach der als Intimsphäre bezeichnete Kernbereich der Persönlichkeit genießen.[1481] Demgegenüber könne in eine um diesen Bereich gelagerte Privatsphäre zwar grundsätzlich eingegriffen werden, allerdings nur aufgrund hinreichend gewichtiger Gemeinwohlinteressen.[1482] Die geringsten Anforderungen seien schließlich an Eingriffe in die Sozialsphäre zu stellen.[1483] Obgleich die Sphärentheorie von dem Bemühen geprägt ist, die unterschiedliche Schutzbedürftigkeit verschiedenartiger Lebenssachverhalte zu berücksichtigen,[1484] kann

---

1474 *Schwäble*, Versammlungsfreiheit, S. 217.

1475 S. 2. Teil. 2. Kap. B. II. 3.

1476 *Dreier*, GG, Bd. I, Art. 2 I Rdnr. 92.

1477 *Jarass*, in: *ders. / Pieroth*, GG, Art. 2 Rdnr. 60 a.

1478 Etwa *BVerfGE* 27, 1 (6); 32, 373 (378 f.); 33, 367 (376 f.).

1479 *Di Fabio*, in: *Maunz / Dürig*, GG, Bd. I, Art. 2 I Rdnr. 158; *Kube*, in: *Isensee / Kirchhof*, Hdb. StaatsR, Bd. VII, S. 113; *Kunig*, in: *v. Münch / Kunig*, GG, Bd. I, Art. 2 Rdnr. 41; allg. zur Sphärentheorie auch *Degenhart*, JuS 1992, 361 (363 f.); *Enders*, in: *Merten / Papier*, Hdb. GRe, Bd. IV, S. 160 ff.

1480 *Murswiek*, in: *Sachs*, GG, Art. 2 Rdnr. 104.

1481 *BVerfGE* 6, 32 (41); 32, 373 (378 f.); 34, 238 (245); 80, 367 (373 f.); *Dreier*, GG, Bd. I, Art. 2 I Rdnr. 92.

1482 *BVerfGE* 27, 344 (350); 34, 238 (245); *Kube*, in: *Isensee / Kirchhof*, Hdb. StaatsR, Bd. VII, S. 113; *Murswiek*, in: *Sachs*, GG, Art. 2 Rdnr. 104.

1483 *BVerfGE* 35, 202 (220 f.); *Degenhart*, JuS 1992, 361 (364); *Kube*, in: *Isensee / Kirchhof*, Hdb. StaatsR, Bd. VII, S. 113.

1484 *Murswiek*, in: *Sachs*, GG, Art. 2 Rdnr. 104.

sie nicht überzeugen.[1485] So verstellt sie etwa den Blick dafür, dass auch Intimes gesellschaftlich relevant sein kann und somit dem regelnden Zugriff des Staates offenstehen muss.[1486] Umgekehrt können auch Eingriffe in die äußerste Sphäre – die Sozialsphäre – von hoher Persönlichkeitsrelevanz sein.[1487] Eine strikte, dogmatisch klare Abgrenzung der einzelnen Sphären ist somit kaum möglich.[1488] Vielmehr sind graduelle Stufungen vorhanden, die sich überscheiden und ineinander übergehen.[1489] Dies hat zur Folge, dass – unabhängig von der Konstruktion getrennter Bezirke – eine einzelfallbezogene, die jeweils betroffenen Interessen in den Blick nehmende Abwägung durchzuführen ist.[1490] Dabei kann die Unterteilung in berührte Sphären jedoch gewisse Orientierungspunkte liefern.[1491]

cc) Angemessenheitsprüfung

Eine sachgerechte Angemessenheitsprüfung folgt einem dreistufigen Aufbau.[1492] Dieser verlangt zunächst, die betroffenen Rechtsgüter zu benennen und abstrakt zu gewichten.[1493] In einem zweiten Schritt wird ermittelt, welche konkreten Vor- und Nachteile sich aus dem Grundrechtseingriff ergeben.[1494] Schließlich folgt im

---

1485 Etwa *Bleckmann*, StaatsR II, S. 398; *Dreier*, GG, Bd. I, Art. 2 I Rdnr. 93; *Hebeler*, StaatsR, S. 47 m.w.N.; *Kube*, in: *Isensee / Kirchhof*, Hdb. StaatsR, Bd. VII, S. 113; *Kunig*, in: *v. Münch / Kunig*, GG, Bd. I, Art. 2 Rdnr. 41.

1486 *Kube*, in: *Isensee / Kirchhof*, Hdb. StaatsR, Bd. VII, S. 114. Dies erkennt wohl auch das Bundesverfassungsgericht, wenn es dazu übergeht, selbst höchstpersönliche Tagebuchaufzeichnungen nicht dem unantastbaren Kernbereich privater Lebensgestaltung zu unterstellen, um so eine Verhältnismäßigkeitsprüfung durchführen zu können (*BVerfGE* 80, 367 [373 ff.]).

1487 *Kube*, in: *Isensee / Kirchhof*, Hdb. StaatsR, Bd. VII, S. 114.

1488 *Dreier*, GG, Bd. I, Art. 2 I Rdnr. 93; genauso *Degenhart*, JuS 1992, 361 (364); *Kunig*, JURA 1993, 595 (602); *Starck*, in: *v. Mangoldt / Klein / Starck*, GG, Bd. I, Art. 2 I Rdnr. 16.

1489 *Dreier*, GG, Bd. I, Art. 2 I Rdnr. 93 m.w.N.

1490 *Kube*, in: *Isensee / Kirchhof*, Hdb. StaatsR, Bd. VII, S. 114 m.w.N.; *Murswiek*, in: *Sachs*, GG, Art. 2 Rdnr. 105; ähnlich *Degenhart*, JuS 1992, 361 (364).

1491 *Degenhart*, JuS 1992, 361 (364); *Dreier*, GG, Bd. I, Art. 2 I Rdnr. 93; *Hufen*, StaatsR II, S. 177; *Kube*, in: *Isensee / Kirchhof*, Hdb. StaatsR, Bd. VII, S. 113; in diese Richtung jetzt auch *BVerfGE* 119, 1 (30).

1492 *Reuter*, JURA 2009, 511 (515); genauso etwa *Jarass*, in: *ders. / Pieroth*, GG, Art. 20 Rdnr. 86 a.

1493 *Reuter*, JURA 2009, 511 (515); genauso *Camilo de Oliveira*, Zur Kritik der Abwägung in der Grundrechtsdogmatik, S. 134; so auch *Stern*, StaatsR, Bd. III/2, S. 784.

1494 Ebda.

dritten und letzten Schritt die eigentliche Abwägungsprozedur.[1495] Diese widmet sich der Frage, ob die Zweckerreichung nicht außer Verhältnis zur Grundrechtsbeeinträchtigung steht.[1496]

(1) Abstrakte Feststellung der gegenläufigen Interessen und ihre Gewichtung

Ziel der ersten Prüfungsebene ist die Feststellung, welche Interessen oder Güter „auf dem Spiel stehen."[1497] Hierfür sind die beeinträchtigten subjektiven Rechte einerseits sowie die vom Staat verfolgten (Gemeinwohl-)Ziele andererseits einzeln herauszuarbeiten.[1498] Gleichzeitig erfolgt eine isolierte Gewichtung der gegenläufigen Belange.[1499]

(a) Beeinträchtigte subjektive Rechte

Als beeinträchtigtes subjektives Recht ist in erster Linie die durch Art. 8 GG gewährleistete Versammlungsfreiheit zu nennen.[1500] Dem Recht, sich zu versammeln, gebührt in einem freiheitlichen Staatswesen ein besonders hoher Rang.[1501] Es gilt seit jeher als „Zeichen der Freiheit, Unabhängigkeit und Mündigkeit des selbstbewußten Bürgers."[1502] In seiner Geltung für politisch motivierte Veranstaltungen verkörpert Art. 8 GG jedoch zugleich eine Grundentscheidung, die über die Möglichkeit zur ungehinderten Persönlichkeitsentfaltung hinausreicht.[1503] So wird die Versammlungsfreiheit als Bürgerrecht verstanden, das die aktive Teilnahme am politischen Prozess unterstützt[1504] und „für eine freiheitlich demokratische Staatsordnung konstituierend"[1505] ist. Namentlich in Demokratien mit begrenzten plebiszitären Mitwirkungsrechten kommt der Freiheitsgarantie des Art. 8 GG somit „die Bedeutung eines grundlegenden und unentbehrlichen

1495 *Reuter*, JURA 2009, 511 (516 m.w.N.).

1496 *Reuter*, JURA 2009, 511 (516); so auch *Degenhart*, StaatsR I, S. 158; *Jarass*, in: *ders. / Pieroth*, GG, Art. 20 Rdnr. 86 a.

1497 *Camilo de Oliveira*, Zur Kritik der Abwägung in der Grundrechtsdogmatik, S. 134.

1498 *Reuter*, JURA 2009, 511 (515); ähnlich *Stern*, StaatsR, Bd. III/2, S. 784.

1499 *Camilo de Oliveira*, Zur Kritik der Abwägung in der Grundrechtsdogmatik, S. 134; *Reuter*, JURA 2009, 511 (515).

1500 S. 2. Teil 2. Kap. A. I.

1501 *BVerfGE* 69, 315 (343, 348). Vgl. zum Brokdorfbeschluss des Bundesverfassungsgerichts auch *Bumke / Voßkuhle*, VerfR, S. 217 f.

1502 *BVerfGE* 69, 315 (343).

1503 *BVerfGE* 69, 315 (343); zustimmend etwa *Jarass*, in: *ders. / Pieroth*, GG, Art. 8 Rdnr. 1.

1504 *BVerfGE* 69, 315 (343 f. m.w.N.).

1505 *BVerfGE* 128, 226 (250 m.w.N.).

Funktionselementes"[1506] und damit eine besonders hohe Bedeutung zu. Einzelfallabhängig kann die Gefährderansprache darüber hinaus zu einer Beeinträchtigung des Allgemeinen Persönlichkeitsrechts in Form des Rechts der persönlichen Ehre[1507] führen. Der besondere Stellenwert des Allgemeinen Persönlichkeitsrechts ergibt sich dabei bereits aus seiner Verbindung zum Grundrecht der Menschenwürde, das den „Mittelpunkt des Wertsystems der Verfassung"[1508] ausmacht. Gleichzeitig gilt es zu beachten, dass der eigentlich betroffenen Norm des Art. 2 I GG[1509] eine „fundamentale Bedeutung"[1510] im Rahmen der grundrechtlichen Freiheitsverbürgungen zukommt.[1511] Sie ist, so *Dreier*, „umfassender Ausdruck der persönlichen Freiheitssphäre".[1512]

(b) Verfolgte (Gemeinwohl-)Ziele

Ziel der versammlungsspezifischen Gefährderansprache ist es, durch eine Ermahnung potentieller Gefahrenverursacher gewalttätige Auseinandersetzungen am Ort des Versammlungsgeschehens zu verhindern. Hiermit wird dem friedlichen Teilnehmerkreis die Möglichkeit gegeben, die ihm zustehende Freiheitsgarantie des Art. 8 GG auch real wahrzunehmen.[1513] Wie bereits erwähnt, handelt es sich bei Versammlungen um „ein wesentliches Element demokratischer Offenheit."[1514] Indem sich die Gefährderansprache an Personen richtet, von denen strafbare Handlungen zu befürchten sind, die zu einer drohenden „Gefahr für Leib oder Leben"[1515]

1506 *BVerfGE* 69, 315 (347); genauso *Hesse*, VerfR, S. 176.

1507 Näher hierzu u.a. *Britz*, Freie Entfaltung durch Selbstdarstellung, S. 70.

1508 *BVerfGE* 35, 202 (225); ähnlich *BVerfGE* 6, 32 (41), sowie *Kunig*, in: *v. Münch / Kunig*, GG, Bd. I, Art. 1 Rdnr. 10, der zu Recht ausführt, dass „Persönlichkeitsschutz ... auch um der Würde des einzelnen willen [erfolgt], ... deswegen sogar geboten sein [kann]."

1509 Etwa *Murswiek*, in: *Sachs*, GG, Art. 2 Rdnr. 63; *Pieroth / Schlink / Kingreen / Poscher*, GRe, S. 93.

1510 *Dreier*, GG, Bd. I, Art. 2 I Rdnr. 21.

1511 *Dreier*, GG, Bd. I, Art. 2 I Rdnr. 21.

1512 *Dreier*, GG, Bd. I, Art. 2 I Rdnr. 21. Als „geradezu musterhafte Ausprägung" des allgemeinen Persönlichkeitsrecht erweist sich dabei das den Ehrenschutz umfassende Recht auf Selbstdarstellung, das dem Individuum einen „inneren Freiraum zur (Neu-)Bestimmung seiner selbst" sichert (*Britz*, Freie Entfaltung durch Selbstdarstellung, S. 46, 69).

1513 Allg. *Schulze-Fielitz*, in: *Dreier*, GG, Bd. I, Art. 8 Rdnr. 110.

1514 *Hesse*, VerfR, S. 176.

1515 *VG Braunschweig*, Beschl. v. 8. Juni 2006 – 5 B 173/06, bezogen auf das vergleichbare Handlungsinstrument der Meldeauflage; so auch *BVerwG* NVwZ 2007, 1439 (1442); ausdrücklich im Hinblick auf die Gefährderansprache *Jötten / Tams*, JuS 2008, 436 (441), sowie *Kießling*, DVBl. 2012, 1210 (1216).

Dritter führen könnten,[1516] trägt sie darüber hinaus der Schutzpflicht aus Art. 2 II 1 GG Rechnung.[1517] Die beiden Grundrechte des Art. 2 II 1 GG garantieren „elementare Bedingungen für die Selbstbestimmung und Eigenverantwortung der menschlichen Persönlichkeit und ihrer Entfaltung".[1518,1519] Dabei ist das Recht auf Leben als „vitale Basis der Menschenwürde"[1520] und demzufolge als „Höchstwert"[1521] innerhalb der grundgesetzlichen Ordnung anzusehen.[1522] Es wird ergänzt[1523] durch das Grundrecht auf körperliche Unversehrtheit, das ebenfalls von herausragender Bedeutung ist.[1524] Zu bedenken gilt es schließlich, dass eine Gefährderansprache nicht zuletzt der Verhinderung reiner Sachschäden dient. In die Abwägungsprozedur ist somit auch die Eigentumsgarantie aus Art. 14 I GG einzustellen, die eine „Wertentscheidung ... von besonderer Bedeutung für den sozialen Rechtsstaat"[1525] enthält. Aufgrund ihrer Funktion, dem Einzelnen eine eigenverantwortliche Lebensgestaltung zu ermöglichen, ist auch sie zu Recht als „elementares Grundrecht"[1526] anzusehen.

(2) Konkrete Ermittlung von Vor- und Nachteilen

Anknüpfend an die abstrakte Benennung und Bewertung der gegenläufigen Interessen folgt in einem zweiten Schritt die konkrete Ermittlung von Vor- und Nachteilen.[1527] Es stellt sich daher zum einen die Frage, wie intensiv sich die Gefährderansprache auf den Adressaten auswirkt.[1528] Andererseits ist zu

---

1516 Hierzu zählen neben den friedlichen Versammlungsteilnehmern auch die eingesetzten Sicherheitskräfte sowie gänzlich unbeteiligte Personen (*BVerwG* NVwZ 2007, 1439 [1442]).

1517 *Jötten / Tams*, JuS 2008, 436 (441).

1518 *Schulze-Fielitz*, in: *Dreier*, GG, Bd. I, Art. 2 II Rdnr. 20; zustimmend *Horn*, in: *Stern / Becker*, GG, Art. 2 Rdnr. 11, der von der Sicherung der „physische[n] Existenz des Menschen" spricht.

1519 Dies gilt ebenso für die in Art. 2 II 2 GG verankerte (Bewegungs-)Freiheit.

1520 *BVerfGE* 39, 1 (42).

1521 *BVerfGE* 39, 1 (42).

1522 *BVerfGE* 39, 1 (42).

1523 *Murswiek*, in: *Sachs*, GG, Art. 2 Rdnr. 148.

1524 *Murswiek*, in: *Sachs*, GG, Art. 2 Rdnr. 8.

1525 *BVerfGE* 14, 263 (277); 102, 1 (15); zustimmend *Wendt*, in: *Sachs*, GG, Art. 14 Rdnr. 4.

1526 *BVerfGE* 102, 1 (15).

1527 *Reuter*, JURA 2009, 511 (515).

1528 Allg. *Reuter*, JURA 2009, 511 (515); genauso *Jarass*, in: *ders. / Pieroth*, GG, Art. 20 Rdnr. 86 a m.w.N.

bestimmen, wie groß der mit ihr verbundene Gemeinwohlgewinn tatsächlich ist.[1529]

(a) Auswirkungen auf den Betroffenen

(aa) Beeinträchtigungsintensität

Richtig ist zunächst, dass die Gefährderansprache in aller Regel das eindeutige Ziel verfolgt, die Teilnahme des potentiellen Gefahrenverursachers an der Versammlung sowie auch seine Anreise dorthin zu verhindern.[1530] Dass der Betroffene aus Angst vor möglichen Risiken tatsächlich davon absieht, die Freiheitsgarantie des Art. 8 GG auszuüben, ist dabei keineswegs ausgeschlossen.[1531] Indes darf Folgendes nicht übersehen werden: Obwohl die Gefährderansprache auf die individuelle Willensbetätigung einwirkt,[1532] führt sie nicht zu einer sicheren Unterbrechung des Kausalverlaufs.[1533] So wird dem Betroffenen weder verboten, eine Versammlung zu besuchen,[1534] noch wird er durch eine Androhung unmittelbarer Zwangsmaßnahmen hiervon abgehalten.[1535] Vielmehr ergeht eine „bloße" Empfehlung.[1536] Dem Adressaten wird „lediglich" nahegelegt, einer bestimmten Veranstaltungsstätte zu einem bestimmten Zeitpunkt fernzubleiben.[1537] „Nur durch Worte"[1538] soll er von seinem geplanten Vorhaben abgebracht und in Richtung eines sozialkonformen Verhaltens beeinflusst werden.[1539] Bei der Gefährderansprache handelt

1529 Allg. *Reuter*, JURA 2009, 511 (516); so auch *Camilo de Oliveira*, Zur Kritik der Abwägung in der Grundrechtsdogmatik, S. 134 f.

1530 *Roos*, Kriminalistik 2006, 261 (262).

1531 *Roos*, Kriminalistik 2006, 261 (262).

1532 S. 2. Teil 2. Kap. B. I. 1., II. 2.

1533 *Kießling*, DVBl. 2012, 1210 (1216).

1534 *Kießling*, DVBl. 2012, 1210 (1211).

1535 *Rachor*, in: *Lisken / Denninger*, Hdb. PolR, S. 541; fallbezogen *Jötten / Tams*, JuS 2008, 436 (441).

1536 *Rachor*, in: *Lisken / Denninger*, Hdb. PolR, S. 541; fallbezogen *Jötten / Tams*, JuS 2008, 436.

1537 *VG Göttingen*, Urt. v. 27. Januar 2004 - 1 A 1014/02; *Hebeler*, NVwZ 2011, 1364 m.w.N. Dies gilt selbst dann, wenn die Gefährderansprache darüber hinaus die explizite Aufforderung enthält, konkret benannte und einzeln aufgezählte Verhaltensweise wie etwa Beleidigungen, Sachbeschädigungen oder das Verwenden von Kennzeichen und Symbolen verfassungswidriger Organisationen zu unterlassen (vgl. insoweit *OVG Magdeburg* NVwZ-RR 2012, 720).

1538 *Kießling*, DVBl. 2012, 1210 (1214).

1539 LT-Dr Nds 16/4946, S. 1 f.

es sich daher um ein „psychologisches Mittel",[1540] das auf die „Abschreckung des Betroffenen"[1541] zielt, um so den gewünschten Umdenkprozess in Gang zu setzen.[1542] In Ermangelung einer rechtsverbindlichen Teilnahmeuntersagung ist die Eingriffsintensität somit vergleichsweise gering.[1543]

Die Frage nach dem Grad der Beeinträchtigung stellt sich darüber hinaus im Hinblick auf das allgemeine Persönlichkeitsrecht. Wird der Adressat in den Augen Dritter wie ein potentieller Straf- und Gewalttäter behandelt, besteht die Gefahr eines nicht nur unerheblichen Ansehens- und Ehrverlusts.[1544] Negativ auswirken würde sich ein solcher auf die Möglichkeit, auch weiterhin „mit Dritten in Kontakt zu treten und innerhalb der Gesellschaft zu agieren."[1545] Dies wiederum hätte zur Folge, dass der Bereich der sozialen Interaktion nachhaltig beeinträchtigt wäre. Zu berücksichtigen ist indes, dass es in aller Regel gar nicht erst zu einer Beeinträchtigung des allgemeinen Persönlichkeitsrechts kommen wird. So sind die Gefahrenabwehrbehörden aufgrund des Verbots der Einbeziehung Dritter in das polizeiliche Schutzkonzept grundsätzlich gehalten, den Betroffenen zu Hause aufzusuchen.[1546] Nicht zur polizeilichen Aufgabenstellung gehört es, Personen, die als potentielle Rechtsbrecher betrachtet werden, Dritten gegenüber anzuprangern.[1547] Die Vorsprache am Arbeitsplatz, in der Schule oder in sonstigen auch Dritten zugänglich gemachten Räumen kommt damit stets nur als ultima ratio in Betracht.[1548] Sie ist lediglich dann in Erwägung zu ziehen, wenn sich alternative Handlungsmodalitäten – etwa die Ansprache in schriftlicher Form – als nicht erfolgversprechend erweisen.[1549] Hieraus folgt, dass die Wahrscheinlichkeit einer Grundrechtsbeeinträchtigung von Art. 2 I in Verbindung mit Art. 1 I GG als relativ gering einzustufen ist.

1540 *Rachor*, in: *Lisken / Denninger*, Hdb. PolR, S. 540.

1541 *Rachor*, in: *Lisken / Denninger*, Hdb. PolR, S. 540.

1542 *Kießling*, DVBl. 2012, 1210 (1216).

1543 So die – zu Recht – einhellige Auffassung (u.a. *Kießling*, DVBl. 2012, 1210 [1214, 1216]; *Rachor*, in: *Lisken / Denninger*, Hdb. PolR, S. 540; fallbezogen *Jötten / Tams*, JuS 2008, 436 [441]).

1544 *Rachor*, in: *Lisken / Denninger*, Hdb. PolR, S. 541.

1545 Allg. *Epping*, GRe, S. 282; ähnlich *Di Fabio*, in: *Maunz / Dürig*, GG, Bd. I, Art. 2 I Rdnr. 169.

1546 *Rachor*, in: *Lisken / Denninger*, Hdb. PolR, S. 541 f.

1547 *Rachor*, in: *Lisken / Denninger*, Hdb. PolR, S. 541 f.

1548 *Rachor*, in: *Lisken / Denninger*, Hdb. PolR, S. 541 f.

1549 *Rachor*, in: *Lisken / Denninger*, Hdb. PolR, S. 541 f.

(bb) Kriterien der polizeilichen Prognoseentscheidung

Wie intensiv sich ein Grundrechtseingriff gestaltet, hängt jedoch nicht zuletzt davon ab, „unter welchen Voraussetzungen"[1550] er erfolgt. Es stellt sich daher die Frage, welche Tatsachen, das heißt dem Beweis zugängliche Vorgänge, die Annahme rechtfertigen, von dem Adressaten einer Gefährderansprache gehe mit hinreichender Wahrscheinlichkeit eine Gefahr im Sinne der polizeilichen Generalklausel aus.[1551] Dies soll im Folgenden untersucht werden.

(α) Strafrechtlich relevante Lebenssachverhalte

Ob gerade in der Person des Angesprochenen die Gefahr eines Rechtsverstoßes zu sehen ist, beurteilt sich im Wesentlichen anhand seines individuellen Vorverhaltens.[1552] Von besonderer Bedeutung ist in diesem Zusammenhang die Frage, inwieweit er bereits in der Vergangenheit strafrechtlich in Erscheinung getreten ist.[1553]

Dabei gilt es zunächst darauf hinzuweisen, dass ein früheres strafrechtliches Inerscheinungtreten allenfalls dann beweiskräftige Anhaltspunkte liefern kann, wenn es einem versammlungsspezifischen Kontext zuzuordnen ist. Es muss somit auf den gleichen Anlass bezogen sein, der auch der Gefährderansprache zugrundeliegt.[1554] Notwendig ist darüber hinaus, dass der betreffende Vorfall in einem engen zeitlichen Zusammenhang zu der bevorstehenden Veranstaltung steht.[1555] Dabei sind die Anforderungen an die zeitliche Nähe umso geringer, je schwerer die entsprechenden Tatvorwürfe wiegen.[1556] Die geforderte Nähe ist jedenfalls dann nicht mehr gegeben, wenn beide Ereignisse ein Zeitraum von mehreren Jahren trennt.[1557] Des Weiteren ist zu beachten, dass der Adressat der Gefährderansprache gerade mit solchen Straftaten in Verbindung stehen muss, die dem Erscheinungsbild

---

1550 *BVerfGE* 100, 313 (376); zustimmend *Jarass*, in: *ders. / Pieroth*, GG, Art. 20 Rdnr. 86 a.

1551 Anknüpfend an *Hebeler*, NVwZ 2011, 1364 (1366); allgemein zu den Tatbestandsvoraussetzungen der polizei- und ordnungsrechtlichen Generalklausel etwa *Tettinger / Erbguth / Mann*, Bes. VerwR, S. 184 ff.

1552 *Breucker*, NJW 2006, 1233 (1236), bezogen auf das – in Ansätzen – vergleichbare Handlungsinstrument der Meldeauflage.

1553 *OVG Lüneburg* NJW 2006, 391 (394).

1554 *OVG Lüneburg* NJW 2006, 391 (394).

1555 *VG Göttingen*, Urt. v. 27. Januar 2004 – 1 A 1014/02 – m.w.N.; *Hebeler*, NVwZ 2011, 1364 (1366).

1556 *Petersen-Thrö / Elzermann*, KommJuR 2006, 289 (296), bezogen auf die Prognoseentscheidung bei einer polizeilichen Meldeauflage; in diese Richtung wohl auch *Hebeler*, NVwZ 2011, 1364 (1366).

1557 Zu Recht *VG Göttingen*, Urt. v. 27. Januar 2004 – 1 A 1014/02.

kollektiver Gewalt ihr typisches Gepräge geben. Diese – oftmals politisch motivierten[1558] – Taten stellen einen Deliktstyp dar, der üblicherweise aus einer „homogenen Gruppe heraus initiiert und gesteigert wird.“[1559] Schon die Gegenwart von Gleichgesinnten fördert dabei die Gewaltbereitschaft.[1560] Zu den genannten Straftaten zählen insbesondere solche, die sich gegen die körperliche Unversehrtheit[1561] und persönliche Freiheit[1562] Dritter sowie die Staatsgewalt[1563] und öffentliche Ordnung[1564] richten. Ebenso von Bedeutung sind die gegen fremde Sachwerte gerichteten Delikte.[1565] Derweil ist eine Gefahrenprognose nicht nur dann gerechtfertigt, wenn der Adressat der Gefährderansprache wegen der Begehung von mindestens einer Gewalttat rechtskräftig verurteilt wurde.[1566] Unterhalb dieser Schwelle kann eine Gefahr bereits dann zu bejahen sein, wenn gegen die betreffende Person staatsanwaltlich ermittelt wurde, ohne dass es zu konkreten strafrechtlichen Sanktionen gekommen ist.[1567,1568] Im Hinblick auf die Prognoseentscheidung muss in einem solchen Fall jedoch umso deutlicher feststehen, dass gerade von dem Angesprochenen weitere anlassbezogene Straftaten zu befürchten sind.[1569]

1558 So die bisweilen verwendete Bezeichnung (etwa *BVerwGE* 129, 142 [149]; *VG Göttingen*, Urt. v. 27. Januar 2004 – 1 A 1014/02); näher zur Begrifflichkeit auch *Mletzko*, APuZ 2010, 13.

1559 *VG Meiningen*, Urt. v. 08. Februar 2011 – 2 K 453/09 – m.w.N., bezogen auf vergleichbare kollektive Gewaltausbrüche im Zuge von Sportgroßveranstaltungen.

1560 Ebda.

1561 Vgl. zu den Körperverletzungsdelikten sowie zur Beteiligung an einer Schlägerei (§§ 223–231 StGB) *Eisele*, StrafR BT I, S. 102 ff.

1562 Dies betrifft allen voran den Nötigungstatbestand des § 240 StGB (näher hierzu *Eisele*, StrafR BT I, S. 155 ff., sowie *Lackner / Kühl*, StGB, § 240).

1563 Vgl. etwa § 111 StGB (Öffentliche Aufforderung zu Straftaten) sowie § 113 StGB (Widerstand gegen Vollstreckungsbeamte).

1564 Hierzu gehört insbesondere der in § 125 StGB verankerte Landfriedensbruch (Vgl. auch *VG Göttingen*, Urt. v. 27. Januar 2004 – 1 A 1014/02).

1565 Hierunter fallen in erster Linie die Sachbeschädigungs- und Brandstiftungsdelikte der §§ 303 ff. StGB (eingehend hierzu *Eisele*, StrafR BT II, S. 156 ff.; *ders.*, StrafR BT I, S. 311 ff.).

1566 *OVG Lüneburg* NJW 2006, 391 (394); näher zum Urteilsbegriff *Volk / Engländer*, StPO, S. 295 ff.

1567 *OVG Lüneburg* NJW 2006, 391 (394); zustimmend *Kießling*, DVBl. 2012, 1210 (1212); bezogen auf das Handlungsinstrument der Meldeauflage *Breucker*, NJW 2006, 1233 (1236); *Petersen-Thrö / Elzermann*, KommJuR 2006, 289 (296).

1568 Dies gilt etwa für die Einstellungsvarianten gem. § 170 II und gem. § 153 a StPO (näher zu den beiden Einstellungsmöglichkeiten u.a. *Ostendorf*, StPO, S. 160 ff., 165 ff.

1569 *OVG Lüneburg* NJW 2006, 391 (394); *Kießling*, DVBl. 2012, 1210 (1212).

(β) Gefahrenabwehrrechtliche Maßnahmen

Ob der Adressat einer Gefährderansprache im Zuge früherer Versammlungen gefahrenabwehrrechtlich in Erscheinung getreten ist,[1570] spielt hingegen eine geringere Rolle. Dies gilt zumindest für den Fall, dass er sich solchen Maßnahmen ausgesetzt sah, die – wie die Identitätsfeststellung oder der Platzverweis – bisweilen schon aus „harmlosem Anlass“[1571] ergriffen werden können und nur über eine begrenzte Aussagekraft hinsichtlich der Prognoseentscheidung verfügen.[1572] Auch ist zu bedenken, dass sich das am Grundsatz der Effektivität[1573] orientierende Gefahrenabwehrrecht gerade durch eine verschuldensunabhängige polizei- und ordnungsrechtliche Verantwortlichkeit auszeichnet. Berücksichtigung finden entsprechende Vorfälle somit allenfalls in der Zusammenschau mit den zuvor angesprochenen strafrechtlich relevanten Sachverhalten.

(γ) Eintrag in Gewalttäterdateien

Als Entscheidungsgrundlage für präventiv-polizeiliche Maßnahmen wie die Gefährderansprache dienen üblicherweise die auf §§ 7 I, 8 BKAG in Verbindung mit § 9 I Nr. 3 BKA-DV zurückzuführenden Gewalttäterdateien.[1574] Dies betrifft insbesondere die zur Verhinderung politisch motivierter Straftaten geschaffenen Verbunddateien „Gewalttäter Links“ und „Gewalttäter Rechts“.[1575] Gespeichert werden in ihnen die Personendaten von Beschuldigten und Verurteilten nach der Begehung einzeln aufgeführter anlassbezogener Delikte.[1576] Darüber hinaus finden solche Personen Aufnahme, gegen die bestimmte gefahrenabwehrrechtliche

1570 Fallbezogen *Jötten / Tams*, JuS 2008, 436 (441).

1571 *Rachor*, in: *Lisken / Denninger*, Hdb. PolR, S. 544, bezogen auf die Prognoseentscheidung bei einer Meldeauflage; zustimmend *Petersen-Thrö / Elzermann*, KommJuR 2006, 289 (296).

1572 Etwas anderes könnte jedoch etwa dann gelten, wenn die betreffende Person bereits mehrmals in Gewahrsam genommen wurde (so *Jötten / Tams*, JuS 2008, 436 [441]).

1573 Vgl. beispielshaft *Kummermehr*, Zeitliche Grenzen des polizeirechtlichen Gefahrbeseitigungsanspruchs, S. 218; *Lepsius*, Besitz und Sachherrschaft im öffentlichen Recht, S. 237.

1574 *Petri*, in: *Lisken / Denninger*, Hdb. PolR, S. 749.

1575 Demgegenüber handelt es sich bei der Datei IgaSt („Internationale agierende gewaltbereite Störer“) um eine Zentraldatei zum Zwecke der Auswertung, auf die lediglich die Mitarbeiter des BKA Zugriff haben (*Petri*, in: *Lisken / Denninger*, Hdb. PolR, S. 750). Eine Übersicht über alle Verbunddateien findet sich in BT-Dr 16/13563, S. 12 ff.

1576 *Spiecker gen. Döhmann / Kehr*, DVBl. 2011, 930, bezogen auf die vergleichbare Datei „Gewalttäter Sport“; hinsichtlich der Datei „Gewalttäter Links“ BT-Dr 14/5376, S. 2.

Maßnahmen angeordnet wurden.[1577] Nicht übersehen werden darf indes, dass ein Eintrag „allein … keinen Anlass zur Durchführung einer Gefährderansprache“[1578] begründet. Maßgeblich ist vielmehr der konkrete Anlass der Speicherung und die damit verbundene Frage, ob dieser Anlass die Einschätzung rechtfertigt, der Betroffene werde erneut als Störer in Erscheinung treten.[1579] Zur Stützung einer Gefahrenprognose ist somit stets die Angabe des dem Eintrag zugrundeliegenden Lebenssachverhalts erforderlich.[1580]

(δ) Öffentliche Gewaltaufrufe

Anhaltspunkte für die Prognose, gerade in der Person des Angesprochenen könnte die Gefahr eines Rechtsverstoßes bestehen,[1581] bieten darüber hinaus gezielte öffentliche Aufrufe, sich an gewalttätigen Aktionen anlässlich bevorstehender Versammlungen zu beteiligen.[1582,1583] Voraussetzung ist indes, dass diese dem Betroffenen eindeutig zugeordnet werden können. Dies ist immer dann der Fall, wenn der Adressat der Gefährderansprache selbst Initiator eines solchen Appells ist oder sich diesem – in einer für Dritte erkennbaren Weise – unmissverständlich angeschlossen hat. Als Verbreitungsmöglichkeit entsprechender Aufrufe dient dabei sowohl das Internet als auch die klassische Form des Flugblatts.[1584]

(ε) Zugehörigkeit zu bestimmten Personenkreisen

Eine Gefährderansprache lässt sich hingegen nicht bereits auf den Umstand stützen, dass der Betroffene einem gewaltbereiten Personenspektrum wie der

---

1577 Etwa BT-Dr 14/5376, S. 2.

1578 BT-Dr 16/13563, S. 9; genauso *Kießling*, DVBl. 2012, 1210 (1212); *Petri*, in: *Lisken / Denninger*, Hdb. PolR, S. 749 f.; mit Blick auf die Datei „Gewalttäter Sport“ *Petersen-Thrö / Elzermann*, KommJuR 2006, 289 (296); *Spiecker gen. Döhmann / Kehr*, DVBl. 2011, 930.

1579 *Rachor*, in: *Lisken / Denninger*, Hdb. PolR, S. 544, bezogen auf die Datei „Gewalttäter Sport“.

1580 Hinsichtlich der Datei „Gewalttäter Sport“ *Petersen-Thrö / Elzermann*, KommJuR 2006, 289 (296);

1581 Allg. *OVG Lüneburg* NJW 2006, 391 (394).

1582 Entsprechende Aufrufe werden dabei in aller Regel zur Verwirklichung des bereits angesprochenen § 111 StGB führen. Zur Strafbarkeit eines Demonstrationsaufrufs vgl. überdies *BVerfG* NJW 1991, 91.

1583 Demgegenüber sieht das Bundesverwaltungsgericht eine Gefahr bereits dann als gegeben an, wenn die linksextremistische Szene „lediglich“ dazu aufruft, an geplanten Protestveranstaltungen teilzunehmen (*BVerwGE* 129, 142 [149]).

1584 Ähnlich *BVerwGE* 129, 142 (149), bezogen auf den vom 20. bis 22. Juli 2001 in Genua durchgeführten G 8-Gipfel.

„Autonomen Szene“ zuzuordnen ist.[1585] Über eine solche Zugehörigkeit hinaus ist es vielmehr erforderlich, dass hinreichend konkrete Erkenntnisse die Vermutung stützen, gerade in seiner Person werde es zur Verwirklichung anlassbezogener Straf- und Gewalttaten kommen. Dies orientiert sich an den zuvor dargestellten Kriterien.

(b) Konkreter Gemeinwohlgewinn

Nachdem nun zunächst ermittelt wurde, wie stark der von einer Gefährderansprache Betroffene tatsächlich belastet wird, geht es in einem zweiten Schritt darum, den konkreten Gemeinwohlgewinn zu bestimmen.[1586] Es stellt sich daher die Frage nach der „Bedeutung des Eingriffs für das mit ihm verfolgte Ziel“.[1587]

Wie bereits mehrfach erwähnt, dienen versammlungsbezogene Gefährderansprachen der „Verhinderung von Straftaten und dem Schutz bedeutender Individualrechtsgüter“.[1588] Suchen die zuständigen Behörden einen potentiellen Störer auf, handeln sie somit in Wahrnehmung der ihnen zukommenden Pflicht, verfassungsrechtlich gewährleistete Interessen Dritter zu schützen.[1589] Hierzu zählen neben der Versammlungsfreiheit Individualrechtsgüter wie etwa Eigentum, Leben und Gesundheit.[1590] Diese sind angesichts nicht selten zu beobachtender gewalttätiger Versammlungsverläufe[1591] auch Gefährdungen von einigem Gewicht ausgesetzt.[1592] Die Bedeutung der Zweckerreichung und damit das Interesse Dritter[1593] ist somit als relativ hoch einzuschätzen. Gleichzeitig darf mit Blick auf den konkreten Gemeinwohlgewinn nicht übersehen werden, dass die Gefährderansprache gerade kein rechtsverbindliches Verbot enthält, die Versammlungsstätte

1585 So zu Recht *Jötten / Tams*, JuS 2008, 436 (441).

1586 Allg. *Reuter*, JURA 2009, 511 (515 f.); genauso *Camilo de Oliveira*, Zur Kritik der Abwägung in der Grundrechtsdogmatik, S. 134 f.

1587 *Jarass*, in: *ders. / Pieroth*, GG, Art. 20 Rdnr. 86 a; s. auch *BVerfGE* 113, 63 (80); 120, 274 (327).

1588 *Jötten / Tams*, JuS 2008, 536 (541).

1589 Anknüpfend an die bei *Reuter*, JURA 2009, 511 (517), zu findende Argumentationsstruktur zur Verhältnismäßigkeit im engeren Sinne; explizit bezogen auf die Gefährderansprache *Jötten / Tams*, JuS 2008, 536 (541); *Kießling*, DVBl. 2012, 1210 (1216 m.w.N.).

1590 *Jötten / Tams*, JuS 2008, 536 (541).

1591 S. 1. Teil 1. Kap. A., B.

1592 S. Fn. 1590.

1593 Allg. *Camilo de Oliveira*, Zur Kritik der Abwägung in der Grundrechtsdogmatik, S. 135.

aufzusuchen.[1594] Ob beziehungsweise in welchem Umfang sie somit in der Lage ist, den mit ihr verfolgten Zweck herbeizuführen, hängt nicht zuletzt vom individuellen Verständnis des potentiellen Gefahrenverursachers ab.[1595] Dass dieser sich tatsächlich „in Richtung eines sozialkonformen Verhaltens“[1596] beeinflussen lässt, ist dabei keineswegs sicher. Dessen ungeachtet hat sich die versammlungsspezifische Gefährderansprache als probates und effektives Mittel der Gefahrenabwehr etabliert und verkörpert seit nunmehr geraumer Zeit einen wichtigen Baustein polizeitaktischer Handlungskonzepte.[1597] Ihre besondere Bedeutung ergibt sich dabei aus der Möglichkeit, im Zusammenspiel mit weiteren, eingriffsintensiveren Maßnahmen den potentiellen Gefahrenverursacher von seinem geplanten Vorhaben abzubringen. Dass die Wahrscheinlichkeit eines friedlichen Versammlungsverlaufs hierdurch tatsächlich erhöht werden kann, zeigen schließlich auch die positiven Erfahrungen aus dem Bereich der versammlungsbehördlichen Praxis.[1598] So ist davon auszugehen „dass das Ausmaß gewaltsamer Aktionen dadurch begrenzt wird, dass weniger potenziell gewaltbereite Teilnehmer an einer Demonstration teilnehmen.“[1599] Der Gemeinwohlnutzen der Gefährderansprache ist vor diesem Hintergrund als hoch zu bewerten.

(3) Abwägung

In einem letzten Schritt ist schließlich zu fragen, ob vor dem Hintergrund der zuvor herausgearbeiteten Prämissen Zweckerreichung und Grundrechtsbeeinträchtigung in einem vernünftigen Verhältnis zueinander stehen.[1600]

1594 *Kießling*, DVBl. 2012, 1210 (1211).

1595 *Rachor*, in: *Lisken / Denninger*, Hdb. PolR, S. 541.

1596 LT-Dr Nds 16/4946, S. 1.

1597 LT-Dr Nds 16/4946, S. 2; *Rachor*, in: *Lisken / Denninger*, Hdb. PolR, S. 540.

1598 S. etwa *Greuel*, Evaluation von Maßnahmen, S. 108; allg. zum positiven Effekt einer Gefährderansprache *Stenger*, in: *Hoffmann / Wondrak*, Umgang mit Gewalttätern, S. 89, 91, der auf entsprechende kriminologische Studien und praktische Erfahrungen verweist; so auch ein Bericht des unterhalb der politischen Ebene der ständigen Konferenz der Innenminister und -senatoren der Ländern agierenden Arbeitskreises II (AK II: Innere Sicherheit) zur „Verhinderung von Gewalteskalationen in Paarbeziehungen bis hin zu Tötungsdelikten“ v. 19. April 2005 (abrufbar unter www.bundesrat.de).

1599 *Jötten / Tams*, JuS 2008, 436 (441). Vgl. zur allgemeinen Wirksamkeit von Gefährderansprachen auch *Lesmeister*, in: *Boeger*, Jugendliche Intensivtäter, S. 48, die nachweist, dass jugendliche Intensivtäter, bei denen einen Gefährderansprache durchgeführte wurde, seltener wiederauffällig wurden, als die Jugendlichen, bei denen auf eine solche Ansprache verzichtet wurde.

1600 *Reuter*, JURA 2009, 511 (516).

Hiergegen könnte zunächst sprechen, dass die von der Gefährderansprache beschränkte Versammlungsfreiheit aufgrund ihrer grundlegenden und unabdingbaren Funktion einen besonderen Rang im Verfassungsgefüge einnimmt.[1601] Als Bürgerrecht, das die aktive Teilnahme am politischen Prozess unterstützt,[1602] ist sie für die demokratische Staatswillensbildung unerlässlich.[1603] Dies berücksichtigend, verbietet es sich, die Reichweite des Art. 8 GG beliebig zu relativieren.[1604] Einschränkungen sind, so die Wechselwirkungslehre, „nur zum Schutz gleichwertiger anderer Rechtsgüter"[1605] möglich. Unzumutbar könnte eine Gefährderansprache auch aufgrund der in Einzelfällen bestehenden Gefahr einer Beeinträchtigung des allgemeinen Persönlichkeitsrechts sein. So erleidet der Adressat, indem er in den Augen anwesender Dritter wie ein potentieller Straftäter behandelt wird, einen nicht bloß unerheblichen Ansehens- und Ehrverlust.[1606] Zu berücksichtigen ist schließlich der Umstand, dass eine Gefährderansprache zu einem Zeitpunkt erfolgt, der für gewöhnlich weit vor der Realsierung etwaiger Gefahren liegt. Dies hat zur Folge, dass auch solchen Personen die Ausübung der Versammlungsfreiheit erschwert werden könnte, die gar keine unfriedlichen Absichten hegen.[1607]

Ein grundsätzlicher Verstoß gegen das Prinzip der Verhältnismäßigkeit ist indes nicht zu erkennen. Ursächlich hierfür ist zunächst, dass die Gefährderansprache ihrerseits dem Schutz hochwertiger Rechtsgüter dient.[1608] Dies trifft insbesondere auf die Bewahrung der körperlichen Unversehrtheit aller am Versammlungsgeschehen beteiligten Personen sowie sonstiger Dritter zu.[1609] Gleiches gilt für die grundrechtlich geschützte Eigentumsgarantie, die eine „Wertentscheidung ... von besonderer Bedeutung"[1610] enthält. Schließlich ist zu beachten, dass das Handlungsinstrument der Gefährderansprache zwar in aller Regel in den Schutzbereich der Versammlungsfreiheit eingreift, zugleich jedoch darauf abzielt, dem nicht gewaltgeneigten Teilnehmerkreis die tatsächliche Durchführung der Versammlung

---

1601 *BVerfGE* 69, 315 (347); *Jötten / Tams*, JuS 2008, 436 (441).

1602 *BVerfGE* 69, 315 (343 f. m.w.N.).

1603 *BVerfGE* 128, 226 (250 m.w.N.).

1604 *BVerfGE* 69, 315 (348).

1605 *BVerfGE* 69, 315 (348 f.); zustimmend *Bühring*, Demonstrationsfreiheit für Rechtsextremisten?, S. 69; *Jarass*, in: *ders. / Pieroth*, GG, Art. 8 Rdnr. 19.

1606 *Rachor*, in: *Lisken / Denninger*, Hdb. PolR, S. 541.

1607 Vgl. – die Meldeauflage betreffend – *BVerwG* NVwZ 2007, 1439 (1442).

1608 Statt aller *Jötten / Tams*, JuS 2008, 436 (441).

1609 *Jötten / Tams*, JuS 2008, 436 (441); *BVerwG* NVwZ 2007, 1439 (1442), bezogen auf die vergleichbare Konstellation einer Meldeauflage.

1610 *BVerfGE* 14, 263 (277); 102, 1 (15); zustimmend *Wendt*, in: *Sachs*, GG, Art. 14 Rdnr. 4.

zu ermöglichen.[1611] Ähnlich einer Meldeauflage bezweckt die Gefährderansprache damit die Einhaltung des im Grundrechtstatbestand selbst formulierten Friedlichkeitsvorbehalts.[1612] Die versammlungsspezifische Gefährderansprache trägt jedoch nicht nur dem Schutzpflichtgedanken Rechnung; sie zeichnet sich zudem durch eine vergleichsweise geringe Eingriffsintensität aus.[1613] So wird dem Betroffenen weder verboten, eine Versammlung zu besuchen,[1614] noch wird er durch eine Androhung unmittelbarer Zwangsmaßnahmen hiervon abgehalten.[1615] Vielmehr ergeht die „bloße" Empfehlung, der unverbindliche Rat, einer bestimmten Veranstaltungsstätte zu einem bestimmten Zeitpunkt fernzubleiben.[1616] Mit Blick auf das allgemeine Persönlichkeitsrecht ist die Gefahr eines Eingriffs bereits dann zu verneinen, wenn die Gefährderansprache – wie üblich – nicht im Beisein Dritter erfolgt. Sollten Dritte im Einzelfall die Ansprache wahrnehmen, wäre eine damit verbundene Beeinträchtigung des Rechts der persönlichen Ehre jedenfalls nicht als so tiefgreifend zu bewerten, dass dies – auch in Ansehung der geschützten Individualinteressen – die Unverhältnismäßigkeit der Gefährderansprache zur Folge hätte.

Ob eine Gefährderansprache gegen den Grundsatz der Verhältnismäßigkeit verstößt, orientiert sich letztlich immer an den Umständen des jeweiligen Einzelfalls. Es müssen daher stets hinreichend konkrete Erkenntnisse vorliegen, die die Annahme rechtfertigen, gerade in der Person des Adressaten werde es zur Begehung anlassbezogener Straf- und Gewalttaten kommen.[1617] Zudem kommt es darauf an, die Gefährderansprache „nicht gleichsam standardisiert, schematisiert und gedankenlos als vermeintliche Allzweckwaffe"[1618] des Gefahrenabwehrrechts

1611 Allg. *Schulze-Fielitz*, in: *Dreier*, GG, Bd. I, Art. 8 Rdnr. 110; *Trurnit*, NVwZ 2012, 1079.

1612 Anknüpfend an *BVerwG* NVwZ 2007, 1439 (1442), bezogen auf die versammlungsspezifische Vorfeldmaßnahme der Meldeauflage.

1613 *Kießling*, DVBl. 2012, 1210 (1216).

1614 *Kießling*, DVBl. 2012, 1210 (1211).

1615 *Rachor*, in: *Lisken / Denninger*, Hdb. PolR, S. 541; fallbezogen *Jötten / Tams*, JuS 2008, 436 (441).

1616 *VG Göttingen*, Urt. v. 27. Januar 2004 – 1 A 1014/02; *Hebeler*, NVwZ 2011, 1364 m.w.N.; *Rachor*, in: *Lisken / Denninger*, Hdb. PolR, S. 541; fallbezogen *Jötten / Tams*, JuS 2008, 436. Dies gilt selbst dann, wenn die Gefährderansprache darüber hinaus die explizite Aufforderung enthält, konkret benannte und einzeln aufgezählte Verhaltensweise wie etwa Beleidigungen, Sachbeschädigungen oder das Verwenden von Kennzeichen und Symbolen verfassungswidriger Organisationen zu unterlassen (vgl. insoweit *OVG Magdeburg* NVwZ-RR 2012, 720).

1617 *Hebeler*, NVwZ 2011, 1364 (1366).

1618 *Hebeler*, NVwZ 2011, 1364 (1366).

einzusetzen. Wird die Gefährderansprache hingegen „sachgerecht eingesetzt"[1619] und basiert sie ihrerseits auf nachvollziehbaren tatsächlichen Anhaltspunkten,[1620] so ist sie im Regelfall rechtlich nicht zu beanstanden.[1621]

2. *Fazit*

Festhalten lässt sich somit, dass gegenüber der Verfassungsmäßigkeit der versammlungsspezifischen Gefährderansprache als der das Schrankengesetz konkretisierenden Einzelmaßnahme keine grundsätzlichen Bedenken bestehen.

1619 *Hebeler*, NVwZ 2011, 1364 (1366).
1620 *Trurnit*, NVwZ 2012, 1079 (1082).
1621 *Hebeler*, NVwZ 2011, 1364 (1366).

Dritter Teil: Fazit

Kapitel 1: Fazit erster Teil

Obgleich die allermeisten Versammlungen und Aufzüge völlig friedlich verlaufen, kommt es im Zuge einzelner Protestgeschehnisse immer wieder zu gewaltsamen Auseinandersetzungen. Um dem entgegenzuwirken, verlagern die Polizei- und Ordnungsbehörden ihren Tätigkeitsbereich zunehmend ins Versammlungsvorfeld und bedienen sich so genannter versammlungsspezifischer Vorfeldmaßnahmen.

Die versammlungsspezifischen Vorfeldmaßnahmen fügen sich dabei nahtlos in den seit geraumer Zeit zu beobachtenden Prozess der Ausweitung polizeilicher Aufgaben in die „‚Vor- oder Umfelder' von Straftaten und Gefahren"[1622] ein.

Ziel der gegen einzelne potentielle Teilnehmer gerichteten versammlungsspezifischen Vorfeldmaßnahmen ist es, „die Versammlung selbst und die öffentliche Sicherheit [zu] schützen."[1623] Zu den in Betracht kommenden Maßnahmen zählen dabei sowohl etablierte als auch vergleichsweise neue Handlungsformen, die aufgrund der gemeinsamen Zielrichtung, der Verhütung von Straftaten, dem Regelungsbereich der Gefahrenabwehr zuzuordnen sind.

Das verfassungsrechtliche Fundament versammlungsspezifischer Vorfeldmaßnahmen bilden die aus der objektiv-rechtlichen Wirkungsweise der Grundrechte herzuleitenden Schutzpflichten. Drohen Gewalttäter auf fremden Hoheitsgebiet Rechtsgutsverletzungen zu begehen, ergibt sich eine Gefahrverhinderungspflicht darüber hinaus unter anderem aus dem zwischenstaatlichen Rücksichtnahmegebot.

Mangels spezialgesetzlicher Regelungen lassen sich die versammlungsspezifischen Vorfeldmaßnahmen grundsätzlich auf allgemeines Gefahrenabwehrrecht stützen. Dem steht aufgrund der Systematik des Versammlungsrechts auch das in Art. 19 I 2 GG verankerte Zitiergebot nicht entgegen.

1622 *Zöller*, Informationssysteme und Vorfeldmaßnahmen von Polizei, Staatsanwaltschaft und Nachrichtendiensten, S. 78.

1623 *Trurnit*, NVwZ 2012, 1079.

Kapitel 2: Fazit zweiter Teil

Teil eines umfassenden Repertoires versammlungsspezifischer Vorfeldmaßnahmen ist auch das Handlungsinstrument der Gefährderansprache. Hierbei handelt es sich um „die in einem konkreten Fall an einen potentiellen Gefahrenverursacher gerichtete Ermahnung, Störungen der öffentlichen Sicherheit zu unterlassen."[1624]

Die versammlungsspezifische Gefährderansprache tangiert dabei in erster Linie den Schutzbereich des Art. 8 I GG. Einzelfallabhängig kann darüber hinaus das allgemeine Persönlichkeitsrecht in Form des Rechts der persönlichen Ehre betroffen sein. Demgegenüber richtet sich der versammlungsrechtliche Status ausländischer Staatsangehöriger nach Art. 2 I GG, wobei Unionsbürger in den Genuss einer „qualifizierten"[1625] Grundrechtsposition kommen.

Obgleich einer Gefährderansprache nicht zwangsläufig eine grundrechtseingreifende Wirkung zukommt, wird dies in aller Regel der Fall sein. Ein „klassischer Eingriff" in die Versammlungsfreiheit ist zu bejahen, sofern der Adressat explizit aufgefordert wird, konkret benannte und einzeln aufgezählte Verhaltensweisen zu unterlassen.[1626] Fehlt es hieran, so ist von entscheidender Bedeutung, wie viel Handlungsspielraum dem Betroffenen verbleibt, um eine eigenverantwortliche Entscheidung zu treffen.[1627]

Die von der Gefährderansprache (potentiell) beeinträchtigten Grundrechte sehen allesamt die Möglichkeit einer Beschränkung vor. Als maßgebliches Schrankengesetz kommt dabei einzig die polizei- und ordnungsrechtliche Generalklausel in Betracht, die den verfassungsrechtlichen Anforderungen sowohl in formeller als auch in materieller Hinsicht genügt. Die Notwendigkeit einer eigenständigen Regelung zur Durchführung der Gefährderansprache ist demnach zu verneinen.

Schließlich bestehen keine grundsätzlichen verfassungsrechtlichen Bedenken gegen die – auf dem Schrankengesetz beruhende – Gefährderansprache als solche. Ursächlich hierfür ist neben einer vergleichsweise geringen Eingriffsintensität der Umstand, dass sie dem Schutz bedeutender Individualrechtsgüter wie

1624 *Rachor*, in: *Lisken / Denninger*, Hdb. PolR, S. 540.

1625 *Dreier*, GG, Bd. I, Vorb. v. Art. 1 Rdnr. 116.

1626 So *OVG Magdeburg* NVwZ-RR 2012, 720.

1627 *VG Göttingen*, Urt. v. 27. Januar 2004 – 1 A 1014/02.

Eigentum, Leben und Gesundheit dient.[1628] Dies darf jedoch nicht darüber hinwegtäuschen, dass stets hinreichend konkrete Erkenntnisse vorliegen müssen, die die Annahme rechtfertigen, die Person des Adressaten werde anlassbezogene Straft- und Gewalttaten verüben.[1629]

1628 *Jötten / Tams*, JuS 2008, 436 (441).
1629 *Hebeler*, NVwZ 2011, 1364 (1366).

Schrifttumsverzeichnis

Abel, Gunther, Die Bedeutung der Lehre von den Einrichtungsgarantien für die Auslegung des Bonner Grundgesetzes, Berlin 1964.

Achenbach, Hans, Vorläufige Festnahme, Identifizierung und Kontrollstelle im Strafprozeß, JA 1981, 660–666.

Achterberg, Norbert, Allgemeines Verwaltungsrecht. Ein Lehrbuch, 2. Aufl., Heidelberg 1986 (zitiert: *Achterberg*, Allg. VerwR).

Ahlers, Henrik, Grenzbereich zwischen Gefahrenabwehr und Strafverfolgung, Frankfurt a.M. u.a. 1998.

Albers, Marion, Die Determination polizeilicher Tätigkeit in den Bereichen der Straftatenverhütung und der Verfolgungsvorsorge, Berlin 2001.

Alberts, Hans-W., Die Bedeutung des Zitiergebots, Art. 19 Abs. 1 S. 2, insbesondere für die neuere Polizeigesetzgebung, JA 1986, 72–76.

Alberts, Hans-W., Zum Spannungsverhältnis zwischen Art. 8 GG und dem Versammlungsgesetz, NVwZ 1992, 38–40.

Alexy, Robert, Theorie der Grundrechte, Baden-Baden 1985.

Arnauld, Andreas von, Staatsrecht, Baden-Baden 2001 (zitiert: *v. Arnauld*, StaatsR).

Arnauld, Andreas von, Die Europäisierung des Rechts der inneren Sicherheit, JA 2008, 327–335.

Arzt, Clemens, Gefährderansprache und Meldeauflage bei Sport-Großereignissen, Die Polizei 2006, 156–161.

Augsberg, Ino / Augsberg, Steffen / Schwabenbauer, Thomas, Klausurtraining Verfassungsrecht. Grundstrukturen, Prüfungsschemata, Formulierungsvorschläge, Baden-Baden 2012 (zitiert: *I. Augsberg / S. Augsberg / Schwabenbauer*, Klausur VerfR).

Aulehner, Josef, Rechtsschutz gegen strafprozessuale Grundrechtseingriffe, BayVBl. 1988, 709–714.

Aulehner, Josef, Polizeiliche Gefahren- und Informationsvorsorge. Grundlagen, Rechts- und Vollzugsstrukturen, dargestellt auch im Hinblick auf die deutsche Beteiligung an einem Europäischen Polizeiamt (EUROPOL), Berlin 1998.

Aust, Stefan, Brokdorf. Symbol einer politischen Wende, Hamburg 1981.

Bach, Stefanie, Auch die Polizei braucht Freunde und Helfer, Die Polizei 2009, 296–300.

Badura, Peter, Verwaltungsrecht im liberalen und im sozialen Rechtsstaat, Tübingen 1966.

Badura, Peter, Staatsrecht. Systematische Erläuterung des Grundgesetzes, 5. Aufl., München 2012 (zitiert: *Badura*, StaatsR).

Bauer, Hartmut / Kahl, Wolfgang, Europäische Unionsbürger als Träger von Deutschen-Grundrechten?, JZ 1995, 1077–1085.

Behmenburg, Ben, Polizeiliche Maßnahmen bei der Anfahrt zur Versammlung, LKV 2003, 500–504.

Bergmann, Michael, Die Polizeifestigkeit des Versammlungsgeschehens, Aachen 1996.

Bethge, Herbert, Probleme des Zitiergebots des Art. 19 Abs. 1 Satz 2 GG, DVBl. 1972, 365–371.

Bethge, Herbert, Bericht zum ersten Beratungsgegenstand: Der Grundrechtseingriff, VVDStRL 57 (1998), 7–56.

Bethge, Herbert, Zur verfassungsrechtlichen Legitimation informalen Staatshandelns der Bundesregierung, JURA 2003, 327–333.

Beyerlin, Ulrich, Umweltvölkerrecht, München 2000 (zitiert: *Beyerlin*, UmweltvölkerR).

Bielefeldt, Heiner, Gefahrenabwehr im demokratischen Rechtsstaat. Zur Debatte um ein „Feindrecht", Berlin 2008.

Bierhoff, Hans-Werner, Sozialpsychologie. Ein Lehrbuch, 6. Aufl., Stuttgart 2006 (zitiert: *Bierhoff*, Sozialpsychologie).

Bleckmann, Albert, Neue Aspekte der Drittwirkung der Grundrechte, DVBl. 1988, 938–946.

Bleckmann, Albert, Staatsrecht II – Die Grundrechte, 4. Aufl., Köln u.a. 1997 (zitiert: *Bleckmann*, StaatsR II).

Böckenförde, Ernst-Wolfgang, Grundrechte als Grundsatznormen. Zur gegenwärtigen Lage der Grundrechtsdogmatik, Der Staat 29 (1990), 1–31.

Boeger, Annette (Hrsg.), Jugendliche Intensivtäter. Interdisziplinäre Perspektiven, Wiesbaden 2011 (zitiert: *Bearbeiter*, in: *Boeger*, Jugendliche Intensivtäter).

Bonner Kommentar zum Grundgesetz, hrsg. v. *Kahl, Wolfgang / Waldhoff, Christian / Walter, Christian*, Bd. I: Einleitung – Art. 3, Bd. II: Art. 4–6 I, Bd. III: Art. 6 II–14, Losebl. (Stand: Dezember 2013), Heidelberg (zitiert: *Bearbeiter*, in: BK, Bd. I).

Born, Christian, Schadensersatz bei Datenschutzverstößen. Ein ökonomisches Instrument des Datenschutzes und seine präventive Wirkung, Münster u.a. 2001.

Bracher, Christian-Dietrich, Gefahrenabwehr durch Private. Eine verfassungsrechtliche Untersuchung zu den Grenzen der Übertragung von Aufgaben der Gefahrenabwehr auf Private und der staatlichen Zulassung privater Gefahrenabwehr, Berlin 1987.

Braun, Frank, Zur „Privatisierung der Polizei", Die Polizei 2008, 350–355.

Braun, Hans-Dieter / Kanzok, Ulrich / Müller, Hans-Ludwig, Allgemeines Verwaltungsrecht, Verwaltungsverfahren und Verwaltungsprozessrecht, 4. Aufl., Regensburg, Bonn 1997 (zitiert: *Braun / Kanzok / Müller*, Allg. VerwR).

Brenneisen, Hartmut, Der exekutive Handlungsrahmen im Schutzbereich des Art. 8 GG, DÖV 2000, 275–283.

Brenneisen, Hartmut, Der polizeiliche Handlungsrahmen im Versammlungsgeschehen – Am Beispiel von Informationseingriffen, Gefährderansprachen und -anschreiben sowie freiheitsbeschränkenden und -entziehenden Maßnahmen, Die Polizei 2008, 104–112.

Brenneisen, Hartmut / Rogosch, Josef Konrad, Hoheitliche Eingriffsmaßnahmen im Vorfeld von Versammlungen im Ausland, Kriminalistik 2001, 147–151.

Brenneisen, Hartmut / Wilksen, Michael, Versammlungsrecht. Das hoheitliche Eingriffshandeln im Versammlungsgeschehen, 4. Aufl., Hilden 2011 (zitiert: *Brenneisen / Wilksen*, VersR).

Breucker, Marius, Transnationale polizeiliche Gewaltprävention. Maßnahmen gegen reisende Hooligans, Würzburg 2003.

Breucker, Marius, Präventivmaßnahmen gegen reisende Hooligans, NJW 2004, 1631–1633.

Breucker, Marius, Sicherheitsmaßnahmen für die Fußballweltmeisterschaft 2006. Prävention durch Polizei und Deutschen Fußball Bund, NJW 2006, 1233–1237.

Britz, Gabriele, Freie Entfaltung durch Selbstdarstellung. Eine Rekonstruktion des allgemeinen Persönlichkeitsrechts aus Art. 2 I GG, Tübingen 2007.

Brugger, Winfried, Schutz oder Verbot aggressiver Rede? Argumente aus liberaler und kommunitaristischer Sicht, Der Staat 42 (2003), 77–109.

Bücken-Thielmeyer, Detlef, Das neue Versammlungsgesetz Sachsen-Anhalts, LKV 2010, 107–114.

Bühring, Patrick, Demonstrationsfreiheit für Rechtsextremisten? Verfassungsrechtliche Spielräume für eine Verschärfung des Versammlungsgesetzes, München 2004.

Bull, Hans Peter / Mehde, Veit, Allgemeines Verwaltungsrecht mit Verwaltungslehre, 8. Aufl., Heidelberg u.a. 2009 (zitiert: *Bull / Mehde*, Allg. VerwR).

Bumke, Christian / Voßkuhle, Andreas, Casebook Verfassungsrecht, Tübingen 2013 (zitiert: *Bumke / Voßkuhle*, VerfR).

Bungert, Hartwin, Einwirkung und Rang von Völkerrecht im innerstaatlichen Rechtsraum – Ein Vergleich des deutschen mit dem US-amerikanischen Recht, DÖV 1994, 797–806.

Butzer, Hermann, Flucht in die polizeiliche Generalklausel? Überlegungen zur Konkurrenz von polizeirechtlichen Befugnisnormen, VerwArch 93 (2002), 506–539.

Camilo de Oliveira, Renata, Zur Kritik der Abwägung in der Grundrechtsdogmatik. Beitrag zu einem liberalen Grundrechtsverständnis im demokratischen Rechtsstaat, Berlin 2013.

Coelln, Christian von, Die eingeschränkte Polizeifestigkeit nichtöffentlicher Versammlungen, NVwZ 2001, 1234–1239.

Coelln, Christian von, Anm. z. *BVerfGE* 105, 252, in: JA 2003, 116–118.

Cremer, Wolfram, Freiheitsgrundrechte. Funktion und Strukturen, Tübingen 2003.

Danwerth, Christopher, Die prägenden Thesen und Ideen des Georg Jellinek (1851–1911), JuS 2011, 406–410.

Darnstädt, Thomas, Gefahrenabwehr und Gefahrenvorsorge. Eine Untersuchung über Struktur und Bedeutung der Prognose-Tatbestände im Recht der öffentlichen Sicherheit und Ordnung, Frankfurt a.M. 1983.

Degenhart, Christoph, Das allgemeine Persönlichkeitsecht, Art. 2 I i.V. mit Art. 1 I GG, JuS 1992, 361–368.

Degenhart, Christoph, Die Neuordnung der Gesetzgebungskompetenzen durch die Föderalismusreform, NVwZ 2006, 1209–1216.

Degenhart, Christoph, Klausurenkurs im Staatsrecht II. Mit Bezügen zum Europarecht, 6. Aufl., Heidelberg u.a. 2012 (zitiert: *Degenhart*, KK StaatsR II).

Degenhart, Christoph, Staatsrecht I. Staatsorganisationsrecht. Mit Bezügen zum Europarecht, 29. Aufl., Heidelberg u.a. 2013 (zitiert: *Degenhart*, StaatsR I).

Deger, Johannes, Sind Chaos-Tage und Techno-Paraden Versammlungen?, NJW 1997, 923–925.

Deger, Johannes, Polizeirechtliche Maßnahmen bei Versammlungen?, NVwZ 1999, 265–268.

Dehner, Friedrich / Jahn, Ralf M., Anschnallpflicht und Bußgeldbewehrung als Grundrechtsproblem, Anm. z. *BVerfG* NJW 1987, 180, in: JuS 1988, 30–36.

Denninger, Erhard, Verfassungsrechtliche Grenzen polizeilicher Datenverarbeitung insbesondere durch das Bundeskriminalamt, CR 1988, 51–60.

Denninger, Erhard, Prävention und Freiheit. Vortrag, gehalten am 11. Dezember 2007 im Rahmen des Gesamtthemas „Der Umbau des Rechtsstaats", Baden-Baden 2008.

Depenheuer, Otto, Selbstbehauptung des Rechtsstaates, 2. Aufl., Paderborn 2008.

Depenheuer, Otto, Zwischen polizeilicher Gefahrenabwehr und militärischer Verteidigung. Gesetzgeberischer Handlungsbedarf nach dem Urteil des Bundesverfassungsgerichts zum Luftsicherheitsgesetz?, ZG 23 (2008), 1–11.

Detterbeck, Steffen, Allgemeines Verwaltungsrecht mit Verwaltungsprozessrecht, 11. Aufl., München 2013 (zitiert: *Detterbeck*, Allg. VerwR)

Deusch, Florian, Polizeiliche Gefahrenabwehr bei Sportgroßveranstaltungen. Darstellung anhand des Fußballsports, Berlin 2005.

Deutelmoser, Anna, Angst vor den Folgen eines weiten Versammlungsbegriffs?, NVwZ 1999, 240–244.

Di Fabio, Udo, Risikoentscheidungen im Rechtsstaat. Zum Wandel der Dogmatik im öffentlichen Recht, insbesondere am Beispiel der Arzneimittelüberwachung, Tübingen 1994.

Di Fabio, Udo, Sicherheit in Freiheit, NJW 2008, 421–425.

Dietel, Alfred, Ist die öffentliche Ordnung tragfähige Rechtsgrundlage zum Einschreiten bei rechtsextremistischen Aufmärschen?, Die Polizei 2002, 337–340.

Dietel, Alfred / Gintzel, Kurt / Kniesel, Michael, Versammlungsgesetz. Kommentar zum Gesetz über Versammlungen und Aufzüge, 16. Aufl., Köln 2011 (zitiert: *Dietel / Gintzel / Kniesel*, VersG).

Dietlein, Johannes, Das Untermaßverbot. Bestandsaufnahme und Entwicklungschancen einer neuen Rechtsfigur, ZG 1995, 131–141.

Dietlein, Johannes, Die Lehre von den grundrechtlichen Schutzpflichten, 2. Aufl., Berlin 2005.

Dietz, Simone, Die Lüge von der „Auschwitzlüge" – Wie weit reicht das Recht auf freie Meinungsäußerung?, KritJ 28 (1995), 210–222.

Doehring, Karl, Völkerrecht, 2. Aufl., Heidelberg 2004 (zitiert: *Doehring*, VölkerR).

Dorf, Yvonne, „Tätigkeitsverbot wegen Schweinegrippe", JA 2011, 116–126.

Dornis, Tim W., Einführung des neuen Stalking-Straftatbestandes des § 138 StGB, FamRB 2007, 61–63.

Dörr, Oliver, Keine Versammlungsfreiheit für Neonazis? Extremistische Demonstrationen als Herausforderung für das geltende Versammlungsrecht, VerwArch 93 (2002), 485–505.

Dörte, Herrmann, Aus dem Leben eines Verwaltungsakts, ZJS 2011, 25–29.

Dreier, Horst, Erkennungsdienstliche Maßnahmen im Spannungsfeld von Gefahrenabwehr und Strafverfolgung, JZ 1987, 1009–1017.

Dreier, Horst, Subjektiv-rechtliche und objektiv-rechtliche Grundrechtsgehalte, JURA 1994, 505–513.

Dreier, Horst, Grundrechtseingriff contra Gesetzesbindung? Exemplarische Betrachtungen zum Verhältnis von Verfassungs- und Verwaltungsrecht anhand der Rechtsprechung des Bundesverwaltungsgerichts, Die Verwaltung 36 (2003), 105–136.

Dreier, Horst (Hrsg.), Grundgesetz. Kommentar, Bd. I: Präambel, Art. 1–19, 3. Aufl., Tübingen 2013, Bd. II: Art. 20–82, 2. Aufl., Tübingen 2006 (zitiert: *Bearbeiter*, in: *Dreier*, GG, Bd. I).

Drews, Bill (Begr.) / *Wacke, Gerhard* / *Vogel, Klaus* / *Martens, Wolfgang*, Gefahrenabwehr. Allgemeines Polizeirecht (Ordnungsrecht) des Bundes und der Länder, 9. Aufl., Köln u.a. 1986 (zitiert: *Drews* / *Wacke* / *Vogel* / *Martens*, Gefabw).

Drosdzol, Wolf-Dietrich, Grundprobleme des Demonstrationsrechts, JuS 1983, 409–417.

Ebert, Frank, Doof, der Armeeclown – oder: wie viel Blödsinn müssen sich Staatsrepräsentanten gefallen lassen?, Die Polizei 2009, 37–45.

Ehrenberg, Wolfgang / *Frohne, Wilfried*, Doppelfunktionale Maßnahmen der Vollzugspolizei. Problematik der rechtlichen Einordnung, Kriminalistik 2003, 737–750.

Ehrentraut, Christoph, Die Versammlungsfreiheit im amerikanischen und deutschen Verfassungsrecht, Berlin 1990.

Eisele, Jörg, Strafrecht – Besonderer Teil I. Straftaten gegen die Person und die Allgemeinheit, 2. Aufl., Stuttgart 2012 (zitiert: *Eisele*, StrafR BT I).

Eisele, Jörg, Strafrecht – Besonderer Teil II. Eigentumsdelikte und Vermögensdelikte, 2. Aufl., Stuttgart 2012 (zitiert: *Eisele*, StrafR BT II).

Enders, Christoph, Der Schutz der Versammlungsfreiheit (Teil I), JURA 2003, 34–42.

Epping, Volker, Grundrechte, 5. Aufl., Berlin, Heidelberg 2012 (zitiert: *Epping*, GRe).

Epping, Volker / Hillgruber, Christian (Hrsg.), Grundgesetz. Kommentar, München 2009 (zitiert: *Bearbeiter*, in: *Epping / Hillgruber*, GG).

Erbguth, Wilfried, Allgemeines Verwaltungsrecht mit Verwaltungsprozess- und Staatshaftungsrecht, 6. Aufl., Baden-Baden 2014 (zitiert: *Erbguth*, Allg. VerwR).

Erichsen, Hans-Uwe, Polizeiliche Standardmaßnahmen, JURA 1993, 45–49.

Erichsen, Hans-Uwe, Grundrechtliche Schutzpflichten in der Rechtsprechung des Bundesverfassungsgerichts, JURA 1997, 85–89.

Erichsen, Hans-Uwe / Ehlers, Dirk (Hrsg.), Allgemeines Verwaltungsrecht, 14. Aufl., Berlin, New York 2010 (zitiert: *Bearbeiter*, in: *Erichsen / Ehlers*, Allg. VerwR).

Faßnacht, Ute, Rechtsfragen bei der Verwendung von Ortungstechnologien und einsatzunterstützender Systeme durch Feuerwehr und THW. Rechtlicher Rahmen und Haftungsfragen, Münster 2012.

Fiedler, Christoph, Meinungsfreiheit in einer vernetzten Welt. Staatliche Inhaltskontrolle, gesetzliche Providerhaftung und die Inhaltsneutralität des Internet, Baden-Baden 2002.

Finger, Thorsten, Polizeiliche Standardmaßnahmen und ihre zwangsweise Durchsetzung - Rechtsnatur, Rechtsgrundlage und Rechtsschutz am Beispiel der Ingewahrsamnahme, JuS 2005, 116–120.

Finger, Thorsten, Die offenen Szenen der Städte. Gefahrenabwehr-, kommunal- und straßenrechtliche Maßnahmen zur Wahrung eines integren öffentlichen Raums, Berlin 2006.

Finger, Thorsten, Der „Verbringungsgewahrsam“ und der Streit um seine rechtliche Grundlage, NordÖR 2006, 423–428.

Fischer, Lorenz / Wiswede, Günter, Grundlagen der Sozialpsychologie, 3. Aufl., München 2009 (zitiert: *Fischer / Wiswede*, Sozialpsychologie).

Frank, Götz, Das Gewaltmonopol des Staates und das Versammlungsrecht, in: Auf einem Dritten Weg, Festschrift für Helmut Ridder, Neuwied, Frankfurt a.M. 1989, 37–51.

Franke, Siegfried, Ethische Aspekte des Polizeieinsatzes bei unfriedlichen Demonstrationen in Europa, Die Polizei 2008, 93–100.

Franz, Einiko / Günther, Thomas, Fußball-Weltmeisterschaft 2006: Die Welt zu Gast bei Irren? – Nein, bei Freunden!, NWVBl. 2006, 201–211.

Frenz, Walter, Freiwillige Gefahrenprävention, Berlin 2003.

Frenz, Walter, Polizei- und Versammlungsrecht – Abgrenzung und Zusammenspiel, JA 2007, 334–336.

Frenz, Walter, Handbuch Europarecht, Bd. I: Europäische Grundfreiheiten, 2. Aufl., Berlin, Heidelberg 2012 (zitiert: *Frenz*, Hdb. EuropaR, Bd. I).

Frenzel, Eike Michael, Grundfälle zu Art. 11 GG, JuS 2011, 595–600.

Freytag, Georg, Der Abtransport der Demonstranten, JURA 1998, 300–306.

Friauf, Karl Heinrich / Höfling, Wolfram, Meinungsgrundrechte und Verfolgung von wirtschaftlichen Belangen, AfP 1985, 249–257.

Friauf, Karl Heinrich / Höfling, Wolfram (Hrsg.), Berliner Kommentar zum Grundgesetz, Bd. I: Präambel – Art. 15, Bd. II: Art. 16–31, Losebl. (Stand: August 2013), Berlin (zitiert: *Bearbeiter*, in: *Friauf / Höfling*, GG, Bd. I).

Frowein, Jochen Abr., Die Versammlungsfreiheit vor dem Bundesverfassungsgericht, Anm. z. *BVerfGE* 69, 315, in: NJW 1985, 2376–2378.

Gallwas, Hans-Ullrich, Das Grundrecht der Versammlungsfreiheit, Art. 8 GG – Eine Problemskizze zur Einführung, JA 1986, 484–492.

Geck, Wilhelm Karl, Zum Versammlungsbegriff des Art. 8 GG, DVBl. 1980, 797–803.

Geck, Wilhelm Karl / Moselle, Karl, Das geplatzte Rock-Konzert, JuS 1980, 744–748.

Geilen, Gerd, Lebensgefährdende Drohung als Gewalt in § 251 StGB?, JZ 1970, 521–529.

Geis, Max-Emanuel, Polizeiliche Handlungsspielräume im Vorbereich und Verlauf von außergewöhnlichen Demonstrationslagen, Die Polizei 1993, 293–300.

Geis, Max-Emanuel, Examens-Repetitorium Staatsrecht. Staatsorganisationsrecht und Grundrechte, Heidelberg u.a. 2010 (zitiert: *Geis*, Ex.-Rep. StaatsR).

Germann, Michael, Gefahrenabwehr und Strafverfolgung im Internet, Berlin 2000.

Germann, Michael, Das Allgemeine Persönlichkeitsrecht, JURA 2010, 734–744.

Geulen, Rainer, Versammlungsfreiheit und Großdemonstrationen, KritJ 16 (1983), 189–197.

Gornig, Gilbert, Zur Polizeifestigkeit des Presserechts, Anm. z. *OVG Frankfurt/ Oder* NJW 1997, 1387, in: JuS 1999, 1167–1171.

Götz, Volkmar, Versammlungsfreiheit und Versammlungsrecht im Brokdorf-Beschluß des Bundesverfassungsgerichts, DVBl. 1985, 1347–1352.

Götz, Volkmar, Die Entwicklung des allgemeinen Polizei- und Ordnungsrechts (1994–1997), NVwZ 1998, 679–688.

Götz, Volkmar, Allgemeines Polizei- und Ordnungsrecht, 15. Aufl., München 2013 (zitiert: *Götz*, POR).

Graf, Susanne, Verdachts- und ereignisunabhängige Personenkontrollen. Polizeirechtliche und verfassungsrechtliche Aspekte der Schleierfahndung, Berlin 2006.

Gramm, Christof, Privatisierung und notwendige Staatsaufgaben, Berlin 2001.

Gremmler, Eckhard, Konfliktmanagment bei Castor-Einsätzen – Eine Idee und ihre Folgen, Die Polizei 2005, 295–299.

Greuel, Luise, Evaluation von Maßnahmen zur Verhinderung von Gewalteskalationen in Paarbeziehungen bis hin zu Tötungsdelikten und vergleichbaren Bedrohungsdelikten. Abschlussbericht, Bremen 2010 (zitiert: *Greuel*, Evaluation von Maßnahmen).

Grigoleit, Klaus Joachim / Kersten, Jens, Grundrechtlicher Schutz und grundrechtliche Schranken kommerzieller Kommunikation, DVBl. 1996, 596–605.

Grimm, Dieter, Die Meinungsfreiheit in der Rechtsprechung des Bundesverfassungsgerichts, NJW 1995, 1697–1705.

Groh, Kathrin, Vereinsgesetz. Kommentar, Baden-Baden 2012 (zitiert: *Groh*, VereinsG).

Gröpl, Christoph, Grundstrukturen des Versammlungsrechts, JURA 2002, 18–25.

Groß, Hermann / Frevel, Bernhard / Dams, Carsten (Hrsg.), Handbuch der Polizeien Deutschlands, Wiesbaden 2008 (zitiert: *Bearbeiter*, in: *Groß / Frevel / Dams*, Hdb. Pol).

Gundel, Jörg, Ordnungsbehördliches Vorgehen gegen Rundfunksendungen im Konflikt mit der verfassungsrechtlichen Stellung der Landesmedienanstalten: Zur Frage der „Polizeifestigkeit" der Rundfunkfreiheit am Beispiel aktueller Konflikte um die Durchsetzung des Glücksspielwerbeverbots, in: Zur Polizeifestigkeit der Rundfunkfreiheit und anderen Fragen der staatlichen Aufsicht über den Rundfunksektor, München 2010, S. 9–55.

Gurlit, Elke, Verwaltungsvertrag und Gesetz. Eine vergleichende Untersuchung zum Verhältnis von vertraglicher Bindung und staatlicher Normensetzungsautorität, Tübingen 2000.

Gusy, Christoph, Lehrbuch der Versammlungsfreiheit – BVerfGE 69, 315, JuS 1986, 608–614.

Gusy, Christoph, Verwaltung durch Information. Empfehlungen und Warnungen als Mittel des Verwaltungshandelns, NJW 2000, 977–986.

Gusy, Christoph, Polizei- und Ordnungsrecht, 8. Aufl., Tübingen 2011 (zitiert: *Gusy*, POR).

Habermehl, Kai, Polizei- und Ordnungsrecht, 2. Aufl., Baden-Baden 1993 (zitiert: *Habermehl*, POR).

Hagemann, Christian, Grundrechtseingriffe im Vorfeld – Eine Untersuchung anhand des Niedersächsischen Gesetzes über die öffentliche Sicherheit und Ordnung, Köln u.a. 2006.

Hagemann, Christian, Grundrechtseingriffe im Vorfeld – Eine Untersuchung anhand des Niedersächsischen Gesetzes über die öffentliche Sicherheit und Ordnung (Teil I und II), Die Polizei 2007, 72–76, 105–109.

Hans, Heinrich, Polizeiliche Maßnahmen gegen Stadtstreicher, JURA 1985, 431–436.

Hanschmann, Felix, Demontage eines Grundrechts – Zur Verfassungsmäßigkeit des Bayerischen Versammlungsgesetzes, DÖV 2009, 389–398.

Hansen-Dix, Frauke, Die Gefahr im Polizeirecht, im Ordnungsrecht und im Technischen Sicherheitsrecht, Köln u.a. 1982.

Hantel, Peter, Das Grundrecht der Freiheit der Person nach Art. 2 II 2, 104 GG, JuS 1990, 865–872.

Haus, Klaus-Ludwig / Wohlfarth, Jürgen, Allgemeines Polizei- und Ordnungsrecht, Baden-Baden 1997 (zitiert: *Haus / Wohlfarth*, POR).

Hebeler, Timo, 40 Probleme aus dem Staatsrecht, 3. Aufl., München 2011 (zitiert: *Hebeler*, StaatsR).

Hebeler, Timo, Die Gefährderansprache, NVwZ 2011, 1364–1366.

Hecker, Jan, Die Europäisierung der inneren Sicherheit, DÖV 2006, 273–280.

Heintschel von Heinegg, Wolff / Pallas, Nadine, Grundrechte, Neuwied, Kriftel 2002 (zitiert: *Heintschel v. Heinegg / Pallas*, GRe).

Heintzen, Markus, Was standardisieren Standardmaßnahmen? Zur Dogmatik der besonderen Befugnisnormen des Allgemeinen Polizei- und Ordnungsrechts, DÖV 2005, 1038–1042.

Hellermann, Johannes, Die sogenannte negative Seite der Freiheitsrechte, Berlin 1993.

Hermanns, Casper David, Grundfragen des Rechts der Versammlungsfreiheit, JA 2001, 79–85.

Herrmann, Christoph, Der Vertrag von Lissabon – Ein Überblick, JURA 2010, 161–167.

Herrmann, Dörte, Aus dem Leben eines Verwaltungsakts, ZJS 2011, 25–29.

Hesse, Konrad, Grundzüge des Verfassungsrechts der Bundesrepublik Deutschland, 20 Aufl., Heidelberg 1995 (zitiert: *Hesse*, VerfR).

Heß, Reinhold, Grundrechtskonkurrenzen. Zugleich ein Beitrag zur Normstruktur der Freiheitsrechte, Berlin 2000.

Heun, Werner, Funktionell-rechtliche Schranken der Verfassungsgerichtsbarkeit. Reichweite und Grenzen einer dogmatischen Argumentationsfigur, Baden-Baden 1992.

Hobe, Stephan, Einführung in das Völkerrecht, 9. Aufl., Tübingen 2008 (zitiert: *Hobe*, VölkerR).

Hobe, Stephan, Europarecht, 7. Aufl., München 2012 (zitiert: *Hobe*, EuropaR).

Hoffmann, Jens / Wondrak, Isabel (Hrsg.), Umgang mit Gewalttätern. Kommunikation und Gefährderansprache, Frankfurt a. M. 2009 (zitiert: *Bearbeiter*, in: *Hoffmann / Wondrak*, Umgang mit Gewalttätern).

Hoffmann-Riem, Wolfgang, Reform des allgemeinen Verwaltungsrechts als Aufgabe – Ansätze am Beispiel des Umweltschutzes, AöR 115 (1990), 400–447.

Hoffmann-Riem, Wolfgang, Neuere Rechtsprechung des BVerfG zur Versammlungsfreiheit, NVwZ 2002, 257–265.

Höfling, Wolfram, Demokratische Grundrechte – Zu Bedeutungsgehalt und Erklärungswert einer dogmatischen Kategorie, Der Staat 33 (1994), 493–509.

Höfling, Wolfram, Kopernikanische Wende rückwärts? Zur neueren Grundrechtsjudikatur des Bundesverfassungsgerichts, in: Kirche und Religion im sozialen Rechtsstaat, Festschrift für Wolfgang Rüfner, Berlin 2003, S. 329–340.

Höfling, Wolfram, Fälle zu den Grundrechten, 2. Aufl., München 2014 (zitiert: *Höfling*, Fälle GRe).

Höfling, Wolfram / Krohne, Gesine, Versammlungsrecht in Bewegung, JA 2012, 734–740.

Hofmann-Hoeppel, Jochen, Die Entwicklung der versammlungsrechtlichen Rechtsprechung seit den Urteilen von VG und LG Hamburg zum „Hamburger Kessel", DÖV 1992, 867–875.

Hölscheidt, Sven, Das Grundrecht der Versammlungsfreiheit nach dem Brokdorf-Beschluß des Bundesverfassungsgerichts, DVBl. 1987, 666–672.

Hömig, Dieter (Hrsg.), Grundgesetz für die Bundesrepublik Deutschland. Kommentar, 10. Aufl., Baden-Baden 2013 (zitiert: *Bearbeiter*, in: *Hömig*, GG).

Huber, Peter M., Die Informationstätigkeit der öffentlichen Hand – ein grundrechtliches Sonderregime aus Karlsruhe?, JZ 2003, 290–297.

Hufen, Friedhelm, Meinungsfreiheit als Grundrecht ökonomischer Kommunikation, in: Wirtschaft im offenen Verfassungsstaat, Festschrift für Reiner Schmidt, München 2006, S. 347–362.

Hufen, Friedhelm, Staatsrecht II. Grundrechte, 3. Aufl., München 2011 (zitiert: *Hufen*, StaatsR II).

Ipsen, Jörn, Die Kompetenzverteilung zwischen Bund und Ländern nach der Föderalismusnovelle, NJW 2006, 2801–2806.

Ipsen, Jörn, Staatsrecht II. Grundrechte, 16. Aufl., München 2013 (zitiert: *Ipsen*, StaatsR II).

Isensee, Josef, Das Grundrecht auf Sicherheit. Zu den Schutzpflichten des freiheitlichen Verfassungsstaates, Berlin, New York 1983.

Isensee, Josef / Kirchhof, Paul (Hrsg.), Handbuch des Staatsrechts der Bundesrepublik Deutschland, Bd. II: Verfassungsstaat, 3. Aufl., Heidelberg 2004, Bd. VII: Freiheitsrechte, 3. Aufl., Heidelberg u.a. 2009, Bd. IX: Allgemeine Grundrechtslehren, 3. Aufl., Heidelberg u.a. 2011 (zitiert: *Bearbeiter*, in: *Isensee / Kirchhof*, Hdb. StaatsR, Bd. II).

Jachmann, Monika (Begr.) / *Drüen, Klaus-Dieter*, Allgemeines Verwaltungsrecht, 3. Aufl., Köln 2010 (zitiert: *Jachmann / Drüen*, Allg. VerwR).

Jarass, Hans D., Der Vorbehalt des Gesetzes bei Subventionen, NVwZ 1984, 473–480.

Jarass, Hans D. / Pieroth, Bodo, Grundgesetz für die Bundesrepublik Deutschland. Kommentar, 12. Aufl., München 2012 (zitiert: *Bearbeiter*, in: *Jarass / Pieroth*, GG).

Jellinek, Georg, System der subjektiven öffentlichen Rechte, 2. Aufl., Tübingen 1905.

Jötten, Sara / Tams, Christian J., Referendarexamensklausur – Öffentliches Recht: Die Gefährderansprache, JuS 2008, 436–441.

Kahl, Wolfgang, Die Schutzergänzungsfunktion von Art. 2 Abs. 1 Grundgesetz. Zugleich ein Beitrag zur Lehre der Grundrechtskonkurrenzen. Tübingen 2000.

Kahl, Wolfgang, Grundrechtsschutz durch Verfahren in Deutschland und in der EU, VerwArch 95 (2004), 1–37.

Kappeler, Ann-Marie, Der Verbringungsgewahrsam im System vollzugspolizeilicher Eingriffsbefugnisse, DÖV 2000, 227–233.

Katz, Alfred, Staatsrecht, 18. Aufl., Heidelberg u.a. 2010 (zitiert: *Katz*, StaatsR).

Kay, Wolfgang / Böcking, Reinhold, Polizeirecht Nordrhein-Westfalen, München 1992 (zitiert: *Kay / Böcking*, PolR NW).

Keller, Rainer, Die neue Entwicklung des strafrechtlichen Gewaltbegriffs in der Rechtsprechung, JuS 1984, 109–116.

Kemmler, Iris, Folgenbeseitigungsanspruch, Herstellungsanspruch und Unterlassungsanspruch, JA 2005, 908–911.

Kempen, Bernhard / Hillgruber, Christian, Völkerrecht, 2. Aufl., München 2012 (zitiert: *Kempen / Hillgruber*, VölkerR).

Ketteler, Gerd, Die Einschränkbarkeit nichtöffentlicher Versammlungen in geschlossenen Räumen, DÖV 1990, 954–961.

Kielmansegg, Sebastian Graf von, Grundfälle zu den allgemeinen Grundrechtslehren, JuS 2009, 216–221.

Kießling, Andrea, Die dogmatische Einordnung der polizeilichen Gefährderansprache in das allgemeine Polizeirecht – Überlegungen zu einer neuen „Standardmaßnahme“, DVBl. 2012, 1210–1217.

Kindhäuser, Urs, Strafrecht Besonderer Teil I. Straftaten gegen Persönlichkeitsrechte, Staat und Gesellschaft, 6. Aufl., Baden-Baden 2014 (zitiert: *Kindhäuser*, StrafR BT I).

Kirchhof, Gregor, Die Allgemeinheit des Gesetzes. Über einen notwendigen Garanten der Freiheit, der Gleichheit und der Demokratie, Tübingen 2009.

Kirchhof, Paul, Die Bestimmtheit und Offenheit der Rechtssprache. Vortrag, gehalten vor d. Jur. Ges. zu Berlin am 29. April 1987, Berlin, New York 1987.

Klein, Eckart, Grundrechtliche Schutzpflicht des Staates, NJW 1989, 1633–1640.

Kloepfer, Michael, Verfassungsrecht, Bd. I: Grundlagen, Staatsorganisationsrecht, Bezüge zum Völker- und Europarecht, München 2011, Bd. II: Grundrechte, München 2010 (zitiert: *Kloepfer*, VerfR I).

Klug, Jürgen, 1. Mai Berlin-Kreuzberg. Alle Jahre wieder?, Die Polizei 2004, 1–4.

Kluth, Wilfried, Rechtsfragen der verwaltungsrechtlichen Willenserklärung. Auslegung, Bindung, Widerruf, Anfechtung, NVwZ 1990, 608–614.

Knape, Michael, Ein 1. Mai, der diesmal die Gemüter in vielfacher Hinsicht erhitzte: Die Prädominanz des Rechts bei taktischen Erwägungen, Die Polizei 2001, 249–255.

Knape, Michael, Die Walpurgisnacht 2002 – Eindrücke von der Nacht zum 1. Mai aus Berlin: Kreuzberg, Friedrichshain und Prenzlauer Berg oder Nichts gegen Versammlungsfreiheit und Eventkultur, aber bitte mit Köpfchen!, Die Polizei 2002, 211–217.

Knape, Michael, Beweissichere Festnahmen und gerichtsfeste Ingewahrsamnahmen oder Was erwartet der Polizeiführer von Einsatzeinheiten, insbesondere von Beweissicherungs- und Festnahmeeinheiten, bei Einsätzen aus besonderen Anlässen?, Die Polizei 2004, 101–108.

Knape, Michael, Die Polizei als Garant der Versammlungsfreiheit, Die Polizei 2008, 100–104.

Knape, Michael / Falkenhagen, Peter, Polizeiliche Maßnahmen anlässlich eines Aufzugs der rechten Szene mit demonstrativen Gegenaktionen, Die Polizei 2006, 232–235.

Knemeyer, Franz-Ludwig, Datenerhebung, Datenverarbeitung und Datennutzung als Kernaufgaben polizeilicher Vorbereitung auf die Gefahrenabwehr und Straftatenverfolgung (Informationsvorsorge), in: Völkerrecht und deutsches Recht, Festschrift für Walter Rudolf, München 2001, S. 484–496.

Knemeyer, Franz-Ludwig, Polizei- und Ordnungsrecht, 11. Aufl., München 2007 (zitiert: *Knemeyer*, POR).

Kniesel, Michael, Vorbeugende Bekämpfung von Straftaten im juristischen Meinungsstreit – eine unendliche Geschichte, ZRP 1992, 164–167.

Kniesel, Michael, Die Versammlungs- und Demonstrationsfreiheit – Verfassungsrechtliche Grundlagen und versammlungsgesetzliche Konkretisierung, NJW 1992, 857–867.

Kniesel, Michael, Versammlungs- und Demonstrationsfreiheit. Entwicklung des Versammlungsrechts seit 1996, NJW 2000, 2857–2866.

Koch, Hans-Joachim / Mielke, Christin, Globalisierung des Umweltrechts, ZUR 2009, 403–409.

Köhler, Michael, Zur Frage der Strafbarkeit des Leugnens von Völkermordtaten, NJW 1985, 2389–2391.

Kokott, Juliane, Beweislastverteilung und Prognoseentscheidungen bei der Inanspruchnahme von Grund- und Menschenrechten, Berlin, Heidelberg, New York 1993.

Kollig, Tobias, Das Allgemeine Ordnungsrecht unter europäischem Einfluss, Saarbrücken 2007.

Kommentar zum Grundgesetz für die Bundesrepublik Deutschland (AK-GG). Reihe Alternativkommentare, hrsg. v. *Denninger, Erhard / Hoffmann-Riem, Wolfgang / Schneider, Hans-Peter* u.a., Bd. I: Einleitung - Art. 17 a, 3. Aufl., Losebl. (Stand: August 2002), Neuwied, Kriftel 2001 (zitiert: *Bearbeiter*, in: AK-GG, Bd. I).

Kopp, Ferdinand O. (Begr.) / *Ramsauer, Ulrich*, Verwaltungsverfahrensgesetz. Kommentar, 14. Aufl., München 2013 (zitiert: *Kopp / Ramsauer*, VwVfG).

Koranyi, Johannes / Singelnstein, Tobias, Rechtliche Grenzen für polizeiliche Bildaufnahmen von Versammlungen, NJW 2011, 124–128.

Kötter, Matthias / Nolte, Jakob, Was bleibt von der „Polizeifestigkeit des Versammlungsrechts"?, DÖV 2009, 399–406.

Krahm, Bastian, Polizeiliche Maßnahmen zur Eindämmung von Hooligangewalt. Eine Untersuchung unter besonderer Berücksichtigung verfassungsrechtlicher und rechtsvergleichender Aspekte, Stuttgart u.a. 2008.

Krebs, Walter, Vorbehalt des Gesetzes und Grundrechte. Vergleich des traditionellen Eingriffsvorbehalts mit den Grundrechtsbestimmungen des Grundgesetzes, Berlin 1975.

Krüger, Ralf, Versammlungsrecht, Stuttgart u.a. 1994 (zitiert: *Krüger*, VersR).

Krumm, Carsten, Verfassungsrechtliches Übermaßverbot und kurze Freiheitsstrafe, NJW 2004, 328–330.

Kübler, Friedrich, Rassenhetze und Meinungsfreiheit. Grenzüberschreitende Aspekte eines Grundrechtskonfliktes, AöR 125 (2000), 109–130.

Kugelmann, Dieter, Polizei- und Ordnungsrecht, 2. Aufl., Berlin, Heidelberg 2012 (zitiert: *Kugelmann*, POR).

Kuhn, Armin / Schumacher, Juliane, G8 und Gipfelproteste - Symbolpolitik im Kampf um Hegemonie, WeltTrends (55) 2007, 25–35.

Kummermehr, Michael, Zeitliche Grenzen des polizeirechtlichen Gefahrbeseitigungsanspruchs. Die ordnungsrechtliche Ewigkeitshaftung und ihre Begrenzbarkeit unter besonderer Berücksichtigung des BBodSchG, Berlin 2004.

Kunig, Philip, Das Grundrecht auf Freizügigkeit, JURA 1990, 306–312.

Kunig, Philip, Der Grundsatz informationeller Selbstbestimmung, JURA 1993, 595–604.

Lackner, Karl / Kühl, Kristian, Strafgesetzbuch. Kommentar, 27. Aufl., München 2011 (zitiert: *Lackner / Kühl*, StGB).

Langenscheidt. Großes Taschenwörterbuch Englisch, München 2009.

Laubinger, Hans-Werner / Repkewitz, Ulrich, Die Versammlung in der verfassungs- und verwaltungsrechtlichen Rechtsprechung, VerwArch 92 (2001), 585–627.

Laum, Thomas, Zum Einsatz der Landespolizei Mecklenburg-Vorpommern anlässlich des G8-Gipfels 2007 in Heiligendamm, Die Polizei 2007, 341–348.

Le Bon, Gustave, Psychologie des foules, Paris 1895.

Lege, Joachim, Nochmals: Staatliche Warnungen – Zugleich zum Paradigmenwechsel in der Grundrechtsdogmatik und zur Abgrenzung von Regierung und Verwaltung, DVBl. 1999, 569–578.

Leibholz, Gerhard / Rinck, Hans-Justus (Begr.), Grundgesetz für die Bundesrepublik Deutschland. Kommentar anhand der Rechtsprechung des Bundesverfassungsgerichts, bearb. v. *Burghart, Axel*, Bd. I: Art. 1–11, Bd. II: Art. 12–69, Losebl. (Stand: Oktober 2013), Köln (zitiert: *Leibholz / Rinck*, GG, Bd. I).

Leist, Wolfgang, Zur Rechtmäßigkeit typischer Auflagen bei rechtsextremistischen Demonstrationen, NVwZ 2003, 1300–1304.

Lenski, Sophie-Charlotte, Staatliches Informationshandeln als Grundrechtseingriff. Zur Anwendung der Osho-Rechtsprechung in der verfassungsgerichtlichen Praxis, ZJS 2008, 13–17.

Lepsius, Oliver, Besitz und Sachherrschaft im öffentlichen Recht, Tübingen 2002.

Limmer, Maria, Rechtliche Grenzen der Einschüchterung im Versammlungsrecht. Am Beispiel von Skinheadaufmarsch und Schwarzem Block, Frankfurt a.M. 2010.

Lindner, Josef Franz, Theorie der Grundrechtsdogmatik, Tübingen 2005.

Lindner, Josef Franz, Die gemeinschaftsrechtliche Dimension des Polizeirechts – Eine dogmatische Analyse, JuS 2005, 302–308.

Lisken, Hans (Begr.) / *Denninger, Erhard* (Hrsg.), Handbuch des Polizeirechts. Gefahrenabwehr, Strafverfolgung, Rechtsschutz, 5. Aufl., München 2012 (zitiert: *Bearbeiter*, in: *Lisken / Denninger*, Hdb. PolR).

Löffler, Martin (Begr.), Presserecht. Kommentar zu den deutschen Landespressegesetzen u.a., hrsg. v. *Sedelmeier, Klaus / Burkhardt, Emanuel H.*, 5. Aufl., München 2006 (zitiert: *Bearbeiter*, in: *Löffler*, PresseR).

Lorenz, Frank Lucien, „Operative Informationserhebung" im Strafverfahren, „Unverfügbares" und Grundrechtsschutz durch „institutionelle Kontrolle", JZ 1992, 1000–1011.

Lukes, Rudolf (Hrsg.), Gefahren und Gefahrenbeurteilungen im Recht. Rechtliche und technische Aspekte von Risikobeurteilungen, insbesondere bei neuen Technologien, Teil I: Vorträge und Diskussionsberichte des Kolloquiums „Rechtliche und technische Aspekte der Verwendung von Risiko- bzw. Zuverlässigkeitsanalysen in der Rechtsordnung" in Baden-Baden vom 11.–14. Juli 1979, Köln u.a. 1980.

Maaß, Rainald, Der Verbringungsgewahrsam nach dem geltenden Polizeirecht, NVwZ 1985, 151–158.

Mager, Ute, Einrichtungsgarantien. Entstehung, Wurzeln, Wandlungen und grundgesetzgemäße Neubestimmung einer dogmatischen Figur des Verfassungsrechts, Tübingen 2003.

Mangoldt, Hermann von (Begr.) / *Klein, Friedrich* / *Starck, Christian* (Hrsg.), Kommentar zum Grundgesetz, Bd. I: Präambel - Art. 19, 6. Aufl., München 2010, Bd. II: Art. 20–82, 6. Aufl., München 2010, Bd. III: Art. 83–146, 6. Aufl., München 2010 (zitiert: *Bearbeiter*, in: *v. Mangoldt / Klein / Starck*, GG, Bd. I).

Manssen, Gerrit, Staatsrecht II. Grundrechte, 10. Aufl., München 2013 (zitiert: *Manssen*, StaatsR II).

Martini, Mario, Das allgemeine Persönlichkeitsrecht im Spiegel der jüngeren Rechtsprechung des Bundesverfassungsgerichts, JA 2009, 839–845.

Maunz, Theodor / Dürig, Günter (Begr.), Grundgesetz. Kommentar, hrsg. v. *Herzog, Roman / Scholz, Rupert / Herdegen, Matthias* u.a., Bd. I: Präambel – Art. 5, Bd. II: Art. 6–15, Bd. III: Art. 16–22, Losebl. (Stand: Mai 2013), München (zitiert: *Bearbeiter*, in: Maunz / Dürig, GG, Bd. II).

Maurer, Hartmut, Staatsrecht I. Grundlagen, Verfassungsorgane, Staatsfunktionen, 6. Aufl., München 2010 (zitiert: *Maurer*, StaatsR I).

Maurer, Hartmut, Allgemeines Verwaltungsrecht, 18. Aufl., München 2011 (zitiert: *Maurer*, Allg. VerwR).

Mayer, Matthias, Vorfeldkontrollen bei Demonstrationen, JA 1998, 345–350.

Meier, Ingo-Felix, Hooliganismus in Deutschland. Analyse der Genese des Hooliganismus in Deutschland, Berlin 2001.

Merten, Detlef, Der Inhalt des Freizügigkeitsrechts (Art. 11 des Grundgesetzes), Berlin 1970.

Merten, Detlef / Papier, Hans-Jürgen (Hrsg.), Handbuch der Grundrechte in Deutschland und Europa, Bd. II: Grundrechte in Deutschland: Allgemeine Lehren I, Heidelberg u.a. 2006, Bd. III: Grundrechte in Deutschland: Allgemeine Lehren II, Heidelberg u.a. 2009, Bd. IV: Grundrechte in Deutschland: Einzelgrundrechte I, Heidelberg u.a. 2009 (zitiert: *Bearbeiter*, in: *Merten / Papier*, Hdb. GRe, Bd. II).

Meßmann, Andreas, Das Zusammenspiel von Versammlungsgesetz und allgemeinem Polizeirecht, JuS 2007, 524–528.

Michael, Lothar / Morlok, Martin, Grundrechte, 3. Aufl., Baden-Baden 2012 (zitiert: *Michael / Morlok*, GRe).

Michael, Lothar / Sauer, Heiko, Übungsfall: „Grenzgänger" – Autobahnblockade im Spiegel deutscher und europäischer Grundrechte und Grundfreiheiten, ZJS 2010, 86–97.

Mletzko, Matthias, Gewalthandeln linker und rechter militanter Szenen, APuZ 2010, 9–16.

Mohl, Helmut, Die Interpretation des Grundrechts der Versammlungsfreiheit gemäß Art. 8 des Grundgesetzes im Spiegel der Grundrechtstheorien, VR 1991, 245–255.

Möller, Manfred / Warg, Gunter, Allgemeines Polizei- und Ordnungsrecht mit Verwaltungszwang und Bescheidtechnik, 6. Aufl., Stuttgart 2012 (zitiert: *Möller / Warg*, POR).

Morgenroth, Carsten, Interesse als Einflussfaktor auf die Gesetzesbildung, Gesetzesanwendung und Vertragsgestaltung im Rahmen der Sportvermarktung. Insbesondere im Sponsoring und bei Sportveranstaltungen, Frankfurt a.M. 2010.

Möstl, Markus, Die staatliche Garantie für die öffentliche Sicherheit und Ordnung. Sicherheitsgewährleistung im Verfassungsstaat, im Bundesstaat und in der Europäischen Union, Tübingen 2002.

Möstl, Markus, Standardmaßnahmen des Polizei- und Ordnungsrechts, JURA 2011, 840–853.

Muckel, Stefan, Verbot der Benutzung von Sonnenstudios durch Minderjährige verfassungsgemäß, Anm. z. *BVerfG*, Beschl. v. 21. Dezember 2011 – 1 BvR 2007/10, in: JA 2012, 312–314.

Muckel, Stefan, Fälle zum Besonderen Verwaltungsrecht. Polizei- und Ordnungsrecht, Kommunalrecht, mit Bezügen zum Verwaltungsprozessrecht, 5. Aufl., München 2013 (zitiert: *Muckel*, Fälle VerwR BT).

Müller, Rolf-Georg, Polizeiliche Datenerhebung durch Befragung. Zugleich eine Analyse des § 9 nw. PolG, Berlin 1997.

Münch, Ingo von (Begr.) / *Kunig, Philip* (Hrsg.), Grundgesetz. Kommentar, Bd. I: Präambel – Art. 69, 6. Aufl., München 2012 (zitiert: *Bearbeiter*, in: *v. Münch / Kunig*, GG, Bd. I).

Murswiek, Dietrich, Entschädigung für immissionsbedingte Waldschäden, NVwZ 1986, 611–615.

Murswiek, Dietrich, Die staatliche Verantwortung für die Risiken der Technik. Verfassungsrechtliche Grundlagen und immissionsschutzrechtliche Ausformungen, Berlin 1985.

Murswiek, Dietrich, Nochmals: Staatshaftung für Waldschäden?, NVwZ 1987, 481.

Murswiek, Dietrich, Das Bundesverfassungsgericht und die Dogmatik mittelbarer Grundrechtseingriffe. Zu der Glykol- und der Osho-Entscheidung vom 26.06.2002, NVwZ 2003, 1–8.

Mutius, Albert von, Die Versammlungsfreiheit des Art. 8 Abs. 1 GG, JURA 1988, 30–38.

Neumann, Conrad, Flashmobs, Smartmobs, Massenparty. Die rechtliche Betrachtung moderner Kommunikations- und Interaktionsformen, NVwZ 2011, 1171–1177.

Nolte, Martin, Doppelfunktionale Maßnahmen in der polizeilichen Praxis, Kriminalistik 2007, 343–348.

Nolte, Martin / Tams, Christian J., Grundfälle zu Art. 5 I 1 GG, JuS 2004, 111–113.

Ohrmann, Christoph, Der Schutz der Persönlichkeit in Online-Medien. Unter besonderer Berücksichtigung von Weblogs, Meinungsforen und Onlinearchiven, Frankfurt a.M. 2010.

Oltersdorf, Matthias, „Castor-Einsätze“ – Auswirkungen der aktuellen Rechtsprechung auf die polizeiliche Taktik –, Die Polizei 2005, 285–294.

Oppermann, Thomas / Classen, Claus Dieter / Nettesheim, Martin, Europarecht, 5. Aufl., München 2011 (zitiert: *Bearbeiter*, in: *Oppermann / Classen / Nettesheim*, EuropaR).

Ostendorf, Heribert, Strafprozessrecht. Rechtssystem und Rechtsanwendung, Baden-Baden 2012 (zitiert: *Ostendorf*, StPO).

Paeffgen, Hans-Ullrich, Art. 30, 70, 101 I GG – vernachlässigbare Normen?, JZ 1991, 437–446.

Peine, Franz-Joseph, Allgemeines Verwaltungsrecht, 10. Aufl., Heidelberg u.a. 2011 (zitiert: *Peine*, Allg. VerwR).

Petersen-Thrö, Ulf / Elzermann, Hartwig, Die Meldeauflage als probates Gefahrenabwehrmittel im Vorfeld von Veranstaltungen, KommJur 2006, 289–296.

Pewestorf, Adrian / Söllner, Sebastian / Tölle, Oliver, Polizei- und Ordnungsrecht. Berliner Kommentar, Köln 2009 (zitiert: *Bearbeiter*, in: *Pewestorf / Söllner / Tölle*, POR).

Pieroth, Bodo, Das Grundrecht der Freizügigkeit (Art. 11 GG), JuS 1985, 81–88.

Pieroth, Bodo / Schlink, Bernhard (Begr.) / *Kingreen, Thorsten / Poscher, Ralf*, Grundrechte. Staatsrecht II, 29. Aufl., Heidelberg u.a. 2013 (zitiert: *Pieroth / Schlink / Kingreen / Poscher*, GRe).

Pieroth, Bodo / Schlink, Bernhard / Kniesel, Michael, Polizei- und Ordnungsrecht mit Versammlungsrecht, 7. Aufl., München 2012 (zitiert: *Pieroth / Schlink / Kniesel*, POR).

Pietrzak, Alexandra, Die Schutzpflichten im verfassungsrechtlichen Kontext – Überblick und neue Aspekte, JuS 1994, 748–753.

Pils, Michael Johannes, Zum Wandel des Gefahrenbegriffs im Polizeirecht – Oder: Wie viele Körner bilden einen Haufen?, DÖV 2008, 941–948.

Pitschas, Rainer (Hrsg.), Kriminalprävention und „Neues Polizeirecht". Zum Strukturwandel des Verwaltungsrechts in der Risikogesellschaft. Vorträge und Berichte in der Speyerer Werkstatt zur inneren Sicherheit über „Kriminalprävention in staatlicher und zivilgesellschaftlicher Verantwortungspartnerschaft" an der Deutschen Hochschule für Verwaltungswissenschaften Speyer 2001, Berlin 2002.

Pitschas, Rainer, Neues Verwaltungsrecht im partnerschaftlichen Rechtsstaat? Zum Wandel von Handlungsverantwortung und -formen der öffentlichen Verwaltung am Beispiel der Vorsorge für innere Sicherheit in Deutschland, DÖV 2004, 231–238.

Poscher, Ralf, Grundrechte als Abwehrrechte. Reflexive Regelung rechtlich geordneter Freiheit, Tübingen 2003.

Pötters, Stephan / Werkmeister, Christoph, Neue Problemkreise des Versammlungsrechts: Konturierung des Schutzbereichs des Art. 8 Abs. 1 GG, ZJS 2011, 222–228.

Pütter, Johann Stephan, Institutiones Iuris Publici Germanici, Göttingen 1770.

Reime, Hans, Castortransport 2001 nach Gorleben – Eine erneute Herausforderung für die Polizeien der Länder und des Bundes, Die Polizei 2001, 227–234.

Remmert, Barbara, Verfassungs- und verwaltungsrechtsgeschichtliche Grundlagen des Übermaßverbots, Heidelberg 1995.

Reuter, Thomas, Die Verhältnismäßigkeit im engeren Sinne – das unbekannte Wesen, JURA 2009, 511–518.

Riegel, Reinhard, Nochmals: Polizeiliche Bildaufnahmen von öffentlichen Versammlungen, NVwZ 1990, 745–746.

Robbers, Gerhard, Sicherheit als Menschenrecht. Aspekte der Geschichte, Begründung und Wirkung einer Grundrechtsfunktion, Baden-Baden 1987.

Robrecht, Michael P., Neuregelung des Aufenthaltsverbotes im Polizeigesetz des Freistaates Sachsen, SächsVBl. 1999, 232–236.

Roggan, Fredrik, Doppelfunktionalität als polizeiliches Standardproblem, Die Polizei 2008, 112–116.

Roggan, Fredrik, Polizeiliche Bildaufnahmen von friedlichen Versammlungen unter freiem Himmel – Über die Grenzen einer Legalisierung des Einsatzes technischer Mittel, NVwZ 2010, 1402–1405.

Roos, Jürgen, Gefährderansprache und Versammlungsrecht. Ein Eingriff ohne Eingriffsermächtigung?, Kriminalistik 2006, 261–264.

Rossi, Matthias, Beschränkungen der Ausreisefreiheit im Lichte des Verfassungs- und Europarechts, AöR 127 (2002), 612–654.

Rott, Joachim, 100 Jahre „Kreuzberg-Urteil" des PrOVG, NVwZ 1982, 363–364.

Rotzinger, Bernhard, Der Einsatz Natogipfel 2009 aus der Sicht des Polizeiführers der BAO Atlantik, Die Polizei 2009, 327–331.

Rühl, Ulli F. H., Die Polizeipflichtigkeit von Versammlungen bei Störungen durch Dritte und bei Gefahren für die öffentliche Sicherheit bei Gegendemonstrationen, NVwZ 1988, 577–584.

Rühl, Ulli F. H., Tatsachenbehauptungen und Wertungen. Versuch über den Sinn und die Kriterien ihrer Unterscheidung im deutschen Rechtssystem, AfP 2000, 17–23.

Rusteberg, Benjamin, Der grundrechtliche Gewährleistungsgehalt. Eine veränderte Perspektive auf die Grundrechtsdogmatik durch eine präzise Schutzbereichsbestimmung, Tübingen 2009.

Sachs, Michael, Verfassungsrecht II. Grundrechte, 2. Aufl., Berlin, Heidelberg 2003 (zitiert: *Sachs*, VersR II).

Sachs, Michael (Hrsg.), Grundgesetz. Kommentar, 6. Aufl., München 2011 (zitiert: *Bearbeiter*, in: *Sachs*, GG).

Sachs, Michael / Krings, Thomas, Das Gesetz zur Änderung des Polizeigesetzes des Landes Nordrhein-Westfalen, NWVBl. 2010, 165–172.

Schäffer, Johannes, Versammlungs- und allgemeines Gefahrenabwehrrecht unter besonderer Berücksichtigung des Zitiergebots: Die Länder haben noch immer das Wort …, DVBl. 2012, 546–555.

Schaub, Nuria, Der Schutz kleinerer Glaubensgemeinschaften vor staatlicher und privater Diskriminierung, Stuttgart 2008.

Scheidler, Alfred, Wie man Gesetze nicht macht – Zur Nichtigkeit des Sächsischen Versammlungsgesetzes, NVwZ 2011, 924–926.

Schenke, Wolf-Rüdiger, Rechtsschutz gegen Strafverfolgungsmaßnahmen der Polizei, VerwArch 60 (1969), 332–355.

Schenke, Wolf-Rüdiger, Rechtsschutz bei strafprozessualen Eingriffen von Staatsanwaltschaft und Polizei, NJW 1976, 1816–1823.

Schenke, Wolf-Rüdiger, Polizei- und Ordnungsrecht, 8. Aufl., Heidelberg u.a. 2013 (zitiert: *Schenke*, POR).

Scherzberg, Arno, Grundrechtsschutz und „Eingriffsintensität". Das Ausmaß individueller Grundrechtsbetroffenheit als materiellrechtliche und kompetenzielle Determinante der verfassungsgerichtlichen Kontrolle der Fachgerichtsbarkeit im Rahmen der Urteilsverfassungsbeschwerde, Berlin 1989.

Scheuner, Ulrich, Bericht zum ersten Beratungsgegenstand: Pressefreiheit, VVDStRL 22 (1965), 1–91.

Schlecht, Jutta, Behördliche Warnungen vor gesundheitsgefährdenden Produkten, München 2001.

Schmalz, Dieter, Grundrechte, 4. Aufl., Baden-Baden 2001 (zitiert: *Schmalz*, GRe).

Schmalzl, Hans Peter, Das Protestgeschehen, seine Eskalationsfähigkeit und seine Mythen und Dilemata für die Polizei, Die Polizei 2004, 108–113.

Schmidbauer, Wilhelm, Polizeiliche Gefahrenabwehr bei Gewalt im sozialen Nahraum, BayVBl. 2002, 257–267.

Schmidt-Assmann, Eberhard, Aufgaben und Perspektiven verwaltungsrechtlicher Forschung. Aufsätze 1975–2005, Tübingen 2006.

Schmidt-Bleibtreu, Bruno (Begr.) / *Hofman, Hans / Hopfauf, Axel* (Hrsg.), GG. Kommentar zum Grundgesetz, 12. Aufl., Köln, München 2011 (zitiert: *Bearbeiter*, in: *Schmidt-Bleibtreu / Hofman / Hopfauf*, GG).

Schmidt-De Caluwe, Reimund, Der Verwaltungsakt in der Lehre Otto Mayers. Staatstheoretische Grundlagen, dogmatische Ausgestaltung und deren verfassungsbedingte Vergänglichkeit, Tübingen 1999.

Schmitt Glaeser, Walter, Die Meinungsfreiheit in der Rechtsprechung des Bundesverfassungsgerichts, AöR 113 (1988), 52–100.

Schmitt-Kammler, Arnulf, Zur Handhabung polizeilicher Standardermächtigungen, NWVBl. 1995, 166–170.

Schneider, Hans Joachim, Ursachen der Gewalt – Zur Gewalt in der deutschen und in der internationalen kriminologischen und kriminalpolitischen Diskussion, JZ 1992, 499–510.

Schoch, Friedrich, Staatliche Informationspolitik und Berufsfreiheit – Das Urteil des BVerwG vom 18.10.1990 (3 C 2/88) im Spiegel der Rechtsordnung, DVBl. 1991, 667–674.

Schoch, Friedrich, Grundfälle zum Polizei- und Ordnungsrecht, JuS 1994, 391–397, 479–486, 667–670.

Schoch, Friedrich, Grundlagen und System des allgemeinen Polizei- und Ordnungsrechts, JURA 2006, 664–671.

Schoch, Friedrich (Hrsg.), Besonderes Verwaltungsrecht, 15. Aufl., Berlin, Boston 2013 (zitiert: *Bearbeiter*, in: *Schoch*, Bes. VerwR).

Scholz, Rupert / Pitschas, Rainer, Informationelle Selbstbestimmung und staatliche Informationsverantwortung, Berlin 1984.

Schreiber, Martina / Adang, Otto, Schwarze Blöcke und blau/grüne Maßnahmen – Über Gewalt bei Großereignissen und die Rolle der Polizei, Die Polizei 2008, 347–349.

Schrödter, Hans, Vom Kreuzberg-Urteil zur Bauregelungsverordnung. Die Rechtsprechung des Preußischen Oberverwaltungsgerichts zum Städtebaurecht, DVBl. 1975, 846–857.

Schroeder, Daniela, Polizei- und Ordnungsrecht Nordrhein-Westfalen, Heidelberg u.a. 2011 (zitiert: *Schroeder*, POR NW).

Schroeder, Daniela, Grundrechte, 3. Aufl., Heidelberg u.a. 2013 (zitiert: *Schroeder*, GRe).

Schübel-Pfister, Isabel, Aktuelles Verwaltungsprozessrecht, JuS 2007, 24–28.

Schucht, Carsten, Die polizei- und ordnungsrechtliche Meldeauflage: Standortbestimmung und dogmatische Neuausrichtung, NVwZ 2011, 709–713.

Schulte, Martin, Schlichtes Verwaltungshandeln. Verfassungs- und verwaltungsrechtsdogmatische Strukturüberlegungen am Beispiel des Umweltrechts, Tübingen 1995.

Schuster, Gunnar, Die internationale Anwendung des Börsenrechts. Völkerrechtlicher Rahmen und kollisionsrechtliche Praxis in Deutschland, England und den USA, Berlin, Heidelberg, New York 1996.

Schwabe, Jürgen, Probleme der Grundrechtsdogmatik, 2. Aufl., Hamburg 1997.

Schwäble, Ulrich, Das Grundrecht der Versammlungsfreiheit (Art. 8 GG), Berlin 1975 (zitiert: *Schwäble*, Versammlungsfreiheit).

Schwan, Eggert, Die Abgrenzung des Anwendungsbereiches der Regeln des Straf- und Ordnungswidrigkeitenverfolgungsrechtes von dem des Rechtes der Gefahrenabwehr, VerwArch 70 (1979), 109–130.

Schweickhardt, Rudolf (Begr.) / *Vondung, Ute* (Hrsg.), Allgemeines Verwaltungsrecht, 9. Aufl., Stuttgart 2010 (zitiert: *Bearbeiter*, in: *Schweickhardt / Vondung*, Allg. VerwR).

Schwegel, Andreas, Der Polizeibegriff im NS-Staat, Tübingen 2005.

Schwind, Hans-Dieter, Kriminologie. Eine praxisorientierte Einführung mit Beispielen, 22. Aufl., Heidelberg u.a. 2013.

Seidel, Gerd, Das Versammlungsrecht auf dem Prüfstand, DÖV 2002, 283–291.

Sodan, Helge (Hrsg.), Grundgesetz. Beck'scher Kompakt-Kommentar, 2. Aufl., München 2011 (zitiert: *Bearbeiter*, in: *Sodan*, GG).

Spiecker genannt Döhmann, Indra / Kehr, Thomas, Die Entscheidung des Bundesverwaltungsgerichts vom 09.06.2010 – Datei Gewalttäter Sport –, DVBl. 2011, 930–936.

Staack, Dirk / Schwarzer, Thorsten, Die Clownsarmee. Neue Protestformen im Lichte des Versammlungsrechts, Die Polizei 2010, 172–178.

Staack, Dirk / Schwentuchowski, Stephan (Hrsg.), Versammlungen. Rechtliche, strategisch-taktische, politische, psychologische und ethische Fragen, Hamburg 2006 (zitiert: *Bearbeiter*, in: *Staack / Schwentuchowski*, Versammlungen).

Starck, Christian, Praxis der Verfassungsauslegung, Baden-Baden 1994.

Stegemann, Michael, Grundrechte. Staatsrecht II, Greifswald 2009 (zitiert: *Stegemann*, GRe).

Stein, Torsten / Buttlar, Christian von, Völkerrecht, 13. Aufl., München 2012 (zitiert: *Stein / v. Buttlar*, VölkerR).

Stein, Ekkehart / Frank, Götz, Staatsrecht, 21. Aufl., Tübingen 2010 (zitiert: *Stein / Frank*, StaatsR).

Steinberg, Rudolf, Grundfragen des öffentlichen Nachbarrechts, NJW 1984, 457–464.

Steiner, Udo (Hrsg.), Besonderes Verwaltungsrecht, 8. Aufl., Heidelberg u.a. 2006 (zitiert: *Bearbeiter*, in: *Steiner*, Bes. VerwR).

Steinhorst, Lars, Polizei- und Ordnungsrecht in Brandenburg. Grundstrukturen, Übersichten, Fälle und Lösungen, Berlin 2010 (zitiert: *Steinhorst*, POR Bbg).

Stern, Klaus, Das Staatsrecht der Bundesrepublik Deutschland, Bd. III/1: Allgemeine Lehren der Grundrechte. Grundlagen und Geschichte, nationaler und internationaler Grundrechtskonstitutionalismus u.a., München 1988, Bd. III/2: Allgemeine Lehren der Grundrechte. Grundrechtstatbestand, Grundrechtsbeeinträchtigungen und Grundrechtsbegrenzungen u.a., München 1994, Bd. IV/1: Die einzelnen Grundrechte. Der Schutz und die freiheitliche Entfaltung des Individuums, München 2006 (zitiert: *Bearbeiter*, in: *Stern*, StaatsR, Bd. III/1).

Stern, Klaus / Becker, Florian (Hrsg.), Grundrechte-Kommentar. Die Grundrechte des Grundgesetzes mit ihren europäischen Bezügen, Köln 2010 (zitiert: *Bearbeiter*, in: *Stern / Becker*, GG).

Stober, Rolf, Zur Entwicklung des Wirtschaftsverwaltungsrechts, DZWIR 1996, 133–142.

Storr, Stefan / Schröder, Rainer, Allgemeines Verwaltungsrecht, Stuttgart 2010 (zitiert: *Storr / Schröder*, Allg. VerwR).

Streinz, Rudolf, Europarecht, 9. Aufl., Heidelberg u.a. 2012 (zitiert: *Streinz*, EuropaR).

Stroebe, Wolfgang / Jonas, Klaus / Hewstone, Miles, Sozialpsychologie. Eine Einführung, 4. Aufl., Berlin, Heidelberg 2002 (zitiert: *Bearbeiter*, in: *Stroebe / Jonas / Hewstone*, Sozialpsychologie).

Stümper, Franz-Peter, Die Gewährleistung der öffentlichen Sicherheit und Ordnung bei Großsportveranstaltungen, Tübingen 2002.

Tegtmeyer, Henning / Vahle, Jürgen, Polizeigesetz Nordrhein-Westfalen – PolG NRW, 10. Aufl., Stuttgart u.a. 2011 (zitiert: *Tegtmeyer / Vahle*, PolG NW).

Tettinger, Peter / Erbguth, Wilfried / Mann, Thomas, Besonderes Verwaltungsrecht. Kommunalrecht, Polizei- und Ordnungsrecht, Baurecht, 11. Aufl., Heidelberg u.a. 2012 (zitiert: *Tettinger / Erbguth / Mann*, Bes. VerwR).

Thiel, Markus, Polizei- und Ordnungsrecht, Baden-Baden 2013 (zitiert: Thiel, POR).

Thieme, Werner, Über die Wahrheitspflicht der Presse, DÖV 1980, 149–154.

Tiemann, Axel, Der Schutzbereich des Art. 2 II 2 GG, NVwZ 1987, 10–15.

Tillmanns, Reiner, Anm. z. *BVerfG* NJW 2001, 2459, in: JA 2002, 277–281.

Tölle, Oliver, Polizei- und ordnungsbehördliche Maßnahmen bei rechtsextremistischen Versammlungen, NVwZ 2001, 153–157.

Trierweiler, Tobias, Wohnungsverweisung und Rückkehrverbot zum Schutz vor häuslicher Gewalt. Eine Untersuchung am Beispiel von § 34 a PolG NRW, Baden-Baden 2006.

Trurnit, Christoph, Vorfeldmaßnahmen bei Versammlungen, NVwZ 2012, 1079–1083.

Ullrich, Norbert, Fortschritte im Versammlungsrecht? – Das Niedersächsische Versammlungsgesetz, NdsVBl. 2011, 183–188.

Umbach, Dieter / Clemens, Thomas (Hrsg.), Grundgesetz. Mitarbeiterkommentar und Handbuch, Bd. I: Art. 1–37, Heidelberg 2012 (zitiert: *Bearbeiter*, in: *Umbach / Clemens*, GG, Bd. I).

Unkroth, Teresa, FC-J gegen FC-E – oder „Fanorientierte" Gefahrenabwehr, JURA 2008, 464–472.

Unruh, Georg-Christoph von, Polizei als Tätigkeit der leistenden Verwaltung, DVBl. 1972, 469–475.

Unruh, Peter, Zur Dogmatik der grundrechtlichen Schutzpflichten, Berlin 1996.

Verfassungsschutzbericht des Bundes 2012, hrsg. v. Bundesministerium des Innern, Berlin 2013.

Vitzthum, Wolfgang Graf (Hrsg.), Völkerrecht, 5. Aufl., Berlin, New York 2010 (zitiert: *Bearbeiter*, in: *Vitzthum*, VölkerR).

Volk, Klaus (Begr.) / *Engländer, Armin*, Grundkurs StPO, 8. Aufl., München 2013 (zitiert: *Volk / Engländer*, StPO).

Volkmann, Uwe, Staatsrecht II. Grundrechte, 2. Aufl., München 2011 (zitiert: *Volkmann*, StaatsR II).

Voßkuhle, Andreas, Grundwissen – Öffentliches Recht: Der Gefahrenbegriff im Polizei- und Ordnungsrecht, JuS 2007, 908–909.

Voßkuhle, Andreas / Kaiser, Anna-Bettina, Grundwissen – Öffentliches Recht: Der Grundrechtseingriff, JuS 2009, 313–315.

Voßkuhle, Andreas / Kaiser, Anna-Bettina, Grundwissen – Öffentliches Recht: Funktionen der Grundrechte, JuS 2011, 411–413.

Wagner, Erwin / Ruder, Karl-Heinz, Polizeirecht, Baden-Baden 1999 (zitiert: *Wagner / Ruder*, PolR).

Waldhoff, Christian, Anm. z. *OVG Lüneburg* NJW 2006, 391, in: JuS 2006, 276–277.

Wank, Rolf, Die Auslegung von Gesetzen, 5. Aufl., München 2011.

Weber-Dürler, Beatrice, Bericht zum ersten Beratungsgegenstand: Der Grundrechtseingriff, VVDStRL 57 (1998), 57–95.

Wehr, Matthias, Examens-Repetitorium Polizeirecht. Allgemeines Gefahrenabwehrrecht, 2. Aufl., Heidelberg u.a. 2012 (zitiert: *Wehr*, Ex.-Rep. PolR).

Weigelt, Ina, Die Subkultur der Hooligans. Merkmale, Probleme, Präventionsansätze, Marburg 2004.

Weiß, Udo, International agierende Globalisierungsgegner – mehr als nur Krawall?, Die Polizei 2003, 121–128.

Weiß, Rüdiger / Plate, Monika (Hrsg.), Privatisierung von polizeilichen Aufgaben. Beiträge zum Workshop des Bundeskriminalamts über das Forschungsprojekt „Möglichkeiten der Privatisierung von Aufgabenfeldern der Polizei mit Auswirkungen auf das Sicherheitsgefühl der Bevölkerung“ am 26. und 27. Oktober 1995, Wiesbaden 1996.

Weßlau, Edda, Vorfeldermittlungen. Probleme der Legalisierung „vorbeugender Verbrechensbekämpfung“ aus strafprozeßrechtlicher Sicht, Berlin 1989.

Wiefelspütz, Dieter, Aktuelle Probleme des Versammlungsrechts in der Hauptstadt Berlin, DÖV 2001, 21–28.

Wiefelspütz, Dieter, Ist die Love-Parade eine Versammlung?, Anm. z. *BVerfG* NJW 2001, 2459, in: NJW 2002, 274–276.

Winkler, Daniela, Grundrechte in der Fallprüfung. Schutzbereich – Eingriff – Verfassungsrechtliche Rechtfertigung, Heidelberg u.a. 2010 (zitiert: *Winkler*, GRe).

Winter, Martin, Politikum Polizei. Macht und Funktion der Polizei in der Bundesrepublik Deutschland, Münster 1998.

Wolf, Ulrike, Deliktsstatut und internationales Umweltrecht, Berlin 1995.

Wolffgang, Hans-Michael / Hendricks, Michael / Merz, Matthias, Polizei- und Ordnungsrecht in Nordrhein-Westfalen. Studienbuch mit Fällen, 3. Aufl., München 2011 (zitiert: *Wolffgang / Hendricks / Merz*, POR NW).

Wolter, Henner, Meinung – Tatsache – Einstufung – Deutung. Zur bundesverfassungsgerichtlichen Kontrolle fachgerichtlicher Entscheidungen am Maßstab des Artikels 5 GG, Der Staat 36 (1997), 426–450.

Wulff, Siegfried-Peter, Ist der 1. Mai in Berlin-Kreuzberg noch revolutionär?, Die Polizei 2006, 88–94.

Wulff, Siegfried-Peter, Der 1. Mai – Über Mythos der Maifestspiele und die Zukunft des Kampftages der Arbeiterklasse, Die Polizei 2007, 305–313.

Wulff, Siegfried-Peter, Gewaltreduzierung bei Großlagen – Darstellung des „AuI-Konzepts" der Berliner Polizei, Die Polizei 2009, 144–148.

Würtenberger, Thomas / Heckmann, Dirk, Polizeirecht in Baden-Württemberg, 6. Aufl., Heidelberg 2005 (zitiert: *Würtenberger / Heckmann*, PolR BW).

Wuttke, Alexander, Polizeirecht und Zitiergebot. Eine Untersuchung polizeirechtlicher Grundrechtsbeschränkungen im Lichte der Zitierklauseln der Landespolizeigesetze, Hamburg 2004.

Zeitler, Stefan, Versammlungsrecht, Stuttgart, Berlin, Köln 1994 (zitiert: *Zeitler*, VersR).

Ziekow, Jan, Über Freizügigkeit und Aufenthalt: paradigmatische Überlegungen zum grundrechtlichen Freiheitsschutz in historischer und verfassungsrechtlicher Perspektive, Tübingen 1997.

Ziekow, Jan, Verwaltungsverfahrensgesetz. Kommentar, 3. Aufl., Stuttgart 2013 (zitiert: *Ziekow*, VwVfG).

Zippelius, Reinhold / Würtenberger, Thomas, Deutsches Staatsrecht, 32. Aufl., München 2008 (zitiert: *Zippelius / Würtenberger*, StaatsR).

Zöller, Mark Alexander, Vorsorge für die künftige Strafverfolgung – Zugleich ein Beitrag zum Entwurf eines Strafverfahrensänderungsgesetzes 1996, RDV 1997, 163–171.

Zöller, Mark Alexander, Informationssysteme und Vorfeldmaßnahmen von Polizei, Staatsanwaltschaft und Nachrichtendiensten. Zur Vernetzung von Strafverfolgung und Kriminalitätsverhütung im Zeitalter von multimedialer Kommunikation und Persönlichkeitsschutz, Heidelberg 2002.

www.ingramcontent.com/pod-product-compliance
Ingram Content Group UK Ltd.
Pitfield, Milton Keynes, MK11 3LW, UK
UKHW021909290926
8980IPUK00015B/1156

9 783631 663141